노동법(Ⅰ)

권 오 성 저

청목출판사

머리말

근로기준법은 사용자와 근로자 간의 근로계약을 규율하는 법률입니다. 오늘날 경제활동에 종사하는 사람은 누구나 직·간접적으로 근로기준법의 적용을 받게 되며, 따라서 근로기준법 및 근로기준법 학습의 중요성은 다언을 요하지 않을 것입니다. 한편, 근로기준법의 이해는 현행 근로기준법의 법문의 해석에서 출발하여야 할 것인바, 이 책은 근로기준법 법조문에 관한 해석을 출발점으로 삼았습니다. 여기에 각급 법원의 판결례를 소개하여 근로기준법제의 이해를 심화하는 데 도움을 주고자 하였습니다.

저자는 이 책을 집필함에 있어 법학 전공자는 물론 일반인들도 근로기준법의 내용을 이해함에 어려움이 없도록 그 내용을 체계적으로 설명하되, 분량이 방대해지지 않도록 유의하였습니다. 특히 제한된 분량 안에 관련법제를 이해함에 불가결한 제반 이론들과 판례를 꼼꼼히 정리하여 소개하고자 하였습니다. 그러나, 여전히 미진한 점이 눈에 띄는 부족한 책이 되고 말았습니다. 향후 이러한 점들을 지속적으로 보완해 나갈 것을 약속드립니다.

부족함이 많은 책이지만 출간에 이르기까지 많은 분들의 도움을 받았습니다. 먼저, 어려운 출판환경에도 불구하고 이 책의 출판을 기꺼이 승낙해 주신 청목출판사 관계자 여러분들, 항상 저자에게 많은 배려와 지원을 아끼지 않으시는 최승진 변호사님, 윤재성 부회장님, 그리고 여러 선후배 교수님들께 깊은 감사를 드립니다.

2011년 11월

권 오 성

차 례

제1장 총칙

Ⅰ. 근로기준법의 의의와 목적

1. 근로기준법의 의의

근로기준법은 근로계약의 성립·이행·종료를 둘러싼 개별적 근로관계를 규율대상으로 하는 체계적이고 통일적인 노동보호법이다.

2. 근로기준법의 목적

제1조(목적) 이 법은 헌법에 따라 근로조건의 기준을 정함으로써 근로자의 기본적 생활을 보장, 향상시키며 균형 있는 국민경제의 발전을 꾀하는 것을 목적으로 한다.

근로기준법은 헌법에 따라 근로조건의 기준을 정함으로써 근로자의 기본적 생활을 보장, 향상시키며 균형 있는 국민경제의 발전을 꾀하는 것을 목적으로 한다.

Ⅱ. 근로기준법의 적용대상

근로기준법으로 대표되는 개별적노동관계법은 근로자와 사용자 간의 근로계약의 성립·이행·종료를 둘러싼 법률관계를 규율대상으로 한다. 따라서, 특정한 법률관계에 근로기준법이 적용되는지를 판단하기 위해서는 먼저 그러한 법률관계의 당사자가 근로기준법상 근로자 및 사용자의 개념에 포섭되는지가 확인되어야 한다.

1. 근로자성의 판단

(1) 근로자의 의의

> **제2조(정의)** ① 이 법에서 사용하는 용어의 뜻은 다음과 같다.
> 1. "근로자"란 직업의 종류와 관계없이 임금을 목적으로 사업이나 사업장에 근로를 제공하는 자를 말한다.

근로기준법상 근로자란 직업의 종류와 관계없이 임금을 목적으로 사업이나 사업장에 근로를 제공하는 자를 말한다. 따라서 근로기준법상 근로자로 인정받기 위해서는 직업의 종류를 불문하고 사업 또는 사업장에서 임금을 목적으로 근로를 제공한다는 요건이 충족되어야 한다.

(2) 근로자성의 판단기준

가. 종래의 판례법리

종래 판례는 근로기준법상의 근로자 여부를 판단하는 데 있어서는 계약이 민법상의 고용계약이든 도급계약이든 계약의 형식에 관계없이 그 실질에 있어 근로자가 사업 또는 사업장에 임금을 목적으로 종속적인 관계에서 사용자에게 근로를 제공했는지 여부에 따라 판단하여야 한다는 입장이었다. 나아가 판례는 '종속적인 관계'가 있는지 여부를 판단함에 있어서는, 업무의 내용이 사용자에 의하여 정하여지고 취업규칙 등의 적용을 받으며 업무수행과정에 있어서도 사용자로부터 구체적, 개별적인 지휘감독을 받는지 여부, 사용자에 의하여 근무시간과 근무장소가 지정되고 이에 구속을 받는지 여부, 근로자 스스로가 제3자를 고용하여 업무를 대행케 하는 등 업무의 대체성 유무, 비품, 원자재나 작업도구 등의 소유관계, 보수의 성격이 근로 자체의 대상적 성격이 있는지 여부와 기본급이나 고정급이 정하여져 있는지 여부 및 근로소득세의 원천징수 여부 등 보수에 관한 사항, 근로 제공관계의 계속성과 사용자에의 전속성의 유무와 정도, 사회보장제도에 관한 법령 등 다른 법령에 의하여 근로자로서의 지위를 인정받는지 여부, 양 당사자의 경제, 사회적 조건 등을 종합적으로 고려하여 판단하여야 한다고 하였다.[1)]

대법원 1994.12.9. 선고 94다22859 판결

"근로기준법상의 근로자에 해당하는지 여부를 판단함에 있어서는 그 계약의 형식이 민법상의 고용계약인지 또는 도급계약인지에 관계없이 그 실질에 있어 근로자가 사업 또는 사업장에 임금을 목적으로 종속적인 관계에서 사용자에게 근로를 제공하였는지 여부에 따라 판단하여야 할 것이고, 위에서 말하는 종속적인 관계가 있는지 여부를 판단함에 있어서는, 업무의 내용이 사용자에 의하여 정하여지고 취업규칙 또는 복무(인사)규정 등의 적용을 받으며 업무수행과정에 있

1) 대법원 1994.12.9. 선고 94다22859 판결 외 다수.

> 어서도 사용자로부터 구체적, 개별적인 지휘·감독을 받는지 여부, 사용자에 의하여 근무시간과 근무장소가 지정되고 이에 구속을 받는지 여부, 근로자 스스로가 제3자를 고용하여 업무를 대행케 하는 등 업무의 대체성 유무, 비품, 원자재나 작업도구 등의 소유관계, 보수의 성격이 근로 자체의 대상적 성격이 있는지 여부와 기본급이나 고정급이 정하여져 있는지 여부 및 근로소득세의 원천징수 여부 등 보수에 관한 사항, 근로제공관계의 계속성과 사용자에의 전속성의 유무와 정도, 사회보장제도에 관한 법령 등 다른 법령에 의하여 근로자로서의 지위를 인정받는지 여부, 양 당사자의 경제·사회적 조건 등을 종합적으로 고려하여 판단하여야 할 것이다."

나. 종래의 판례법리의 문제점과 그 수정

종래의 판례는 사용종속성 판단을 위한 다수 요소들 사이의 비중이나 우열관계를 언급하고 있지 않고, 사용종속성을 '사용자로부터 구체적, 개별적인 지휘·감독'이라는 고전적 의미로 해석하여 고용형태의 다양화 및 비전형적 근로관계의 확산이라는 오늘날의 노동시장의 상황을 반영하지 못하고 있다는 비판이 있었다.

이에 대법원은 2006. 12. 7. 선고 2004다29736 판결에서 "근로기준법상의 근로자에 해당하는지 여부는 계약의 형식이 고용계약인지 도급계약인지보다 그 실질에 있어 근로자가 사업 또는 사업장에 임금을 목적으로 종속적인 관계에서 사용자에게 근로를 제공하였는지 여부에 따라 판단하여야 하고, 여기에서 종속적인 관계가 있는지 여부는 업무 내용을 사용자가 정하고 취업규칙 또는 복무(인사)규정 등의 적용을 받으며 업무 수행 과정에서 사용자가 상당한 지휘·감독을 하는지, 사용자가 근무시간과 근무장소를 지정하고 근로자가 이에 구속을 받는지, 노무제공자가 스스로 비품·원자재나 작업도구 등을 소유하거나 제3자를 고용하여 업무를 대행케 하는 등 독립하여 자신의 계산으로 사업을 영위할 수 있는지, 노무 제공을 통한 이윤의 창출과 손실의 초래 등 위험을 스스로 안고 있는지, 보수의 성격이 근로자체의 대상적 성격인지, 기본급이나 고정급이 정하여졌는지 및 근로소득세의 원천징수 여부 등 보수에 관한 사항, 근로 제공관계의 계속성과 사용자에 대한 전속성의 유무와 그 정도, 사회보장제도에 관한 법령에서 근로자로서 지위를 인정받는지 등의 경제적·사회적 여러 조건을 종합하여 판단하여야 한다. 다만, 기본급이나 고정급이 정하여졌는지, 근로소득세를 원천징수하였는지, 사회보장제도에 관하여 근로자로 인정받는지 등의 사정은 사용자가 경제적으로 우월한 지위를 이용하여 임의로 정할 여지가 크기 때문에, 그러한 점들이 인정되지 않는다는 것만으로 근로자성을 쉽게 부정하여서는 안 된다."라고 판시하여 종래 판결들이 제시한 판단기준을 다소 수정하였다.[2)]

즉, 종전에 업무수행과정에서 사용자로부터 '구체적·개별적 지휘·감독'을 요구하던 것을 '상당한 지휘·감독'이 있으면 되는 것으로 변경하였고, 또한 기본급이나 고정급이 정하여졌는지, 근로소득세를 원천징수하였는지, 사회보장제도에 관하여 근로자로 인정받는지 등의 사정은 근로자성 판단에 있어 부차적인 기준이라는 점을 명시하였다. 이와 같이 수정된 판례의 기준에 따라 종전보다 근로자성의 인정이 다소 용이해질 것으로 보인다.

---

2) 다만, 대법원 2006. 12. 7. 선고 2004다29736 판결 이후에도 기존의 판단기준에 따른 판결들로 계속 발견되고 있다(예컨대, 대법원 2007. 1. 25. 선고 2006다60793 판결).

(3) 근로자성이 문제되는 사례

가. 이사 기타 임원의 근로자성

회사의 업무집행권을 가진 이사 등 임원은 원칙적으로 회사로부터 일정한 사무처리의 위임을 받고 있는 것이므로 특별한 사정 이 없는 한 사용자의 지휘감독 아래 일정한 근로를 제공하고 소정의 임금을 받는 고용관계에 있는 것이 아니어서 근로기준법상의 근로자라고 할 수 없다.[3] 다만, 회사의 이사가 회사로부터 위임받은 사무를 처리하는 이외에 일정한 노무를 담당하고 그 대가로 일정한 보수를 지급받아 왔다면 근로기준법상의 근로자라고 볼 수 있다.[4]

나. 소사장 형태의 사업주

종전에는 단순한 근로자에 불과하였다가 어떠한 계기로 하나의 경영주체로서의 외관을 갖추고 종전의 사용자(모기업)와 도급계약을 맺는 방법으로 종전과 동일 내지 유사한 내용의 근로를 제공하게 된 경우(이른바 소사장의 형태를 취한 경우)에는, 근로기준법상의 근로자에 해당하는지 여부를 판단함에 있어서 스스로 종전의 근로관계를 단절하고 퇴직한 것인지 아니면 그 의사에 반하여 강제적·형식적으로 소사장의 형태를 취하게 되었는지 여부, 사업계획, 손익계산, 위험부담 등의 주체로서 사업운영에 독자성을 가지게 되었는지 여부, 작업수행과정이나 노무관리에 있어서 모기업의 개입 내지 간섭의 정도, 보수지급방식과 보수액이 종전과 어떻게 달라졌으며 같은 종류의 일을 하는

3) 대법원 1992. 12. 22. 선고 92다28228 판결.
4) 대판 1992. 5. 12. 선고 91누11490 판결.

모기업 소속 근로자에 비하여는 어떠한 차이가 있는지 여부 등도 아울러 참작하여야 한다.[5)]

다. 산업연수생

산업연수생 제도는 원칙적으로 외국 인력에 대한 순수한 연수 목적을 위하여 활용되어야 하는 것임에도 불구하고, 종래 실제로 운영되고 있는 산업연수생 제도는 외국인을 연수활동이 아닌 취업활동에 종사하도록 함으로써 사실상 단순기능 외국 인력을 활용하기 위한 제도로 운영되어 왔고, 또한 산업연수생의 열악한 근로조건이 사회문제화되기도 하였다. 이러한 산업연수생은 형식상 목적이 연수로서 국내 사업체와 연수계약을 맺고 있어 훈련생 내지 피교육생의 신분을 가지고 있는바, 근로기준법상의 근로자로서의 지위를 인정할 수 있는지 여부가 문제되는바,[6)] 당해 외국인이 사업장에서 실질적으로 대상 업체의 지시·감독을 받으면서 근로를 제공하고 수당 명목의 금품을 수령하여 왔다면 당해 외국인은 근로자에 해당한다.

대법원 2005. 11. 10. 선고 2005다50034 판결[7)]
"산업기술연수사증을 발급받은 외국인이 정부가 실시하는 외국인 산업기술연수제도의 국내 대상 업체에 산업기술연수생으로 배정되어 대상 업체와 사이에 연수계약을 체결하였다 하더라도 <u>그 계약의 내용이 단순히 산업기술의 연수만으로 그치는 것이 아니고 대상 업체</u>

5) 대법원 2004. 3. 11. 선고 2004두916 판결.

6) 종래 대법원은 산업재해보상과 관련하여 산업연수생에 대해 일관되게 근로기준법상 근로자임을 인정하고 있었다(대법원 1995. 12. 22. 선고 95누2050 판결, 대법원 1997. 10. 10. 선고 97누10352 판결 등).

7) 이 판결은 산업연수생도 근로기준법상 근로자임을 전제로 산업연수생이 사용자로부터 실제로 받은 임금과 최저임금법상 최저임금과의 차액의 지급을 명한 사안이다.

가 지시하는 바에 따라 소정시간 근로를 제공하고, 그 대가로 일정액의 금품을 지급받으며 더욱이 소정시간 외의 근무에 대하여는 근로기준법에 따른 시간외 근로수당을 지급받기로 하는 것이고, 이에 따라 당해 외국인이 대상 업체의 사업장에서 실질적으로 대상 업체의 지시·감독을 받으면서 근로를 제공하고 수당 명목의 금품을 수령하여 왔다면 당해 외국인도 근로기준법 제14조 소정의 근로자에 해당한다 할 것이다."

라. 택배배달원

대법원은 자기 소유의 오토바이를 사용하는 택배배달원의 근로자성이 문제된 사안에서 사용종속성의 판단에 있어서는 노동관계법에 의한 보호필요성도 고려하여야 하고, 전체적으로 보아 임금을 목적으로 종속적 관계에서 사용자에게 근로를 제공하였다고 인정되는 이상, 근로자에 관한 여러 징표 중 근로조건에 관한 일부의 사정이 결여되었다고 하여 그러한 사유만으로 근로기준법상의 근로자가 아니라고 할 수는 없다고 판시하였다.

대법원 2004. 3. 26. 선고 2003두13939 판결

"근로기준법상의 근로자에 해당하는지 여부를 판단함에 있어서는 그 계약의 형식이 민법상의 고용계약인지 또는 도급계약인지에 관계없이 그 실질에 있어 근로자가 사업 또는 사업장에 임금을 목적으로 종속적인 관계에서 사용자에게 근로를 제공하였는지 여부에 따라 판단하여야 할 것이고, 위에서 말하는 종속적인 관계가 있는지 여부를 판단함에 있어서는, 업무의 내용이 사용자에 의하여 정하여지고 취업규칙 또는 복무(인사)규정 등의 적용을 받으며 업무수행과정에 있어서도 사용자로부터 구체적, 개별적인 지휘·감독을 받는지 여부, 사용자에 의하여 근무시간과 근무장소가 지정되고 이에 구속을 받는지 여부, 근로자가 스스로 제3자를 고용하여 업무를 대행케 하는 등

> 업무의 대체성 유무, 비품·원자재나 작업도구 등의 소유관계, 보수의 성격이 근로 자체의 대상적 성격이 있는지 여부와 기본급이나 고정급이 정하여져 있는지 여부 및 근로소득세의 원천징수 여부 등 보수에 관한 사항, 근로제공관계의 계속성과 사용자에의 전속성의 유무와 정도, 사회보장제도에 관한 법령 등 다른 법령에 의하여 근로자로서의 지위를 인정받는지 여부, 양 당사자의 경제·사회적 조건 등을 종합적으로 고려하여야 하고, 이러한 사용종속성의 판단에 있어서는 노동관계법에 의한 보호필요성도 고려하여야 하며, 전체적으로 보아 임금을 목적으로 종속적 관계에서 사용자에게 근로를 제공하였다고 인정되는 이상, 근로자에 관한 여러 징표 중 근로조건에 관한 일부의 사정이 결여되었다고 하여 그러한 사유만으로 근로기준법상의 근로자가 아니라고 할 수는 없다.

마. 채권추심원

종래 대법원에서는 신용정보회사와 채권추심업무용역계약을 체결하고 채권추심업무를 처리한 채권추심원의 근로자성을 인정한 사례[8]가 있는 한편 채권추심업무를 수행하여 온 자의 근로자성을 부정한 사례도 있었다.[9]

> **대법원 2008. 5. 15. 선고 2008두1566 판결[10]**
> "망인을 비롯한 참가인 회사의 채권추심원에게는 정규직 직원에게 적용되는 취업규칙·복무규정·인사규정 등이 적용되지 않았고, 위임직의 관리를 위하여 마련된 참가인 회사의 지침에도 통상 취업규칙 등에 포함되는 사항이 규정되어 있지 않은 점, 채권추심원은 채권회수업무 수행을 위하여 자신이 제공한 근로의 내용이나 시간과는

8) 대법원 2008. 7. 10. 선고 2008도816 판결.
9) 대법원 2009. 5. 14. 선고 2009다6998 판결
10) 카드회사로부터 채권회수 업무를 위임받아 수행하던 중 뇌지주막하출혈로 사망한 채권추심원이 임금을 목적으로 종속적인 관계에서 카드회사에 근로를 제공한 근로자에 해당한다고 한 사안이다.

관계없이 그가 회수한 채권액에 따라 그 일정 비율에 상당하는 금액의 수수료를 지급받은 점, 참가인이 위 수수료에 대하여 근로소득세가 아닌 사업소득세를 원천징수하였고 채권추심원에 대하여 건강보험, 국민연금, 고용보험, 산업재해보상보험 가입신고를 하거나 그 보험료를 납부하지 아니한 점 등은, 최근에 급격하게 증가하고 있는 시간제 근로자에게 일반적으로 나타나는 현상이거나 사용자인 참가인이 경제적으로 우월한 지위에서 사실상 임의로 정한 사정들에 불과하다. 또한, 참가인이 망인의 근무시간이나 근무장소에 대하여 제한하지 않았다고 하더라도, 이는 채무자와의 면담 등을 위하여 주로 출장근무의 형식으로 이루어지는 채권추심업무의 특성에 기인하는 것으로 보일 뿐이다. 따라서 위와 같은 사정들만으로 망인의 근로자성을 부정하기는 어렵다고 할 것이다."

바. 대학교 시간강사

대법원 2007. 3. 29. 선고 2005두13018,13025 판결

"학교법인이 운영하는 대학교에서 강의를 담당한 시간강사들은 학교측에서 시간강사들의 위촉·재위촉과 해촉 또는 해임, 강의시간 및 강사료, 시간강사의 권리와 의무 등에 관하여 정한 규정에 따라 총장 등에 의하여 시간강사로 위촉되어 대학교측이 지정한 강의실에서 지정된 강의시간표에 따라 대학교측이 개설한 교과목의 강의를 담당한 점, 대학교측의 학사관리에 관한 규정 및 학사일정에 따라 강의계획서를 제출하고 강의에 수반되는 수강생들의 출·결석 관리, 과제물 부과와 평가, 시험문제의 출제, 시험감독, 채점 및 평가 등 학사관리업무를 수행한 점, 위와 같은 업무수행의 대가로 시간당 일정액에 실제 강의시간 수를 곱한 금액(강사료)을 보수로 지급받은 점, 시간강사가 제3자를 고용하여 위와 같은 업무를 수행하는 것은 규정상 또는 사실상 불가능한 점, 시간강사가 위와 같은 업무를 수행하면서 업무수행에 불성실하거나 대학교의 제반 규정을 위반하고 교수로서의 품위를 유지하지 못하는 경우 등에는 전임교원(총장, 학장, 교수, 부교수, 조교수 및 전임강사)에 대한 재임용제한 및 해임 또는 파면 등 징계처분과 동일한 의미를 갖는 조치인 재위촉제한 또는 해촉(해임)을 받도록 되어 있는 점 등을 종합하여 보면, 대학교의 시간강사는 임금을 목적으로 종속적인 관계에서 학교법인에게 근로를 제공한 근로자에 해당한다고 봄이 상당하다."

사. 학원 강사

대법원 2007. 9. 7. 선고 2006도777 판결[11]

"비록 강의 일정에 따라 근무시간이 변경되고, 강의내용이나 방법 등에 관하여 위 운영자로부터 구체적 · 개별적인 지휘 · 감독을 받지 않았으며, 근로소득세가 아닌 사업소득세를 납부하였고 이른바 '4대 보험'에도 가입되어 있지 않았다고 하더라도 근로기준법상 근로자에 해당한다."

대법원 2006. 12. 7. 선고 2004다29736 판결[12]

"대학입시학원 종합반 강사들의 출근시간과 강의시간 및 강의장소의 지정, 사실상 다른 사업장에 대한 노무 제공 가능성의 제한, 강의 외 부수 업무 수행 등에 관한 사정과 그들이 시간당 일정액에 정해진 강의시간수를 곱한 금액을 보수로 지급받았을 뿐 수강생수와 이에 따른 학원의 수입 증감이 보수에 영향을 미치지 아니하였다는 사정 등에 비추어 볼 때 위 강사들이 근로기준법상의 근로자에 해당한다."

---

11) 미용학원강사가 미용학원 운영자로부터 강의종목 · 강의시간 · 강의장소를 지정받아 거의 매일 출근하여 정해진 강의시간표에 따라 직접 강의를 하고, 수강생이 없어 폐강하는 경우를 제외하고는 수강생수에 따른 보수의 증감 없이 단위 시간당 일정액을 보수로 지급받은 사안이다.

12) 강사들이 학원과 매년 '강의용역제공계약'이라는 이름의 계약서를 작성하고, 일반 직원들에게 적용되는 취업규칙 등의 적용을 받지 않았으며, 보수에 고정급이 없고, 부가가치세법상 사업자등록을 하고 근로소득세가 아닌 사업소득세를 원천징수당하였으며, 지역의료보험에 가입한 사안에서 이러한 사정은 근로자성 판단에 부차적인 기준이므로 이들 사유를 이유로 근로자성으로 부정하여서는 아니된다고 본 사안이다.

개별적 근로관계에서의 근로자성 판단 문제[13)]

대법원 2010. 5. 27. 선고 2007두9471 판결

> 근로기준법으로 대표되는 개별적노동관계법은 근로자와 사용자 간의 근로계약의 성립·이행·종료를 둘러싼 법률관계를 규율대상으로 한다. 한편 근로기준법 제2조제1항제1호는 근로자를 "직업의 종류와 관계없이 임금을 목적으로 사업이나 사업장에 근로를 제공하는 자"라고 정의하고 있는바, 근로기준법은 이러한 요건을 충족하여 근로자로 인정되는 자에 대하여만 적용된다. 따라서 근로기준법의 적용 여부를 판단함에 있어서 근로자성이 인정되는지 여부는 무엇보다 먼저 검토되어야 할 사항이다.

Ⅰ. 사실관계

- A사는 지입차량을 포함하여 레미콘 차량 약 800대와 덤프트럭 약 200대 등을 보유하고, 레미콘 등 화물차량을 소유한 운송차주(지입차주 포함)나 이를 소유하지 못하여 A사로부터 제공받은 A사 소유의 차량으로 화물의 운송업무를 수행하는 운송기사와 각 '화물자동차 운전 용역(도급) 계약'을 체결한 후 그들에 의하여 화물 운송업 등을 영위하는 자이다.
- A사가 체결한 도급계약 중, 사망한 B(이하 "망인")의 경우와 같이 A사로부터 무상으로 화물차량을 제공받아 레미콘

13) 이 판결에 대한 평석은 박순영, "회사로부터 제공받은 차량을 이용한 운송기사의 근로기준법상 근로자 여부", 대법원판례해설 83호 (2010 상반기), 법원도서관 참조.

원자재 등의 운송업무를 수행하는 내용으로 체결된 것은 35대의 화물차량에 관하여 이루어졌다. 망인이 A사와 체결한 도급계약의 주요 내용은, ① A사는 망인에게 트렉터와 트레일러를 무상으로 제공하고, 망인은 위 차량을 직접 운전하여 24시간 가동에 차질이 없도록 하며 A사가 지정한 현장에서 레미콘 원자재 등 운송업무를 수행하여 위 도급계약의 이행에 지장이 없도록 하여야 하되, 망인이 소외 1 주식회사의 작업 요구사항에 위반하여 공정에 차질을 초래하고 A사에게 손해를 입혔을 때에는 그 손해 상당액을 배상하여야 하고, ② A사는 망인에게 각 운반구간별로 약정한 용역 단가에 운반물량을 곱하여 산출한 금액을 정산하여 매월 25일에 지급하며, ③ 유류대와 차량 수리비용, 제세공과금, 자동차보험료 등 위 계약의 이행을 위하여 발생한 대부분의 비용은 A사가 부담하되, 망인은 타이어 펑크로 인한 수리비용과 벌과금 및 자동차 사고로 인한 비용 중 A사 가입의 자동차보험으로 처리할 수 없는 비용을 부담하고, ④ A사는, 망인이 위 계약사항을 이행하지 않았을 경우와 도급금액 정산의 기초가 되는 운반일보를 허위로 기재하였을 경우 이외에도 망인이 형사사건으로 구속 또는 입건되었을 경우와 A사와 위 도급계약을 체결한 다른 계약자의 자동차운전을 방해하거나 담합행위를 선동하였을 경우, 사내외에서 A사의 직원 또는 다른 도급계약자들 사이에 불미스러운 행위를 하였을 경우, 음주운전을 하였을 때 및 위 계약을 이행할 수 없다고 A사가 판단할 경우 등에는 언제든지 계약을 해지할 수 있으며, ⑤ 위 계약의 기간은 계약일로부터 1년으로 한다는 것이다.

- 망인은 위 도급계약에 따라 A사로부터 제공받은 A사 소유의 화물차량을 운전하여 레미콘 원자재 등의 운송업무에 종사하였고, A사가 위 차량의 운행에 수반되는 대부분의 비용을 부담하였다.

- 망인은 2003. 7. 30.경부터 A사와의 사이에 위 도급계약을 체결하여 레미콘 원자재 등의 운송업무에 종사한 이래 그 업무의 수행 중 사망한 2005. 5. 3.에 이르기까지 새로이 도급계약을 체결하거나 1년의 계약기간 만료로 자동갱신하는 등 계속하여 A사의 운송업무를 수행하였고, A사로부터 통상 월 180만 원 내지 200만 원의, 다만 비수기인 겨울에는 월 120만 원 정도의 도급금액을 매월 지급받았다.

- 망인을 포함하여 A사와 위 도급계약을 체결하고 A사 소유의 화물차량을 이용하여 레미콘 원자재 등의 운송업무를 수행하는 운전자들의 출·퇴근 시간은 지정되어 있지 않으나, A사는 운송기사에게 레미콘 원자재 등의 운반일, 출발장소, 도착지, 도착시간을 구체적으로 지시하였고, 운송기사는 지시받은 운송업무를 종료하면 유류 주입을 위하여 A사에 복귀한 후 A사에서 나누어 준 운행일보에 운행거리, 주유량, 거래처 등을 기재하여 이를 운반 상차지와 하차지에서 나누어 주는 전표와 함께 A사에 매일 제출하는 형식으로 업무수행상황을 보고하였다.

- 망인을 포함한 운송기사는 위 도급계약에 의하면, A사의 허락이 있는 경우 자신의 책임하에 보조운전자를 고용할

수 있도록 규정되어 있으나, 실제로는 A사가 보조운전자를 채용하지 못하게 하였다. 또한 운송기사는 A사 이외에 다른 회사와 레미콘 원자재 등 운송업무에 관한 도급계약 등을 체결할 수 없었고, A사가 지시하는 물량 이외에 다른 물량을 실을 수 없는 등 다른 사업자와 거래할 수 없었다.

- 이와 같은 사실관계 아래서 망인이 A사로부터 제공받은 트레일러를 운전하여 운송업무를 수행하던 중 운전 부주의로 사망한 후, 망인의 배우자가 유족급여 및 장의비 지급을 청구하였으나 근로복지공단이 망인이 근로자가 아니라 사업주에 해당한다는 이유로 그 지급을 거부하였다.

Ⅱ. 판결요지

- 구 산업재해보상보험법(2007.4.11.법률 제8373호로 전부 개정되기 전의 것)이 보호대상으로 삼은 근로기준법상의 근로자에 해당하는지 여부는 계약의 형식이 고용계약인지 도급계약인지보다 그 실질에 있어 근로자가 사업 또는 사업장에 임금을 목적으로 종속적인 관계에서 사용자에게 근로를 제공하였는지 여부에 따라 판단하여야 하고, 위에서 말하는 종속적인 관계가 있는지 여부는 업무 내용을 사용자가 정하고 취업규칙 또는 복무(인사)규정 등의 적용을 받으며 업무 수행 과정에서 사용자가 상당한 지휘·감독을 하는지, 사용자가 근무시간과 근무장소를 지정하고 근로자가 이에 구속을 받는지, 노무제공자가 스스로 비품·원자재나 작업도구 등을 소유하거나 제3자를 고용하여 업무를 대

행하게 하는 등 독립하여 자신의 계산으로 사업을 영위할 수 있는지, 노무 제공을 통한 이윤의 창출과 손실의 초래 등 위험을 스스로 안고 있는지와, 보수의 성격이 근로 자체의 대상적(對償的) 성격인지, 기본급이나 고정급이 정하여졌는지 및 근로소득세의 원천징수 여부 등 보수에 관한 사항, 근로 제공 관계의 계속성과 사용자에 대한 전속성의 유무와 그 정도, 사회보장제도에 관한 법령에서 근로자로서 지위를 인정받는지 등의 경제적·사회적 여러 조건을 종합하여 판단하여야 한다. 다만, 기본급이나 고정급이 정하여졌는지, 근로소득세를 원천징수하였는지, 사회보장제도에 관하여 근로자로 인정받는지 등의 사정은 사용자가 경제적으로 우월한 지위를 이용하여 임의로 정할 여지가 크다는 점에서, 그러한 점들이 인정되지 않는다는 것만으로 근로자성을 쉽게 부정하여서는 안 된다.

Ⅲ. 해설

근로기준법 제2조 제1항 제1호는 근로자를 "직업의 종류와 관계없이 임금을 목적으로 사업이나 사업장에 근로를 제공하는 자"라고 정의하고 있다. 따라서, 근로기준법상 근로자로 인정받기 위해서는 직업의 종류를 불문하고 사업 또는 사업장에서 임금을 목적으로 근로를 제공한다는 요건이 충족되어야 한다.

1. 근로기준법상 근로자성의 판단기준

1) 근기법 제2조제1항제1호에서 "직업의 종류와 관계없이"라는 문구는 타인에게 노무를 제공하는 자가 근로자성 인정을 위한 다른 요건을 갖추고 있는 한 직업의 종류에 따라서 근로자성 여부를 결정하지는 않겠다는 의미이므로, 근로자성의 판단에 있어 '직업의 종류와 관계없이'라는 요건 자체가 적극적으로 문제되는 경우는 많지 않을 것이다. 한편 "사업"이란 업무로서 계속적으로 행하여지는 것이면 족하고 반드시 영리를 목적으로 할 필요는 없으며, "사업장"이란 사업을 행하는 장소를 말하는 것으로서 반드시 영업의 장소적 중심인 본점이나 지점 등에 한하는 것이 아니고, 사업활동이 현실적으로 행하여지는 장소를 말한다.

2) "임금을 목적으로" 근로를 제공한다는 것은 임금과 근로제공이라고 하는 것을 교환조건으로 하는 근로관계를 맺고 있음을 의미한다. 그런데, 근로기준법 제2조제1항제5호는 임금을 "사용자가 근로의 대가로 근로자에게 임금, 봉급, 그 밖에 어떠한 명칭으로든지 지급하는 일체의 금품"이라고 정의하고 있으므로, 근기법상의 근로자가 되기 위한 요건 중 "임금을 목적으로"라는 요건은 사용종속관계를 판단하는 하나의 기준으로서의 역할을 할 뿐이다.

3) 한편 "근로를 제공"한다는 것은 타인에게 노무를 제공하는 자가 사업주체의 지휘명령에 복종하여 근로를 제공하는 것을 의미하며, 따라서 타인에게 노무를 제공하는 자는 실질적으로 종속적인 관계에서 노무를 제공하는 경우에 근로기

준법 소정의 근로자로 인정될 수 있을 것이다.

4) 요컨대, "사업 또는 사업장에 임금을 목적으로 근로를 제공하는 자"라는 근기법상 근로자 개념의 본질적 징표 내지 기준은 사용종속관계하에서 임금을 목적으로 하여 노무제공을 하는 자인지 여부라 할 것이다.

2. 사용종속관계 존부의 판단기준

1) 사용종속관계를 판단하는 구체적인 기준으로는 업무수행상의 지휘감독여부, 업무내용의 결정과 업무의뢰에 대한 거부가 가능한지 여부, 업무의 전속성, 노무제공의 장소적·시간적 구속 여부, 징계제도가 있는지 여부, 근로자의 관리체계 및 근로소득세를 부담하고 있는지, 제3자에 의한 대행가능성이 있는지, 보수가 노동 자체에 대한 대상성의 의미를 갖는지 등을 들 수 있다. 다만, 이와 같은 구체적 기준을 모두 구비하여야만 사용종속관계가 인정되는 것은 아니고 또한 그 중 일부만 인정되면 언제나 사용종속관계가 있다고 할 수 있는 것도 아니다. 따라서, 사용종속관계가 존재하는지 여부는 주어진 사안에 따라 개별적, 구체적으로 위에서 제시한 구체적 기준을 종합하여 판단하여야 할 것이다.

2) 판례 또한 계약의 명칭이나 형식에 관계없이 실질적인 종속관계 하에서의 근로제공 여부에 따라 근로자성을 판단하여야 한다고 보면서, 사용종속관계의 유무의 판단에 관하여 ① 업무의 내용이 사용자에 의하여 정하여지는지 여부, ② 업무수행과정에 있어서도 사용자로부터 구체적이고

직접적인 지휘 감독을 받는지 여부, ③ 사용자에 의하여 근무시간과 근무장소가 지정되고 이에 구속을 받는지 여부, ④ 근로자 스스로가 제3자를 고용하여 업무를 대행케 하는 등 업무의 대체성이 있는지 여부, ⑤ 비품·원자재·작업도구 등의 소유관계, ⑥ 근로제공관계의 계속성과 사용자에의 전속성의 유무와 정도, ⑦ 취업규칙·복무규정·인사규정 등의 적용을 받는지 여부, ⑧ 보수에 관한 사항(보수가 근로 자체의 대상적 성격을 갖고 있는지 여부와 기본급이나 고정급이 정하여져 있는지 여부 및 근로소득세의 원천징수 여부 등), ⑨ 사회보장제도에 관한 법령 등 다른 법령에 의하여 근로자로서의 지위를 인정받는지 여부, ⑩ 기타 양 당사자의 경제·사회적 조건 등을 판단기준으로 제시하였다.[14)]

3) 다만 판례는 이러한 구체적인 판단요소들 중에서 기본급이나 고정급이 정하여졌는지, 근로소득세를 원천징수하였는지,[15)] 사회보장제도에 관하여 근로자로 인정받는지 등의 사정은 사용자가 경제적으로 우월한 지위를 이용하여 임의로 정할 여지가 크다는 점에서 그러한 점들이 인정되지 않는다는 것만으로 근로자성을 부정하여서는 아니된다고 판

14) 대법원 2000. 1. 28. 선고 98두9219 판결.

15) 근로소득세의 원천징수는 근로자성의 인정의 측면에서 상징적 의미가 매우 크다고 할 수 있다. 또한 근로소득세가 원천징수될 경우 이를 기초로 사용자에게 고용보험료 등이 부과징수되므로 이에 따른 기업의 경제적 부담 또한 상당하다. 그러나 비전형적 노동자에 관하여 사업자가 자진해서 근로소득세를 원천징수하는 사례는 현실적으로 찾아보기 어렵기 때문에 이는 근로자성의 판단요소로서의 현실성은 거의 없다고 해도 과언이 아니다.

시하여, 사용자가 일방적으로 정할 수 있는 형식적 징표들은 근로자성 결정에 중요한 의미를 갖지 않는다고 보았다.[16)]

3. 대상판결의 평가

대상판결은 근로기준법상 근로자성의 판단기준에 관한 한 대법원의 종래 입장을 재확인하고 있기 때문에 근로기준법상 근로자성의 판단기준과 관련하여 새로운 내용을 제시한 것은 아니다. 그러나 사용자가 경제적 우월성을 이용하의 임의로 정할 여지가 큰 사항을 근거로 근로자성을 부인하여서는 아니된다는 원칙을 재확인하였다는 점에서 의미가 있다고 할 것이다.

2. 사용자성의 판단

(1) 사용자의 의의

제2조(정의) ① 이 법에서 사용하는 용어의 뜻은 다음과 같다.
2. "사용자"란 사업주 또는 사업 경영 담당자, 그 밖에 근로자에 관한 사항에 대하여 사업주를 위하여 행위하는 자를 말한다.

근로기준법상 사용자란 사업주 또는 사업 경영 담당자, 그 밖에 근로자에 관한 사항에 대하여 사업주를 위하여 행위하는 자를 말한다. 여기서 정의된 사용자의 개념은 근로기준법을 준수할 의무와 책임이 있는 사용자를 의미한다. 근로기준법이 근로기준법의 준수의무자로서의 사용자를 사업주에 한정하지 아니하고 사업경영담당자 등으로 확대한 이유는 노동현장에 있어서 근

16) 대법원 2007. 9. 7. 선고 2006도777 판결.

로기준법의 각 조항에 대한 실효성을 확보하기 위한 정책적 배려에 있다.

가. 사업주

사업주는 당해 사업의 경영주체를 말하며 법인인 경우에는 당해 법인, 개인기업의 경우에는 기업주 개인이 이에 해당한다. 한편 이러한 사업주는 근로계약의 일방당사자로서의 사용자와 일치하는 것이 통상적이나, 근로기준법은 근로계약이 유효하게 존재하지 않는 경우에도 적용되므로 근로계약의 일방당사자라고 하는 것은 사업주로 인정되기 위한 절대적인 요건은 아니다.[17)]

나. 사업경영담당자

사업경영담당자란 사업경영 일반에 관하여 책임을 지는 자로서 사업주로부터 사업경영의 전부 또는 일부에 대하여 포괄적인 위임을 받고 대외적으로 사업을 대표하거나 대리하는 자를 말한다. 따라서 관련법규에 의하여 제도적으로 근로기준법의 각 조항을 이행할 권한과 책임이 부여된 자(예컨대, 주식회사의 대표이사, 합명·합자회사의 업무집행사원, 유한회사의 이사나 정리회사의 관리인, 부분적 포괄대리권을 갖는 상법상 지배인 등)는 사업경영담당자에 해당한다.[18)] 한편, 관련법규에 의하여 제도적으로 근로기준법의 각 조항을 이행할 권한과 책임이 부여된 자가 반드시 현실적으로 그 권한을 행사하여야만 사업경영담당자에 해당하는 것은 아니다.[19)]

---

17) 대법원 1990. 9. 25. 선고 90도1214 판결.
18) 대법원 2008. 4. 10. 선고 2007도1199 판결.
19) 대법원 2007. 9. 6. 선고 2007도4904 판결.

다. 근로자에 관한 사항에 대하여 사업주를 위하여 행위하는 자

'근로자에 관한 사항에 대하여 사업주를 위하여 행위하는 자'란 사업주나 사업경영담당자로부터 그 권한을 위임받아 자신의 책임 아래 채용이나 해고 등 인사처분을 할 수 있고, 직무상 근로자의 업무를 지시·감독하며 근로시간이나 임금 등 근로조건에 관한 사항을 결정하고 집행할 수 있는 자(예컨대, 학교법인 산하 사립학교의 교장, 법인이 경영하는 병원의 원장, 회사의 현장소장 등)를 말한다.[20]

대법원 2008. 4. 10. 선고 2007도1199 판결

"구 근로기준법(2007. 4. 11. 법률 제8372호로 전문 개정되기 전의 것) 제15조가 정한 '사용자'란 사업주 또는 사업경영담당자 기타 근로자에 관한 사항에 대하여 사업주를 위하여 행위하는 자를 말하고, 여기에서 '사업경영담당자'란 사업경영 일반에 관하여 책임을 지는 자로서 사업주로부터 사업경영의 전부 또는 일부에 대하여 포괄적인 위임을 받고 대외적으로 사업을 대표하거나 대리하는 자를 말하는 바, 구 근로기준법이 같은 법 각 조항에 대한 준수의무자로서의 사용자를 사업주에 한정하지 아니하고 사업경영담당자 등으로 확대한 이유가 노동현장에 있어서 근로기준법의 각 조항에 대한 실효성을 확보하기 위한 정책적 배려에 있는 만큼, 사업경영담당자는 원칙적으로 사업경영 일반에 관하여 권한을 가지고 책임을 부담하는 자로서 관계 법규에 의하여 제도적으로 근로기준법의 각 조항을 이행할 권한과 책임이 부여되었다면 이에 해당한다."

20) 대법원 2008. 10. 9. 선고 2008도5984 판결.

(2) 사용자성이 문제되는 사례

가. 아파트 입주자대표회의

아파트 입주자대표회의가 아파트 관리업자와 체결한 위수탁관리계약상의 지위에 기한 감독권의 범위를 넘어 일부 직원의 채용과 승진에 관여하거나 관리사무소 업무의 수행 상태를 감독하기도 하고, 또 신청인들의 근로조건인 임금, 복지비 등의 지급수준을 독자적으로 결정하여 왔더라도, 관리업자 또는 그를 대리한 관리사무소장이 근로계약 당사자로서 갖는 관리사무소 직원들에 대한 임면, 징계, 배치 등 인사권과 업무지휘명령권이 모두 배제 내지 형해화되어 그 직원들과 체결한 근로계약이 형식적인 것에 지나지 않는다고 할 수 없고, 또 입주자대표회의가 관리사무소 직원들의 업무내용을 정하고 그 업무수행과정에 있어 구체적·개별적인 지휘·감독을 행하고 있다고 볼 수 없다면, 입주자대표회의가 관리사무소 직원들과 근로계약관계에 있는 사용자라고 할 수 없다.[21)]

나. 대리점파견 내지 점원파견

판례는 대형할인매장 등에 상품을 납품하는 업체에 고용되어 백화점 및 대형할인매장 등에서 근무하는 자(소위 "대리점파견" 내지 "점원파견")의 경우에 있어 대형할인매장의 납품업체로부터 보수를 받고 대형할인매장에 납품된 전체 상품을 관리한 사람들은 실질적으로 대형할인매장에 고용된 근로자에 해당한다는 입장이다.[22)]

---

21) 대법원 1999. 7. 12.자 99마628 결정.

22) 대법원 2006.12.7. 선고 2006도300 판결. 이 판결에 대한 평석은 연운

다. 사내도급

판례는 원고용주가 실질적으로는 업무수행의 독자성이나 사업경영의 독립성을 갖추지 못한 채 제3자의 일개 사업부서로서 기능하거나 노무대행기관의 역할을 수행한 것으로 인정되는 경우에는 당해 피고용인과 제3자간에 묵시적 근로계약관계가 인정될 수 있다는 입장이다.[23)]

개별적 근로관계에서의 사용자

대법원 2010. 7. 22. 선고 2008두4367 판결

사용자는 근로자의 개념에 대응하여 결정되는 개념으로 통상 종속근로관계에 있어서 근로자의 노동력에 대하여 처분권을 가지는 자를 말한다. 이러한 사용자는 근로기준법이 사용자에게 부과하는 제반의무를 준수해야 할 지위에 있는바, 근로기준법은 동법에 규정하고 있는 최저근로조건을 준수할 사용자의 범위를 명확하게 하기 위하여 동법 제2조 제1항 제2호에서 사용자의 개념을 "사업주 또는 사업 경영 담당자, 그 밖에 근로자에 관한 사항에 대하여 사업주를 위하여 행위하는 자를 말한다"고 정의하고 있다. 이와 같이 근로기준법은 노동현장에 있어서 근로기준법의 각 조항에 대한 실효성을 확보하기 위한 정책적인 배려에서 근로기준법상 제반의무에 대한 준수의무자

희, "농업협동조합이 운영하는 대형할인매장의 납품업체로부터 보수를 받고 위 조합에 납품된 전체 상품을 관리한 사람들이 실질적으로 위 조합에 고용된 근로자에 해당하는지 여부(적극)", 대법원판례해설 66호(2007.7), 법원도서관 참조.

23) 대법원 2008. 7. 10. 선고 2005다75088 판결. 외형상으로는 사내 도급의 형태를 띠고 있지만, 실질적으로는 그 수급인의 근로자와 도급인 사이에 묵시적으로 직접적인 근로관계가 있는 것으로 평가한 사안에 관한 것이다.

를 사업주에 한정하지 아니하고 사업경영담당자 등으로 확대하였고 있다.

구체적으로 어떤 근로자에 대하여 누가 사용자에 해당하는가를 판단하는 경우에도 앞서 본 근로자성의 판단의 경우와 마찬가지로 계약의 형식이나 관련법규의 내용에 관계없이 실질적인 근로관계를 기준으로 하여야 할 것이다.

Ⅰ. 사실관계

- H사의 자동차 조립·생산 작업은 대부분 컨베이어벨트를 이용한 자동흐름방식으로 진행되었는데, H사와 도급계약을 체결한 사내협력업체인 A사 소속 근로자들인 원고들은 컨베이어벨트를 이용한 의장공정에 종사하는 자들이다.

- 원고들은 컨베이어벨트 좌우에 H사의 정규직 근로자들과 혼재하여 배치되어 H사 소유의 생산 관련 시설 및 부품, 소모품 등을 사용하여 H사가 미리 작성하여 교부한 것으로 근로자들에게 부품의 식별방법과 작업방식 등을 지시하는 각종 작업지시서 등에 의하여 단순, 반복적인 업무를 수행하였고, 사내협력업체인 A사의 고유 기술이나 자본 등이 업무에 투입된 바는 없었다.

- H사는 A사의 근로자들에 대한 일반적인 작업배치권과 변경 결정권을 가지고 있었고, 그 직영근로자와 마찬가지로 원고들이 수행할 작업량과 작업 방법, 작업 순서 등을 결정하였다. 참가인은 원고들을 직접 지휘하거나 또는 이 사건 사내협력업체 소속 현장관리인 등을 통하여 원고들에게 구

체적인 작업지시를 하였는데, 이는 원고들의 잘못된 업무수행이 발견되어 그 수정을 요하는 경우에도 동일한 방식의 작업지시가 이루어졌다. 원고들이 수행하는 업무의 특성 등을 고려하면, 사내협력업체의 현장관리인 등이 원고들에게 구체적인 지휘명령권을 행사하였다 하더라도, 이는 도급인이 결정한 사항을 전달한 것에 불과하거나, 그러한 지휘명령이 도급인 등에 의해 통제되어 있는 것에 불과하였다.

- H사는 원고들 및 그 직영근로자들에 대하여 시업과 종업시간의 결정, 휴게시간의 부여, 연장 및 야간근로 결정, 교대제 운영 여부, 작업속도 등을 결정하였다. 또 참가인은 정규직 근로자에게 산재, 휴직 등의 사유로 결원이 발생하는 경우 사내협력업체 근로자로 하여금 그 결원을 대체하게 하였다.
- H사는 이 사건 사내협력업체를 통하여 원고들을 포함한 이 사건 사내협력업체 근로자들에 대한 근태상황, 인원현황 등을 파악·관리하였다.

Ⅱ. 판결요지

- "원고용주에게 고용되어 제3자의 사업장에서 제3자의 업무에 종사하는 자를 제3자의 근로자라고 할 수 있으려면, 원고용주는 사업주로서의 독자성이 없거나 독립성을 결하여 제3자의 노무대행기관과 동일시할 수 있는 등 그 존재가 형식적, 명목적인 것에 지나지 아니하고, 사실상 당해 피고용인은 제3자와 종속적인 관계에 있으며, 실질적으로 임금

을 지급하는 자도 제3자이고, 또 근로제공의 상대방도 제3자이어서 당해 피고용인과 제3자 간에 묵시적 근로계약관계가 성립되어 있다고 평가될 수 있어야 한다."

Ⅲ. 해설

1. 사용자의 개념

1) 근로기준법 제2조 제1항 제2호는 사용자를 "사업주 또는 사업 경영 담당자, 그 밖에 근로자에 관한 사항에 대하여 사업주를 위하여 행위하는 자를 말한다"고 규정하고 있을 뿐 사용자 개념의 본질적 표지에 관해서는 명시적으로 규정하고 있지 않다. 동법이 근로자에 관해서는 보호대상으로서의 적격성이 있는지 여부의 측면에서 포착하고 있음에 반하여 사용자에 관해서는 주로 그가 담당하는 기능의 측면에서 포착하고 있기 때문이다.

2. 묵시적 근로관계

1) 계약의 형식이 업무도급인지 근로자파견인지를 불문하고 원고용주로부터 근로자가 파견되어 다른 기업의 사업조직과 시설에서 그의 지휘명령 하에 업무에 종사할 경우(예컨대, 기존 기업 중 일부 생산부문의 인적 조직이 소위 "소사장 기업"이라는 별개의 기업으로 분리된 경우 이러한 소사장 기업에 고용된 채 기존 기업의 사업장에서 기존 기업의 생산업무에 종사하는 경우)에는 이러한 근로자와 사용기업간에 '묵시적 근로계약'이 성립했는지 여부가 문제로 되는 경우가 있다.

2) 종래 판례는 원고용주가 실질적으로는 업무수행의 독자성이나 사업경영의 독립성을 갖추지 못한 채 제3자의 일개 사업부서로서 기능하거나 노무대행기관의 역할을 수행한 것으로 인정되는 경우에는 당해 피고용인과 제3자간에 묵시적 근로계약관계가 인정될 수 있다는 입장이다.[24)]

3) 이와 같이, 묵시적 근로관계가 성립하기 위해서는 원고용주가 "업무수행의 독자성"이나 "사업 경영상의 독립성"을 갖추지 못하여 도급인의 노무대행기관과 동일시할 수 있는 등 그 존재가 형식적, 명목적인 것에 지나지 않아야 한다. 그런데, 종래 이러한 사업 경영상의 독립성을 온전한 독립성이 아니라 '약간의 독립성'만 있으면 비록 원고용주의 근로자와 도급인 사이에 종속관계가 인정된다 하더라도 근로계약 관계는 부정될 수 있다는 태도인바, 이러한 점이 묵시적 근로계약 법리의 한계라고 생각된다.

3. 대상판결의 평가

1) 대상판결은 이 사건 협력업체들이 독립적인 사업주체로 활동하며 세금을 납부하고 있다는 점, 그 대표 명의로 4대보험에 가입하고 있다는 점, 회계·결산 등도 별도로 해오고 있다는 점, 독립적으로 인사권과 징계권을 행사하고 있다는 점, 임금·상여금 등을 협력업체들이 직접 근로자들에게 지급하고 그에 따른 세금을 납부한다는 점, 사내 협력업체관리 등의 업무표준을 만들어 협력업체들을 관리할 필요가 있다는 점, 작업 현장에는 반드시 협력업체들의 대표

24) 대법원 2008. 7. 10. 선고 2005다75088 판결.

또는 현장 관리인이 상주하도록 한다는 점 등을 근거로 참가인과 협력업체들과의 도급관계가 형식적인 것에 불과하다거나 협력업체들이 사업주로서 독자성이 없거나 독립성을 상실했다고 볼 수 있을 정도로 그 존재가 명목적인 것이거나 형식적인 것이었다고 보기는 어렵다고 판단하여 참가인과 원고들 사이에 묵시적 근로관계를 부정하였다.

2) 대상판결은 사용자와 근로자 관계가 성립하기 위하여는 원칙적으로 양자간에 명시적 또는 묵시적으로 체결된 계약이 있거나 기타 법적 근거가 있어야 한다는 점을 고려하여 묵시적 근로관계의 인정에 엄격한 기준을 적용한 것으로 생각된다.

□ Topic. 용역직 직원의 사용과 위장도급 문제

통상 '용역직'이란 용어는 사용자가 특정 근로자와 직접 근로계약을 체결하지 않고 제3의 업체(용역업체)와 도급계약, 용역계약 내지 외주계약 등(이하 "용역계약")을 체결하고 이러한 용역계약에 기하여 용역업체 소속 근로자를 간접적으로 사용하는 경우에 있어서 용역업체에 소속된 직원을 일컫는 용어로 사용되고 있다. 이러한 용역직 사용의 적법성은 주로 용역직 직원 사용의 전제가 되는 용역계약의 법적 성격이 민법상 도급계약에 해당하는지 근로자파견계약에 해당하는지 여부와 관련이 있다. 왜냐하면, 용역계약의 실질이 근로자파견계약에 해당하는 경우에는 이러한 형태의 용역직 사용은 소위 '위장도급'(false outsourcing)에 해당하여 파견근로자보호등에관한법률(이하 "파견법")의 적용을 받게 될 것이기 때문이다.

한편, 위장도급 여부의 판단에 있어서는 실제 사업수행실태 및 노무관리상의 실태가 가장 중요한 기준이 될 것인바, 계약서의 내용은 도급이지만 실제 사업수행이 도급이 아닌 경우에는 근로자파견사업으로 추정되며, 나아가 도급인지 근로자파견 여부는 사업주가 입증책임을 진다고 할 것이다. 위장도급 여부의 판단에 있어 핵심적인 기준은 (1) 업무분리의 명확성, (2) 도급대가 산정의 적합성, (3) 수평적 문화의 존재, (4) 과정이 아닌 목표에 대한 통제의 4가지 요소가 될 것이다.

따라서, 용역계약이 진정도급(眞正都給)으로 인정되기 위해서는 먼저 (i) 용역계약의 목적업무의 업무수행방법 및 업무수행결과의 평가방법의 결정 등에 관한 사항, (ii) 본건 용역업무에 종사하는 근로자들의 휴게시간, 휴일, 시간외 근로 등 근로시간에 관한 사항 및 (iii) 본건 용역업무에 종사하는 근로자들에 대한 인사이동과 징계 등 기업질서의 유지와 관련한 사항에 관한 모든 권한이 용역업체에게 있어야 하며, 나아가 도급업체는 용역업무에 종사하는 근로자들에 대한 노무관리에 대하여 실질적인 지휘나 감독을 행하여서는 아니되며(노무관리상의 독립성), 또한 용역업체는 (i) 용역업무에 소요되는 자금을 용역업체의 책임하에 스스로 조달하여야 하며, (ii) 민법, 상법, 근로기준법 기타 법률에 규정된 사업주로서의 모든 책임을 용역업체 스스로 부담하여야 하고, 나아가 (iii) 용역업무의 수행에 필요한 기계, 설비, 기재와 자재를 독자적으로 조달하거나 또는 스스로의 전문적 기술 또는 경험에 본건 용역업무를 수행하는 것으로 인정되어야 할 것이다(사업경영상의 독립성).

Ⅲ. 근로조건의 기준과 결정방법

1. 근로조건의 기준

제3조(근로조건의 기준) 이 법에서 정하는 근로조건은 최저기준이므로 근로관계 당사자는 이 기준을 이유로 근로조건을 낮출 수 없다.

근로기준법에서 정하는 근로조건은 최저기준이므로 근로관계 당사자는 이러한 기준을 이유로 근로조건을 낮출 수 없다.

대법원 2005. 9. 9. 선고 2003두896 판결
"근로기준법은 근로조건의 최저기준을 정하고 있는 것에 불과하므로 계약자유의 원칙상 근로계약 당사자는 근로기준법이 정한 기준을 초과하는 시간외근로수당(이른바 법내 초과근로수당)의 지급에 관하여 약정할 수 있는 것이고 그러한 약정을 한 이상 사용자는 그 약정에 따라야 할 의무가 있다."

□ 노사관행

1. 노사관행의 의의

노동법은 현실적인 노사관계로부터 규범의식이 발생함으로써 생성되고, 또 그러한 생성과정을 거쳐 발전하는 것이 일반적인 경향이다. 우리나라에서도 단일 기업단위에서 당해 기업 내의 특유한 노사관행이 그 기업 내의 근로관계를 규율 또는 형성하고 있는 것이 현실이다. 노사관행이 이처럼 실제로 기업이라는 부분사회 내의 근로관계를 규율 내지 형성하고 있음에도 불구하고, 우리나라에서는 "노사관행"이라는 용어 자체가 아직 학계나 실무계에서 완전히 정착되어 있지 못하고 있으며, 노사관행의 법적 성질이나 그 효력 등에 관한 판례의 태도 또한 견고하지 못한 것이 현실이다. 일반적으로 "노사관행"이란 단체협약, 취업규칙, 조합규약, 근로계약 등으로 성문화되지 않은 채 노사관계의 현장에서 근로조건 등에 관하여 장기간 반복하여 행하여진 처리방법을 의미한다고 정의된다.

2. 노사관행의 구속력의 근거

(1) 계약설

노사관행의 구속력의 근거를 노사간의 합의에서 찾는 입장을 통칭하여 계약설로 분류할 수 있을 것이다. 계약설에는 노사관행의 구속력의 근거를 당사자간의 묵시적 합의에서 구하는 견해(묵시적 합의설)와 노사관행을 민법 제109조의 사실인 관습으로 파악하여 이를 기초로 그 구속력을 인정하는 견해(사실인 관습설)가 있다.

가. 묵시적 합의설 : 묵시적 합의설은 노사관행의 구속력의 근거를 사용자가 일정한 경영상의 행위 내지 취급을 반복할 경우에는 그러한 행위 내지 취급에 대하여 의무를 부담하겠다는 사용자의 의사가 추단되고, 근로자가 이를 수령함으로써 승낙하게 된다고 하는 당사자간의 묵시적 합의에서 찾는다.

나. 사실인 관습설 : 사실인 관습설은 노사관행을 하나의 기업단위에서 성립하는 '사실인 관습'으로 보아야 한다는 견해이다. 관습법(민법 제1조)과 사실인 관습(민법 제106조)에 관한 민법에서의 구별에 대응하여 노사관계에서의 노사관행도 관습법으로 성립된 노사관행과 사실인 관습에 해당하는 노사관행으로 구별하고, 나아가 노사관계에서는 '법적 확신'이 유지되는 관습법은 성립되기는 어려우므로 노사관행의 대부분은 사실인 관습에 속한다고 보는 입장이다. 이러한 사실인 관습설은 특정한 노사관행이 '사실인 관습'으로 인정될 경우 근로계약의 당사자는 이러한 '사실인 관습'을 준수하여야 하므로, 결국 노사관행이 근로계약의 내용으로 편입된다고 본다.

(2) 규범설

노사관행을 노사간의 법률관계에 직접 적용되는 법원의 일종으로 파악하는 견해들을 규범설이라고 통칭할 수 있을 것인바, 이러한 규범설의 범주에는 ① 노사관행을 단체협약이나 취업규칙 등과 나란히 독자적인 법원으로 보는 견해(규범설), ② 노사관행을 부문의 취업규칙으로 보는 견해(차용법원설), ③ 노사관행을 경영상의 관습법의 일종으로 보아 노사관행이 법규범처럼 직접적·강행적으로 노사간의 법률관계에 적용된다는 견해(경영상 관습법설)가 있다.

가. 규범설 : 규범설은 민법의 논리에 얽매이지 않고, 노사관행 중 어떠한 것에 '법적 구속력'이 인정되어야 하는가를 탐구하여야 한다고 하면서, 법적 구속력이 인정되어야 할 노사관행의 성립요건으로서 ① 집단적 노사간(노동조합 또는 종업원집단과 사용자와의 사이)에 존재하는 관행적 사실로, ② 그 사실이 반복하여 계속되고 있고, ③ 노사 쌍방의 규범의식이 추정될 수 있을 것이라고 하는 3가지의 요건을 들고 있다.

나. 차용법원설 : 차용법원설은 노사관행에 부문의 취업규칙으로서의 성격을 부여하여 노사관행이 취업규칙 등의 기존의 법원과 동등한 법원이 된다는 견해이다. 이 견해는 취업규칙의 규범적 효력은 사용자와 종업원집단과의 사이의 집단적 합의에 근거하여서만 발생한다는 해석을 전제로, 특정한 노사관행에 대하여 사용자와 종업원집단과의 사이에 '묵시적·집단적 합의'가 존재한다고 인정할 수 있는 경우에 한하여 당해 노사관행에는 부문의 취업규칙으로서 규범적 효력이 인정된다고 본다.

다. 경영상 관습법설 : 경영상 관습법설은 노사관행을 일종의 경영상의 관습법으로 파악하여 구체적인 노사관행이 마치 법규범처럼 직접적, 강행적으로 적용된다고 보는 견해이다.

(3) 신뢰책임설

신뢰책임설은 노사관행의 구속력의 근거를 노사관계의 일방 당사자(특히, 사용자)가 그 상대방에게 노사관행에 의하여 계속적인 급부가 행하여질 것이라는 신뢰를 발생시킨 데 대한 신뢰책임에서 찾는 견해이다. 즉, 신뢰책임설은 사용자가 자신의 행동을 통하여 신뢰상태를 조성했고, 이에 대해 근로자가 그와 같은 관행의 존속을 신뢰하여 그에 따른 준비를 하고 있었다면, 사용자는 장래 그와 같은 관행에 구속된다고 본다.

(4) 판례의 태도

우리나라 법원은 기본적으로 노사관행의 법적 성질을 '사실인 관습설'에 입각하여 파악하고 있다. 먼저, 대법원은 근로자의 동의 없이 전적시키는 관행이 근로계약의 내용을 이루고 있다고 인정되는지 여부가 문제된 사안에서 "근로자를 그가 고용된 기업으로부터 다른 기업으로 적을 옮겨 다른 기업의 업무에 종사하게 하는 이른바 전적은 종래에 종사하던 기업과 사이의 근로계약을 합의해지하고 이적하게 될 기업과 사이에 새로운 근로계약을 체결하는 것이거나 근로계약상의 사용자의 지위를 양도하는 것이므로, 동일기업 내의 인사이동인 전근이나 전보와 달라 특별한 사정이 없는 한 근로자의 동의를 얻어야 효력이 생기는 것인바, 사용자가 근로자의 동의를 얻지 아니하고 기업그룹 내의 다른 계열회사로 근로자를 전적시키는 관행이 있어서 그 관행이 근로계약의 내용을 이루고 있다고 인정하기 위하여는 그와 같은 관행이 기업사회에서 일반적으로 근로관계를 규율하는 규범적인 사실로서 명확히 승인되거나, 기업의 구성원이 일반적으로 아무런 이의도 제기하지 아니한 채 당연한 것으로 받아들여 기업 내에서 사실상의 제도로서 확립되어 있지 않으면 안된다"고 판시하였다(대법원 1993. 1. 26. 선고 92다11695 판결). 또한, 대법원은 그 지급기준이나 액수, 시기 등이 확정되어 있지 않은 특별상여금의 임금이 문제된 사안에서 "특별상여금의 지급 근거가 단지 급여규정에만 있을 뿐 단체협약에는 아무런 규정이 없고 또한 그 급여규정에 의하더라도 특별상여금은 회장이 특히 공로가 있다고 인정하는 직원에 대하여 지급할 수 있다고만 규정되어 있을 뿐, 구체적으로 그 지급기준, 지급액수, 지급시기 등에 관하여는 아무런 규정이 없어 그 지급이 확정되어 있다고 보기 어려우며, 실제로도 1987년에 처음으로 월 급여액의 30%가 지급되었고, 1988, 1989년에는 지급된 바 없다가, 1990년도에 다시 30%를 지급한 다음, 1991년도에는 2회에 걸쳐 도합 120%, 1992년부터 1994년까지 3년간은 12월에 100%씩 지급되다가 다시 중단되고, 그 지급 명목도 구구하였다면 그 지급기준과 지급명목 등에 비추어 특별상여금이 계속적·정기적으로 지급되고 있다거나, 그러한 관례가 성립되었다고 보기는 어려우므로 임금에 속한다고 볼 수 없다"고 판시하였다(대법원 1999. 9. 3. 선고 98다34393 판결).

이처럼 대법원은 노사관행이 사실인 관습으로 인정될 경우 그러한 노사관행에 대하여 당사자를 구속하는 효력을 긍정하고 있으며, 나아가 사실인 관습으로서의 노사관행의 성립요건으로 "그 관행이 기업사회에서 일반적으로 근로관계를 규율하는 규범적인 사실로서 명확히 승인"되거나 "기업 내에서의 사실상의 제도로서 확립"되어 있음을 요구하여 결국 구속력 있는 노사관행의 성립 가능성을 매우 좁게 인정하고 있다.

3. 노사관행의 효력

구체적인 노사관행이 어떠한 효력을 갖는지는 문제가 되는 노사관행이 '법적 확신'에 의하여 지지되고 있는지 여부, 사실인 관습으로 인정될 수 있는지 여부, 당해 노사관행의 준수에 관한 당사자간의 묵시적 합의를 추단할 수 있는지 여부 등 구체적인 사실관계에 따라 달리 설명되어야 할 것이다.

(1) 근로계약의 보충효

특정한 행위의 반복이 사실인 관습이라고 평가되는 경우 그 노사관행은 장래에 대해서도 당사자를 구속한다. 이는 사실인 관습에는 계약의 보충효라고 하는 특별한 효력이 인정되기 때문이다. 이러한 보충의 법적 효과는 계약의 내용으로 되는 것을 의미하므로 이에 대응하는 이행의무(준수의무)를 발생케 한다. 즉 당사자간에 새로운 권리의무관계를 발생케 한다.

(2) 취업규칙 등의 해석기준

단체협약이나 취업규칙의 규정이 불분명하게 규정되어 있는 경우, 노사관행은 불분명한 규정의 해석을 위한 기준이나 구체적 적용기준으로서의 기능을 한다. 즉, 노사관행은 근로계약이나 취업규칙상의 불명확한 또는 추상적인 규정을 당해 기업의 사정에 적합하게 만들거나, 불명확한 또는 추상적인 규정에 명확한 또는 구체적인 의미를 부여하는 기능을 한다.

(3) 부당노동행위 성부의 판단기준

노동조합활동상의 유리한 처우나 시설사용상의 편의제공 등 조합활동 등에 관한 노사관행을 사용자가 일방적으로 폐기할 경우, 그러한 사용자의 행위는 부당노동행위를 구성할 수 있다. 즉, 부당노동행위에 있어서의 불이익취급의 존부에 관한 판정은 사용자의 관행적인 행위를 고려하여 판단되어야 할 것이다.

(4) 구속력 없는 노사관행의 기능

사실인 관습으로 인정될 수 없는 관행적 사실은 당사자 사이에 새로운 권리의무관계를 발생케 하지는 않는다. 그러나, 관행적 사실이 존재한다는 것은 반복되어 온 개개의 행위에 대하여 노사간의 묵시적 합의가 있었음을 의미하므로 이러한 과거의 행위는 모두 적법한 법적 근거가 있는 정당한 행위로 평가될 수 있을 것이다. 따라서, 구속력 없는 노사관행에 근거하여 근로자가 받은 급부는 부당이득에 해당되지 않고, 나아가 이러한 노사관행에 근거하여 근로자가 행한 행위는 적법성이 인정되어 징계처분의 대상이 되지 않을 것이다. 나아가, 노사관행 자체로는 법적 효력을 인정할 수 없는 경우에도 반복·계속되어 온 사실에 대한 신뢰가 보호할 가치가 있는 경우에는 당해 노사관행에 반한 처우가 권리남용에 해당된다고 평가되는 경우가 있을 수 있다. 다만, 관행적 사실에 대하여 노사간에 묵시적 합의가 존재한다는 추정을 부인할 만한 사정, 구체적으로 노사관행과 모순되는 명시의 의사표시의 존재, 행위의 위법성의 존재 중 어느 하나에 저촉되는 경우에는 장래는 물론 과거의 행위에 대해서도 적법화 기능은 상실된다. 따라서 과거의 행위는 부당이득 내지 불법행위로 되고 징계처분도 과할 수 있게 된다.

2. 근로조건 결정의 기본원칙

제4조(근로조건의 결정) 근로조건은 근로자와 사용자가 동등한 지위에서 자유의사에 따라 결정하여야 한다.

근로조건은 근로자와 사용자가 동등한 지위에서 자유의사에 따라 결정하여야 한다.

□ Topic. 근로기준법과 약관규제법과의 관계

사업자가 다수의 상대방과 사이에 일정한 형식에 의하여 미리 마련한 계약서에 따라 체결한 계약이 근로기준법상의 근로계약에 해당될 경우, 그러한 계약에 약관의 규제에 관한 법률이 적용되는지 문제된다. 약관의 규제에 관한 법률 제30조는 "이 법은 약관이 상법 제3편, 근로기준법 기타 대통령령이 정하는 비영리사업의 분야에 속하는 계약에 관한 것일 때에는 이를 적용하지 아니한다"고 규정하여 근로계약에 관하여는 동법이 적용되지 않음을 명시하고 있다.[25] 여

25) 대법원 2010.1.19. 자 2009마1640 결정 : "약관의 규제에 관한 법률(이하 '약관규제법'이라 한다)은 제6조에서 "신의성실의 원칙에 반하여 공정을 잃은 약관조항은 무효이다"라고 규정하고(제1항), 고객에 대하여 부당하게 불리한 약관조항은 공정을 잃은 것으로 추정된다고 한 다음(제2항 제1호), 제14조에서 "고객에 대하여 부당하게 불리한 소제기의 금지조항 또는 재판관할의 합의조항이나 상당한 이유 없이 고객에게 입증책임을 부담시키는 약관조항은 이를 무효로 한다"라고 규정하는 한편, 제30조에서 "이 법은 약관이 상법 제3편, 근로기준법 기타 대통령령이 정하는 비영리사업의 분야에 속하는 계약에 관한 것일 때에는 이를 적용하지 아니한다"고 규정하고 있는바, 사업자가 다수의 상대방과 사이에 일정한 형식에 의하여 미리 마련한 계약서에 따라 체결한

기서 '근로기준법의 분야에 속하는 계약'에 관한 약관이란 취업규칙, 단체협약 등 노동계약분야에서 사전에 작성·사용되는 규정을 총칭한다.

3. 근로조건의 준수

제5조(근로조건의 준수) 근로자와 사용자는 각자가 단체협약, 취업규칙과 근로계약을 지키고 성실하게 이행할 의무가 있다.

근로자와 사용자는 각자가 단체협약, 취업규칙과 근로계약을 지키고 성실하게 이행할 의무가 있다. 따라서 단체협약, 취업규칙과 근로계약은 근로관계에 있어 일종의 법원으로 기능하게 된다.

Ⅳ. 근로계약에서 준수하여야 할 기본원칙

1. 근로관계에 있어서의 헌법상 기본권

(1) 근로관계에 있어서 기본권 규정의 효력

기본권 보장에 관한 헌법규정은 개인의 주관적 권리로서 기본권을 보장한다는 의미와 함께 그러한 기본권의 행사 또는 실현에 의하여 형성되어야 할 공동체의 전체질서의 기본 내용을 확정함으로써 개인을 공동체에 편입하는 객관적 질서의 요소로서 공동체의 법질서의 기초를 형성하는 성격을 겸유하고 있다(기본

계약이 근로기준법상의 근로계약에 해당될 경우에는 사업자의 소재지를 관할하는 법원을 관할법원으로 하는 내용의 재판관할 합의조항을 약관규제법에 의하여 무효라고 판단할 수는 없다."

권의 이중적 성격). 한편, 오늘날 사인간의 법률관계는 사적자치의 원칙에 의하여 당사자 사이의 자유로운 합의에 의하여 결정되어야 한다는 것은 사법상의 법원리로 원칙적으로 승인되고 있으나, 사법상 법률관계의 당사자가 사회적·경제적으로 대등한 위치에 있지 못한 경우까지 이러한 사적자치의 원칙을 일관하게 되면 헌법상 기본권 규정 등에 의하여 표상되고 있는 객관적 가치질서와 상반되는 결과가 초래되는 불합리가 있을 수 있기 때문에 사적 자치의 원칙을 제한할 필요성이 있고, 이 경우 헌법상 기본권 규정에 의하여 표상되는 객관적 가치질서에 기초하여 이를 사법상의 법률관계에 직접적용하거나 사법상의 법률관계를 규율하는 법규범의 해석·적용이나 그 밖에 사법상의 법률관계를 형성하는 요소에 대한 해석에 있어서 이를 고려하는 방법으로 간접적용하여야 한다는 논의가 있다(기본권의 제3자적 효력).

가. 직접적용설

헌법에 직접으로 사인간 효력을 정하고 있는 명문규정이 있거나 기본권의 성질상 주관적 공권으로서의 의미 뿐만 아니라 개개의 국민에게 직접으로 사법상의 권리를 부여하고 있는 것은 그 자체로 직접 사인 상호간의 법률관계의 효력을 좌우하는 법규범으로서 적용된다고 하는 견해이다. 독일 연방노동법원이 '일련의 중요한 기본권은 국가권력에 대한 자유권을 보장할 뿐만 아니라 사회생활에 있어서의 질서원칙들도 포괄하고 있다. 이들 질서원칙들은 기본권 자체의 내용에서 상세하게 구체화될 수 있는 범위 안에서 개개의 국민 상호간의 법적 거래관계에 있어서도 직접적인 중요성을 갖게 될 것이다. 기본권은 질서구조를 설정하는데, 기업간의 질서 혹은 법률관계 주체간의 계약 및 조치도 이러한 질서구조와 자유민주적 법치국가를 무시하는 명백한 모순관계에 서서는 안된다'고 판시[26]한 이래 독일에서 근로관계와 관련하여 취하고 있는 주류적인 입장이 되고 있다.

나. 간접적용설

헌법상 기본권 규정은 우선적으로는 국가권력에 대한 주관적 공권의 의미를 가지고 동시에 공동체 생활의 기초가 되어 국가존립에 정당성을 부여해 주는 객관적인 가치질서를 뜻하기 때문에 모든 생활영역에 이른바 방사효과를 미치게 되며, 따라서 사인간의 법률관계라 할지라도 기본권의 방사효과가 미치게 되는데, 이러한 방사효과가 사인간의 법률관계에 직접으로 영향을 주는 것은 아니고 사법상의 '신의성실', '권리남용', '공서양속', '공정성', '불법행위 금지' 등에 관한 개개의 일반조항이나 관련 법규범을 매개로 하여 그러한 법규범의 해석·적용에 있어서 이러한 객관적 가치질서를 충분히 반영함으로써 기본권 보장에 관한 헌법규정은 사법상의 법률관계의 형성에 간접적으로 효력을 미치게 된다는 견해이다. 독일 연방헌법재판소 판례의 태도이고,[27] 일본 최고재판소 판례[28]의 입장이다.

---

26) BAGE 1, 185(193f.).

27) BVerfGE 7, 198(205) ; 10, 302(322) ; 13, 318(325) ; 25, 256(263) ; 34, 269(280).

28) 삼릉수지사건 : 최고재 소화 48.12.12.자 대법정판결, 민집 27권11호, 1536면; "사용자가 노동자를 고용함에 있어 과거의 학생운동참가의 유무 등을 조사해서, 장래의 행동을 예측하여 채부를 결정하는 것은 노동자의 정치적 사상, 신조에 전혀 관계가 없다고 할 수는 없으나, 헌법 제19조, 제14조는 다른 자유권적 기본권의 보장 규정과 동일한 것으로

다. 검토

사인 상호간의 법률관계의 특징은 그 법률관계의 당사자 모두가 동일하게 기본권적 자유나 권리의 보호를 받는다는 점에 있으므로 일방 당사자에 대한 기본권적 자유나 권리의 보호는 동시에 상대방에 대한 기본권적 자유나 권리의 제한을 의미할 수 있다. 이러한 점에서 사인에 대한 직접적인 기본권적 자유나 권리의 보장을 일반화하는 것은 무리라고 생각되며, 사인간의 법

국가 또는 공공단체의 통치행위에 대해서 개인의 기본적인 자유와 평등을 보장하는 목적에서 출발하는 것으로 국가 또는 공공단체와 개인과의 관계를 규율하기 위한 것으로 사인 상호간의 관계를 직접 규율하는 것을 예정하고 있는 것은 아니다. 사인간에 사회적 지배와 복종관계가 있어도 그러한 경우 국가와 공공단체의 지배와 동일시하는 것으로 판정하는 것은 곤란하다. 사회적 사실로서의 힘의 우열관계는 당연한 성질상의 구별이므로 인권규정은 직접 적용되지 않는다. 그러나 사인간에 기본적 자유와 평등의 침해에 있어 태양, 정도가 사회적으로 허용되어지는 한도를 초과하는 것은 이에 대한 입법조치로서 그 시정을 고려하는 것이 가능하고, 또 경우에 따라서는 사적 자치에 대한 일반적 제한규정인 민법 제1조, 제90조 또는 불법행위에 관한 제규정 등의 적절한 운용 등으로서 일면 사적 자치의 원칙을 존중하게 되고, 타면으로 사회적 허용성의 한도를 넘는 침해에 대한 기본적인 자유와 평등의 이익을 보호해서 그 사이의 적절한 조정을 도모하는 방도도 존재한다. 헌법은 사상·신조의 자유, 법 아래에서의 평등과 동시에 제22조, 제29조 등에 있어서 재산권의 행사, 영업과 다른 광범위한 경제적 활동의 자유도 기본적 인권으로서 보장하고 있다. 기업자는 경제활동의 일환으로서 계약체결의 자유를 가지고서 영업을 위하여 어떠한 자를 어떠한 조건으로 고용하는 것에 대해 원칙적으로 자유가 있고, 기업자가 특정의 사상·신조를 가진 자를 그 이유를 가지고 고용하는 것을 거부하는 것도 당연히 위법은 아니다. 따라서 기업자가 노동자의 채용여부결정에 있어서 노동자의 사상·신조를 조사하는데 그를 위하여 그 자로부터 이것에 관련된 사항에 대하여 신고를 구하는 것도 위법이 아니다. 본건 채용거부는 유보해약권의 행사, 즉 고용된 후에 있어서 해고에 있는 것으로, 그것이 객관적으로 합리적인 이유가 있어 사회통념상 상당한 것으로 인정되어지는 경우에 해당하는가 아닌가에 달린 것으로 구체적 제사실의 심리를 다하는 것이 적절하다."

률관계에 있어서 기본권적 자유나 권리는 적어도 사인 상호간에 제한을 받는 범위 내에서만 구속력의 근거를 찾을 수 있을 것이다. 한편, 사인간의 법률관계를 규율하는 법률규정에 기본권 보장의 취지를 올바르게 반영하는 것은 일차적으로는 사법을 제정하는 입법자의 책무라고 할 것이다. 그런데 입법자가 그러한 개개의 법률규정 중에 불확정 개념이나 일반조항을 두고 있다면 이는 헌법상 기본권 규정에 포괄되어 있는 객관적 가치질서에 부합하도록 해석하고 적용하여야 하며, 그리하여 그러한 간접적인 적용을 통하여 기본권 규정이 사법상의 법률관계에 효력을 미치게 된다.

특히, 사적자치의 원칙이 충분히 적용될 수 있는 대등한 계약관계와는 달리 경제적·사회적 약자의 기본권적 자유나 권리를 보호하여야 할 요청이 강하면 강할수록 헌법상 기본권 규정이 관련되는 사법상 법률규정의 해석이나 그 법률관계의 형성요소에 해당하는 법률행위 등의 해석의 기준으로서 미치는 영향력은 증대될 것인바, 근로관계를 규율하는 개개의 법률규정이나 기타 근로관계를 형성하는 요소인 사용자의 노무지휘권의 행사, 근로계약, 취업규칙, 단체협약 등의 해석의 경우 기본권 보장에 관한 헌법규정의 취지를 충분히 고려하여야 할 필요성이 크다. 따라서, 헌법상 기본권 규정은 근로관계를 규율하는 개개의 법규범의 해석기준으로서 기능할 뿐만 아니라 나아가 근로계약, 취업규칙, 단체협약을 해석함에 있어서도 필요불가결한 고려 요소로 작용하고, 이에 따라 사용자의 노무지휘권의 범위를 획정함으로써 그 한계를 일탈한 노무지휘권의 행사에 대하여는 그 효력이 부인되어 근로자가 그러한 업무명령에 따르지 않은 것을 이유로 해고 등 불이익 처분을 하는 것이 허용되지 아니하거나, 그러한 업무명령에 위법성이 인정될 때에는 불법행위를 구성하여 사용자에 대한 손해배상책임을 물을 수 있으며, 또한 근로계약 자체가 민법 제103조에 정한 '선량한 풍속이나 사회질서'에 위반하여 무효로 되는 근거로서 기능할 수 있을 것이다.

근로관계에서의 근로자의 양심의 자유[29)]

대법원 2010. 1. 14. 선고 2009두6605 판결

Ⅰ. 사실관계

- A는 2006년 8월 7일에 B복지재단과 직급 및 직위를 4급 1호로 하는 사회복지사로 근로계약을 체결하였다. 이 근로계약에는 근무장소를 복지관으로 하되 운영상 필요에 따라 직종이나 근무장소를 변경할 수 있다는 사항을 담고 있었다. 이후 2007년 2월 27일 B복지재단은 직업재활사업 분야에서 경기도가 계획하는 정신지체장애인 및 발달장애인들의 여가선용 및 직업재활을 위한 영농학습장 운영 프로그램(이하 "재활프로그램"이라 함)에 선정되었다.

- 당시 직업재활팀 인원은 단 2명뿐이었기 때문에, B복지재단은 보호작업장 근로자의 업무분장을 검토한 결과, A가 상대적으로 업무량이 가장 적어 A에게 주2회 8시간씩 재활프로그램 종료시까지 직업재활팀에서 근무하도록 2007년 3월

29) 이 판결에 대한 평석은 하경효, "시말서제출요구와 근로자의 양심의 자유", 노동법률 229호(2010. 6.), 중앙경제사 참조.

16일 명하였다. 재활프로그램 현장은 복지관에서 3~4km 떨어진 곳에 위치한 영농학습장이며, 출근 후에 복지관의 차량으로 이동하는 방법을 택하였다.

- 그러나 A는 B복지재단의 이러한 파견근무명령에 응하지 않았고, B복지재단은 2007년 4월 3일 A에게 업무지시 불이행에 따른 주의조치와 함께 시말서를 4월 5일까지 제출하도록 요구하였으나 A는 이에도 응하지 아니하였다. 이에 B복지재단은 2007년 4월 13일 복지관 인사규정 제48조 1항 4호(정당한 사유 없이 상사의 직무상의 명령에 항거 또는 불복한 때)에 의하여 인사위원회에 징계를 요구하였고, 인사위원회는 소명의 기회를 부여한 뒤에 4월 20일 시말서 제출과 함께 가장 낮은 징계인 견책을 결정하여 4월 23일 통보하였다.

- 이에 대하여 A는 B복지재단이 재활프로그램 선정에 따른 인원부족을 복지관 업무운영차원에서 해결해야 함에도 재활프로그램과 무관한 보호작업장의 인력을 파견하여 해결하려 하고 있으며, 이에 대한 사전 설명도 없이 파견을 진행하여 부당하다고 주장하였다. 따라서 부당한 명령에 대한 불복을 이유로 한 시말서 제출요구는 정당하지 않으며 이를 거부한 것이 징계사유가 될 수 없고, 그로 인한 업무상 차질도 발생한 바가 없으며 기존 다른 근로자와의 형평에도 어긋난다는 점을 들어 견책처분에 대하여 부당징계 및 부당노동행위 구제신청을 제기하였다.

Ⅱ. 판결요지

- 취업규칙에서 사용자가 사고나 비위행위 등을 저지른 근로자에게 시말서를 제출하도록 명령할 수 있다고 규정하는 경우, 그 시말서가 단순히 사건의 경위를 보고하는 데 그치지 않고 더 나아가 근로관계에서 발생한 사고 등에 관하여 '자신의 잘못을 반성하고 사죄한다는 내용'이 포함된 사죄문 또는 반성문을 의미하는 것이라면, 이는 헌법이 보장하는 내심의 윤리적 판단에 대한 강제로서 양심의 자유를 침해하는 것이므로, 그러한 취업규칙 규정은 헌법에 위배되어 근로기준법 제96조 제1항에 따라 효력이 없고, 그에 근거한 사용자의 시말서 제출명령은 업무상 정당한 명령으로 볼 수 없다.

Ⅲ. 해설

1. 양심의 자유의 의의

1) 헌법 제19조는 "모든 국민의 양심의 자유를 가진다"고 하여 양심의 자유를 보장하고 있는바, 이러한 양심의 자유는 종교의 자유, 학문·예술의 자유와 함께 내심의 자유에 속하며, 행동의 자유에 선행하는 정신적 자유의 모체를 이루고 있다.

2) 양심의 자유는 자기양심에 반하는 신념이나 행동을 강요당하지 않고, 자기 양심에 따라 행동할 수 있는 양심강제로부터의 자유를 내용으로 한다. 구체적으로는 양심형성 내

지 양심결정의 자유, 양심을 지키는 자유, 양심실현의 자유 등이 그것이다.

2. 근로관계에서의 양심의 자유

1) 기본권은 국가권력에 대한 방어권으로서 성립·발전되어 왔다는 점에 비추어 기본권의 1차적 의미는 국가권력에 대한 보호에 있다고 할 수 있다. 그러나 오늘날 기본권을 국가와 개인의 관계에만 국한시켜 주관적 공권으로 파악하기보다는 공동체전체의 객관적 질서로서 이해함에 따라, 사인간의 법률관계에 대해서도 기본권의 적용문제가 논의될 수 있게 되었다. 이에 따라 독일의 통설과 판례의 입장은 사인간의 관계에서도 기본권의 효력을 인정하고 있으나, 기본권이 헌법의 중심가치로서 존중되어야 한다는 원칙적 요청과 사법관계를 지배하는 근본원칙인 사법 자율의 요청을 어떻게 조화시킬 것인가 하는 문제를 중심으로 이른바 직접적용설과 간접적용설로 대립되어 있다.

2) 직접적용설은 전체법질서의 통일성이라는 관점에서 모든 규율내용은 헌법의 테두리내에서만 타당하며, 이 점에 있어서는 사법관계도 예외가 될 수 없다는 것을 전제하고 있다. 이러한 전제에 기초하여 기본권은 모든 사법관계에 대해서도 직접 적용될 수 있다고 한다. 반면 간접적용설에 의하면 사인간의 법률관계를 규율하는 것은 우선적으로 사법이기 때문에 헌법상의 기본권규정이 사법질서에서 직접적으로 적용될 수는 없고, 기본권은 사법의 신의성실이나 공서양속과 같은 일반조항을 매개로 간접적으로 사인

간의 법률관계에 적용될 수 있다고 한다. 즉 위 견해에 따르면 객관적 가치질서로서 모든 생활영역에 파급효과를 지니는 기본권은 일반조항에 의해 사법질서에서도 그 효력이 매개된다고 한다. 이 때 기본권은 사법상의 일반조항의 해석과 적용에 있어서 기준 내지 지침으로 기능한다고 이해하고 있다.30)

3) 이와 같이 기본권이 사법질서에 있어서도 적용된다는 점에서 사용자는 근로자와의 관계에서 헌법상 근본적 가치결정으로서의 기본권을 존중할 의무가 있다고 할 것이며, 따라서 다른 사법관계에서와 마찬가지로 근로관계에 있어서도 양심의 자유 규정은 사용자를 구속한다고 할 것이다.

3. 시말서의 제출 관련 쟁점

1) 근로자에게 비교적 경미한 기업질서 위반행위 등의 과오가 있을 때, 그러한 사실관계를 확인하고 그에 대한 사죄 또는 반성의 뜻을 표명하는 것을 주요 내용으로 하는 시말서를 제출하도록 하는 경우를 흔히 볼 수 있다. 이 경우 근로자가 시말서 제출을 거부하였을 때에 이를 이유로 새로운 징계처분 등 제재조치를 가함으로써 근로자로 하여금 자신의 행위에 대하여 사죄나 반성의 뜻을 표명하도록 강제하는 것이 근로자의 일반적 인격권 또는 양심의 자유 등

30) 독일연방헌법재판소는 1951. 1. 15. 유명한 Luth사안 판결(BVerfGE 7, 198(214ff.))에서 "기본권은 1차적으로 국가에 대한 시민의 방어권(Abwehrrecht)이지만 동시에 모든 법영역에 있어서 헌법상의 기본결단으로서의 의미 또한 가진다. 민법에 있어서 기본권의 내용은 사법상의 규정 특히 일반규정을 통해 간접적으로 적용될 수 있다"고 판단한 이래 일관되게 간접적용설을 취하고 있다.

에 기초한 인격적 이익의 보호와 관련하여 과연 허용될 수 있는지가 문제된다.

2) 시말서의 제출명령이 취업규칙 등에 명시적인 근거가 있어야만 하는지 여부 : 일본의 하급심 판결 중에는 시말서 제출은 근로자의 양심·사상·신조 등과 미묘하게 관련된 내적 의사의 표백을 구하는 것이므로 그 제출 의무에 관한 근거규정이 필요하다고 명확히 판시한 사례가 있다.[31)]

3) 시말서 제출거부를 이유로 징계 등 새로운 제재처분이 가능한지 여부 : 근로관계에 있어서 노사는 상호 대등한 지위에서 자유의사에 의하여 근로조건을 결정하는 것이고 근로자가 사용자의 신분적·인격적 지배에 예속하는 것이 아니며, 자신의 양심·사상·신조 등에 관하여 함부로 타인에 의하여 이를 외부에 표명하도록 강제받지 않을 내심의 자유가 존중되어야 하는 것은 헌법상 양심의 자유 및 인간으로서 존엄과 가치를 존중받을 권리를 기본권으로 보장하는 규정취지에 비추어 사법상으로도 공서양속의 내용을 이루는 법이념이 된다 할 것이므로, 근로자에 대하여 시말서 제출을 강제하는 것은 허용될 수 없고, 따라서 그 제출거부행위를 징계사유로 삼는 것은 적법성을 인정받을 수 없다는 것이 종래 일본의 주류적인 판례의 입장이다.[32)]

4) 사죄 또는 반성의 뜻이 포함된 시말서 제출의 강제가 가능한지 여부 : 이는 헌법상 양심의 자유 또는 인간으로서 존

31) 대판지계지부 소화 53.1.11.자 판결(노동판례 304호, 61면).
32) 대판지재 소화 38. 2. 22.자 판결, 노민집 14권1호, 340면 ; 대판지재 소화 45.11.19.자 판결, 노동경제판례속보 749호, 8면 등.

엄과 가치를 갖는 권리를 기본권으로 보장하는 취지에 기초하여 인정되는 객관적 가치질서, 즉 누구도 타인에 의하여 함부로 양심표명을 강제당하지 아니하고 인격형성의 자유를 침해받아서는 안된다는 법원리에 반하는 것으로서 허용될 수 없고, 따라서 근로자가 그 제출을 거부하였다고 하여 이를 이유로 징계처분이나 다른 불이익한 처분의 사유로 삼을 수 없다고 할 것이다.

4. 대상판결의 평가

1) 헌법 제19조에서 규정한 양심의 자유의 보호영역으로는 양심형성의 자유와 함께 형성된 양심에 따라 행동할 수 있는 양심활동의 자유를 포함한다. 그리고 양심활동의 자유의 내용에는 형성된 양심을 표명하지 않거나 그에 따라 행동하지 않을 소극적 자유를 포함하고, 이러한 소극적 자유에는 양심을 언어와 행동으로 표명하도록 강제당하지 않을 자유와 양심에 반하는 행동을 강제당하지 않을 자유가 포함된다.

2) 대상판결은 사용자의 시말서 제출요구가 자신의 잘못을 반성하고 사죄한다는 내용이 포함된 사죄문 또는 반성문을 작성하여 제출하도록 하는 취지라면 이는 양심의 자유를 침해하는 것으로서 위법한 업무명령으로 판단하였다. 따라서 이러한 위법한 시말서 제출요구에 불응하여 시말서를 제출하지 않은 행위를 독립된 징계사유 또는 징계양정의 가중사유로 판단함은 허용될 수 없다고 하여 견책의 징계처분이 부당하다고 보았다.

3) 대상판결은 양심의 자유를 보장하는 헌법원리에 비추어 지극히 타당한 결론이라고 생각되며, 나아가 오늘날 실질적으로 평등 내지 자유롭지 못한 노사관계에서 사업주에 의한 근로자의 양심의 자유에 대한 침해가 빈번하게 일어나고 있다는 점을 고려할 때 큰 의미가 있다고 하겠다.

2. 균등처우

제6조(균등한 처우) 사용자는 근로자에 대하여 남녀의 성(性)을 이유로 차별적 대우를 하지 못하고, 국적·신앙 또는 사회적 신분을 이유로 근로조건에 대한 차별적 처우를 하지 못한다.

근로기준법은 헌법에 규정된 평등의 원칙이 근로관계에 있어서 구체적으로 실현될 수 있도록 보장하기 위하여, 사용자는 근로자에 대하여 성별·국적·신앙 또는 사회적 신분을 이유로 근로조건에 대한 차별적 처우를 하지 못한다고 규정하고 있다.

여기에서 말하는 남녀의 차별은 합리적인 이유 없이 남성 또는 여성이라는 이유만으로 부당하게 차별대우하는 것을 의미한다.[33] 따라서 사업주가 근로자에게 성별·혼인·가족 안에서의 지위·임신 또는 출산 등을 사유로 합리적인 이유 없이 채용 또는 근로조건을 다르게 하거나 그 밖의 불리한 조치를 취하는 것은 금지되나, 근로자가 제공하는 근로의 성질·내용·근로형태 등 여러 가지 구체적인 사정을 고려하여 합리적인 기준을 두어 직책 또는 직급에 따라 다르게 대우하는 것은 금지되지 아니한

33) 대법원 1993. 4. 9. 선고 92누15765 판결.

다.[34)]

대법원 1993. 4. 9. 선고 92누15765 판결
"원심판결 이유에 의하면 원심은, 원고가 경영하는 OO산업사의 단체협약서 제21조는 "조합원의 정년은 남자 55세, 여자 53세로 하되 일반직 부서에 해당되는 조합원은 제외된다. 일반직 부서는 3검, 최종검사, 기계부서를 제외한 부서를 말한다"라고 정하고 있고, 취업규칙 제12조 제1항은 "종업원의 정년퇴직 연령은 남자 만 55세, 여자 만 53세가 되는 다음날로 한다"고 정하고 있는 사실을 인정하고, 위 각 규정의 해석상 위 OO산업사는 그 소속 근로자의 정년에 대하여 원칙적으로 남녀를 달리 취급하여 남자는 55세, 여자는 53세로 하되, 3차 검사부, 최종검사부, 기계부를 제외한 7개 일반부서의 근로자의 경우에는 그 적용을 배제하여 남녀 모두 55세로 정하고 있는 것으로 보고, 위 3개 부서에 관하여 성별 작업구분이나 근로조건의 구분을 명확히 하지 아니한 채 남녀를 차별하여 정년을 규정한 것은 합리적인 이유 없이 남녀의 차별적 대우를 하지 못하도록 한 근로기준법 제5조와 근로자의 정년에 관하여 여성인 것을 이유로 남성과 차별해서는 아니 된다고 한 남녀고용평등법 제8조 등 강행법규에 위배되어 무효라고 판단하였다."

한편, 사회적 신분이란 사람이 태어나면서부터 생리적으로 가지고 있는 지위 또는 후천적으로 가지게 된 지위로서 자신의 의사로도 피할 수 없는 것을 말한다.[35)]

□ Topic. 사상·신조를 이유로 한 근로자의 차별대우

일본 하급심판례[36)] 중에는 일본의 동경전력주식회사가 회사 창립

34) 대법원 1996. 8.23. 선고 94누13589 판결.
35) 서울민지법 1994. 9. 16. 선고 94가합40258 판결. 노동조합의 선출직 간부라는 일시적인 지위는 사회적 신분에 해당하지 않는다고 판단한 사안이다.

이래 일관하여 근로자 중 일본공산당원이나 그 지지자들을 적대시, 혐오하고 사내에서 일본공산당의 영향력이나 일본공산당원들을 배제하는 것을 인사·교육·노동조합 대책의 기본으로 삼아 그것을 조직적으로 실시하기로 하는 반공노무정책을 수립하고 이에 따라 이들에 대하여 임금차별을 비롯하여 일체의 처우상의 차별을 철저하게 실시한 사안에서, 사용자의 차별의사가 강하고 해당 근로자들에게 대한 처우가 현저히 낮으며, 한편으로 일본공산당에서 전향한 자는 고위의 직무에 종사하고 있는 사실 등에 비추어 차별의사에 의한 차별의 결과 임금 격차가 생긴 것으로 추인된다고 인정하고, 사상·신조 등을 이유로 한 차별의 금지 및 사상의 자유를 보장하고 있는 헌법규정에 의하여 구성되는 공서양속, 즉 사상·신조 등을 이유로 하는 차별적인 처우를 금지하는 취지에 비추어 보면 공산당원인 것 자체를 이유로 하여 급여관계의 처우상의 차별을 한 것은 위법한 것이라고 하여, 그 차별 급여 이외에 임금차별에 의한 정신적 고통과 전향강요 등의 인권침해에 의한 정신적 고통에 대한 위자료 등의 손해배상을 인용한 사례가 있다.

3. 강제근로의 금지

제7조(강제 근로의 금지) 사용자는 폭행, 협박, 감금, 그 밖에 정신상 또는 신체상의 자유를 부당하게 구속하는 수단으로써 근로자의 자유의사에 어긋나는 근로를 강요하지 못한다.

사용자는 폭행, 협박, 감금 기타 근로자의 정신상 또는 신체상의 자유를 부당하게 구속하는 수단으로써 근로자의 자유의사에 어긋나는 근로를 강요하여서는 아니된다. 여기서 폭행, 협박, 감금 등은 원칙적으로 모두 형법에서 규정하고 있는 개념으로 이

36) 甲府地裁 평성5. 12. 22.자 판결.

해해야 할 것이나, 이를 형법상 구성요건과 동일하게 해석하여서는 아니되고 그것보다 신축적으로 해석할 필요가 있다.

4. 폭행의 금지

> **제8조(폭행의 금지)** 사용자는 사고의 발생이나 그 밖의 어떠한 이유로도 근로자에게 폭행을 하지 못한다.

사용자는 사고의 발생이나 그 밖의 어떠한 이유로도 근로자에게 폭행을 하여서는 아니된다.

5. 중간착취의 금지

> **제9조(중간착취의 배제)** 누구든지 법률에 따르지 아니하고는 영리로 다른 사람의 취업에 개입하거나 중간인으로서 이익을 취득하지 못한다.

누구든지 법률에 따르지 아니하고는 영리로 다른 사람의 취업에 개입하거나 중간인으로서 이익을 취득하여서는 아니된다. 여기서 영리로 타인의 취업에 개입하는 행위란 제3자가 영리로 타인의 취업을 소개·알선하는 등 노동관계의 성립 또는 갱신에 영향을 주는 행위를 말하고, 중간인으로서 이익을 취득하는 행위란 근로계약관계의 존속 중에 사용자와 근로자 사이의 중간에서 근로자의 노무제공과 관련하여 사용자 또는 근로자로부터 법률에 의하지 아니하는 이익을 취득하는 것을 말한다. 한편, 위 조항이 금지하고 있는 중간착취행위의 주체는 사용자에 국한되지 아니하며 타인의 취업에 개입하여 이익을 얻는 제3자도 포함된다. 다만, 법률에 근거를 둔 직업소개사업, 근로자파견사업, 근로자공급사업, 합법적 용역사업, 합법적 도급사업 등은 중간착취로 보지 않는다.

대법원 2008. 9. 25. 선고 2006도7660 판결

"구 근로기준법 제8조는 "누구든지 법률에 의하지 아니하고는 영리로 타인의 취업에 개입하거나 중간인으로서 이익을 취득하지 못한다."고 규정하고 있는바, 여기서 '영리로 타인의 취업에 개입'한다고 함은 제3자가 영리로 타인의 취업을 소개 또는 알선하는 등 근로관계의 성립 또는 갱신에 영향을 주는 행위를 말한다. 그리고, 제3자가 타인의 취업에 직접·간접으로 관여하여 근로자를 착취하는 행위를 방지하고자 하는 위 규정의 입법취지와, 위 조항에 의하여 원칙적으로 금지되고 있는 타인의 취업에 개입하는 행위 중 허용되는 행위의 유형과 절차에 관하여 상세히 정하고 있는 직업안정법 등의 관련 법률 조항들을 종합적으로 고려해 볼 때, 위 조항의 '영리로 타인의 취업에 개입'하는 행위, 즉 제3자가 영리로 타인의 취업을 소개 또는 알선하는 등 근로관계의 성립 또는 갱신에 영향을 주는 행위에는 취업을 원하는 사람에게 취업을 알선해 주기로 하면서 그 대가로 금품을 수령하는 정도의 행위도 포함된다고 볼 것이고, 반드시 근로관계 성립 또는 갱신에 직접적인 영향을 미칠 정도로 구체적인 소개 또는 알선행위에까지 나아가야만 한다고 볼 것은 아니다."

중간착취 배제

대법원 2007. 8.23. 선고 2007도3192 판결

Ⅰ. 사실관계

- A(이하 "피고인")는 1984년 H중공업에 입사하여 건설장비 사업부 생산기술부에 6급 조원으로 근무하면서 노동조합 정책실장 및 대의원을 역임한바 있으며 현재 민주노동당 동구지역위원회 부위원장으로 활동하는 자이다.

- 피고인은 2004. 2.경 울산 동구 전하동 290의 3 소재 울산대학교병원에서 피고인의 형인 B로부터 "아들 황OO이 H자동차에 입사하려고 하니 H자동차에 다니는 사람의 추천을 받을 수 있게 도와 달라"는 부탁을 받아 H자동차 노동조합 사무국장을 지낸 피고인의 처남인 C로 하여금 위 황OO을 추천하도록 하고 같은 해 3. 24. 12:00경 위 울산대학교병원 로비에서 B로부터 취업사례금 명목으로 300만 원을 교부받았다.

Ⅱ. 판결요지

- 구 근로기준법(2007. 4. 11. 법률 제8372호로 전문 개정되기 전의 것) 제8조는 '누구든지 법률에 의하지 아니하고는 영리로 타인의 취업에 개입하거나 중간인으로서 이익을 취득하지 못한다'고 규정하고 있는바, 여기서 금지하는 행위는

'영리로 타인의 취업에 개입'하는 행위와 '중간인으로서 이익을 취득'하는 행위인데, '영리로 타인의 취업에 개입'하는 행위는 제3자가 영리로 타인의 취업을 소개·알선하는 등 노동관계의 성립 또는 갱신에 영향을 주는 행위를 말하고, '중간인으로서 이익을 취득'하는 행위는 근로계약관계의 존속 중에 사용자와 근로자 사이의 중간에서 근로자의 노무제공과 관련하여 사용자 또는 근로자로부터 법률에 의하지 아니하는 이익을 취득하는 것을 말한다. 대기업에 입사할 수 있도록 해달라는 청탁을 받고 입사추천을 받도록 해준 다음 취업사례금 명목의 돈을 받은 경우, 구 근로기준법 제8조에 규정된 '영리로 타인의 취업에 개입'하는 행위에 해당하는지 여부만이 문제될 뿐 '중간인으로서 이익을 취득'하는 행위에 해당하지는 않는다.

Ⅲ. 해설

1. 중간착취의 배제

1) 근로관계에 있어 중간착취란 타인의 취업에 있어서 이를 소개하거나 알선하는 조건으로 소개료·중개료·수수료 등의 명목으로 이득을 취득하거나 또는 취업 후에 있어서 중개인·작업반장·감독자 등의 지위를 이용하여 근로자의 임금 일부를 착취하는 행위(소위 kick-back pay)를 말한다.

2) 근로기준법 제9조는 '누구든지 법률에 따르지 아니하고는 영리로 다른 사람의 취업에 개입하거나 중간인으로서 이익을 취득하지 못한다'고 규정하여 근로자의 근로관계의 개시 및 존속에 관여해서 영리로 중간착취를 하는 행위를 금지하고 있다.

3) 여기에서 '영리로 타인의 취업에 개입'하는 행위란 제3자가 영리로 타인의 취업을 소개·알선하는 등 노동관계의 성립 또는 갱신에 영향을 주는 행위를 말하고, '중간인으로서 이익을 취득'하는 행위란 근로계약관계의 존속 중에 사용자와 근로자 사이의 중간에서 근로자의 노무제공과 관련하여 사용자 또는 근로자로부터 법률에 의하지 아니하는 이익을 취득하는 것을 말한다.

2. 영리로 타인의 취업에 개입하는 행위

1) 근로기준법 제9조는 중개행위를 반복하여 영업으로 이를 행하는 것을 금지하려는 데 목적이 있으므로 영리를 목적으로 하는 한 주업, 부업을 따지지 않으며 우연적이고 1회적인 것은 이 법 위반으로 볼 수 없는 것이 원칙이나 1회의 행위라 하더라도 반복, 계속의 의사가 있는 것으로 인정되면 법 위반이 될 것이다.

2) 근로기준법 제9조는 중개행위를 반복하여 '영업'으로 이를 행하는 것을 금지하려는 데 목적이 있으므로 영리를 목적으로 하는 한 주업, 부업을 따지지 않는다. 우연적이고 1회적인 것은 법 위반으로 볼 수 없는 것이 원칙이나, 1회

의 행위라 하더라도 반복·계속의 의사가 있는 것으로 인정되면 법 위반이 된다.

2) 한편, 영리로 타인의 취업에 '개입'하는 행위란 반드시 근로관계 성립 또는 갱신에 직접적인 영향을 미칠 정도로 구체적인 소개 또는 알선행위에까지 나아가야만 하는 것은 아니며, 취업을 원하는 사람에게 취업을 알선해 주기로 하면서 그 대가로 금품을 수령하는 정도의 행위도 포함된다.[37]

3. 대상판결의 평가

1) 대상판결은 먼저 구 근로기준법 제8조(현 근기법 제9조와 동일한 내용)가 금지하는 행위를 (i) '영리로 타인의 취업에 개입'하는 행위와 (ii) '중간인으로서 이익을 취득'하는 행위로 구별하고, 전자는 제3자가 영리로 타인의 취업을 소개·알선하는 등 노동관계의 성립 또는 갱신에 영향을 주는 행위를 의미하는 반면 후자는 근로계약관계 존속 중에 사용자와 근로자 사이의 중간에서 근로자의 노무제공과 관련하여 사용자 또는 근로자로부터 법률에 의하지 아니하는 이익을 취득하는 하는 행위라고 구별하면서, 본 사안은 영리로 타인의 취업에 개입에 해당할 뿐 중간인으로서 이익을 취득한 것으로 볼 수 없다고 판단하였다.

2) 한편, 대상판결의 원심판결[38]은 구 근로기준법 제8조의 입법취지는 타인의 취업에 개입하여 소개료, 중개료 등 명목

37) 대법원 2008. 9. 25. 선고 2006도7660 판결.
38) 울산지방법원 2007. 4. 6. 선고 2005노973 판결.

으로 이익을 취득하거나 취업 후에도 중개인, 감독자 등의 지위를 이용하여 근로자의 임금의 일부를 착취하는 것을 막기 위하여 위 '중간착취 배제'의 규정을 둔 것이므로, '영리로' 타인의 취업에 개입한 행위만이 동조에 의하여 처벌받는다고 판단하였다. 여기에서의 '영리로'의 의미는 '경제적인 이익을 취득할 의사'를 말하는 것이라 할 것이므로, 결국 타인의 취업과 관련하여 금품을 수수하였다고 하더라도 그 모든 경우를 처벌하는 것이 아니라 '영리'의 의사로 개입한 경우에 한하여 처벌하는 것으로 보아야 할 것이다.

3) 또한, 위 원심판결은 영리성을 판단함에 있어서는 그에 대하여는 적극적 의욕이나 확정적 인식임을 요하지 아니하고 미필적 인식이 있으면 족하다고 할 것이나, 그러한 영리성이 있었는지 여부는 피고인의 사회적 지위, 피고인과 그 행위의 상대방과의 인적관계, 타인의 취업에 개입한 행위의 동기 및 경위와 수단이나 방법, 행위의 내용과 태양, 행위 상대방의 성격과 범위, 행위 당시의 사회상황, 관련 규정의 취지 등 여러 사정을 종합하여 사회통념에 비추어 합리적으로 판단할 수밖에 없다고 보았다.

6. 공민권 행사의 보장

제10조(공민권 행사의 보장) 사용자는 근로자가 근로시간 중에 선거권, 그 밖의 공민권(公民權) 행사 또는 공(公)의 직무를 집행하기 위하여 필요한 시간을 청구하면 거부하지 못한다. 다만, 그 권리 행사나 공(公)의 직무를 수행하는 데에 지장이 없으면 청구한 시간을 변경할 수 있다.

사용자는 근로자가 근로시간 중에 선거권 기타 공민권의 행사 또는 공적인 직무를 집행하기 위하여 필요한 시간을 청구하면 이를 거부하여서는 아니된다. 다만, 그러한 권리의 행사나 공적인 직무를 수행하는 데에 지장이 없으면 청구한 시간을 변경할 수 있다. 여기서 선거권 기타 공민권이란 국민투표권, 선거권 및 피선거권 등의 정치적 참정권을 의미한다. 따라서, 공민권의 행사 대상인지 여부는 국민으로서 참정권의 일환으로 행사하는 권리인가를 기준으로 판단해야 할 것이다. 한편, 공의 직무란 법령에 근거를 두고 직무 자체가 공적인 성격을 가지는 것을 말한다.

공민권 행사와 공의 직무집행시간중의 임금지급에 관하여는 당사자 간의 합의에 의할 것이며, 특별한 약정이 없는 경우에는 사용자에게 원칙적으로 공민권 행사 등을 위한 시간을 유급으로 처리할 의무는 없다. 다만, 예비군 또는 민방위대원으로 동원되거나 훈련을 받은 시간은 관련법규로 보아 유급이 된다고 해석된다. 유급이라고 할 때 기본급, 통상임금, 평균임금의 어느 것을 기준으로 하는지 명시된 것이 없지만, 근로기준법상의 최저기준은 통상임금이므로 통상임금의 수준은 확보되어야 할 것이다.

대법원 1989. 5. 9. 선고 87도1801 판결

"타인을 사용하는 자는 그가 고용하는 자가 예비군대원으로 동원되거나 훈련을 받는 때에는 그 기간을 휴무로 하거나 그 동원이나 훈련을 이유로 불이익한 처우를 하여서는 아니된다는 향토예비군설치법 제10조, 타인을 고용하는 자는 그가 고용하는 자가 민방위대원으로 동원되거나 훈련을 받는 때에는 그 기간을 휴무로 하거나 이를 이유로 불이익한 처우를 하여서는 아니된다는 민방위기본법 제23조,

사용자는 근로자가 근로시간중에 선거권 기타 공민권의 행사 또는 공의 직무를 집행하기 위하여 필요한 시간을 청구하는 경우에는 거부하지 못한다는 근로기준법 제9조 본문, 임금은 통화로 직접 근로자에게 그 전액을 지급하여야 한다는 같은 법 제36조 제1항 본문 등의 규정취지와, 위 공소의 회사와 위 공소외인들 3인을 포함한 운전사들간에 체결된 근로계약의 내용, 임금지급방법(일당도급제의 일종인 일당적치제), 근로형태 등, 원심이 적법하게 확정한 사실관계로 미루어 볼 때, 원심이 비록 이 사건의 경우와 같이 임금의 지급형태가 일당도급제라고 할지라도 사용자는 향토예비군훈련이나 민방위훈련으로 인하여 일을 하지 못한 피고용자에 대하여 최소한의 임금을 지급하여야 할 것인데 그 최소한의 임금은 일당으로 간주되는 금액중 기본급으로 책정된 금액으로 보는 것이 상당하다고 판단한 것은 정당한 것으로 수긍이 가고, 원심판결에 소론이 지적하는 바와 같은 법리오해의 위법이 있다고 볼 수 없으므로 논지는 이유가 없다."

V. 근로기준법의 적용범위

1. 원칙

제11조(적용 범위) ① 이 법은 상시 5명 이상의 근로자를 사용하는 모든 사업 또는 사업장에 적용한다. 다만, 동거하는 친족만을 사용하는 사업 또는 사업장과 가사(家事) 사용인에 대하여는 적용하지 아니한다.
③ 이 법을 적용하는 경우에 상시 사용하는 근로자 수를 산정하는 방법은 대통령령으로 정한다.〈신설 2008.3.21〉

근로기준법은 상시 5명 이상의 근로자를 사용하는 모든 사업 또는 사업장에 적용한다. 다만, 동거하는 친족만을 사용하는 사업 또는 사업장과 가사사용인에 대하여는 적용하지 아니한다.

종래 판례는 어떠한 사업 또는 사업장이 상시 5인 이상의 근로자를 사용하는 경우에 해당하는지 여부는 사회통념에 의하여 객관적으로 판단되어야 하며, 근로자수가 때때로 5인 미만이 되는 경우가 있어도 상태적으로 보아 5인 이상이 되는 경우에는 이에 해당한다는 입장이 있다.

대법원 2000. 3. 14. 선고 99도1243 판결[39]
"근로기준법 적용범위를 정한 같은 법 제10조 제1항의 '상시 5인 이상의 근로자를 사용하는 사업 또는 사업장'이라 함은 '상시 근무하는 근로자의 수가 5인 이상인 사업 또는 사업장'이 아니라 '사용하는 근로자의 수가 상시 5인 이상인 사업 또는 사업장'을 뜻하는 것이고, 이 경우 상시라 함은 상태(常態)라고 하는 의미로서 근로자의 수가 때때로 5인 미만이 되는 경우가 있어도 사회통념에 의하여 객관적으로 판단하여 상태적으로 5인 이상이 되는 경우에는 이에 해당하며, 여기의 근로자에는 당해 사업장에 계속 근무하는 근로자뿐만 아니라 그때 그때 필요에 의하여 사용하는 일용근로자를 말한다."

그런데, 현행 근로기준법 제11조 제3항은 상시 사용하는 근로자 수를 산정하는 방법을 시행령에 위임하고 있으며, 이에 동법 시행령 제7조의2는 상시 사용하는 근로자 수의 산정방법에 대하여 아래와 같이 규정하고 있다.

시행령 제7조의2(상시 사용하는 근로자 수의 산정 방법) ① 법 제11조 제3항에 따른 "상시 사용하는 근로자 수"는 해당 사업 또는 사업장에서 법 적용 사유(휴업수당 지급, 근로시간 적용 등 법 또는 이 영의 적용 여부를 판단하여야 하는 사유를 말한다. 이하 이 조에서 같다) 발생일 전 1개월(사

39) 상주직원 3인을 고용하고 이사작업에는 일용근로자를 사용하는 이삿짐운송업체가 근기법 적용대상인 '상시 5인 이상의 근로자를 사용하는 사업'으로 보지 않은 원심을 파기한 사안이다.

업이 성립한 날부터 1개월 미만인 경우에는 그 사업이 성립한 날 이후의 기간을 말한다. 이하 "산정기간"이라 한다) 동안 사용한 근로자의 연인원을 같은 기간 중의 가동 일수로 나누어 산정한다.

② 제1항에도 불구하고 다음 각 호의 구분에 따라 그 사업 또는 사업장에 대하여 5명(법 제93조의 적용 여부를 판단하는 경우에는 10명을 말한다. 이하 이 조에서 "법 적용 기준"이라 한다) 이상의 근로자를 사용하는 사업 또는 사업장(이하 이 조에서 "법 적용 사업 또는 사업장"이라 한다)으로 보거나 법 적용 사업 또는 사업장으로 보지 않는다.

1. 법 적용 사업 또는 사업장으로 보는 경우: 제1항에 따라 해당 사업 또는 사업장의 근로자 수를 산정한 결과 법 적용 사업 또는 사업장에 해당하지 않는 경우에도 산정기간에 속하는 일(日)별로 근로자 수를 파악하였을 때 법 적용 기준에 미달한 일수(日數)가 2분의 1 미만인 경우
2. 법 적용 사업 또는 사업장으로 보지 않는 경우: 제1항에 따라 해당 사업 또는 사업장의 근로자 수를 산정한 결과 법 적용 사업 또는 사업장에 해당하는 경우에도 산정기간에 속하는 일별로 근로자 수를 파악하였을 때 법 적용 기준에 미달한 일수가 2분의 1 이상인 경우

③ 법 제60조부터 제62조까지의 규정(제60조제2항에 따른 연차유급휴가에 관한 부분은 제외한다)의 적용 여부를 판단하는 경우에 해당 사업 또는 사업장에 대하여 제1항 및 제2항에 따라 월 단위로 근로자 수를 산정한 결과 법 적용 사유 발생일 전 1년 동안 계속하여 5명 이상의 근로자를 사용하는 사업 또는 사업장은 법 적용 사업 또는 사업장으로 본다.

④ 제1항의 연인원에는 「파견근로자보호 등에 관한 법률」 제2조제5호에 따른 파견근로자를 제외한 다음 각 호의 근로자 모두를 포함한다.

1. 해당 사업 또는 사업장에서 사용하는 통상 근로자, 「기간제 및 단시간근로자 보호 등에 관한 법률」 제2조제1호에 따른 기간제근로자, 법 제2조제8호에 따른 단시간근로자 등 고용형태를 불문하고 하나의 사업 또는 사업장에서 근로하는 모든 근로자
2. 해당 사업 또는 사업장에 동거하는 친족과 함께 제1호에 해당하는 근로자가 1명이라도 있으면 동거하는 친족인 근로자

[본조신설 2008.6.25]

2. 상시 4인 이하 사용 사업

제11조(적용 범위)
② 상시 4명 이하의 근로자를 사용하는 사업 또는 사업장에 대하여는 대통령령으로 정하는 바에 따라 이 법의 일부 규정을 적용할 수 있다.

상시 4명 이하의 근로자를 사용하는 사업 또는 사업장에 대하여는 대통령령으로 정하는 바에 따라 근로기준법의 일부규정을 적용할 수 있다.

▶ 상시 4명 이하의 근로자를 사용하는 사업 또는 사업장에 적용하는 법규정[40)]

구분	적용법규정
제1장 총칙	제1조부터 제13조까지의 규정
제2장 근로계약	제15조, 제17조, 제18조, 제19조제1항, 제20조부터 제22조까지의 규정, 제23조제2항, 제26조, 제35조부터 제42조까지의 규정
제3장 임금	제43조부터 제45조까지의 규정, 제47조부터 제49조까지의 규정
제4장 근로시간과 휴식	제54조, 제55조, 제63조
제5장 여성과 소년	제64조, 제65조제1항ㆍ제3항(임산부와 18세 미만인 자로 한정한다), 제66조부터 제69조까지의 규정, 제70조제2항ㆍ제3항, 제71조, 제72조, 제74조
제6장 안전과 보건	제76조
제8장 재해보상	제78조부터 제92조까지의 규정
제11장 근로감독관 등	제101조부터 제106조까지의 규정
제12장 벌칙	제107조부터 제116조까지의 규정(제1장부터 제6

40) 근로기준법 시행령 별표 1.

	장까지, 제8장, 제11장의 규정 중 상시 4명 이하 근로자를 사용하는 사업 또는 사업장에 적용되는 규정을 위반한 경우로 한정한다)

헌법재판소 1999. 9. 16, 98헌마310 결정
"상시 사용 근로자수 5인이라는 기준을 분수령으로 하여 근로기준법의 전면적용 여부를 달리한 것은, 근로기준법의 확대적용을 위한 지속적인 노력을 기울이는 과정에서, 한편으로 영세사업장의 열악한 현실을 고려하고, 다른 한편으로 국가의 근로감독능력의 한계를 아울러 고려하면서 근로기준법의 법규범성을 실질적으로 관철하기 위한 입법정책적 결정으로서 거기에는 나름대로의 합리적 이유가 있다고 할 것이므로 평등원칙에 위배된다고 할 수 없다."

3. 국가 기타 공법인 등에의 적용

제12조(적용 범위) 이 법과 이 법에 따른 대통령령은 국가, 특별시 · 광역시 · 도, 시 · 군 · 구, 읍 · 면 · 동, 그 밖에 이에 준하는 것에 대하여도 적용된다.

근로기준법 및 동법시행령은 국가, 특별시 · 광역시 · 도, 시 · 군 · 구, 읍 · 면 · 동 기타 이에 준하는 것에 대하여도 적용된다.

Ⅵ. 근로관계 당사자의 제반의무

1. 보고 · 출석의 의무

제13조(보고, 출석의 의무) 사용자 또는 근로자는 이 법의 시행에 관하여 고용노동부장관 · 「노동위원회법」에 따른 노동위원회(이하 "노동위원회"라 한

다) 또는 근로감독관의 요구가 있으면 지체 없이 필요한 사항에 대하여 보고하거나 출석하여야 한다. <개정 2010.6.4>

사용자 또는 근로자는 근로기준법의 시행에 관하여 고용노동부장관, 노동위원회 또는 근로감독관의 요구가 있으면 지체 없이 필요한 사항에 대하여 보고하거나 출석하여야 한다. 이러한 보고·출석의 의무는 사용자뿐만 아니라 근로자에게도 부과된 것이다.

2. 법령 요지 등의 게시

제14조(법령 요지 등의 게시) ① 사용자는 이 법과 이 법에 따른 대통령령의 요지(要旨)와 취업규칙을 근로자가 자유롭게 열람할 수 있는 장소에 항상 게시하거나 갖추어 두어 근로자에게 널리 알려야 한다.
② 사용자는 제1항에 따른 대통령령 중 기숙사에 관한 규정과 제99조제1항에 따른 기숙사규칙을 기숙사에 게시하거나 갖추어 두어 기숙(寄宿)하는 근로자에게 널리 알려야 한다.

사용자는 근로기준법 및 동법시행령의 요지와 취업규칙을 근로자가 자유롭게 열람할 수 있는 장소에 항상 게시하거나 비치하여 근로자에게 널리 알려야 한다. 또한 사용자는 동법시행령 중 기숙사에 관한 규정과 기숙사규칙을 기숙사에 게시하거나 비치하여 기숙하는 근로자에게 널리 알려야 한다.

제2장 근로계약

Ⅰ. 근로계약의 의의와 근로기준법의 효력

1. 근로계약의 의의

> **제2조(정의)** ① 이 법에서 사용하는 용어의 뜻은 다음과 같다.
> 3. "근로"란 정신노동과 육체노동을 말한다.
> 4. "근로계약"이란 근로자가 사용자에게 근로를 제공하고 사용자는 이에 대하여 임금을 지급하는 것을 목적으로 체결된 계약을 말한다.

근로계약이란 근로자가 사용자에게 근로를 제공하고 사용자는 이에 대하여 임금을 지급하는 것을 목적으로 체결된 계약을 말한다. 여기서 근로란 정신노동과 육체노동을 모두 포함하는 개념이다. 한편, 근로계약은 낙성계약으로 청약에 따른 승낙이 있으면 성립하므로 반드시 서면으로 근로계약을 체결하여야 하는 것은 아니며 구두계약도 유효하다.

2. 근로기준법의 효력

제15조(이 법을 위반한 근로계약) ① 이 법에서 정하는 기준에 미치지 못하는 근로조건을 정한 근로계약은 그 부분에 한하여 무효로 한다.
② 제1항에 따라 무효로 된 부분은 이 법에서 정한 기준에 따른다.

근로기준법에서 정하는 기준에 미치지 못하는 근로조건을 정한 근로계약은 그 부분에 한하여 무효로 한다(강행적 효력). 이에 무효로 된 부분은 근로기준법에서 정한 기준에 따른다(직률적 효력, 보충적 효력).41)

Ⅱ. 계약기간

1. 구법상의 원칙

제16조(계약기간) 근로계약은 기간을 정하지 아니한 것과 일정한 사업의 완료에 필요한 기간을 정한 것 외에는 그 기간은 1년을 초과하지 못한다.
[법률 제8372호(2007.4.11) 부칙 제3조의 규정에 의하여 이 조는 2007년 6월 30일까지 유효함]

종래 근로기준법은 근로계약은 기간을 정하지 아니한 것과 일정한 사업의 완료에 필요한 기간을 정한 것 외에는 그 기간은 1년을 초과하지 못한다고 규정하고 있었으나, 이러한 규정은

41) 직률적 효력의 이론적 근거에 관하여는 근로기준법 규정이 근로계약의 외부에서 근로계약을 규율한다고 볼 것인가(규율설), 계약내용으로 자동적으로 포함된다고 볼 것인가(내용설 또는 화체설)에 대한 논쟁이 있으나, 현행 근로기준법에서 명문으로 이를 규정하고 있는 이상 이러한 논쟁의 실익은 크지 않다.

2007. 6. 30.이 경과함으로 실효되었다.

현재 근로계약의 기간은 기간제 및 단시간근로자 보호 등에 관한 법률의 규율을 받고 있는바, 동법에 의하면 사용자는 사업의 완료 또는 특정한 업무의 완성에 필요한 기간을 정한 경우, 휴직·파견 등으로 결원이 발생하여 당해 근로자가 복귀할 때까지 그 업무를 대신할 필요가 있는 경우 등의 사유가 없는 한 기간제근로자를 2년을 초과하여 사용할 수 없다. 만일 사용자가 2년을 초과하여 기간제근로자로 사용하는 경우에는 기간의 정함이 없는 근로계약을 체결한 근로자로 간주된다.

기간제 및 단시간근로자 보호 등에 관한 법률 제2조(정의) 이 법에서 사용하는 용어의 정의는 다음과 같다. 〈개정 2007.4.11〉
1. "기간제근로자"라 함은 기간의 정함이 있는 근로계약(이하 "기간제 근로계약"이라 한다)을 체결한 근로자를 말한다.

기간제 및 단시간근로자 보호 등에 관한 법률 제4조(기간제근로자의 사용) ① 사용자는 2년을 초과하지 아니하는 범위 안에서(기간제 근로계약의 반복갱신 등의 경우에는 그 계속근로한 총기간이 2년을 초과하지 아니하는 범위 안에서) 기간제근로자를 사용할 수 있다. 다만, 다음 각 호의 어느 하나에 해당하는 경우에는 2년을 초과하여 기간제근로자로 사용할 수 있다.
1. 사업의 완료 또는 특정한 업무의 완성에 필요한 기간을 정한 경우
2. 휴직·파견 등으로 결원이 발생하여 당해 근로자가 복귀할 때까지 그 업무를 대신할 필요가 있는 경우
3. 근로자가 학업, 직업훈련 등을 이수함에 따라 그 이수에 필요한 기간을 정한 경우
4. 「고령자고용촉진법」 제2조제1호의 고령자와 근로계약을 체결하는 경우
5. 전문적 지식·기술의 활용이 필요한 경우와 정부의 복지정책·실업대책 등에 따라 일자리를 제공하는 경우로서 대통령령이 정하는 경우
6. 그 밖에 제1호 내지 제5호에 준하는 합리적인 사유가 있는 경우로서 대통

> 령령이 정하는 경우
> ②사용자가 제1항 단서의 사유가 없거나 소멸되었음에도 불구하고 2년을 초과하여 기간제근로자로 사용하는 경우에는 그 기간제근로자는 기간의 정함이 없는 근로계약을 체결한 근로자로 본다.

2. 계약기간 만료의 효과

기간의 정함이 있는 근로계약에 있어서 당사자 사이의 근로관계는 특별한 사정이 없는 한 그 기간이 만료함에 따라 당연히 종료되는 것이 원칙이다.[42] 한편, 종래 판례는 계약기간을 정하여 임용된 근로자는 그 기간이 만료됨으로써 근로자로서의 신분관계는 당연히 종료되고, 나아가 그 임용기간의 만료에 따른 재임용의 기대권을 가진다고 할 수 없으며, 재임용 제외조치 및 통지는 임기만료로 당연퇴직되었음을 확인하고 알려주는데 그칠 뿐 이로 인하여 어떤 법률효과가 발생하는 것이 아니어서 무효확인을 구할 소의 이익이 없다는 입장이었다.[43]

그런데, 대법원 2004. 4. 22. 선고 2000두7735 전원합의체 판결에서는 "국 · 공립대학교원에 대하여 비록 관계 법령에 임용기간이 만료된 교원에 대한 재임용의 의무나 그 절차 및 요건 등에 관하여 아무런 규정을 두지 않았다고 하더라도, 대학교원의 신분은 기간제로 임용된 교원의 경우에도 일정한 범위 내에서 보장되어야 할 필요가 있고, 교육부장관이 각 대학에 시달한 재임용 심사방법 등에 관해 규정한 인사관리지침과 대학들이 자체적

42) 대법원 1995. 7. 11. 선고 95다9280 판결 등 다수.
43) 대법원 1995. 6. 30. 선고 95누528 판결, 대법원 1997. 6. 27. 선고 96다7069 판결 등.

으로 마련한 재임용 심사에 관한 기준에 따라, 임용기간이 만료된 교원들이 재임용되어 왔다는 등의 사정을 들어 임용기간이 만료된 교수에 대하여 재임용을 거부하는 취지로 한 임용기간만료의 통지는 행정소송의 대상이 되는 처분에 해당한다"고 하여 종전 판례의 태도를 변경하였다. 따라서, 일반근로자도 법령이나 계약 등에서 재임용할 의무를 지우거나 재임용절차 및 요건 등에 관한 근거규정을 두고 있는 등 일정한 경우에는 임용기간이 만료된 이후에도 재임용에서 제외한 조치의 유효 여부를 다툴 법률상 이익을 가진다고 할 것이다.

대법원 2005. 7. 8. 선고 2002두8640 판결
"계약기간을 정하여 임용된 근로자의 경우, 임용의 근거가 된 법령 등의 규정이나 계약 등에서 임용권자에게 임용기간이 만료된 근로자를 재임용할 의무를 지우거나 재임용절차 및 요건 등에 관한 근거규정을 두고 있어 근로자에게 소정의 절차에 따라 재임용될 수 있으리라는 정당한 기대권이 인정되는 경우에는 사용자가 그 절차에 위반하여 부당하게 근로자를 재임용에서 제외하는 것은 실질적으로 부당해고와 동일시할 수 있는 것이므로 근로자로서는 임용기간이 만료된 후에도 재임용에서 제외한 조치의 유효 여부를 다툴 법률상 이익을 가진다."

3. 유기근로계약의 갱신

(1) 유기근로계약의 반복갱신과 관련된 문제

전술한 바와 같이 기간제근로자의 법적 지위와 관련하여 판례는 기간의 정함이 있는 근로계약에 있어서 당사자 사이의 근로관계는 특별한 사정이 없는 한 그 기간이 만료함에 따라 당연히 종료되는 것이 원칙이며, 다만 예외적으로 단기의 근로계약이 장기간에 걸쳐서 반복하여 갱신됨으로써 그 정한 기간이 단지 형식에 불과하게 되어 기간의 정함이 없는 근로자와 다를 바가 없게 된 경우 사용자가 정당한 사유 없이 갱신계약의 체결을 거절하는 것은 해고와 마찬가지로 무효가 된다고 한다.[44)]

(2) 근로계약의 묵시적 갱신

민법 제662조 (묵시의 갱신)
①고용기간이 만료한 후 노무자가 계속하여 그 노무를 제공하는 경우에 사용자가 상당한 기간내에 이의를 하지 아니한 때에는 전고용과 동일한 조건으로 다시 고용한 것으로 본다. 그러나 당사자는 제660조의 규정에 의하여 해지의 통고를 할 수 있다.
②전항의 경우에는 전고용에 대하여 제삼자가 제공한 담보는 기간의 만료로 인하여 소멸한다.

근로계약의 기간이 만료한 후 근로자가 계속하여 그 노무를 제공하는 경우에 사용자가 상당한 기간내에 이의를 하지 아니한 때에는 종전과 동일한 조건으로 근로계약을 갱신한 것으로 간주한다.

판례는 근로자가 계약기간 만료 후에도 노무를 계속 제공하고 사용자가 약 2개월 동안이나 그 노무제공에 대하여 이의를 하지 않았던 사안에서 근로계약이 묵시적으로 갱신되었다고 판단한 사례가 있다.[45)]

44) 대법원 2002. 2. 8. 선고 2001다46365 판결 등 다수.
45) 대법원 1998. 11. 27. 선고 97누14132 판결.

Ⅲ. 근로계약 체결과정에서 준수하여야 할 제반 원칙

1. 근로조건의 명시

제17조(근로조건의 명시) ① 사용자는 근로계약을 체결할 때에 근로자에게 다음 각 호의 사항을 명시하여야 한다. 근로계약 체결 후 다음 각 호의 사항을 변경하는 경우에도 또한 같다. 〈개정 2010.5.25〉
1. 임금
2. 소정근로시간
3. 제55조에 따른 휴일
4. 제60조에 따른 연차 유급휴가
5. 그 밖에 대통령령으로 정하는 근로조건

② 사용자는 제1항제1호와 관련한 임금의 구성항목 · 계산방법 · 지급방법 및 제2호부터 제4호까지의 사항이 명시된 서면을 근로자에게 교부하여야 한다. 다만, 본문에 따른 사항이 단체협약 또는 취업규칙의 변경 등 대통령령으로 정하는 사유로 인하여 변경되는 경우에는 근로자의 요구가 있으면 그 근로자에게 교부하여야 한다.〈신설 2010.5.25〉

(1) 명시의무

사용자는 근로계약을 체결할 때에 임금, 소정근로시간, 제55조에 따른 휴일, 제60조에 따른 연차 유급휴가 기타 대통령령으로 정하는 근로조건을 근로자에게 명시하여야 한다. 사용자는 근로계약 체결 후 이러한 근로조건을 변경하는 경우에도 근로자에게 이를 명시하여야 한다. 여기서 기타 대통령령으로 정하는 근로조건이란 취업의 장소와 종사하여야 할 업무에 관한 사항, 근로기준법 제93조 각호 소정의 취업규칙의 필요적 기재사항 및 기숙사 규칙에서 정한 사항을 말한다(시행령 제8조).

(2) 서면교부의무

사용자는 임금과 관련한 임금의 구성항목 · 계산방법 · 지급방법 및 소정근로시간, 제55조에 따른 휴일, 제60조에 따른 연차유급휴가의 사항이 명시된 서면을 근로자에게 교부하여야 한다. 다만, 이러한 사항이 단체협약 또는 취업규칙의 변경 등 대통령령으로 정하는 사유로 인하여 변경되는 경우에는 근로자의 요구가 있으면 그 근로자에게 교부하여야 한다. 여기서 대통령령으로 정하는 사유란 (i) 근로기준법 제51조제2항(3개월 이내 단위의 탄력적 근로시간제), 제52조(선택적 근로시간제), 제57조(보상 휴가제), 제58조제2항 · 제3항(근로시간 계산의 특례), 제59조(근로시간 및 휴게시간의 특례) 또는 제62조(유급휴가의 대체)에 따라 근로자대표와의 서면 합의에 의하여 변경되는 경우, (ii) 근로기준법 제93조에 따른 취업규칙에 의하여 변경되는 경우, (iii) 노동조합 및 노동관계조정법 제31조제1항에 따른 단체협약에 의하여 변경되는 경우 및 (iv) 법령에 의하여 변경되는 경우를 말한다(시행령 제8조의2).

(3) 명시된 근로조건 위반의 효과

> **제19조(근로조건의 위반)** ① 제17조에 따라 명시된 근로조건이 사실과 다를 경우에 근로자는 근로조건 위반을 이유로 손해의 배상을 청구할 수 있으며 즉시 근로계약을 해제할 수 있다.
> ② 제1항에 따라 근로자가 손해배상을 청구할 경우에는 노동위원회에 신청할 수 있으며, 근로계약이 해제되었을 경우에는 사용자는 취업을 목적으로 거주를 변경하는 근로자에게 귀향 여비를 지급하여야 한다.

근로기준법 제17조에 따라 명시된 근로조건이 사실과 다를 경우에 근로자는 근로조건 위반을 이유로 손해배상을 청구할 수 있으며 즉시 근로계약을 해제할 수 있다. 이 경우 근로자는 노동위원회에 손해배상청구를 신청할 수 있다. 한편, 근로계약이 해제된 경우 사용자는 취업을 목적으로 거주를 변경하는 근로자에게 귀향여비를 지급하여야 한다.

2. 단시간근로자의 근로조건

(1) 단시간근로자의 의의

제2조(정의) ① 이 법에서 사용하는 용어의 뜻은 다음과 같다.
8. "단시간근로자"란 1주 동안의 소정근로시간이 그 사업장에서 같은 종류의 업무에 종사하는 통상 근로자의 1주 동안의 소정근로시간에 비하여 짧은 근로자를 말한다.

단시간근로자란 1주 동안의 소정근로시간이 그 사업장에서 동종 업무에 종사하는 통상 근로자의 1주 동안의 소정근로시간에 비하여 짧은 근로자를 말한다.

(2) 단시간근로자의 근로조건

제18조(단시간근로자의 근로조건) ① 단시간근로자의 근로조건은 그 사업장의 같은 종류의 업무에 종사하는 통상 근로자의 근로시간을 기준으로 산정한 비율에 따라 결정되어야 한다.
② 제1항에 따라 근로조건을 결정할 때에 기준이 되는 사항이나 그 밖에 필요한 사항은 대통령령으로 정한다.
③ 4주 동안(4주 미만으로 근로하는 경우에는 그 기간)을 평균하여 1주 동안의 소정근로시간이 15시간 미만인 근로자에 대하여는 제55조와 제60조를 적용하지 아니한다.〈개정 2008.3.21〉

단시간근로자의 근로조건은 그 사업장에서 동종 업무에 종사하는 통상 근로자의 근로시간을 기준으로 산정한 비율에 따라 결정되어야 한다.

▶ 단시간근로자의 근로조건 결정기준 등에 관한 사항46)

1. 근로계약의 체결
가. 사용자는 단시간근로자를 고용할 경우에 임금, 근로시간, 그 밖의 근로조건을 명확히 적은 근로계약서를 작성하여 근로자에게 내주어야 한다.
나. 단시간근로자의 근로계약서에는 계약기간, 근로일, 근로시간의 시작과 종료 시각, 시간급 임금, 그 밖에 고용노동부장관이 정하는 사항이 명시되어야 한다.
2. 임금의 계산
가. 단시간근로자의 임금산정 단위는 시간급을 원칙으로 하며, 시간급 임금을 일급 통상임금으로 산정할 경우에는 나목에 따른 1일 소정근로시간 수에 시간급 임금을 곱하여 산정한다.
나. 단시간근로자의 1일 소정근로시간 수는 4주 동안의 소정근로시간을 그 기간의 통상 근로자의 총 소정근로일 수로 나눈 시간 수로 한다.
3. 초과근로
가. 사용자는 단시간근로자를 소정 근로일이 아닌 날에 근로시키거나 소정근로시간을 초과하여 근로시키고자 할 경우에는 근로계약서나 취업규칙 등에 그 내용 및 정도를 명시하여야 하며, 초과근로에 대하여 가산임금을 지급하기로 한 경우에는 그 지급률을 명시하여야 한다.
나. 사용자는 근로자와 합의한 경우에만 초과근로를 시킬 수 있다.
4. 휴일·휴가의 적용
가. 사용자는 단시간근로자에게 법 제55조에 따른 유급휴일을 주어야 한다.
나. 사용자는 단시간근로자에게 법 제60조에 따른 연차유급휴가를 주어야 한다. 이 경우 유급휴가는 다음의 방식으로 계산한 시간단위로 하며, 1시간 미만은 1시간으로 본다.

$$\text{통상 근로자의 연차휴가일수} \times \frac{\text{단시간근로자의 소정근로시간}}{\text{통상 근로자의 소정근로시간}} \times 8\text{시간}$$

다. 사용자는 여성인 단시간근로자에 대하여 법 제73조에 따른 생리휴

46) 근로기준법시행령 별표 2.

가 및 법 제74조에 따른 산전후휴가를 주어야 한다.
라. 가목 및 다목의 경우에 사용자가 지급하여야 하는 임금은 제2호가목에 따른 일급 통상임금을 기준으로 한다.
마. 나목의 경우에 사용자가 지급하여야 하는 임금은 시간급을 기준으로 한다.
5. 취업규칙의 작성 및 변경
가. 사용자는 단시간근로자에게 적용되는 취업규칙을 통상근로자에게 적용되는 취업규칙과 별도로 작성할 수 있다.
나. 가목에 따라 취업규칙을 작성하거나 변경하고자 할 경우에는 적용대상이 되는 단시간근로자 과반수의 의견을 들어야 한다. 다만, 취업규칙을 단시간근로자에게 불이익하게 변경하는 경우에는 그 동의를 받아야 한다.
다. 단시간근로자에게 적용될 별도의 취업규칙이 작성되지 아니한 경우에는 통상 근로자에게 적용되는 취업규칙이 적용된다. 다만, 취업규칙에서 단시간근로자에 대한 적용을 배제하는 규정을 두거나 다르게 적용한다는 규정을 둔 경우에는 그에 따른다.
라. 가목 및 다목에 따라 단시간근로자에게 적용되는 취업규칙을 작성 또는 변경하는 경우에는 법 제18조제1항의 취지에 어긋하는 내용이 포함되어서는 아니 된다.

한편, 4주 동안을 평균하여 1주 동안의 소정근로시간이 15시간 미만인 근로자에 대하여는 근로기준법 제55조(휴일)와 제60조(연차유급휴가)를 적용하지 아니한다.

3. 위약예정의 금지

제20조(위약 예정의 금지) 사용자는 근로계약 불이행에 대한 위약금 또는 손해배상액을 예정하는 계약을 체결하지 못한다.

사용자는 근로계약의 불이행에 대한 위약금 또는 손해배상액을 예정하는 계약을 체결하여서는 아니된다. 여기서 위약금이란 채무불이행시 채무자가 채권자에게 지급할 것을 약속한 금전을 말하고, 손해배상액의 예정이란 채무불이행의 경우에 채무자가 지급하여야 할 손해배상의 액을 당사자 사이에 계약으로 미리 정하여 두는 것을 말한다. 위 규정은 근로자가 근로계약을 위반하여 도중에 전직, 퇴직하거나 노무제공이 계약대로 이행되지 아니한 경우에 위약금을 정한다든지 손해배상액을 예정하는 것을 금지하는 규정인바, 이는 근로자의 자유의사를 부당하게 구속함으로써 강제노동에 종사하도록 하는 전근대적 노동관행을 배제하기 위한 것이다.

❑ Topic. 교육훈련비 반환약정

종래 위약금 또는 손해배상액의 예정에 해당하는가의 여부가 가장 빈번하게 문제된 사례는 사용자가 근로자에 대해 일정한 교육훈련비용이나 연수비용을 지출하고 일정기간 동안 근무하지 않으면 이를 변상 또는 반환하기로 약정한 경우이다.

이와 관련하여 판례는 근로자가 일정 기간 동안 근무하기로 하면서 이를 위반할 경우 소정 금원을 사용자에게 지급하기로 약정하는 경우, 그러한 약정이 미리 정한 근무기간 이전에 퇴직하였다는 이유로 마땅히 근로자에게 지급되어야 할 임금을 반환하기로 하는 취지인 때에는 무효라고 할 것이나, 그 약정이 사용자가 근로자의 교육훈련 또는 연수를 위한 비용을 우선 지출하고 근로자는 실제 지출된 비용의 전부 또는 일부를 상환하는 의무를 부담하기로 하되 장차 일정 기간 동안 근무하는 경우에는 그 상환의무를 면제해 주기로 하는 취지인 경우에는 위법하지 않다는 입장이다.[47] 즉, 판례는 해외연수

47) 대법원 1992. 2. 25. 선고 91다26232 판결 : "기업체에서 비용을 부담 지출하여 직원을 해외에 파견하여 위탁교육을 시키고 이를 이수한 직원이 교육 수료일자로부터 일정한 의무재직기간 이상 근무하지 아니할 때에는 기업체가 부담한 해당 교육비용의 전부 또는 일부를 상환하도록 하되 위 의무재직기간 동안 근무하는 경우에는 이를 면제하기로 한 기업체의 교육훈련규정 및 위탁교육관리세칙의 규정은 근로기준법 제24조에서 금지된 위약금 또는 손해배상예정의 약정은 아니라 할 것이고, 또한 위 의무재직기간은 근로기준법 제21조에서 말하는 근로계약기간이 아니라 교육비용반환채무의 면제기간을 정한 것으로 봄이 상당하

후 일정기간의 의무재직기간과 이를 지키지 않은 근로자에 대한 연수비 반환은 위약금 또는 손해배상액 예정의 약정이 아니고, 연수비 반환채무의 면제기간을 정한 데 불과하다고 한다.

그러나, 반환의 대상이 되는 비용이 주로 사용자의 업무상 필요와 이익을 위하여 원래 사용자가 부담하여야 할 성질의 비용을 지출한 것에 불과하다거나, 약정 근무기간 및 상환해야 할 비용이 합리성을 결여하여 그러한 약정으로 인하여 근로자의 의사에 반하는 계속 근로가 부당하게 강제하는 것으로 평가되는 경우에는 명목상 교육훈련 또는 연수를 위한 비용의 상환에 관한 약정의 경우에도 위법하다 평가될 수 있을 것이다. 나아가, 연수비의 반환 외에 임금의 반환을 약정한 부분은 기업체가 근로자에게 근로의 대상으로 지급한 임금을 채무불이행을 이유로 반환하기로 하는 약정으로서 이는 실질적으로 위약금 또는 손해배상을 예정하는 계약이므로 무효라고 할 것이다.[48] 한편, 근로자가 퇴직 전에 사전예고를 하지 않았다 하여 임금, 퇴직금 및 법정수당의 지급을 일정 기간 동안 유예하거나 지급치 아니하는 것도 위 조항에 위반하여 무효라고 할 것이다.

한편, 위약금약정이 금지되는 것은 근로계약에 관해서만 그러하고 근로계약이 아니라고 판단되면 위약금약정을 할 수 있게 된다. 따라

므로 위 규정 등이 같은 법 제21조, 제24조에 위배된다고 할 수 없다."

48) 대법원 1996. 12. 6. 선고 95다24944,24951 판결 : "사용자가 근로계약의 불이행에 대하여 위약금 또는 손해배상을 예정하는 계약을 체결하는 것은 강행규정인 근로기준법 제24조에 위반되어 무효라 할 것인바, 기업체에서 비용을 부담 지출하여 직원에 대하여 위탁교육훈련을 시키면서 일정 임금을 지급하고 이를 이수한 직원이 교육 수료일자부터 일정한 의무재직기간 이상 근무하지 아니할 때에는 기업체가 지급한 임금이나 해당 교육비용의 전부 또는 일부를 상환하도록 하되 의무재직기간 동안 근무하는 경우에는 이를 면제하기로 약정한 경우, 교육비용의 전부 또는 일부를 근로자로 하여금 상환하도록 한 부분은 근로기준법 제24조에서 금지된 위약금 또는 손해배상을 예정하는 계약이 아니므로 유효하지만, 임금 반환을 약정한 부분은 기업체가 근로자에게 근로의 대상으로 지급한 임금을 채무불이행을 이유로 반환하기로 하는 약정으로서 실질적으로는 위약금 또는 손해배상을 예정하는 계약이므로 근로기준법 제24조에 위반되어 무효이다."

서, 연예인, 각종 운동선수 등이 사업주와 출연계약, 전속계약을 체결하면서 위약금 등을 약정하는 경우에는 이러한 출연계약 내지 전속계약이 근로계약인가의 여부를 판단해야 할 것이다.[49)]

❑ Topic. 사이닝보너스와 위약예정금지

최근 우리나라에서도 우수인력을 스카우트하기 위하여 사이닝보너스(Signing Bonus)를 지급하는 사례가 늘고 있는바, 이러한 사이닝보너스의 지급에 있어서는 일정한 기간을 의무적으로 근무할 것을 조건으로 하는 경우가 많다. 나아가, 이러한 의무복무기간을 위반할 경우에는 사이닝보너스의 '전액'을 반환하기로 약정하는 경우가 많은데, 이러한 사이닝보너스 반환약정이 위약예정을 금지하는 근로기준법 제20조에 위반하는지 여부가 문제된다.

근로계약과 관련된 위약예정을 금지하는 근로기준법 제20조의 취지가 '위약금'이라는 경제적인 압력에 의한 강제근로를 근절하는 것에 있다는 점을 고려할 때, 일정한 의무복무기간을 채우지 않고 퇴사할 경우 이미 지급된 사이닝보너스의 전액을 반환하기로 하는 약정도 근로기준법 제20조에 위반하여 무효라고 인정될 가능성이 높다. 참고로, 우리나라의 근로기준법 제20조와 유사한 규정을 두고 있는 일본의 하급심 판결 중에는 '고용계약 체결 당시 회사가 근로자에게 지급한 사이닝보너스를 일정한 기간 내에 스스로의 의사로 퇴직했을 경우 그 전액을 반환하도록 약정하는 것은 그 성격, 태양, 약정의 내용에 비추어 근로자의 의사에 반하여 노동을 강제하는 부당한 구속수단으로 근로자의 의사에 반하여 근로를 강제하는 것이므로 무효'라고 판단한 사례가 있다(일본 폴라로이드 주식회사 사건, 동경지방

49) 프로축구선수 전속계약은 단순한 근로계약이 아니라 축구선수로서 경기출전에 대비한 훈련과 경기출전만을 임무로 하는 도급적 성격이 짙게 깔린 비전형 무명계약이므로 근로계약불이행에 대한 위약금 또는 손해배상액의 예정에 관한 약정을 금지하는 근로기준법 제20조는 위 계약에 적용되지 않는다는 사례로 서울민사지법 1985. 4. 3. 선고 84가합1302 판결 참조.

재판소 2003. 3. 31.자 - 勞判 849호 75면).

위약예정의 금지

대법원 2008. 10. 23. 선고 2006다37274 판결

Ⅰ. 사실관계

- A사는 OO주식회사로부터 분할하여 설립된 회사인바, OO주식회사는 2000년경부터 일본국의 XX주식회사와 액체봉입식 엔진마운트시스템을 포함한 방진고무의 생산에 대한 기술제휴를 추진한 끝에 이에 관한 포괄적인 기술제휴를 성사시켜, 2000. 12. 1. OO주식회사와 사이에 개별기술 원조계약을 체결하였고, 2002. 1. 10. 재차 XX주식회사와 개별기술원조계약을 체결하였다.

- B는 1992. 12.경부터 2000. 10.경까지 B자동차에서 조향장치 설계 및 개발분야에 종사하다가 위 회사의 부도로 퇴직한 후 2001. 2. 1. OO주식회사에 위 기술제휴를 위한 업무전담자로서 입사하여 신차종 엔진마운트시스템의 개발책임자로 근무하게 되었다.

- B는 2001. 7. 6. OO주식회사 사이에 "B는 OO주식회사의 영업비밀(개발정보, 원가정보, 배합기술, 혼련기술 등 및 기타 영업활동에 유용한 기술상 또는 경영사의 정보를 영업비밀로 규정)을 재직시 또는 퇴직 후 정당한 이유 없이 제

3자에게 누설하지 아니하고, 고의 또는 과실에 의한 영업비밀 침해행위로 OO주식회사의 영업상 이익을 침해하여 손해를 가하였을 때는 그 손해를 배상할 책임을 진다"는 내용의 영업비밀보호계약을 체결함과 아울러 A사에서 10년간 근무하기로 약정하였고, 금 5억원을 위 영업비밀보호 및 10년간 근무약정에 대한 약속이행금으로 확인하면서 불이행시는 그 금액의 배액을 지급하기로 약정(이하 '이 사건 약정'이라 한다)하였다.

- A사는 2002. 3. 4. 자동차용 방진고무제품 등의 제조 및 판매 등을 목적으로 OO주식회사에서 분할되어 설립되면서 OO주식회사와 사이의 위 각 개별기술원조계약 및 A와 사이의 위 각 약정상의 지위를 승계하였다.
- B는 위와 같이 A사가 설립되자 A사에 소속되어 종전과 같은 업무를 담당하다 2003. 10. 1.부터는 액상방진고무 JM/NF 프로젝트매니저(공정총괄)로 근무하여 왔는데, OO주식회사에 이어 A사의 직원으로 근무하는 동안 2001. 10. 9.부터 2003. 12. 26.까지 11회에 결쳐 243일 동안 OO주식회사에 위 개별기술원조계약에 따른 위 각 제품에 관한 기술습득을 위한 연수 및 출장을 다녀왔으며, OO주식회사 및 A사는 B의 위 연수경비로 합계 금 27,711,933원을 지출하였다.
- 그런데 B는 헤드헌팅 업체의 소개로 2003. 11.경 조향시스템분야 경력자를 공개모집 중이던 C사와 접촉하게 되어 2004. 1. 10. 원고에 사직서를 제출하고, 같은 해 2. 16. 00

에 과장(연봉 6,000만원 정도)으로 입사하였다.

- 이에 A사는 B가 A사 직원으로서의 근무와 OO주식회사에서의 연수를 통하여 취득한 엔진마운트시스템 해석에 관한 정보나 그 외의 방진고무에 관한 기술상 정보와 경영상 정보는 A사의 영업비밀에 해당하고, B는 위 영업비밀보호계약에 의하여 위와 같은 영업비밀을 유지할 의무가 있음에도 불구하고 일방적으로 C사로 전직하여 위 영업비밀과 관련된 조향장치시스템의 설계 및 개발업무에 종사하면서 위 영업비밀을 사용하거나 공개하는 등으로 위 영업비밀을 침해하는 행위를 하고 있고, 그렇지 않다하더라도 B가 C사에서 계속 근무할 경우 위 기술상의 정보와 원고가 제조·판매하는 방진고무제품의 원가정보 등 경영상 정보를 C사에 유출하는 등으로 위 영업비밀을 침해할 가능성이 크다고 할 것이므로, 피고는 원고에게 이 사건 약정에 따라 위 영업비밀보호계약 위반시 지급하기로 한 10억원 중 1억원을 지급할 의무가 있다고 주장하면서 B를 상대로 약정금의 지급을 구하는 소를 제기하였다.

Ⅱ. 판결요지

- 근로자가 일정 기간 동안 근무하기로 하면서 이를 위반할 경우 소정 금원을 사용자에게 지급하기로 약정하는 경우, 그 약정의 취지가 약정한 근무기간 이전에 퇴직하면 그로 인하여 사용자에게 어떤 손해가 어느 정도 발생하였는지 묻지 않고 바로 소정 금액을 사용자에게 지급하기로 하는

것이라면 이는 명백히 구 근로기준법(2007. 4. 11. 법률 제8372호로 전문 개정되기 전의 것) 제27조에 반하는 것이어서 효력을 인정할 수 없다. 또, 그 약정이 미리 정한 근무기간 이전에 퇴직하였다는 이유로 마땅히 근로자에게 지급되어야 할 임금을 반환하기로 하는 취지일 때에도, 결과적으로 위 조항의 입법 목적에 반하는 것이어서 역시 그 효력을 인정할 수 없다. 다만, 그 약정이 사용자가 근로자의 교육훈련 또는 연수를 위한 비용을 우선 지출하고 근로자는 실제 지출된 비용의 전부 또는 일부를 상환하는 의무를 부담하기로 하되 장차 일정 기간 동안 근무하는 경우에는 그 상환의무를 면제해 주기로 하는 취지인 경우에는, 그러한 약정의 필요성이 인정된다. 이때 주로 사용자의 업무상 필요와 이익을 위하여 원래 사용자가 부담하여야 할 성질의 비용을 지출한 것에 불과한 정도가 아니라 근로자의 자발적 희망과 이익까지 고려하여 근로자가 전적으로 또는 공동으로 부담하여야 할 비용을 사용자가 대신 지출한 것으로 평가되며, 약정 근무기간 및 상환해야 할 비용이 합리적이고 타당한 범위 내에서 정해져 있는 등 위와 같은 약정으로 인하여 근로자의 의사에 반하는 계속 근로를 부당하게 강제하는 것으로 평가되지 않는다면, 그러한 약정까지 구 근로기준법 제27조에 반하는 것은 아니다. 이 사건 약정은 근로자인 피고가 사용자에게 영업비밀을 침해하지 않고 약정한 10년 동안 근무하겠다는 등을 약속하면서 만약 이를 이행하지 않을 때에는 10억 원을 지불하기로 하는 내용이라는 것인바, 이는 피고가 약정 근무기간 이전에 퇴직하는 등 위 약속을 위반하기만 하면 그로 인하여 사용자에게 어떤 손해가 어느 정도 발생하였는지 묻지 않고 바로 미리 정한 10억 원을 사용자에게 손해배상액으로 지급하기로 하는 것이므로, 구 근로기준법 제27조가 금지하는 전형적인 위약금 또는 손해배상액의 예정에 해당하여 그 효력을 인정할 수 없는 것이다.

Ⅲ. 해설

1. 위약 예정의 금지의 원칙

1) 근로기준법 제20조는 사용자는 근로계약 불이행에 대한 위약금 또는 손해배상액을 예정하는 계약을 체결하지 못한다고 규정하고 있다. 이 규정은 근로자가 근로계약을 위반하여 도중에 전직, 퇴직하거나 노무제공이 계약대로 이행되지 아니한 경우에 위약금을 정한다든지 손해배상액을 예정하는 것을 금지한 규정이다. 이는 근로자의 자유의사를 부당하게 구속함으로써 강제노동에 종사하도록 하는 전근대적 노동관행을 배제하기 위한 것이다.

2) 위 규정에서 '위약금'이란 채무불이행시 채무자가 채권자에게 지급할 것을 약속한 금전을 의미하고, '손해배상액의 예정'이란 채무불이행의 경우에 채무자가 지급하여야 할 손해배상의 액을 당사자 사이에 계약으로 미리 정하여 두는 것을 의미한다.

2. 대상판결의 평가

1) 대상판결은 근로자인 피고가 사용자에게 영업비밀을 침해하지 않고 약정한 10년 동안 근무하겠다는 등을 약속하면서 만약 이를 이행하지 않을 때에는 10억 원을 지불하기로 하는 내용의 약정에 대하여, 이는 피고가 약정 근무기간 이전에 퇴직하는 등 위 약속을 위반하기만 하면 그로 인하여 사용자에게 어떤 손해가 어느 정도 발생하였는지 묻지 않고 바로 미리 정한 10억 원을 사용자에게 손해배상액으로 지급하기로 하는 것이므로 근로기준법 제20조가 금지하는 전형적인 위약금 또는 손해배상액의 예정에 해당하여 그 효력을 인정할 수 없다고 판단한 사안이다.

2) 대상판결은 근로자가 일정 기간 동안 근무하지 않으면 사용자에게 일정 금원을 지급하기로 한 약정의 유효성의 판단기준을 구체적으로 제시한 판결이다.

4. 전차금 상계의 금지

> **제21조(전차금 상계의 금지)** 사용자는 전차금(前借金)이나 그 밖에 근로할 것을 조건으로 하는 전대(前貸)채권과 임금을 상계하지 못한다.

사용자는 전차금 기타 근로의 제공을 조건으로 한 전대채권과 임금을 상계할 수 없다. 여기서 전차금이란 근로자 또는 친권자가 장래의 임금에서 갚을 것을 조건으로 근로계약 체결시에 사용자로부터 차용한 금전을 말하고, 전대채권은 전차금 이외에 근로자에게 지급되는 금전으로 전차금과 동일한 내용을 갖는 것을 말한다.

□ Topic. 임금의 가불

전차금 상계금지와 관련하여 가불임금을 이후에 지급될 임금에서 사용자가 공제하는 것이 허용되는지 문제된다. 소위 '가불'이란 근로자가 자신의 필요와 희망에 따라 지급기가 도래하지 않은 임금을 미리 전액 또는 일부를 지급기일 이전에 지급받은 것이므로 근로자의 상계의사여부에 상관없이 사용자가 이를 공제할 수 있다고 할 것이다. 가불한 임금을 정산하고 지급하는 것은 사용자의 채권으로 상계하는 것이 아니라 임금자체의 계산에 관한 것으로서 공제된 부분은 단지 근로자의 희망에 따라 선지급된 임금부분이기 때문이다.

5. 강제 저금의 금지

제22조(강제 저금의 금지) ① 사용자는 근로계약에 덧붙여 강제 저축 또는 저축금의 관리를 규정하는 계약을 체결하지 못한다.

② 사용자가 근로자의 위탁으로 저축을 관리하는 경우에는 다음 각 호의 사항을 지켜야 한다.

1. 저축의 종류 · 기간 및 금융기관을 근로자가 결정하고, 근로자 본인의 이름으로 저축할 것
2. 근로자가 저축증서 등 관련 자료의 열람 또는 반환을 요구할 때에는 즉시 이에 따를 것

사용자는 근로계약에 부대하여 강제저축 또는 저축금의 관리를 규정하는 계약을 체결할 수 없다. 나아가, 사용자가 근로자의 위탁으로 저축금을 관리하는 경우에도 (i) 저축의 종류 · 기간 및 금융기관을 근로자가 결정하고, 근로자 본인의 이름으로 저

축할 것과 (ii) 근로자가 저축증서 등 관련 자료의 열람 또는 반환을 요구할 때에는 즉시 이에 따를 것이라는 사항을 준수하여야 한다.

Ⅳ. 근로계약의 체결방식에 관한 문제

1. 채용내정

(1) 의의

채용내정이라 함은 사용자가 공개시험이나 추천 등을 통하여 채용예정자를 미리 선정 및 확정하고 일정한 시점에 정규사원으로 입사시키는 것을 말한다.

(2) 법적 성질

채용내정은 그 형태가 다양하고 복잡하여 채용내정의 법적 성질을 일률적으로 논하기는 어려우며 채용내정의 문언과 의미, 단체협약·취업규칙 등의 채용절차에 관한 규정, 관행 기타 구체적인 사정 등을 통하여 종합적으로 판단하는 것이 필요하다. 종래 채용내정의 법적 성질에 관해서는 근로계약예약설, 근로계약체결과정설, 채용내정계약설, 근로계약성립설 등의 견해가 제시되었는바, 우리나라의 지배적인 견해는 근로계약성립설이다. 근로계약성립설은 다시 정지조건부근로계약설과 해약유보권부근로계약설 등으로 구분되나, 채용내정에 의하여 근로계약이 성립하지만 그 이행에 대하여는 시기가 부과되어 있고 또한 졸업을 못하든가 근무를 감당할 수 없는 질병에 걸린다든가 하는 등의 사유를 해약원인으로 하는 해약권유보부근로계약이 통설이다.

(3) 채용내정취소

일반적으로 채용내정관계를 소멸시키는 행위를 채용내정의 취소라 한다. 채용내정통지에 의하여 근로계약이 성립하였다고 보게 되면 일방적인 채용내정의 취소는 해고에 해당하게 된다. 따라서 채용내정의 취소에도 근로기준법상의 해고에 관한 제한규정이 적용된다.

한편, 채용내정의 취소에는 일반적인 해고보다 넓은 범위의 정당성이 인정된다고 볼 것인지가 채용내정계약의 법적 성질과 관련하여 문제되는바, 먼저 해약권의 유보사유로는 채용내정자가 졸업하지 못하거나, 서약서 등을 제출하지 않거나, 건강의 악화 또는 요양이 필요한 질병이 발생했다든가, 형사사건에 관련되어 기소·구류되었다거나, 채용내정시에 비해 노동력의 현저한 질적 저하사유를 있게 된 경우 기타 업무능력·직무적성의 부적격성 등 채용내정자에게 발생한 사유를 고려할 수 있을 것이다. 한편, 사용자 측에서 발생한 사유에 의한 내정취소가 허용되는지도 문제될 것인바, 이는 소위 정리해고의 경우로서 기업이 인원을 조정할 필요가 있다면 내정자가 우선 대상이라는 것의 합리성은 부정하기 어려울 것이다. 다만, 이러한 경우에도 그것이 긴박한 경영상의 필요에 의한 것인지 여부, 사용자가 해고회피를 위하여 상당한 노력을 하였는지 여부, 객관적이고 합리적인 기준에 의하여 해고 대상자를 선정하였는지 여부, 그 밖에 근로자와의 성실한 협의 등을 거쳤는지 여부 등 제반사정을 전체적, 종합적으로 고려하여 당해 해고(채용내정의 취소)가 객관

적 합리성과 사회적 상당성을 지닌 것으로 인정될 수 있어야만 정당성이 인정될 것이다.[50)]

(4) 채용내정취소와 손해배상

사용자가 채용내정 상태가 상당기간이 경과하도록 본채용을 하지 않다가 자의적인 채용내정취소를 한 경우, 사용자는 성실의무위반을 이유로 한 채무불이행책임 또는 기대권 침해를 이유로 한 불법행위책임을 지게 될 수 있다.

서울지법 2003. 8. 27. 선고 2002나40400 판결
"원고와 피고 사이에는 위와 같은 피고의 채용내정 사실 통보로 인하여 장차 정식 취업시로부터 근로를 제공하기로 하는 내용의 일종의 근로계약이 성립한 것으로, 원고로서는 상당한 기간 내에 피고회사에 정식채용될 것이라는 정당한 기대를 갖게 된다고 할 것이다. 피고로서는 당초 채용내정 과정에서부터 피고회사의 계획사업의 내용 및 규모, 그 진행전망 등 피고의 제반 사정을 면밀히 검토하여 채용할 직원의 수와 그 구성을 정하고 그에 따라 적정한 수의 합격자만을 발표 및 채용내정하여야 할 주의의무가 있음에도 불구하고, 이를 게을리 한 과실로 그 실행 가능성이 충분히 검토되지 아니한 사업부문의 영선인력으로 원고를 채용내정하여 그와 같은 통지를 한 후, 뒤늦게 해당부문 사업을 진행할 수 없게 되었다는 사유로 원고를 정식채용하지 않기로 하였으니, 피고는 원고가 위 기간동안 피고의 직원으로 정식채용되기를 기대하면서 다른 취업의 기회를 포기함으로써 입게 된 손해를 배상할 책임이 있다."

50) 서울지법 남부지원 1999. 4. 30. 선고 98가합20043 판결.

채용내정

대법원 2000. 11. 28. 선고 2000다51476 판결

> 우리나라의 경우 종래 신규졸업자의 채용은 통상적으로 사용자의 근로자 모집, 근로자의 응모, 채용시험의 실시와 합격결정, 채용내정 통지서의 교부와 근로자로부터의 서약서·신원보증서의 제출, 연수 등의 과정을 거쳐 입사일에 입사 및 임명장의 교부라는 절차에 의해 이루어지는 것이 통상적이었다. 채용내정이란 사용자가 본채용 상당 기간 전에 채용할 자를 미리 결정하여 두는 것을 의미한다. 이러한 채용내정에 관해서는 종래 채용내정의 취소와 관련하여 빈번하게 분쟁이 발생해 왔으나, 근로기준법은 채용내정자의 법적 지위에 대하여 아무런 규정을 두고 있지 않으므로 채용내정의 법적 성질이 무엇인지가 문제된다.

Ⅰ. 사실관계

- 피고회사는 전자제품의 제조 및 판매 등을 목적으로 하는 회사이고, 원고들은 1998.2월에 대학교를 졸업한 자들로서 피고회사로부터 입사와 관련하여 서류전형 합격, 면접합격 통보 및 최종합격 통보를 각 받았다가 소위 채용내정이 취소된 자들이다.
- 피고회사가 소속된 현대그룹의 현대인재개발위원회 또는 피고회사는 1997.8월경 피고회사를 포함한 그룹에 속해 있는 회사들에서 근무한 신입사원을 모집하기로 하고 원고들이 재학 중인 각 소속 대학교에 1998.2월 졸업예정자 또는

1997.8월 졸업자를 상대로 신입사원 추천의뢰 또는 우수학생 취업 추천의뢰를 하였는데, 원고들은 소속 대학교의 추천을 받아 소정의 서류를 제출하여 1997.9.27일경 서류전형 합격통보를 받고, 또 이어 실시한 면접을 거쳐 1997.10.24일경 위 인재개발위원회로부터 면접합격통보를 받으면서 피고회사에 배치 예정이라는 사실을 통보받았고, 다시 현대그룹이 실시한 신체검사를 받은 후인 1997.11월경 피고회사로부터 최종적으로 합격되었으며 피고회사에 우선적으로 입사하게 된다는 통보를 받았다. 그런데 위 통보에는 원고들이 대졸 신입사원 입사예정자 소집간담회에 반드시 참석해야 하고 만약 참석하지 않으면 합격을 취소한다는 내용이 기재되어 있었다.

- 피고회사는 1997.11.30일경 열린 '대졸신입사원소집간담회'에서 원고들에게 배부한 대졸 신입사원 입사안내문을 통하여 앞으로 개인별로 통보될 교육일정에 따라 1997.12.8일부터 1998.4.3일까지의 사이에 7차로 나누어 원고들에 대한 신입사원 입사교육을 실시하고 그 교육실시 차수에 따라 원고들 각 개인의 입사예정일이 결정될 것임을 밝히면서, 늦어도 1998.4.6일까지는 모두 근무가 시작될 것이며 근로계약서 등 입사에 필요한 제반 서류를 입사예정일에 제출하도록 하였다.
- 그러나 피고회사는 소위 IMF 구제금융사태라는 경제사정의 악화 등을 이유로 1997.12월경부터 실시될 계획이었던 위 입사교육 등을 연기하고, 1998.2월경 원고들에게 피고회사의

사업구조조정이 있은 후에 원고들의 입사일정이 추후 별도로 결정될 것임을 알리면서 이에 대한 양해를 바라는 내용의 안내문을 보냈다.

- 피고회사는 1998.6.11일 및 같은 달 12일 개최된 신입사원 소집점검에서 원고들에게 피고회사의 사정으로 신규채용을 취소한다고 밝히면서, 그 대신 ① 금 200만원의 위로금을 받는 조건으로 입사지원을 취소하고 이에 대한 일체의 법적 청구를 받지 않기로 하는 방안과, ② 1999.6.30일까지 피고회사의 채용발령을 기다려 보되, 위 기한까지의 채용은 피고회사가 정한 채용발령 예정순번에 따르고, 만약 신규인력 수요가 없어 채용되지 못하더라도 이의를 제기하지 않기로 하는 방안을 제시하고 두 가지 방안 중 하나를 선택하도록 하였으나, 원고들은 이 두 가지 방안을 모두 거부하였다.

Ⅱ. 판결요지

- 피고회사가 1997. 8.경 원고들을 포함한 대학졸업자 또는 졸업예정자들로부터 채용신청서류를 제출받은 뒤 1997. 9. 29.경 서류전형 합격통보를, 1997. 10. 24.경 면접 합격통보를, 1997. 11.경 최종합격통보를 각 한 사실, 1997. 11. 30. 열린 입사예정자 소집 간담회에서 신입사원 입사교육계획 일정과 늦어도 1998. 4. 6. 까지는 모두 입사일이 지정되어 근무가 시작될 것임이 고지된 사실, 그 후 1997. 11.경부터 IMF 구제금융을 받게 되는 경제위기가 도래하자 피고는 1997. 12.

경부터 시작될 예정이었던 입사교육을 연기하고 1998. 2.경 당초의 입사일정이 추후 별도로 결정될 것임을 알리는 안내문을 송부하였고, 1998. 6. 11.과 12일 개최된 신입사원간담회에서 마침내 신규채용의 취소를 통보한 사실등을 인정한 후, 피고가 1997. 11.경 원고들에게 최종합격통보를 해 줌으로써 원고들과 피고 사이에 근로계약관계가 유효하게 성립되어 늦어도 1998. 4. 6. 이후에도 원고들이 피고회사의 근로자가 되었다고 할 것이므로 그 후 피고가 원고들에게 한 신규채용의 취소통보는 실질적으로 해고에 해당한다고 하고, 이어서 그 해고가 정당하다는 피고의 주장을 정리해고의 정당성에 관한 주장으로 본 다음, 피고의 위 정리해고는 판시와 같은 여러 인정사실에 비추어, ① 긴박한 경영상의 필요에 의하여, ② 해고 회피를 위한 사용자의 노력이 병행되면서, ③ 객관적·합리적 기준에 의하여 해고대상자를 선정하여, ④ 근로자측과 성실한 협의를 거쳐서 행하여진 것이고, 한편 피고회사의 취업규칙에 비추어 신규채용된 자들의 채용내정시부터 정식발령일까지 사이에는 사용자에게 근로계약의 해약권이 유보되어 있다고 할 것이어서 원고들에 대하여는 근로기준법 제31조 제3항이 적용되지 않는다고 보아야 한다고 하여, 결국 피고의 원고들에 대한 정리해고가 정당하다고 판단하고 있다.

Ⅲ. 해설

1. 채용내정의 의의와 법적 성질

1) 채용내정이란 사용자가 본채용 상당기간 전에 채용할 자를 미리 결정하여 두는 것을 말한다. 채용내정은 그 구체적인 내용이 경우마다 다르기 때문에 그 법적 성질에 관하여 일률적으로 논하기는 곤란하며 채용내정통지의 문언, 의미, 관행을 종합적으로 판단하는 것이 필요하다.

2) 채용내정의 법적 성질에 관하여는 종래 ① 근로계약의 체결을 위한 한 과정으로서의 사실행위에 불과하다는 근로계약체결과정설, ② 대학을 졸업한 다음 근로계약을 체결하기로 하는 예약으로 파악하는 예약설, ③ 일정한 시기에 사용근로계약을 노사쌍방 어느 쪽의 의사표시를 요하지 않고 성립시킨다고 하는 일종의 특수한 무명계약이라고 하는 채용내정계약설 등이 있었으나, ④ 채용내정의 경우에도 근로계약은 성립한 것이고 다만 조건이나 기한이 붙어 있을 뿐이라는 근로계약성립설이 오늘날의 지배적인 견해이다.

3) 근로계약성립설에 의하면 회사의 모집공고는 사용자에 의한 청약의 유인으로, 응모는 근로자의 청약으로, 채용내정의 통지는 사용자의 승낙으로 보아 채용내정의 경우 근로계약이 성립된 것으로 본다. 이 견해는 다시 ① 채용내정자가 졸업을 하지 못하는 등의 일정한 사유가 발생하면

근로관계가 당연히 해제된다는 취지의 '해제조건부 근로계약 성립설'과 ③ 졸업 등의 사유를 근로계약의 정지조건으로 보는 '정지조건부 근로계약 성립설'로 나뉘는바, 판례는 해약권유보부 근로계약성립설의 입장을 따르고 있다.

2. 채용내정의 취소

1) 채용내정에 의해 근로계약이 성립했다고 한다면, 사용자에 의한 채용내정의 취소는 사용자측의 의사에 의해 할 수 있는 근로계약의 일방적 해약 내지는 근로계약의 해지가 된다. 따라서 채용내정의 취소는 근로기준법상 해고에 해당하며, 사용자가 채용내정을 적법하게 취소하기 위해서는 통상의 해고와 같은 정도의 정당한 사유가 있을 것을 그 요건으로 한다.[51)]

2) 한편 사용자가 채용내정상태가 상당기간이 경과하도록 본채용을 하지 않은 후 채용을 취소하였다면 사용자는 내정자에 대하여 손해배상의 책임을 진다.[52)]

3. 대상판결의 평가

1) 대상판결은 '채용내정통지를 함으로써 원고들과 피고회사 사이에는 근로계약관계가 유효하게 성립되었다고 볼 것이고 … '라고 하여 채용내정의 통지로 근로계약이 일단 유효하게 성립한 것으로 판단하였다(근로계약성립설).

2) 대상판결은 채용내정자 중 직무부적격자를 가려내어 내정취소를 할 수 있는 권리, 즉 근로자측 사정에 대하여 근로

51) 서울지법 1999. 4. 30. 선고 98가합20043 판결.
52) 서울지법 2003. 8. 27. 선고 2002나40400 판결.

계약의 해약권을 유보한 취업규칙의 내용을 사용자측 사정에도 유추적용하여 해약권의 근거로 인용하고 있는바, 근로자측 사정이 아닌 사용자측 사정인 경영상의 이유를 근거로 취업규칙에도 근거가 없는 채용내정의 해약권을 유보한 것으로 해석하는 것은 불합리하다. 일반적으로 사용자가 채용내정을 취소할 수 있는 근로계약 해약권은 근로자측 귀책사유에 국한된다는 점에서 사용자측의 귀책사유는 그 사유에 해당되지 않는다고 해석하여야 할 것이다.

3) 사용자측의 사정을 이유로 사용자가 일방적으로 채용내정의 해약권을 행사하도록 허용하는 것은 계약 상대방의 지위를 지나치게 불안정하게 하고, 대등한 당사자간의 사적자치 원칙에도 반할 뿐만 아니라 오히려 사용자의 무분별한 해약권 남용을 조장할 우려가 있으므로 엄격하게 통제하는 것이 바람직하다고 본다.

---

2. 시용계약

(1) 의의

근로자의 채용에 관하여 입사 후 일정기간의 시용기간을 두고 동 기간에 근로자의 능력을 평가하여 본채용을 할 것인지 여부를 결정하는 제도를 두는 경우가 많다.

(2) 법적 성격

우리 나라의 경우 학설은 근로자로서 적격하다는 평가를 근로계약 효력발생조건으로 하여 정규채용된다는 정지조건부근로계약설, 정규근로자로서 적절하지 못하다는 평가를 근로계약해제조건으로 하여 정규채용된다는 해제조건부근로계약설, 그리고 정식근로자로서 적절하지 못하다는 평가를 이유로 근로관계를 해지할 수 있는 사용자의 권리를 유보한다는 해약권유보부근로계약설 등이 있으나, 이중에 다수설 및 판례는 해약권유보부근로계약설을 취하고 있다. 판례도 1992. 8. 18. 선고 92다15710 판결에서 "회사가 신입사원을 채용하는 과정에 있어서 일단 수습사원으로 발령한 후 일정한 연수기간을 거치도록 하고 그 연수기간중의 평가에 의해 합격기준 이상의 점수를 얻은 경우에만 신입사원으로 채용하는 방식을 채택하고 있는 경우 연수기간 중에 있는 자의 지위는 이른바 '시용기간중의 근로관계'에 해당하고 이와 같은 시용기간 중의 근로관계는 수습사원으로 발령한 후 일정기간 동안 당해 근로자가 앞으로 담당하게 될 업무를 수행할 수 있는가에 관하여 그 인품 및 능력 등을 평가하여 정식사원으로서의 본채용 여부를 결정하는 것이므로 일종의 해약권유보부 근로계약에 해당한다"고 하여 수습기간 중 근로관계를 해약권유보부 근로계약으로 보고 있다.

(3) 본채용 거부의 정당성

시용제도의 법적 성질을 해약권유보부근로계약으로 본다면 본채용의 거부는 근로계약의 해지로 평가되고, 사용자가 어떠한 경우에 해약권을 행사할 수 있는지가 문제된다. 사용자는 일반적으로 사용자가 채용결정 후의 조사결과에 의해 또는 시용기간 중의 근무상태 등에 의해 당초 알 수가 없거나 또는 알 것을 기대할 수 없었던 사실을 알게 된 경우 그와 같은 사실에 비추어 그 자를 계속하여 고용하는 것이 적당하지 않다고 판단함이 해약권 유보의 취지·목적에 비추어 객관적으로 상당하다고 인정되는 경우 해약권을 행사할 수 있다고 할 것이다. 위 대법원 판결도 "시용기간 중의 근로관계는 일종의 해약권유보부 근로계약으로서 시용기간 중의 채용거부는 유보해약권의 행사라 할 것인데, 이와 같은 해약권의 행사는 시용이라는 것 자체가 당해 근로자의 자질·능력·성격 등 그 일에 대한 적격성 여부를 결정하는 단계이므로 통상의 해고보다는 광범위하게 인정될 수 있는 것이지만 그 적격성 여부의 결정은 시용기간 중에 있어서의 근무태도·능력 등의 관찰에 의한 앞으로 맡게 될 임무에의 적격성 판단에 기초하여 행해져야 하고 그 평가가 객관적으로 공정성을 유지하여야 하며 위 해약권의 행사는 객관적으로 합리적인 이유가 존재하여 사회통념상 상당하다고 인정되어야 한다"고 판시하고 있다.

시용계약

대법원 2006.2.24. 선고 2002다62432 판결

Ⅰ. 사실관계

- 피고은행은 1998.6.29 구 금융산업의구조개선에관한법률(1998.9.14 법률 제5549호로 개정되기 전의 것) 제14조 제2항에 근거한 금융감독위원회의 계약이전결정에 의하여 경기은행의 자산 및 부채를 인수하게 되었고, 이 과정에서 경기은행의 직원들 중 일부를 고용하기로 방침을 정하였다. 피고은행은 1999.8월경 각 직급별로 경기은행 각 지점에 채용요강을 통보하고, 원고들을 포함한 4급 이하 직원들과는 1998.10.1부터 1998.10.31까지 1개월의 고용계약을 각 체결하였다. 고용계약기간이 만료되자 피고은행은 1998.11.2 이들 중 상대적으로 인사고과가 우수한 상위 70%에 해당하는 자들과 '근로자는 취업에 앞서 6개월의 범위 내에서 사용자가 정하는 시용기간을 거쳐야 하며 피고은행은 위 기간 중과 종료시에 근로자를 해고할 수 있다. 다만, 필요한 경우에는 시용기간을 거치지 아니하고 직원으로 임용할 수 있다'는 내용의 근로계약을 체결하고 이 같은 내용이 포함된 취업계약서를 작성하고 차후 위 채용조건에 일체의 이의를 제기하지 않기로 하는 내용을 서약서를 제출받았다. 나머지 하위 30%에 해당하는 자들과는

일단 1년간의 계약직 채용 후 업무능력 및 조직적응도에 따라 재계약 여부를 결정하기로 한다는 내용의 근로계약을 체결하였다.

- 피고은행은 1999.4월 초순경 원고들을 비롯한 경기은행 출신 직원 736명을 대상으로 개인별 계속적 고용여부 판단자료 및 정기승급 검토자료, 승진심사 검토 자료를 마련하기 위하여 근무성적 평정을 실시하기로 하였다. 평정자는 영업점의 경우 직상위 책임자, 본부점의 경우 부문장 또는 팀 실장, 확인자는 영업점의 경우 영업점장, 본부점의 경우 팀 실장으로 정하였고, 평정요소는 업무수행태도 및 의욕(60%), 업무수행능력 및 성과(40%)로 하고, 평정기간은 1998.11월부터 1999.3월까지(5개월)로 하되, 평정등급은 A(탁월), B(양호), C(약간 미흡), D(상당히 미흡)의 4등급으로 하였다. 평정결과를 기초로 A 및 B 등급은 정식직원으로 채용하고, C 등급은 선별적으로 정식직원으로 채용하며, D 등급은 고용계약을 해지하기로 방침을 정하였다.

- 피고은행은 각 지점별로 고용해지 대상인원인 C 또는 D 등급자의 수를 할당하였으며 1994.4월 중순경 산하지점장들이 모인 자리에서 이미 제출된 근무성적평정표를 재작성하도록 하였다.

- 근무성적평정결과 736명의 직원들 중 650명은 A 또는 B 등급을 받았고 나머지 86명은 C 또는 D의 등급을 받았다. 피고은행은 평정기간 중에 퇴직한 2명을 제외한 나머지 84명에 대하여 1997.4. 27일과 28일 양일간 개별면접을 실시

하고 원고들을 포함한 42명에 대하여는 업무수행태도 등 근무성적불량(규율성 및 협조성, 업무수행태도 및 의욕 등의 사유)을 이유로 1999.4.30자로 이 사건 근로계약을 해지하였다. 평정자 및 확인자들 중 상당수는 평정대상직원들을 지점 또는 부서 내 다른 직원들과 비교하여 평가하였다.

- 한편 피고은행의 인사규정은 다음과 같이 정하고 있다.

> **第19조(채용발령)** 전형에 합격한 자는 일정한 수습기간을 거쳐 직원으로 임용한다. 다만, 필요한 경우에는 수습기간을 거치지 아니하고 직원으로 임용할 수 있다.
> **第20조(인턴행원의 운용)** 사무직의 경우 일정기간의 인턴행원과정을 거쳐 직원으로 채용한다. 인턴행원은 일정한 기간을 정하여 고용하되, 인턴기간 중 부적격하다고 판단될 때에는 직원으로 채용하지 아니한다.

- 원고들은, 피고은행과 이 사건 근로계약을 체결하기 전의 채용요강에 '시용기간'에 관한 언급이 없었고 원고들에게 이 사건 근로계약이 시용조건부 근로계약임을 고지한 바 없고, 계약이전 결정 이후 4개월이 지난 1998.11.2에 이르러서 6개월이라는 장기간의 시용기간을 두고 해고권을 유보한 것은 근로기준법의 해고제한규정을 회피하기 위한 것이라고 밖에 볼 수 없어 피고은행의 계약해지는 무효라고 주장하였다.

Ⅱ. 판결요지

- 시용기간 중에 있는 근로자를 해고하거나 시용기간 만료시

본계약의 체결을 거부하는 것은 사용자에게 유보된 해약권의 행사로서, 당해 근로자의 업무능력, 자질, 인품, 성실성 등 업무적격성을 관찰·판단하려는 시용제도의 취지·목적에 비추어 볼 때 보통의 해고보다는 넓게 인정되나, 이 경우에도 객관적으로 합리적인 이유가 존재하여 사회통념상 상당하다고 인정되어야 한다. 사용자인 은행이 시용기간 중의 근로자를 대상으로 근무성적평정을 실시함에 있어서 각 지점별로 C 또는 D의 평정등급 해당자 수를 할당한 점, 근무성적평정표가 작성·제출된 이후 위 은행으로부터 재작성 요구를 받은 일부 지점장들이 평정자 및 확인자를 달리하도록 정한 위 은행의 근무성적평가요령에 어긋나게 혼자서 근무성적평정표를 재작성하기도 한 점 등 제반 사정에 비추어 볼 때, 위 은행이 시용근로계약을 해지한 데에 정당한 이유가 있다고 보기 어렵다.

Ⅲ. 해설

1. 시용의 의의 및 법적 성질

1) '시용'은 사용자가 근로자를 채용함에 있어서 신중을 기하기 위하여 일단 입사한 근로자를 즉시 정규사원으로 임명하지 않고 일정한 관찰 및 평가기간을 설정하여 그 기간 내의 근무상황 등을 고려하여 근로자의 업무능력·직무적성을 판단하는 것을 말한다. 따라서, 시용은 해당 근로자의 근무태도, 능력 등의 관찰에 의해 업무에 대한 적격성을 판단함에 있어 객관적이고 합리적인 이유가 존재하여

사회통념상 상당하다고 인정되어야 한다.

2) 시용제도의 법적 성질에 관하여는 ① 근로자로서 적격하다는 평가를 근로계약 효력발생조건으로 하여 정규채용된다는 정지조건부근로계약설, ② 정규근로자로서 적절하지 못하다는 평가를 근로계약해제조건으로 하여 정규채용된다는 해제조건부근로계약설, ③ 정식근로자로서 적절하지 못하다는 평가를 이유로 근로관계를 해지할 수 있는 사용자의 권리를 유보한다는 해약권유보부근로계약설 등의 견해가 있으며,[53] 이 중에 다수설 및 판례는 해약권유보부근로계약설을 취하고 있다.

2. 본계약 체결의 거부

1) 시용제도의 법적 성질을 해약권유보부근로계약으로 본다면 본계약 체결의 거부는 근로계약의 해지로 평가될 것이므로, 사용자가 유보된 해약권을 행사하는 경우에도 이는 해약권유보의 취지 또는 목적에 비추어 객관적이며 합리적인 이유가 있어 사회통념상 타당하다고 인정되는 경우에만 허용된다고 할 것이다.[54]

2) 따라서 시용근로자를 정식으로 채용하지 않는 것이 정당화되는 경우는 학력 및 경력의 허위 기재, 무단결근, 동료에 대한 폭언·폭행 등 사회통념상 근로관계를 지속시킬 수 없을 정도의 귀책사유가 존재하는 때에 한한다.

---

53) 시용은 채용내정과 달리 그 기간 중에 근로자와 사용자사이의 사용종속관계가 인정된다는 점에서 근로계약으로 인정된다는데 거의 이론이 없다.

54) 대법원 2006.2.24. 선고 2002다62432 판결.

3. 대상판결의 평가

종래 판례의 입장은 시용에 있어 해약권유보의 취지 또는 목적에 비추어 객관적이며 합리적인 이유가 있어 사회통념상 타당하다고 인정되는 때 본계약 체결의 거부가 정당화될 수 있다. 이러한 판례의 기준에 비추어 볼 때, 피고은행이 추상적이고 모호한 평정요소로 평정자를 달리하여 시용근로자들을 평가한 후 객관성이 없는 평가를 기초로 원고들과의 근로계약을 해지한 행위는 정당하다고 보기 어렵다는 대상판결의 판단은 정당하다. 특히, 대상판결은 근무성적평정표, 업무수행능력 및 성과와 평정의견서상의 결과를 객관적인 평가결과로 인정하지 않았다는 점에서 시용 근로자에 대한 평가절차를 진행했다거나 다분히 추상적이고 자의적인 평가에 의해서는 시용해지의 정당성이 인정되기 어렵다는 점과 나아가 객관적인 사실과 근거에 기반한 평가에 의할 때만이 시용해지의 정당성이 인정될 수 있다는 점을 분명히 했다는 데 의의가 있다.

---

3. 수습

수습이란 정식채용된 근로자의 작업능력이나 사업장에서의 적응능력을 키워주기 위한 근로형태이다. 수습근로자에 대하여는 원칙적으로 근로계약 체결 후에 근로를 수행하기 때문에 근로자에 대해 적용되는 모든 법률적 규정들이 적용되는 것이 원칙이다. 다만, 근로기준법 제35조 제5호 및 시행령 제16조에 따라 수습기간이 3개월 미만인 수습근로자에 대하여는 해고예고가 적용되지 않을 뿐이다.

제77조(기능 습득자의 보호) 사용자는 양성공, 수습, 그 밖의 명칭을 불문하고 기능의 습득을 목적으로 하는 근로자를 혹사하거나 가사, 그 밖의 기능 습득에 관계없는 업무에 종사시키지 못한다.

한편, 사용자는 양성공, 수습 기타 명칭을 불문하고 기능의 습득을 목적으로 하는 근로자를 혹사하거나 가사나 기타 기능 습득에 관계없는 업무에 종사시키지 못한다.

V. 사용자의 의무

1. 취업방해의 금지

제40조(취업 방해의 금지) 누구든지 근로자의 취업을 방해할 목적으로 비밀 기호 또는 명부를 작성·사용하거나 통신을 하여서는 아니 된다.

누구든지 근로자의 취업을 방해할 목적으로 비밀 기호 또는 명부를 작성·사용하거나 통신을 하여서는 아니 된다. 이러한 의무는 사용자에게 국한된 것이 아니라 근로자의 취업에 영향을 줄 수 있는 모든 사람이 부담하는 것이다.

2. 근로자명부 작성의무

제41조(근로자의 명부) ① 사용자는 각 사업장별로 근로자 명부를 작성하고 근로자의 성명, 생년월일, 이력, 그 밖에 대통령령으로 정하는 사항을 적어야 한다.
② 제1항에 따라 근로자 명부에 적을 사항이 변경된 경우에는 지체 없이 정정하여야 한다.

사용자는 각 사업장별로 근로자명부를 작성하고 근로자의 성명, 생년월일, 이력 기타 대통령령으로 정하는 사항을 기재하여야 한다. 여기서 기타 대통령령으로 정하는 사항이란 근로자의 성별, 주소, 종사하는 업무의 종류, 고용 또는 고용갱신 연월일, 계약기간을 정한 경우에는 그 기간 기타 고용에 관한 사항, 해고, 퇴직 또는 사망한 경우에는 그 연월일과 사유 등을 말한다(시행령 제20조). 한편, 근로자명부에 기재할 사항이 변경된 경우 사용자는 지체없이 이를 정정하여야 한다.

3. 계약서류 등의 보존의무

> **제42조(계약 서류의 보존)** 사용자는 근로자 명부와 대통령령으로 정하는 근로계약에 관한 중요한 서류를 3년간 보존하여야 한다.

사용자는 근로자명부와 대통령령으로 정하는 근로계약에 관한 중요한 서류를 3년간 보존하여야 한다. 대통령령으로 정하는 근로계약에 관한 중요한 서류란 근로계약서, 임금대장, 임금의 결정·지급방법과 임금계산의 기초에 관한 서류, 고용·해고·퇴직에 관한 서류, 승급·감급에 관한 서류, 휴가에 관한 서류, 근로기준법 제53조 제3항(연장근로의 제한), 제63조 제3호(적용의 제외) 및 제70조 제2항 단서(야간근로와 휴일근로의 제한)에 따른 승인·인가에 관한 서류, 제51조제2항(탄력적 근로시간제), 제52조(선택적 근로시간제), 제58조 제2항·제3항(근로시간 계산의 특례) 및 제59조(근로시간 및 휴게시간의 특례)에 따른 서면 합의 서류, 제66조에 따른 연소자의 증명에 관한 서류를 말한다(시행령 제22조 제1항). 각 서류의 보존기간의 기산점은 다음과 같다(시행령 제22조 제2항).

보존대상 서류	보존기간의 기산점
근로자 명부	근로자가 해고되거나 퇴직 또는 사망한 날
근로계약서	근로관계가 끝난 날
임금대장	마지막으로 기재한 날
고용, 해고 또는 퇴직에 관한 서류	근로자가 해고되거나 퇴직한 날
근로기준법 제53조 제3항(연장근로의 제한), 제63조 제3호(적용의 제외) 및 제70조 제2항 단서(야간근로와 휴일근로의 제한)에 따른 승인·인가에 관한 서류	승인이나 인가를 받은 날
제51조제2항(탄력적 근로시간제), 제52조(선택적 근로시간제), 제58조 제2항·제3항(근로시간 계산의 특례) 및 제59조(근로시간 및 휴게시간의 특례)에 따른 서면 합의 서류	서면 합의한 날
제66조에 따른 연소자의 증명에 관한 서류	18세가 되는 날(18세가 되기 전에 해고되거나 퇴직 또는 사망한 경우에는 그 해고되거나 퇴직 또는 사망한 날)
그 밖의 서류	완결한 날

Ⅵ. 근로계약상 권리·의무

1. 서설

근로계약은 근로자의 근로제공과 사용자의 임금지급이 대가적 견련관계를 가지는 유상·쌍무계약이다. 따라서, 근로계약이 성립하면 근로자는 근로제공의무와 임금청구권을, 사용자는 근로수령권과 임금지급의무를 갖는다. 한편, 근로계약은 계속적 계약, 기업조직에의 편입이라는 특성을 갖기 때문에 계약의 이행에 있어서 요구되는 신의성실의 원칙이 더욱 강하게 요구된다. 따라서, 근로계약의 당사자는 위에서 본 기본적인 권리·의무 이외에도 계약법 일반이론에 따른 신의칙에서 파생되는 부수적인 의무를 부담한다.

2. 근로자의 의무

(1) 노무제공의무

근로자는 근로계약을 체결함으로써 사용자의 지휘·감독 아래 근로를 제공할 의무를 부담한다. 그런데 이러한 근로자의 근로제공의무의 내용은 추상적이므로 이를 구체화하여 근로자의 근로를 사업에 적절하게 활용하기 위하여 사용자에게는 근로자를 지휘·감독할 수 있는 노무지휘권 내지 업무명령권이 인정되는 바, 이러한 권리의 구체적인 행사형태를 업무명령이라고 한다. 한편, 사용자의 업무명령권은 원칙적으로 사용자의 권한에 속하므로 업무상 필요한 범위 안에서는 상당한 재량권이 인정된다고 할 것이다.

대법원 1992. 3. 13. 선고 91누5020 판결
"출장명령은 사용자의 업무명령권에 속하는 것으로 업무상 필요하다고 인정되는 상당한 범위 안에서는 사용자에게 재량이 인정되어야 하고 그것이 근로계약에 위반되거나 권리의 남용이라고 인정되는 등의 특별한 사정이 없는 한 근로자는 이에 따라야 할 성실의무 및 노무제공의무가 있다."

근로자가 자신의 귀책으로 사용자에게 근로를 제공하지 못할 때에는 민법 제390조의 채무불이행을 이유로 손해배상책임을 질 수 있다. 다만, 근로제공은 근로자의 인격과 불가분의 관계를 이루고 있으므로 그 의무의 불이행에 대하여 강제이행은 허용되지 아니한다.

(2) 부수적 의무

근로자는 사용자에 대해 근로를 제공하여야 한다는 기본적 의무를 부담하는 외에도 신의칙에 따라 사용자의 이익을 배려해야 한다는 부수적 의무를 진다. 즉, 근로관계는 인적·계속적 관계로서 근로자는 사용자의 이익을 현저히 침해하는 행위를 하지 않고 그 이익을 보호할 성실의무 내지 충실의무를 진다고 할 수 있다. 한편, 근로자의 귀책사유로 부수적 의무를 위반한 경우 근로자는 사용자에 대하여 채무불이행 책임을 지며, 그 성질에 따라서는 강제이행이 허용될 수도 있다.

가. 질서유지의무

근로자는 사업장의 질서유지를 위해 사용자의 지휘·명령에 따라야 할 의무를 부담한다. 다만 이러한 질서유지의무는 사용자의 노무지휘권에 따라 근로제공과 직접 관련을 가지는 근로제공의무와는 구별하여야 하므로 질서유지의무는 근로제공과 직접 관련이 없는 의무에 한정된다. 한편, 근로자의 질서유지의무는 사업장의 질서유지에 필요하고 근로자의 이익이나 자유가 부당하게 침해되지 않는 합리적인 범위에서만 인정된다.

나. 비밀유지의무

비밀유지의무란 근로자가 근로제공과 관련하여 알게 된 경영상의 비밀을 타인에게 누설하지 않을 의무를 의미하는바, 이 의무는 원칙적으로 근로계약의 존속 중에만 미치지만, 특약이 있고 또 근로자의 직업선택의 자유를 침해하지 않는 범위 안에서 근로계약 종료 후에도 존속하게 할 수 있다.

한편, 사용자와 근로자간에 비밀유지에 관한 특별한 계약이 없다고 하더라도 양자간의 신의성실 관계상 직원의 비밀유지 의무는 당연히 발생하는 것으로 인정될 수 있다. 왜냐하면, 일반적으로 고용관계에 있는 직원에게는 고용에 의해 취득하게 되는 영업비밀을 누설하거나 이용해서는 안된다는 묵시적인 의무가 있다고 볼 수 있으며, 영업비밀은 회사의 고유재산으로서 직원은 그 신뢰하에서 영업비밀을 보유하고 있는 것이기 때문이다. 판례도 "계약관계 등에 의하여 영업비밀을 비밀로서 유지할 의무라 함은 계약관계 존속 중은 물론 종료 후라도 또한 반드시 명시적으로 계약에 의하여 비밀유지의무를 부담하기로 약정한 경우 뿐만 아니라 인적 신뢰관계의 특성 등에 비추어 신의칙상 또는 묵시적으로 그러한 의무를 부담하기로 약정하였다고 보아야 할 경우를 포함한다"고 판시하고 있다.[55)]

다. 경업피지의무

경업피지의무란 근로자가 사용자의 이익에 현저히 반하여 경쟁사업체에 취직하거나 경쟁사업체를 경영하지 않을 의무를 의미하는바, 경업피지의무 역시 원칙적으로 근로계약의 존속 중에

55) 대법원 1996. 12. 23. 선고 96다16605 판결.

만 미치지만, 당사자 사이에 특약이 있고 또 근로자의 직업선택의 자유를 부당하게 침해하지 않는 범위 안에서 근로계약 종료 후에도 인정될 수 있다.

한편, 영업비밀보호를 위한 전직금지 또는 전업금지 약정은 일정한 요건을 갖춘 경우에는 유효한 것으로 인정하는 것이 원칙적인 판례의 태도이나, 전직을 금지하는 기간이 지나치게 긴 경우나 영업비밀의 범위를 추상적으로 정하는 등으로 인하여 근로자의 직업선택의 자유를 지나치게 제한한 경우는 약정자체가 무효로 될 수 있으며, 이러한 태도를 취하는 판결이 점차 증가하고 있는 추세이다. 판례는 "경업금지약정이 사용자에 비하여 경제적으로 약자인 근로자에 대하여 헌법상의 직업선택의 자유 및 영업의 자유를 제한하고 그 생존을 위협할 우려가 있으며, 특히 쉽게 다른 직종으로 전직할 수 있는 별다른 기술이나 지식을 갖지 못한 피용자는 종전의 직장에서 배우고 익힌 바를 이용하는 업무에 종사하지 못하게 될 경우 그 생계에 상당한 위협을 받게 할 수 있다"는 점 또한 분명히 하면서, "경업금지의무는 우선 영업비밀을 보호하기 위한 목적의 범위 내로 한정되어야 하며, 피용자가 사용자 회사에서 어느 정도의 지위를 가졌었는지, 그가 행한 직무는 어떠한 내용의 것이었는지, 경업금지기간은 얼마나 장기간의 것인지, 경업금지지역은 얼마나 넓은지, 경업금지 대상 직종은 어떠한지 및 경업금지의무에 대한 대상조치가 있는지에 따라서 그 효력의 유·무효가 결정된다"고 판시한 바 있다.[56] 따라서, 전직금지약정이 효력을 인정받기 위해서는

56) 서울고등법원 1998. 10. 29. 선고 98나35947 판결, 서울고등법원 1995. 9. 13. 선고 94나36386 판결 등.

(i) 보호하고자 하는 영업범위를 명확하게 특정하고, (ii) 전직금지의 대상을 동종제품을 생산하는 회사 또는 특정기업 등을 지정하여 구체적으로 명기하며, (iii) 전직을 금지하는 기간을 기술의 발전속도, 신제품의 발표빈도, 퇴직자의 직책 및 핵심기술의 참여도 등을 감안하여 합리적으로 정할 필요가 있다.

□ Topic. "경쟁업체 임직원의 스카우트"

기업이 그 경쟁업체의 임직원을 단순한 노동력의 확보나 그 임직원의 일반적인 지식, 기술, 경험 등을 이용하기 위하여 스카우트하는 경우에는 영업비밀 침해행위라고 할 수 없을 것이나, 경쟁업체의 영업비밀을 탐지하기 위한 목적으로 경쟁업체의 임직원을 상위의 직급이나 고액 급여에 의한 매수 등 부정한 수단으로 스카우트하는 행위는 영업비밀 침해행위가 될 수 있다.

따라서, 경쟁업체의 임직원을 채용함에 있어서는 종전 직장에서 맺은 영업비밀유지 및 전직금지 약정 등이 있는지, 있다면 그 내용이 어떠한지를 검토하고, 부당한 스카우트나 또는 영업비밀 침해로 인하여 분쟁이 발생하지 아니하도록 대비할 필요가 있다.

3. 사용자의 의무

(1) 임금지급의무

사용자는 근로계약을 체결함으로써 근로자에게 임금을 지급할 의무를 부담한다. 사용자가 지급할 임금의 금액, 산출기초, 산출방법, 지급방법 등은 근로계약 등에 의해 구체적으로 정하여진다. 한편, 임금은 근로자가 제공한 근로에 대한 반대급부이므로 근로자가 결근·조퇴 등 그 책임 있는 사유로 근로제공을 하지 못한 부분에 대하여는 임금지급의무가 발생하지 않고, 단위 기간에 대하여 약정된 임금에서 근로제공의무를 이행하지 못한 부분에 대해서 임금을 삭감할 수 있다.

대법원 2002. 8. 23. 선고 2000다60890,60906 판결
"근로계약은 근로자가 사용자에게 근로를 제공할 것을 약정하고 사용자는 이에 대하여 임금을 지급할 것을 약정하는 쌍무계약으로서(근로기준법 제17조), 근로자의 임금청구권은 특별한 약정이나 관습이 없으면 근로를 제공함으로써 비로소 발생하는 것이고 근로자가 근로를 제공하지 않은 이상 그 대가관계인 임금청구권을 갖지 못한다."

그러나, 사용자가 근로제공의 수령을 거부하거나 부당해고 등 사용자의 책임있는 행위로 근로자가 근로제공을 할 수 없었던 경우에는 임금을 지급해야 한다. 판례는 무효인 부당전직의 효력을 다투면서 전직발령지에서 근로를 제공하지 아니한 근로자가 전직명령시부터 원직복귀시까지의 기간 동안 종전 근무지에서 계속 근로하였을 경우에 받을 수 있는 임금의 지급을 청구한 사안에서 이는 부당한 전직명령을 한 사용자의 귀책사유로 말미암은 것이므로 근로자는 전직명령시부터 원직복귀시까지의 기간 동안 종전 근무지에서 계속 근로하였을 경우에 받을 수 있는 임금의 지급을 청구할 수 있다고 판시한바 있다.

대법원 2006. 9. 14. 선고 2006다33531 판결
"근로자가 무효인 부당전직에 불응하여 전직명령의 효력을 다투면서 전직발령지에서 근로를 제공하지 아니하는 경우 이는 부당한 전직명령을 한 사용자의 귀책사유로 말미암은 것이므로, 근로자는 전직명령시부터 원직복귀시까지의 기간 동안 종전 근무지에서 계속 근로하

> 였을 경우에 받을 수 있는 임금의 지급을 청구할 수 있다."

(2) 부수적 의무

가. 노무수령의무

근로계약에 따른 근로자의 근로제공은 단순히 임금획득만을 목적으로 하는 것은 아니고 근로자는 근로를 통하여 자아를 실현하고 나아가 기술을 습득하고 능력을 유지·향상시키며 원만한 인간관계를 형성하는 등으로 참다운 인격의 발전을 도모함으로써 자신의 인격을 실현시키고 있다는 점도 부인할 수 없다. 그러므로 사용자는 특별한 사정이 없는 한 근로자와 사이에 근로계약의 체결을 통하여 자신의 업무지휘권·업무명령권의 행사와 조화를 이루는 범위 내에서 근로자가 근로제공을 통하여 이와 같이 참다운 인격의 발전을 도모함으로써 자신의 인격을 실현시킬 수 있도록 배려하여야 할 신의칙상의 의무를 부담한다. 따라서, 사용자가 근로자의 의사에 반하여 정당한 이유 없이 근로자의 근로제공을 계속적으로 거부하는 것은 근로자의 인격적 법익을 침해하는 것이 되어 사용자는 이로 인하여 근로자가 입게 되는 정신적 고통에 대하여 배상할 의무가 있다.

> **대법원 1996. 4. 23. 선고 95다6823 판결**
> "사용자는 특별한 사정이 없는 한 근로자와 사이에 근로계약의 체결을 통하여 자신의 업무지휘권·업무명령권의 행사와 조화를 이루는 범위 내에서 근로자가 근로제공을 통하여 참다운 인격의 발전을 도모함으로써 자신의 인격을 실현시킬 수 있도록 배려하여야 할 신의칙상의 의무를 부담한다. 따라서 사용자가 근로자의 의사에 반하여 정당한 이유 없이 근로자의 근로제공을 계속적으로 거부하는 것은

이와 같은 근로자의 인격적 법익을 침해하는 것이 되어 사용자는 이로 인하여 근로자가 입게 되는 정신적 고통에 대하여 배상할 의무가 있다."

나. 안전배려의무

사용자는 근로자가 노무를 제공하는 과정에서 생명·신체·건강 등에 피해를 입지 않도록 인적·물적 조치를 강구하여야 할 안전배려의무를 부담한다. 판례는 사용자의 안전배려의무의 법적 성질에 관하여는 이를 신의칙상 인정되는 부수적 의무로 파악하고 있으며, 보호의무의 구체적 내용은 근로자의 직종, 노무내용, 노무제공장소 등 보호의무가 문제되는 구체적 상황 등에 의하여 결정되어야 한다고 한다.[57)]

한편, 판례는 종래 사용자에게 안전배려의무 위반의 손해배상책임을 인정하기 위한 구체적인 판단기준을 제시함이 없이 구체적인 개별 사안별로 그 인과관계 여부를 판단하여 오다가, 대법원 2001. 7. 27. 선고 99다56734호 판결에서 "보호의무 위반을 이유로 사용자에게 손해배상책임을 인정하기 위하여는 특별한 사정이 없는 한 그 사고가 피용자의 업무와 관련성을 가지고 있을 뿐만 아니라 또한 그 사고가 통상 발생할 수 있다고 하는 것이 예측되거나 예측할 수 있는 경우라야 할 것이고, 그 예측가능성은 사고가 발생한 때와 장소, 사고가 발생한 경위 기타 여러 사정을 고려하여 판단하여야 한다"라고 하여 안전배려의무 위반으로 근로자에게 발생한 손해에 대하여 사용자에게 배상책

57) 대법원 2002. 11. 26. 선고 2000다7301 판결; 대법원 2000. 5. 16. 선고 99다47129 판결; 대법원 1999. 2. 23. 선고 97다12082 판결 등.

임이 인정되기 위하여서는 사고의 업무 관련성 및 사고의 예측 가능성이라는 요건을 충족하여야 한다는 취지의 견해를 제시한 바 있다.

대법원 2001. 7. 27. 선고 99다56734 판결
"사용자는 근로계약에 수반되는 신의칙상의 부수적 의무로서 피용자가 노무를 제공하는 과정에서 생명, 신체, 건강을 해치는 일이 없도록 인적·물적 환경을 정비하는 등 필요한 조치를 강구하여야 할 보호의무를 부담하고, 이러한 보호의무를 위반함으로써 피용자가 손해를 입은 경우 이를 배상할 책임이 있다. ...... 그러나 <u>사용자에게 그러한 보호의무가 있다고 하더라도 그 구체적 내용은 근로자의 직종, 노무내용, 노무제공장소 등 보호의무가 문제되는 당해 구체적 상황 등에 의하여 다를 수밖에 없는 것이고, 이 사건과 같은 기숙사에 관하여 보면 기숙사의 규모, 시설, 위치와 주위 환경, 입사자의 수 및 성별과 나이, 회사의 규모 등 구체적인 상황 등에 따라 보호의무의 내용이 결정되어야 할 것이다</u>"

제3장 인사이동

Ⅰ. 서설

근로자가 사용자와 근로계약을 체결한 후 퇴직하기 전까지 고정된 근무장소에서 고정된 직무를 수행하는 경우도 있지만 대부분의 경우 기업에서는 인사이동을 하게 된다. 보통 인사이동이라고 하면 사용자의 명령으로 근로자의 업무내용이 변경되거나 또는 근무장소가 변경되는 기업 내에서의 인사이동과 전출, 전적 등과 같은 기업 외부로의 인사이동으로 구분된다.

Ⅱ. 배치전환

1. 의의

배치전환이란 근로자의 직무내용과 근무장소가 상당히 장기간에 걸쳐 변경되는 것을 의미하는바, 이는 근무장소의 변경인 전근과 근무내용의 변경인 전직(내지 전보)으로 구분된다.

2. 법적 근거

근로자의 근로의 종류, 태양, 장소를 변경하는 사용자의 배치전환의 법적근거에 관하여 일반적으로 사용자와 근로자의 근로계약에 그 근거를 찾으면서도, 그 이론구성에 있어서는 ① 일반적으로 근로계약은 근로자가 구체적 근로의 급부를 약속하는 것이 아니고, 노동력의 처분권을 포괄적으로 사용자에게 위임한다는 내용을 갖는 것이므로, 근로의 종류, 태양, 장소가 특히 합의되어 있지 않는 한 그 개별적 결정의 권한은 사용자에게 위임되어 있다는 포괄적합의설, ② 근로의 장소, 종류, 태양 등은 임금 등의 근로조건과 같이 근로계약의 불가결의 조건이므로, 근로계약에서 근로자와의 합의에 의하여 그 특정이나 변경의 권능을 사용자에게 명시 또는 묵시적으로 위임되어 있지 않는 한 사용자에게 배치전환의 권능이 없다는 특약설, ③ 배치전환의 법적 성질은 그것이 근로계약의 범위 내에서 행하여지는가 범위 밖에서 행하여지는가에 따라 달라지므로, 근로계약의 범위 내에서 행하여지는 것은 계약의 이행과정에 불과한 것으로서 사용자의 노무지휘의 내용에 지나지 않으나, 근로계약의 범위 외에서 행하여 지는 배치전환은 계약변경의 신청에 지나지 않으므로 근로자의 동의가 있어야 한다는 근로계약설, ④ 실제로 근로계약의 범위를 확정하기 어려운 경우가 압도적으로 많아서 근로계약설은 이 구분에 해답을 주고 있지 않다고 비판하면서, 근로자가 노동력을 한꺼번에 팔아버리는 것은 노동력이란 상품의 소유자로서의 법적 주체성을 잃어버리는 것을 의미하기 때문에, 근로계약당사자의 기본관계는 항상 일시적으로만 일정한 기간에 관하여 성립하므로, 사용자의 배치전환은 근로계약의 내용변경의 신청이고, 근로자와의 합의에 의하여 법적효력이 실현되지 않으면 안된다는 배치명령부인설 등으로 견해가 나누어져 있다.

판례는 "전직이나 전보는 피용자가 제공하여야 할 근로의 종류와 내용 또는 장소 등에 변경을 가져온다는 점에서 피용자에게 불이익한 처분이 될 수 있으나 원칙적으로 사용자의 권한에 속하므로 업무상 필요한 범위 안에서는 상당한 재량을 인정하여야 하며"[58]라고 하여, 배치전환명령권을 근로계약 등 당사자의 약정이 아닌 사용자의 인사권에 근거하여 인정하고 사용자의 일방적 의사표시에 의해 일단 유효한 배치전환명령이 성립한다고 보는 포괄적합의설의 입장에 서 있다.

> **대법원 2005. 2. 18. 선고 2003다63029 판결**
> "기업이 그 활동을 계속적으로 유지하기 위하여는 노동력을 재배치하거나 그 수급을 조절하는 것이 필요불가결하므로, 대기발령을 포함한 인사명령은 원칙적으로 인사권자인 사용자의 고유권한에 속한다 할 것이고, 따라서 이러한 인사명령에 대하여는 업무상 필요한 범위 안에서 사용자에게 상당한 재량을 인정하여야 하며, 이것이 근로기준법 등에 위반되거나 권리남용에 해당하는 등의 특별한 사정이 없는 한 위법하다고 할 수 없고, 대기발령이 정당한 인사권의 범위 내에 속하는지 여부는 대기발령의 업무상의 필요성과 그에 따른 근로자의 생활상의 불이익과의 비교교량, 근로자와의 협의 등 대기발령을 하는 과정에서 신의칙상 요구되는 절차를 거쳤는지의 여부 등

58) 대법원 1991. 2. 22. 선고 90다카27389 판결; 대법원 1991. 7. 12. 선고 91다12752 판결; 대법원 1992. 1. 21. 선고 91누5204 판결; 대법원 1994. 5. 10. 선고 93다47677 판결; 대법원 1994. 1. 25. 선고 93누14301 판결; 대법원 1995. 5. 9. 선고 93다51263 판결; 대법원 1995. 2. 17. 선고 94누7959 판결; 대법원 1995. 8. 11. 선고 95다10778 판결; 대법원 1996. 4. 12. 선고 95누7130 판결 등 참조.

에 의하여 결정되어야 하며, 근로자 본인과 성실한 협의절차를 거쳤는지의 여부는 정당한 인사권의 행사인지의 여부를 판단하는 하나의 요소라고는 할 수 있으나 그러한 절차를 거치지 아니하였다는 사정만으로 대기발령이 권리남용에 해당되어 당연히 무효가 된다고는 볼 수 없다."

3. 배치전환명령권의 제한

이와 같이 배치전환은 사용자의 인사권에 속하는 것으로서 특별한 사정이 없는 한 폭넓은 재량이 인정되나, 근로관계를 규율하는 계약이나, 법령, 단체협약 내지 취업규칙 등에 의해 제한된다.

(1) 근로기준법 제23조 제1항에 의한 제한

근로기준법 제23조 제1항은 사용자는 근로자에게 '정당한 이유' 없이 해고, 휴직, 정직, 전직, 감봉, 그 밖의 징벌을 하지 못한다고 규정하고 있어 사용자에 의한 배치전환명령은 정당한 이유의 존부에 따라 그 효력이 좌우된다. 배치전환에 정당한 이유가 있는지 여부는 (i) 배치전환의 업무상의 필요성과 (ii) 이에 따른 근로자의 생활상의 불이익을 비교·교량하고, (iii) 근로자 측과의 협의 등 그 전보처분 등의 과정에서 신의칙상 요구되는 절차를 거쳤는지 여부를 종합적으로 고려해서 결정하여야 할 것이다.

대법원 1998. 12. 22. 선고 97누5435 판결
"근로자에 대한 배치전환은 근로자가 제공하여야 할 근로의 종류와 내용 또는 장소 등에 변경을 가져온다는 점에서 근로자에게 불이익

> 한 처분이 될 수 있으나, 원칙적으로 인사권자인 사용자의 권한에 속하므로 업무상 필요한 범위 안에서는 상당한 재량을 인정하여야 하고, 이것이 근로기준법 제27조 제1항[59]에 위반하거나 권리남용에 해당하는 등 특별한 사정이 없는 한 무효라고 할 수 없을 것이며, 위와 같은 배치전환이 정당한 인사권의 범위 내에 속하는지의 여부는 당해 배치전환의 업무상의 필요성과 배치전환에 따른 근로자의 생활상의 불이익과의 비교·교량 및 근로자측과의 협의 등 그 배치전환을 하는 과정에서 신의칙상 요구되는 절차를 거쳤는지 여부에 의하여 결정되어야 할 것이다."

여기서 업무상 필요성은 당해 배치전환을 행할 필요성과 그 변경시 당해 근로자를 선택한 것의 합리성이 있어야 한다. 이러한 업무상 필요성이 인정된다 하더라도 그로 인하여 근로자에게 미치는 근로조건 및 생활상 불이익과 비교형량하여 불이익이 사회통념상 통상의 배치전환에 따른 정도를 현저히 넘지 않아야 한다. 한편, 배치전환을 함에 있어서 근로자 본인과 성실한 협의절차를 거쳤는지의 여부는 정당한 인사권의 행사인지의 여부를 판단하는 하나의 요소라고는 할 수 있으나, 그러한 절차를 거치지 아니하였다는 사정만으로 전보처분 등이 권리남용에 해당하여 당연히 무효가 된다고는 볼 수 없다.

(2) 근로계약에 의한 제한

가. 직종의 특정

근로계약에서 당해 근로자의 직종이 특정된 경우라면 그 직종의 일방적인 변경은 정당하다고 할 수 없고 본인의 동의를 요한다. 그러나 기술혁신, 업종전환, 경영다각화 등이 폭넓게 전개되

59) 현행 근로기준법 제23조 제1항과 동일한 취지의 규정이다.

는 오늘날 이러한 직종한정의 합의는 거의 인정되지 않고 광범위한 직종변경이 인정되고 있다.[60]

나. 근무장소의 특정

근로계약상 근무장소가 특정되어 있는 경우에도 일방적인 배치전환명령은 정당하지 않고 근로자 본인의 동의를 요한다.

대법원 1992. 1. 21. 선고 91누5204 판결
"근로자에 대한 전직이나 전보는 원칙적으로 사용자(인사권자)의 권한에 속하므로 업무상 필요한 범위안에서는 상당한 재량을 사용자에게 인정하여야 할 것이나, 그것이 근로기준법 제27조 제1항 또는 제105조에 위반하거나 권리남용에 해당하는 등 특별한 사정이 있는 경우에는 허용되지 않는다고 할 것이고(당원1991.2.22. 선고 90다카27389 판결 참조), 또 근로계약상 근로의 장소가 특정되어 있는 경우에 이를 변경하는 전직이나 전보명령을 하려면 근로자의 동의가 있어야 할 것인데, 이 사건에서 원고 회사가 근로계약상 근무장소가 국회현장으로 되어 있는 참가인 박종만을 다른 곳으로 전직명령한 것은 이것이 승진이기는 하나 그의 의사에 반하여 이루어진 것으로서 인사권의 남용에 해당된다고 할 것"

(3) 단체협약 또는 취업규칙상의 제한

단체협약 또는 취업규칙도 근로관계를 규율하는 규범으로 작용하므로 이들이 배치전환에 관하여 제한규정을 두고 있는 경우에 사용자의 배치전환명령권은 제한을 받는다. 따라서, 단체협약에 배치전환에 대하여 근로자의 동의를 얻도록 규정되어 있거나

60) 일산자동차사건 : 최일소판 1988. 12. 7. 이 판결은 20여년간 자동차바퀴 제조에 종사하였던 기계공을 소속 공장의 생산체제 재편성에 따라 전원조립라인에 배치전환한 것이 유효하다고 본 사례이다.

노동조합의 간부에 대한 배치전환에 대해서는 노동조합의 사전 합의를 얻도록 규정하고 있는 경우에 그러한 절차위반의 배치전환은 정당한 이유가 없는 인사권의 행사라고 할 수 있다.

대법원 1993. 7. 13. 선고 92다50263 판결
"단체협약 등에 규정된 인사협의(합의)조항의 구체적 내용이 사용자가 인사처분을 함에 있어서 신중을 기할 수 있도록 노동조합이 의견을 제시할 수 있는 기회를 주어야 하도록 규정된 경우에는 그 절차를 거치지 아니하였다고 하더라도 인사처분의 효력에는 영향이 없다고 보아야 할 것이지만, 사용자가 인사처분을 함에 있어 노동조합의 사전 동의나 승낙을 얻어야 한다거나 노동조합과 인사처분에 관한 논의를 하여 의견의 합치를 보아 인사처분을 하도록 규정된 경우에는 그 절차를 거치지 아니한 인사처분은 원칙적으로 무효라고 보아야 할 것이다."

배치명령권의 근거와 제한

대법원 2007. 2. 23. 선고 2005다3991 판결

Ⅰ. 사실관계

- 원고는 1986. 1. D사에 입사한 다음 1998.경부터는 같은 회사의 기술연구소 내 차량실험실에서 근무하기 시작하였다.
- 그 후 D사는 회사의 경영이 어려워지자 1998. 10. 14. 원고를 영업팀인 필드서베이팀으로 전보하는 처분을 하였다가, 경영상 과원을 이유로 대기발령(이하 '이 사건 인사대기처

분'이라 한다)을 하였다.

- 2002. 8. 7. 설립된 G사는 2002. 10. 경 D사의 부평공장 일부, 창원공장, 군산공장을 자산양수도 방식으로 인수하였고, 그 소속의 근로자들에 대하여는 D사를 퇴사하고, G사를 재입사 형식을 취하여 고용관계를 그대로 승계하기로 하였다.
- G사는 위와 같은 방침에 따라 2002. 10. 11 원고에게도 '소외 회사와 동일한 근로조건(급여와 후생 등) 하에 소외 회사에서 근무하던 부서에서 동일한 직무를 수행하는 조건으로 근로자들을 신규로 고용하되 피고 회사는 소외 회사의 퇴직금지급의무만을 승계하고, 근로자들은 피고 회사를 상대로는 소외 회사와의 고용관계 및 소외 회사로부터 퇴사와 관련하여 발생하는 어떠한 권리주장이나 청구를 하지 않을 것에 동의한다.'는 취지의 내용이 담긴 고용제안서를 제시하였다.
- 이에 원고는 G사가 제시간 고용제안서에 '본인이 처한 특수사항(20개월 이상 지속되는 인사대기의 부당성과 인사상의 불이익)국한하여 정당한 권리주장을 할 것입니다'라는 취지의 문구를 추가 기재한 다음 이를 제출하였다가, 2002. 10. 21. 무렵 피고 회사가 위 고용제안서를 되돌려 주면서 새로운 고용제안서 제출을 요구하자, 이의를 유보하는 내용의 문구가 없는 고용제안서에 서명한 후 이를 제출하였다.
- G사 취업규칙 제67조 제11호는 '대기발령 된 자가 3개월이 경과되도록 보직되지 아니한 때에는 해고한다.'는 규정이 있는데도 원고는 2000. 12. 1. 소외 회사로부터 대기발령을

받은 이래, 피고회사가 고용승계를 한 2002. 10. 이후에도 보직을 부여받지 못한 채 기본급만 지급받아 오고 있다.

- 이에 원고는 1998. 10. 14.자 전보처분, 이 사건 인사대기처분의 각 무효와 임금 및 위자료의 지급을 구하는 소송을 제기하였다.

Ⅱ. 판결요지

- 기업이 그 활동을 계속적으로 유지하기 위해서는 노동력을 재배치하거나 그 수급을 조절하는 것이 필요 불가결하므로, 대기발령을 포함한 인사명령은 원칙적으로 인사권자인 사용자의 고유권한에 속한다 할 것이고, 따라서 이러한 인사명령에 대하여는 업무상 필요한 범위 안에서 사용자에게 상당한 재량을 인정하여야 하지만(2005. 2. 18. 선고 2003다63029 판결 참조), 대기발령이 일시적으로 당해 근로자에게 직위를 부여하지 아니함으로써 직무에 종사하지 못하도록 하는 잠정적인 조치이고, 근로기준법 제30조 제1항[61]에서 사용자는 근로자에 대하여 정당한 이유 없이 전직, 휴직, 기타 징벌을 하지 못한다고 제한하고 있는 취지에 비추어 볼 때, 사용자가 대기발령 근거규정에 의하여 일정한 대기발령 사유의 발생에 따라 근로자에게 대기발령을 한 것이 정당한 경우라도 하더라도 당해 대기발령 규정의 설정 목적과 그 실제 기능, 대기발령 유지의 합리성 여부 및 그로 인하여 근로자가 받게 될 신분상·경제상 불이익 등 구체

61) 현행 근로기준법 제23조 제1항과 동일한 취지의 규정이다.

적인 사정을 모두 참작하여 그 기간은 합리적인 범위 내에서 이루어져야 하는 것이고, 만일 대기발령을 받은 근로자가 상당한 기간에 걸쳐 근로의 제공을 할 수 없다거나, 근로제공을 함이 매우 부적당한 경우가 아닌데도 사회통념상 합리성이 없을 정도로 부당하게 장기간 동안 대기발령 조치를 유지하는 것은 특별한 사정이 없는 한 정당한 이유가 있다고 보기 어려우므로 그와 같은 조치는 무효라고 보아야 할 것이다.

Ⅲ. 해설

1. 인사명령권의 법적 근거와 제한

1) 현대사회의 사업장에서 인력의 적재적소의 배치는 사용자와 근로자 모두에게 중요한 문제가 아닐 수 없는바, 인사이동이란 통상 근로자의 직무내용이나 근로장소의 변경을 의미한다. 한편 기업이 그 활동을 계속적으로 유지하기 위하여는 노동력을 재배치하거나 그 수급을 조절하는 것이 필요불가결하므로, 인사명령은 원칙적으로 인사권자인 사용자의 고유권한에 속한다 할 것이고, 따라서 이러한 인사명령에 대하여는 업무상 필요한 범위 안에서 사용자에게 상당한 재량권이 인정된다.

2) 이와 같이 배치전환은 사용자의 인사권에 속하는 것으로서 특별한 사정이 없는 한 폭넓은 재량이 인정되나, 근로관계를 규율하는 계약이나, 법령, 단체협약 내지 취업규칙 등에

의해 제한되고, 신의칙상의 한계 또한 존재한다.

2. 대기발령의 의미와 정당성

1) 대기발령에는 회사의 경영상 사정에 의해 일정기간 보직을 부여하지 못하거나 적절한 인사배치를 위한 전보대기와 근로자의 귀책사유로 인하여 일정기간 근로를 시키지 않는 징계성 대기 및 기타 직무부여가 곤란한 경우의 대기발령 등이 있다.

2) 대기발령의 사유 : 대기발령은 일반적으로 근로자가 직무수행능력이 부족한 경우, 근무성적 또는 근무태도 등이 불량한 경우, 근로자에 대한 징계절차가 진행 중인 경우, 근로자가 형사사건으로 기소된 경우 등에 행하여지는데, 이러한 사유는 일반적으로 정당한 이유가 된다고 할 것이다. 판례는 대기발령이 정당한 인사권의 범위 내에 속하는지 여부는 대기발령의 업무상의 필요성과 그에 따른 근로자의 생활상의 불이익과의 비교교량, 근로자와의 협의 등 대기발령을 하는 과정에서 신의칙상 요구되는 절차를 거쳤는지의 여부 등의 제반사정을 고려하여 판단하여야 한다는 입장이다.

3) 대기발령의 절차 : 근로기준법은 대기발령의 절차에 대한 특별한 규정을 두고 있지 않으므로, 기업의 단체협약, 취업규칙 기타 사규에 대기발령의 절차에 대한 명시적인 규정이 있거나[62] 또는 기업 내에 대기발령의 절차에 대한

62) 대법원 1992.7.28. 선고 91다30729 판결 : "인사규정에 의해 사유를 통보하도록 정하고 있는 경우, 규정의 취지는 본인에게 직위해제를 당하

확립된 관행이 존재하는 경우가 아니라면, 대기발령을 하기 위하여 인사위원회의 개최 등의 절차를 거칠 의무는 없다.63)

3. 대기발령 후 당연퇴직의 법적 성질

1) 최근 고용조정의 한 방편으로 직위해제 및 대기발령을 취한 다음 일정기간 경과 후 당연퇴직시키는 사례가 늘고 있는바 이는 실질상 해고에 해당한다.

2) 기업이 그 취업규칙 등에 '대기발령 후 일정기간이 경과하도록 복직발령을 받지 못하거나 직무를 부여받지 못하는 경우에는 당연퇴직된다'는 규정을 두는 경우, 동 규정에 의거한 대기발령에 이은 당연퇴직처리는 이를 일체로서 관찰할 때 근로자의 의사에 반하여 사용자의 일방적인 의사에 따라 근로계약 관계를 종료시키는 것으로서 실질상 해고에 해당된다고 할 것이므로, 그 처분에 있어서는 근로기준법에 의한 제한을 받는다.

게 된 경위를 알리도록 하여 그에 대한 불복의 기회를 보장함과 아울러 인사권자로 하여금 직위해제 사유의 존부를 신중하고 합리적으로 판단하게 하여 그 자의를 배제하도록 함으로써 직위해제에 관한 권한 행사의 적정을 기하려는데 있다 할 것으로서, 인사규정에 의한 사유통보를 흠결한 직위해제는 그 효력이 부정된다"

63) 대법원은 1995.3.10. 선고 94누11880 판결에서 "인사규정에 직위해제가 징계처분의 하나로 규정되어 있지 아니한 이상, 직위해제에 관한 사항은 징계절차 및 그 진행과는 관계가 없으므로, 처분을 함에 있어서 해당자에게 변명의 기회를 부여하는 등의 징계절차를 거칠 필요가 없다"고 판시한바 있으며, 서울행정법원 1999.6.15. 선고 98구20024 판결은 "대기발령은 징계처분과는 그 성질을 달리하는 것으로 사용자가 근로자에 대하여 인사권 행사의 일환으로 대기발령을 명하면서 반드시 그 사유를 명시하여야 한다고 볼 수는 없다"고 판시한 바 있다.

3) 대기발령 기간의 만료에 의한 당연퇴직이 정당하기 위해서는 대기발령 자체가 정당하여야 한다는 필요조건 이외에 대기발령시 또는 그 기간 동안 해당 근로자를 해고할 만한 정당한 사유가 확정되어야 한다. 또한 대기발령이 정당한 인사권의 행사에 의한 것이라 하더라도 당연퇴직으로 이어지기 위해서는 근로자에게 사회통념상 근로관계를 계속시킬 수 없을 정도로 귀책사유가 있어 일반해고 또는 정리해고의 요건에 해당되었거나 대기기간 만료시까지 구속 등의 이유로 근로제공의 불가능 상태가 치유되지 않아서 앞으로도 계속하여 근로제공이 불가능한 경우라는 요건이 충족되어야 한다.

4. 대상판결의 평가

대상판결은 구조조정과정에서 발생한 잉여인원에 대해 2000년 12월에 행해진 대기발령처분이 자산매매 및 고용승계가 이루어진 2002년 10월 이후에도 상당기간 지속된 것이 정당한지 여부가 문제된 사안이다.

먼저, 대기발령이란 회사의 경영상의 사정을 이유로 하거나 또는 근로자의 일신상·행태상의 사유 등을 이유로 근로계약관계는 존속시키면서 근로자의 근로제공을 일정기간 정지·금지 또는 면제시키는 인사처분을 말하는바, 대기발령의 정당성 판단기준과 관련해 판례는 이것이 사용자의 고유권한임을 전제로 하면서 다만 그것이 근로기준법 등의 강행법규에 반하거나 권리남용에 해당하는 내용으로 행사되는 경우에는 그 정당성이 부인되며, 이 경우에 있어서의 정당성 판단은 "대기발령의 업무상의 필요성과 그에 따른 근로자의 생활상의 불이익과의 비교량, 근로자와의 협의 등 대기발령을 하는 과정에서 신의칙상 요구되는 절차를 거쳤는지의 여부 등에 의하여 결정"해야 한다는 견해를 제시해 왔다.64)

대상판결도 이와 같은 종래의 입장을 유지하고 있는데, 다만 대상판결은 대기발령 기간이 부당하게 장기간 지속된 것을 이유로 그 정당성을 부인한 사례라는 점에서 특색이 있다. 즉 본 사안은 구조조정과정에서 발생한 잉여인원에 대해 2000년 12월에 행해진 대기발령처분이 자산매매 및 고용승계가 이루어진 2002년 10월 이후에도 상당기간 지속된 것이 정당한지 여부가 문제된 사안으로, 이와 관련해 본 건 대상판결은 "사용자가 대기발령 근거규정에 의해 일정한 대기발령 사유의 발생에 따라 근로자에게 대기발령을 한 것이 정당한 경우라고 하더라도 ...... 그 기간은 합리적인 범위 내에서 이루어져야 하는 것이고, 만일 대기발령을 받은 근로자가 상당한 기간에 걸쳐 근로의 제공을 할 수 없다거나, 근로제공을 함이 매우 부적당한 경우가 아닌데도 사회통념상 합리성이 없을 정도로 부당하게 장기간 동안 대기발령 조치를 유지하는 것은 특별한 사정이 없는 한 정당한 이유가 있다고 보기 어려우므로 그와 같은 조치는 무효라고 보아야 할 것이다"라고 하면서 당해 사안에 있어 최초 대기발령을 행할 필요성은 인정될 수 있으나 고용승계가 이루어진 2002년 10월 이후에도 당해 대기발령 조치를 계속 유지한 것은 그에 관한 합리적 필요성이 보이지 아니하므로 무효라고 보아야 한다는 견해를 제시하고 있다.

64) 대법원 2002. 12. 26. 선고 2000두8011 판결.

Ⅲ. 전출

1. 의의

전출이란 원래의 기업의 종업원으로서의 신분을 유지하면서 다른 기업의 지휘감독하에서 노무를 제공하는 형태의 기업간 인사이동을 말한다.

2. 전출의 법적 성격

사용자가 경영권을 근거로 하여 일방적으로 근로자에게 전출을 명할 수는 없고, 근로계약의 일신전속적 성격으로부터 전출은 근로자의 동의를 요한다고 하는 견해가 확립된 법원칙이 되고 있다. 한편, 그러나 이와 같은 견해도

전출의 법적 성격에 관하여는 종래 다음의 두 가지 견해가 제시되어 왔다.

(1) 전출명령을 원래의 기업과의 근로계약의 이행으로서 이해하는 견해로서, 이 견해는 나아가 ① 근로자 사용권의 제3자 무단양도금지의 원칙을 규정한 민법 제657조 제1항을 전출의 경우에도 적용하여 전출명령을 사용자로부터의 근로계약 내용의 변경의 청약이라고 해석하는 견해, ② 신분상의 사용자와 현실의 지휘명령권이 다르다는 점을 들어 일률적으로 근로계약의 변경이라고 볼 수는 없다고 하여 민법 제657조 제1항의 적용을 부정하고 근로계약상 신분상의 사용자와 현실의 지휘명령권자가 동일할 것을 명

정하고 있지 아니하는 경우에는 전출이 허용되는가 여부는 근로계약의 합리적 해석의 문제라고 하는 견해로 나누어지고 있다.

(2) 타인의 지휘감독하에서 노무를 제공하는 관계는 계약을 매개로 하지 않고는 생길 수 없다는 기본적 관점에서 전출을 원래의 기업과의 사이에 있어서 근로계약의 이행이라고만 볼 수 없고 원래의 기업 및 전출상대기업과의 사이의 이중의 근로계약이 복합적으로 성립한다고 보는 견해이다. 이 경우 전출에 있어서는 전출자의 전출과 전입 및 전출에 수반하는 근로조건 등에 관하여 원래의 기업과 전출상대기업과의 사이에 합의가 성립하고 있는 것이 통상이기 때문에, 전출은 원래의 기업과의 사이에는 근로계약내용의 변경에 해당하는 근로의무면제의 합의, 전출상대기업과의 사이에는 소정의 조건으로 노무에 복종한다고 하는 근로계약이 복합적으로 성립한다고 이해한다.

전출의 법적 성격을 어떻게 보든지 간에 전출명령에 근로자의 동의를 요건으로 하는 점은 이견이 없다. 한편, 전출에 대한 동의는 전출이 결정될 당시에 구체적·개별적 동의는 물론 사전에 근로계약이나 취업규칙 또는 단체협약에 의해 이루어지는 것도 가능하다고 할 것이다.

□ Topic. 전출에 관한 근로자의 동의의 방법

전출의 요건으로서의 근로자의 '동의'의 의미를 둘러싸고 일본에서는 당초 근로자의 '개별적 동의'만을 의미한다고 해석하였으나,[65] 최근에는 전출이 일반화되어 각 기업마다 이에 대한 포괄적 근거규정 및 출향자의 취급에 관한 각종 기준이 노동조합과의 협의하에 정비되어감에 따라 '개별적 동의'가 없어도 '단체협약'이나 '취업규칙'에 근거규정이 있으면 '사전의 포괄적 동의'가 있는 것으로 보고 이에 근거하여 전출명령을 할 수 있다고 보게 되었다. 예컨대 입사시 '장래 다른 회사와 단체 등에 출향 등을 명받은 경우에는 이의없이 따른다'는 취지의 합의가 성립한 경우에는 장래 전출에 대해 사전에 포괄적인 동의를 얻은 것으로 보아 이것 역시 전출명령의 근거가 될 수 있다는 것이다.[66)]

다만 이러한 포괄적 동의가 인정되기 위해서는 당해 전출이 통상 예상되는 범위내의 전출이어야 하며, 그렇지 않고 회사 환경의 변화와 예상할 수 없었던 불이익한 근로조건을 부과하게 되는 경우에는 별도로 그 전출에 대해 동의를 얻어야 할 것이다.

3. 전출명령권에 대한 제한

근로기준법 제23조 제1항은 전직에 대하여 정당한 이유를 요구하고 있으므로, 전출명령의 법적 근거를 어디에서 찾든 전출명령은 그 시행에 있어서도 정당한 이유가 있는 경우에만 유효성을 인정할 수 있다. 여기서 어떠한 경우에 전출명령에 정당한 이유가 있는 것으로 인정되는가에 관해서는 통상 전출명령에 대한 업무상의 필요성과 근로자의 생활상의 불이익의 비교형량 및 신의칙상 요구되는 절차의 이행 여부 등이 구체적인 판단기준으로 제시되고 있다.

65) 일립전자 사건 - 동경지결 1966. 3. 31. ; 일동다이아 사건 - 최이소판 1973. 10. 19. ; ダワ・ケミカル사건 - 동경지결 1986. 11. 14..
66) 흥화사건 - 명고옥지판 1980. 3. 26.

4. 전출시 법률관계

(1) 본래 기업과 근로자 사이의 관계

전출의 경우에는 본래 기업과 근로자 간에는 근로계약관계가 계속되지만 노무제공은 없어지게 되며, 나아가 본래 기업이 임금을 지불하지 않는 경우에는 근로관계가 정지상태로 된다. 그러나, 본래 기업은 근로자에 대한 복귀명령권을 비롯하여 인사명령권을 계속 보유하는바, 이러한 점에서 전출한 근로자와 본래 기업 간에는 기본적인 근로계약관계가 존속한다고 할 것이다. 한편, 전출간 기업과 근로자와의 관계는 당해 근로자와 본래 기업 간의 근로계약관계를 기본적인 전제로 성립되며, 따라서 당해 근로자와 본래 기업과의 관계가 단절되면 전출간 근로자와 전출간 기업 간의 관계도 종료한다.

(2) 전출간 기업과 근로자 사이의 관계

전출간 근로자와 전출간 기업 사이에서는 노무제공관계가 발생한다. 따라서, 근로자는 전출간 기업의 복무규율에 복종하여야 하며, 또한 전출간 기업이 임금을 지급하는 경우에는 양자 간에 근로계약관계가 존재하는 것으로 간주된다. 이러한 경우에는 당해 근로자는 본래 기업뿐만 아니라 전출간 기업과도 중복적으로 근로관계를 맺게 된다고 할 것이다.

(3) 사용자책임의 분담

전출의 경우에는 본래 기업과 근로계약관계가 그대로 존속하나 전출간 기업에 노무제공을 하게 되므로, 보통 근로기준법상의 각 규정에 관해서는 그 내용에 따라 전출한 기업과 전출간 기업 중 당해 사항을 관리하고 있는 사용자가 책임을 진다. 구체적으로, 산업안전보건법상의 사용자의 의무는 전출간 기업에서 책임을 지고, 산재보험법상의 책임도 원칙적으로 노무를 제공받고 있는 기업에서 책임을 진다.

한편, 임금지급은 본래 기업과 전출간 기업간의 합의로 정할 수 있을 것이나, 종국적으로는 근로자로부터 노무를 제공받은 전출간 기업이 부담하여야 할 것이다.

□ Topic. 전출 시 근로자 임금 부담과 부당지원행위

독점규제 및 공정거래에 관한 법률 제23조 제1항 제7호는 "부당하게 특수관계인 또는 다른 회사에 대하여 가지급금·대여금·인력·부동산·유가증권·상품·용역·무체재산권 등을 제공하거나 현저히 유리한 조건으로 거래하여 특수관계인 또는 다른 회사를 지원하는 행위"를 불공정거래행위의 하나로 규정하여 이를 금지하고 있다. 따라서, 전출명령을 통하여 근로자를 다른 회사에 제공한 기업이 그 근로자들의 인건비를 스스로 부담한 경우에는 부당지원행위에 해당할 소지가 있다.

공정거래위원회는 C은행이 약 9개월간 계열회사인 C파이낸셜코리아에 소속직원 6명과 신규채용 1명을 파견하여 회사설립을 위한 업무를 수행하도록 한 사안에서, 파견근로자들의 업무비용은 설립회사인 C파이낸셜코리아가 계상시켜야 할 성질의 것으로서 일시적으로는 씨티은행이 대체하여 지불할 수 있다 하더라도 회사 설립 후에는 C파이낸셜코리아가 부담하여야할 비용임에도 C은행이 전액 부담한 것은 부당지원행위에 해당한다고 심결한 사례가 있다(공정위 2006. 9. 20. 의결 2005조기4250).

Ⅳ. 전적

1. 의의

전적은 원래의 기업과의 근로계약관계를 해소하고 전적된 다른 기업과 새로운 근로계약 관계를 성립시키는 것을 의미한다. 이처럼 전적은 근로자로 하여금 원래 고용된 기업으로부터 별개의 기업체인 다른 기업으로 적을 옮겨 다른 기업의 업무에 종사하게 한다는 점에서 동일기업 내에서 근로자의 근무내용과 근무장소를 변경하는 것에 불과한 전보나 전직 등 배치전환과 구별되고, 또한 사용자가 근로자를 소속된 종전 기업에 그대로 적을 둔 채 다른 기업에서 근무하도록 하는 전출과도 구별된다.

2. 전적의 법적 근거

(1) 원칙 – 근로자의 개별적 동의

전적은 근로계약의 내용에 대한 중대한 변경을 초래하는 것이므로 원칙적으로 전적의 법적 근거는 근로자의 개별적 동의에서 찾아야 할 것이다. 따라서, 사용자가 인사권에 근거하여 일방적으로 전적명령을 하는 것은 허용되지 않는다.

(2) 사전적 · 포괄적 동의

이처럼 전적의 법적 근거는 원칙적으로 근로자의 개별적 동의에서 찾아야 할 것인바, 이러한 개별적 동의 외에 근로자의 사전적 · 포괄적 동의도 전적의 법적 근거가 될 수 있는지가 문제된다. 이에 관하여 판례는 일반적으로 전적의 유효요건으로서의 근로자의 동의는 사전적·포괄적 동의까지 포함하는 것으로 보고 있다. 다만, 전적에 대한 사전적·포괄적 동의가 유효하다고 인정되기 위해서는 그러한 동의가 근로자의 진의에 기초하고 명확한 것이어야 함은 물론 전적에 관한 중요한 사항인 전적될 회사, 전적 후의 근로조건 등이 구체적으로 명시되어 있어야 하며, 또한 이러한 조건들이 합리성을 결하거나 근로자에게 현저히 불이익하지 아니하여야 한다는 요건이 충족되어야 할 것이다.

대법원 1993. 1. 26. 선고 92다11695 판결
"다양한 업종과 업태를 가진 계열기업들이 기업그룹을 형성하여 자본·임원의 구성·근로조건 및 영업 등에 관하여 일체성을 가지고 경제활동을 전개하고, 그 그룹내부에서 계열기업간의 인사교류가 동일기업 내의 인사이동인 전보나 전근 등과 다름없이 일상적·관행적으로 빈번하게 행하여져 온 경우, 그 그룹 내의 기업에 고용된 근로자를 다른 계열기업으로 전적시키는 것은, 비록 형식적으로는 사용자의 법인격이 달라지게 된다고 하더라도, 실질적으로 업무지휘권의 주체가 변동된 것으로 보기 어려운 면이 있으므로, 사용자가 기업그룹 내부의 이와 같은 전적에 관하여 미리(근로자가 입사할 때 또는 근무하는 동안에) 근로자의 포괄적인 동의를 얻어 두면, 그때마다 근로자의 동의를 얻지 아니하더라도 근로자를 다른 계열기업으로 유효하게 전적시킬 수 있다고 보아야 할 것이다."

가. 입사시 제출하는 서약서

입사시 '회사의 전적명령에 따르겠다'는 취지의 전적에 대한 사전적·포괄적 동의를 내용으로 하는 서약서를 제출한 경우 이러한 서약서의 제출이 전적에 대한 개별적 동의를 갈음할 수 있는지에 대하여 견해가 대립한다. 긍정설은 채용 당시에 제출한 사전적·포괄적 동의서라고 하더라도 문언대로의 효력은 인정할 수밖에 없다는 입장이고, 부정설은 이러한 사전적·포괄적 동의가 근로계약의 상대방의 변경에 대한 동의라고까지 인정될 수는 없다는 입장이다. 근로자가 채용시 위와 같은 취지의 서약서를 제출하였다고 하더라도, 전적이 근로조건에 미치는 불이익성에 비추어 볼 때 장래 누구의 지휘감독 하에서 노무를 제공하게 될 것인가가 불명확한 사전적·포괄적 동의는 그 효력을 인정하기 어려울 것으로 생각된다. 따라서, 근로자가 채용 당시 제출하는 서약서는 원칙적으로 당해 기업 내에서의 복무규율을 성실히 준수함을 약속한다는 범위 내에서 유효할 뿐, 더 나아가 근로계약 자체를 종료시키는 전적에 관하여도 동의를 한 것으로 보기는 어려울 것이다.

대법원 1993. 1. 26. 선고 92다11695 판결

"원고가 피고 회사에 입사할 때 제출한 서약서로서, 그 내용 중에 '전근, 출장 기타 귀사의 명령에 대해서는 불평없이 절대 복종하겠습니다'라고 기재된 부분이 있기는 하지만, 이는 원고가 피고 회사와의 근로계약관계가 존속하는 것을 전제로 피고 회사의 업무지휘권에 따르겠다는 의사를 표시한 것에 지나지 아니할 뿐, 피고 회사와의 근로계약을 종료시키는 전적에 관하여도 포괄적으로 동의를 한 것으로 볼 수는 없다."

나. 취업규칙 및 단체협약

학설은 일반적으로 전적의 법적 근거를 전적에 대한 개별적 동의에 한정하지 않고 단체협약 및 취업규칙에 의한 전적의 법적 근거에 대한 확장가능성은 열어두되, 근로제공의 일신전속성에 관한 민법 제657조 제1항의 취지를 고려하여 단체협약 및 취업규칙에 '전적할 수 있다'는 식의 포괄적 규정이 존재하는 것만으로는 부족하고 적어도 전적 후 근로조건에 대한 기본적 사항을 정한 취업규칙이나 단체협약상의 규정, 당해 기업의 전적실정, 채용시의 사용자의 설명과 그에 대한 근로자의 동의 등의 특별한 사정이 인정되어야 한다고 하는 입장을 취하고 있다. 따라서, 취업규칙 내지 단체협약에 전적에 관한 추상적인 근거조항이 있는 경우에도 근로자의 개별적 동의를 얻지 않은 채 이루어진 사용자의 전적명령은 특별한 사정이 없는 한 원칙적으로 무효라고 할 것이다.

대법원 1994. 6. 28. 선고 93누22463 판결
"원고들을 포함한 참가인 회사의 운전기사들 전원이 입사시 단체협약 및 취업규칙을 준수할 것을 서약하였고, 단체협약에 의하면 조합원의 제반 인사문제는 참가인 회사의 전권사항으로 되어 있고, 취업규칙에 의하면 참가인 회사는 업무상 필요에 따라 사원에게 이동보직을 명할 수 있고 담당직무를 변경할 수 있으며, 위 명을 받은 자는 지체 없이 이를 이행하도록 되어 있다고 하더라도 그와 같은 사정만으로는 원고들이 이 사건과 같은 전적처분에 관하여 포괄적으로 동의를 한 것으로 볼 수는 없다."

다. 노사관행

노사관행이란 일반적으로 단체협약이나 취업규칙 등으로 성문화되지 않은 채 노사관계의 현장에서 근로조건 등에 관하여 장기간 반복적으로 행하여진 처리방법을 의미한다고 정의된다. 이러한 노사관행이 규범성을 갖는 근거와 관련하여 규범설과 계약설의 대립이 있는바, 판례는 노사관행이 사실인 관습으로 인정될 경우 당사자 간에 구속력이 인정된다고 보고 있다(계약설). 이처럼 노사관행의 구속력의 근거를 법률행위책임에서 구하는 계약설의 입장에 따르면, 구속력 있는 노사관행의 성립을 위하여는 특정한 노사관행이 동종의 행위나 사실이 장기간 반복적으로 이루어져 보편화된 것으로, 당사자들이 이러한 노사관행을 명시적으로 배척하지 않아 이러한 노사관행의 준수에 관한 묵시적 합의가 존재한다고 볼 수 있어야 한다.

판례는 전적관행과 관련하여 '기업그룹 내에서 근로자의 동의를 얻지 아니하고 다른 계열기업으로 근로자를 전적시키는 관행이 있어서 그와 같은 관행이 기업 내에서 일반적으로 근로관계를 규율하는 규범적 사실로 명확하게 승인되거나 기업의 구성원이 일반적으로 아무런 이의를 제기하지 아니한 채 당연한 것으로 받아들여 기업 내에서 사실상의 제도로 확립 되어 있어 근로계약의 내용을 이루는 것으로 인정되는 경우처럼, 특별한 사정이 있는 경우에 한하여 근로자의 구체적인 동의를 얻지 아니하더라도 근로자를 다른 계열기업으로 유효하게 전적시킬 수 있다'고 하여 사실인 관습으로서의 전적관행의 성립요건을 엄격하게 요구하고 있다.[67] 따라서, 결국 노사관행이 전적에 관한 근로자의 의사해석의 근거로 인정될 수 있기 위해서는 그러한 관행이 근로계약의 내용을 이루고 있다고 할 정도로 명확히 승인되거나 사실상의 제도로 확립된 정도에 이르는 경우로 한정될 것이며, 단지 근로자들이 적극적으로 반대의 의사를 표현하지 못하고 사용자의 명령에 근로자 대부분이 따르고 있다는 외형적

67) 대법원 1996. 5. 10. 선고 95다42270 판결.

사실만으로는 구속력 있는 노사관행의 성립을 인정하기 어려울 것이다.

3. 전적의 효과

유효한 전적이 이루어진 경우에 있어서는 당사자 사이에 종전 기업과의 근로관계를 승계하기로 하는 특약이 있거나 이적하게 될 기업의 취업규칙 등에 종전 기업에서의 근속기간을 통산하도록 하는 규정이 있는 등의 특별한 사정이 없는 한 당해 근로자의 종전 기업과의 근로관계는 단절된다.[68] 한편, 당사자간 합의가 불분명한 경우에는 자발적인 퇴직금 수령여부가 단절여부를 판단하는 일응의 기준이 될 수 있을 것이다.

전적의 정당성[69]

대법원 2006. 1. 12. 선고 2005두9873 판결

Ⅰ. 사실관계

- 원고는 1994. 7. 18. 참가인 조합(청주청원산림조합)에서 개시하게 될 상호금융업무를 처리하기 위하여 금융과장으로 특별채용되어 상호금융업무를 담당하기 시작하였고, 1995. 8. 11.부터 1996. 5. 30.까지 사이에 형식상 지도과장이라는

68) 대법원 1996. 12. 23. 선고 95다29970 판결.
69) 이 판결에 대한 평석은 拙稿, "전적의 유효요건에 관한 연구", 판례연구 20집(1)(2006.10), 서울지방변호사회 참조.

직책을 부여받은 적이 있으나 이는 당시 참가인 조합이 상호신용업무를 개시하기 전이라 금융과장의 보직은 문제가 있다는 산림조합중앙회의 지적에 따라 원고에게 지도과장의 직책을 부여한 것일 뿐 원고는 지도과장의 직책에 있을 때에도 계속하여 정책자금관리업무 등 신용사업 관련 업무를 담당하였다.

- 그러던 중 원고가 1998년 12월경 참가인 조합의 상호금융예탁금의 여유자금을 가지고 대우증권 전환사채를 청약·인수하고, 이를 다시 주식으로 전환하여 보유하는 과정에서 대우증권의 주식가격의 하락으로 인하여 참가인 조합은 2001년 10월경 약 8억 7,000만 원 상당의 평가손실 및 약 2억 7,000만 원 상당의 이자손실을 입게 되는 상황이 발생하였다.

- 이에 참가인 조합은 2002. 3. 8. 원고가 자금운용을 잘못한 과실로 참가인 조합에게 위와 같은 손실이 발생하도록 하였다는 점을 이유로 해임하였으나, 원고는 이에 불복하여 참가인 조합을 상대로 하여 청주지방법원에 해임무효확인소송(청주지방법원 2002가합1298)을 제기하였다. 그리고 위 법원은 2003. 1. 24. 원고에게 자금운용에 있어 과실이 인정된다고 보기 어렵고, 주식을 적절한 시기에 처분하지 않은 잘못이 있다 하여도 해임이라는 징계양정은 지나치게 무겁다는 이유로 위 해임이 무효임을 확인하는 판결을 선고하였으며, 위 판결은 같은 해 2. 21. 확정되었다.

- 그러자 참가인 조합은 2003. 3. 10. 원고에게 대한 복직발령은 하였으나 별다른 보직을 부여하지 않고 있던 중 소외 조합과의 협의를 거쳐 같은 해 4. 15.경 산림조합중앙회 충북지회에 원고에 대한 이동배치를 요청하여 소외 조합은 2003. 4. 17. 원고에 대하여 소외 조합 목재집하장 지도상무 대리라는 직책을 부여하고, 참가인 조합은 그 다음날 원고를 면직처리하는 방법으로 이 사건 전적이 이루어지게 되었다. 한편, 원고는 이 사건 전적으로 인하여 출퇴근시간이 1일 약 30분에서 약 3시간 정도로 증가하게 되었다.

- 산림조합중앙회는 참가인 조합이나 소외 조합을 비롯하여 전국에 144개 회원조합을 두고 있고, 각 회원조합은 별도의 법인으로 설립되어 운영되고 있는데, 산림조합중앙회장은 회원조합의 지도·감독에 필요한 규정 또는 지침 등을 제정하고, 이러한 규정 등은 각 회원조합도 준용하거나 이를 따르고 있어 보수나 인사 등 근로조건에 관한 규정이 동일하게 적용되고 있다. 그리고 각 회원조합간의 인사교류는 근무하게 될 조합과 새로운 근로계약을 체결하는 방법으로 이루어지고 있지만 위와 같은 전적을 전보와 전직에 준하도록 규정하고 있는 인사규정 제5조 제2항에 따라 종전에 근무하던 회원조합에서의 경력을 모두 인정받고, 징계 등 별다른 사정이 없는 경우 매년 정기승급을 하고 있으며, 또한 퇴직금은 새로운 조합에 이관되어 퇴직 당시 기준보수에 근속연수를 통산하여 지급하고 있고, 참가인 조합을 비롯한 회원조합들은 회원조합간 인사교류시 그때

마다 근로자들의 동의를 따로 구하지는 아니하였고, 대부분 근로자들도 이에 이의를 제기한 바가 없다.

- 산림조합중앙회의 조합직원인사교류(전보)지침에 조합직원의 조합간 인사교류의 기준으로 '5년 이상 장기근속자를 우선 교류하되 조합육성에 탁월한 공적이 있고 조합운영에 필요한 자는 제외하고, 연고지 배치를 원칙으로 하되 능력배양이 요구되는 직원에 대하여는 그러하지 않을 수 있고, 3년 이내의 근무자에 대하여나 사업당면 시기에는 이러한 인사교류를 지양한다'고 되어 있으며, 그 발령일자도 가급적 매년도 초일에 하도록 규정되어 있다.

Ⅱ. 판결요지

- 근로자를 그가 고용된 기업으로부터 다른 기업으로 적을 옮겨 다른 기업의 업무에 종사하게 하는 이른바 전적(轉籍)은, 종래에 종사하던 기업과 사이의 근로계약을 합의해지하고 이적하게 될 기업과 사이에 새로운 근로계약을 체결하는 것이거나 근로계약상의 사용자의 지위를 양도하는 것이므로, 동일 기업 내의 인사이동인 전근이나 전보와 달라 특별한 사정이 없는 한 근로자의 동의를 얻어야 효력이 생기고, 나아가 기업그룹 등과 같이 그 구성이나 활동 등에 있어서 어느 정도 밀접한 관련성을 갖고 사회적 또는 경제적 활동을 하는 일단의 법인체 사이의 전적에 있어서 그 법인체들 내에서 근로자의 동의를 얻지 아니하고 다른 법인체로 근로자를 전적시키는 관행이 있어서 그 관행이 근로계약의 내용

을 이루고 있다고 인정하기 위하여는, 그와 같은 관행이 그 법인체들 내에서 일반적으로 근로관계를 규율하는 규범적인 사실로서 명확히 승인되거나, 그 구성원이 일반적으로 아무런 이의도 제기하지 아니한 채 당연한 것으로 받아들여 기업 내에서 사실상의 제도로서 확립되어 있지 않으면 아니 된다.

Ⅲ. 해설

1. 전적의 의의

전적은 원래의 기업과의 근로계약관계를 해소하고 전적된 다른 기업과 새로운 근로계약 관계를 성립시키는 것을 의미한다.

2. 전적의 요건

1) 전적명령은 근로계약의 내용에 대한 중대한 변경을 초래하는 것이므로 원칙적으로 전직명령의 법적 근거는 근로자의 개별적 동의에서 찾아야 할 것이다. 따라서 사용자가 경영권 내지 경영권의 일부인 인사권에 근거하여 일방적으로 근로자에게 전적을 명령하는 것은 허용되지 않는다.

2) 이처럼 전적명령의 법적 근거는 원칙적으로 근로자의 개별적 동의에서 찾아야 할 것인바, 이러한 개별적 동의 외에 근로자의 사전적·포괄적 동의도 전적명령의 법적 근거가 될 수 있는지가 문제된다. 이에 관하여 판례는 일반적으로 전적의 유효요건으로서의 근로자의 동의는 사전적·포괄적 동의까지 포함하는 것으로 보고 있다. 다만, 전적에 대한

사전적·포괄적 동의가 유효하다고 인정되기 위해서는 그러한 동의가 근로자의 진의에 기초하고 명확한 것이어야 함은 물론, 나아가 전적에 관한 중요한 사항인 전적될 회사, 전직 후의 근로조건 등이 구체적으로 명시되어 있어야 하며, 또한 이러한 조건들이 합리성을 결하거나 근로자에게 현저히 불이익하지 아니하여야 한다는 요건이 충족되어야 할 것이다.

3. 전적에 관한 노사관행

1) 일반적으로 노사관행이란 단체협약, 취업규칙 등으로 성문화되지 않은 채 노사관계의 현장에서 근로조건 등에 관하여 장기간 반복적으로 행하여진 처리방법을 의미한다고 정의될 수 있을 것이다. 이러한 노사관행이 규범성을 갖는 근거와 관련하여 규범설과 계약설의 대립이 있는바, 노사관행의 구속력을 법률행위책임으로서 이해하는 계약설이 우세하며, 판례도 노사관행이 사실인 관습으로 인정될 경우 당사자 간에 구속력이 인정된다고 보고 있다.

2) 이처럼 노사관행의 구속력의 근거를 법률행위책임에서 구하는 계약설의 입장에 따르면, 구속력 있는 노사관행의 성립을 위하여는 특정한 노사관행이 동종의 행위나 사실이 장기간 반복적으로 이루어져 보편화된 것으로(객관적 요건), 당사자들이 이러한 노사관행을 명시적으로 배척하지 않아 이러한 노사관행의 준수에 관한 묵시적 합의가 존재한다고 볼 수 있어야 한다(주관적 요건)는 요건이 충족되어야 할 것인바, 구체적으로 특정한 노사관행이 상기 요건

을 충족하여 사실인 관습으로서 인정되는지 여부는 당해 노사관행의 성립과 운영과정 전반에 관한 제반 사정을 종합적으로 고려하여 판단하여야 할 것이다.

3) 판례는 전적관행과 관련하여 '기업그룹 내에서 근로자의 동의를 얻지 아니하고 다른 계열기업으로 근로자를 전적시키는 관행이 있어서 그와 같은 관행이 기업 내에서 일반적으로 근로관계를 규율하는 규범적 사실로 명확하게 승인되거나 기업의 구성원이 일반적으로 아무런 이의를 제기하지 아니한 채 당연한 것으로 받아들여 기업 내에서 사실상의 제도로 확립 되어 있어 근로계약의 내용을 이루는 것으로 인정되는 경우처럼, 특별한 사정이 있는 경우에 한하여 근로자의 구체적인 동의를 얻지 아니하더라도 근로자를 다른 계열기업으로 유효하게 전적시킬 수 있다'고 하여 사실인 관습으로서의 전적관행의 성립요건을 엄격하게 요구하고 있다.[70)]

4) 따라서, 결국 노사관행이 전적에 관한 근로자의 의사해석의 근거로 인정될 수 있기 위해서는 그러한 관행이 근로계약의 내용을 이루고 있다고 할 정도로 명확히 승인되거나 사실상의 제도로 확립된 정도에 이르는 경우로 한정될 것이며, 따라서 단지 근로자들이 적극적으로 반대의 의사를 표현하지 못하고 사용자의 명령에 종업원 대부분이 따르고 있다는 외형적 사실만으로는 전적에 관한 구속력 있는 노사관행의 성립을 인정하기 어려울 것이다.

---

70) 대법원 1996. 5. 10. 선고 95다42270 판결 참조.

4. 대상판결의 평가

먼저, 대상판결은 "전적은 종래에 종사하던 기업과 사이의 근로계약을 합의해지하고 이적하게 될 기업과 사이에 새로운 근로계약을 체결하는 것이거나 근로계약상의 사용자의 지위를 양도하는 것이므로, 동일 기업 내의 인사이동인 전근이나 전보와 달라 특별한 사정이 없는 한 근로자의 동의를 얻어야 효력이 생긴다"고 판시하여 기업의 전적명령의 유효요건에 관하여 종래의 판례의 법리를 재확인하고 있다. 나아가, 대상판결은 전적에 대한 근로자의 동의를 갈음할 수 있는 특별한 사정의 하나로서의 구속력 있는 노사관행과 관련하여, 근로자들이 단지 적극적으로 반대의 의사를 표현하지 못하고 사용자의 명령에 이의없이 따르고 있다는 외형적 사실만으로는 전적에 관한 노사관행의 성립을 인정하기 어렵다고 판시하여 구속력 있는 전적관행의 인정에 관한 구체적인 기준을 제시하였다.

이와 같이, 대상판결은 기업의 전적명령의 유효요건에 관하여 종래의 판례의 취지에 따라 근로자의 동의요건과 전적에 대한 경영관행의 인정기준을 명확히 하였을 뿐만 아니라, 전적명령에 관한 동의가 없는 경우에는 전적명령의 시행의 정당성을 따로 살펴볼 필요조차 없이 전적명령 자체가 무효로 된다는 점을 명백히 하였다는 점에서 의미가 있다.

V. 휴직

1. 휴직의 의의

일반적으로 휴직이란 어느 근로자에게 당해 근로자를 노무에 종사하게 하는 것이 불가능하거나 부적당한 사유가 발생한 경우 사용자가 그 종업원에 대해 근로계약관계 그 자체는 유지하게 하면서 노무 제공을 면제 또는 금지하는 조치라고 정의된다.

대법원 1992.11.13. 선고 92다16690 판결
"휴직이라 함은 어떤 근로자를 그 직무에 종사하게 하는 것이 불능이거나 또는 적당하지 아니한 사유가 발생한 때에 그 근로자의 지위를 그대로 두면서, 일정한 기간 그 직무에 종사하는 것을 금지시키는 사용자의 처분을 말하며, 통례적으로 이러한 휴직제도는 사용자의 취업규칙이나 단체협약 등에 의하여 규정되고 있다."

휴직에는 다양한 종류가 있는바, 주된 것으로는 근로자의 업무외 질병이나 부상을 이유로 하는 상병휴직, 상병 이외의 사고에 따른 결근을 이유로 하는 사고결근휴직, 형사사건에 기소된 자를 일정기간 또는 판결확정시까지 휴직시키는 기소휴직, 국내, 국외 유학이나 공직취임 등을 이유로 하는 자기사정휴직, 파견기간 동안의 파견휴직 등을 들 수 있다.

2. 휴직의 법적 근거

일반적으로 휴직은 근로관계의 내용에 중요한 변동을 발생하는 것이기 때문에 명확한 법적 근거를 요한다. 따라서, 사용자의 휴직처분이 유효하기 위해서는 우선 개별근로계약, 취업규칙 또는 단체협약에 휴직에 관한 근거규정이 존재하여야 하고, 그 근거규정에 정해진 휴직사유가 실제 발생하여야 할 것이다. 따라서, 취업규칙이나 단체협약 등에 휴직에 관하여 아무런 근거규정을 두고 있지 않다면 사용자의 일방적 의사에 의하여 휴직처분을 할 수 없고, 나아가 휴직에 관한 규정이 있더라도 그 소정의 휴직사유에 해당하지 아니하는 경우에는 휴직처분을 할 수 없을 것이다.

한편, 근로기준법은 제23조 제1항은 '사용자가 정당한 이유 없이 근로자를 휴직하지 못한다'라고 규정하고 있는바, 명령휴직의 정당성이 인정되기 위해서는 먼저 개별근로계약, 취업규칙 내지 단체협약 등에 사용자의 '휴직명령권'에 대한 명시적인 근거규정이 존재하여야 할 뿐만 아니라, 나아가 그러한 규정 설정의 목적과 그 실제 기능, 휴직명령권 발동의 합리성 여부 및 그로 인하여 근로자가 받게 될 신분상, 경제상 불이익 등 구체적인 사정을 모두 참작하여 근로자가 상당한 기간에 걸쳐 근로의 제공을 할 수 없다고 인정되어야 할 것이다.

대법원 2009. 9. 10. 선고 2007두10440 판결

"기업이 그 활동을 계속적으로 유지하기 위해서는 노동력을 재배치하거나 그 수급을 조절하는 것이 필요불가결하므로, 휴직명령을 포함한 인사명령은 원칙적으로 인사권자인 사용자의 고유권한에 속하고, 따라서 이러한 인사명령에 대하여는 업무상 필요한 범위 안에서 사용자에게 상당한 재량을 인정하여야 한다. 그리고 그것이 근로자에 대하여 정당한 이유 없이 해고 · 휴직 · 정직 · 감봉 기타 징벌을 하지 못하도록 하는 구 근로기준법(2007.1.26.법률 제8293호로 개정되기 전의 것)제30조 제1항에 위배되거나 권리남용에 해당하는 등 특별한 사정이 없는 한 무효라고 할 수 없으며, 경영상의 필요를 이유로 하여 휴직명령이 취해진 경우 그 휴직명령이 정당한 인사권의 범위 내에 속하는지 여부는 당해 휴직명령 등의 경영상의 필요성과 그로 인하여 근로자가 받게 될 신분상 · 경제상의 불이익을 비교. 교량하고, 휴직명령 대상자 선정의 기준이 합리적이어야 하며, 근로자가 속하는 노동조합과의 협의 등 그 휴직명령을 하는 과정에서 신의칙상 요구되는 절차를 거쳤는지 여부를 종합적으로 고려하여 결정하여야 한다."

휴직처분의 정당성이 부정되는 경우 그러한 휴직처분의 사법상 효력은 소급하여 무효로 된다고 할 것이다. 휴직처분의 정당성이 부정되어 무효로 되는 경우 무효로 된 휴직기간 동안에 있어서의 사용자의 노무수령거부는 고의, 과실 등 민법상의 귀책사유로 인한 것이며, 따라서 사용자는 민법 제538조 제1항에 따라 근로자에게 임금 전액을 지급할 의무가 있다고 할 것이다.

3. 휴직기간 중의 법률관계

휴직의 법적 효력과 관련해서, 휴직기간 중인 근로자에 대한 임금지급은 원칙적으로 단체협약과 취업규칙에 정한 바에 따라야 할 것이다. 따라서, 상병휴직, 사고결근휴직, 기소휴직 등과 같이 전적으로 근로자측 사정에 의한 휴직의 경우는 그 근로자에게 책임있는 사유로 인하여 휴직된 것이기 때문에 단체협약이나 취업규칙 등에 그 휴직기간 동안 임금을 전혀 지급하지 않는다고 규정하더라도 이를 무효라고 볼 수는 없을 것이다.

4. 휴직사유 소멸의 효과

근로자의 휴직사유가 소멸되면 사용자는 근로자를 즉시 복직시켜야 한다. 한편, 일반적으로 휴직사유는 일시적이며 휴직사유가 소멸한 경우에는 당연히 직무에 복귀하는 것이 예정되어 있다는 점에서, 휴직사유가 소멸된 경우뿐 아니라 휴직기간 중 휴직사유가 소멸하지 않는 때에도 취업규칙이나 단체협약에 특별한 규정이 없는 한 근로자는 휴직기간의 만료에 의해 복직한다고 할 것이다. 여기서 '복직'은 원직복직을 원칙으로 하다고 할 것이나, 경영상의 필요, 작업환경 등을 고려하여 종전과 업무나 작업장소가 크게 다르지 않고 근로자에게 합당한 업무를 시키는 경우에는 원직복직이 아니더라도 근로계약위반이라고 볼 수는 없을 것이다.

휴직명령의 정당성[71)]

대법원 2005. 2. 18. 선고 2003다63029 판결

Ⅰ. 사실관계

- 원고는 1987. 11. 3. 축산업협동조합중앙회(이하 "축협"이라 한다)에 신규채용 되어 근무하던 중 1998. 8. 6. 업무상 배임의 혐의사실로 구속되었는데, 그 혐의사실은 '원고가 축협 서울시지회에서 금융과장으로 근무하던 중 위 지회 영업부장이던 이종택과 공모하여 1997. 9.경 주식회사 북원농산에 축산발전기금을 대출함에 있어 북원농산이 자기부담금을 투자한 사실을 확인하고 충분한 담보를 확보한 후 대출하여 줄 업무상 임무에 위배하여, 북원농산이 자기부담금 20억원을 투자하였다는 근거가 되는 공사선급금 영수증이 허위로 작성되었을 가능성을 인식하면서도 다른 담보를 확보하지 아니한 채 감정가 12억 2,500만원 상당의 부동산만을 담보로 확보하고 36억 2,000만원을 대출하여 줌으로써 축협에게 위 대출액 상당의 재산상 손해를 입게 하였다'라는 것이었다.
- 축협의 인사규정 제32조 제3조, 제33조 제3호는 휴직의 종류를 질병휴직, 병역휴직, 명령휴직, 육아휴직, 청원휴직, 유

71) 이 판결에 대한 평석은 拙稿, "기소휴직의 정당성에 관한 연구", 판례연구 19집(1)(2005.9), 서울지방변호사회 참조.

학휴직 등으로 구분하면서, '형사사건으로 구속 또는 기소되었을 때에는 판결확정 후 1월까지 명령휴직을 할 수 있다'고 규정하고 있었는 바, 원고가 위와 같이 구속되자 축협은 1998. 8. 14. 위 인사규정을 적용하여 원고에게 명령휴직을 하였다.

- 원고는 1998. 9. 1. 검사의 구속취소로 석방된 후 특정경제범죄가중처벌등에관한법률위반(배임)죄로 불구속 기소되자 그 무렵 축협에 복직을 신청하였으나 축협은 이를 받아들이지 아니하였다. 원고는 1998. 11. 6. 위 형사사건의 제1심인 수원지방법원에서 징역 2년에 집행유예 3년의 유죄판결을, 1999. 2. 23. 항소심인 서울고등법원에서 징역 1년 6월에 집행유예 3년의 유죄판결을 각 선고받았으나, 상고심인 대법원은 2001. 4. 27. 원고에 대한 위 항소심판결을 파기환송하였고, 이에 환송심인 서울고등법원은 2001. 7. 20. 북원농산에 대한 위 대출과 관련하여 원고에게 과실이 있는지 여부는 별론으로 하고, 고의로 업무상 임무에 위배한 것은 아니라는 이유로 원고에 대하여 무죄판결을 선고하였으며, 위 판결은 2001. 7. 28. 확정되었다. 한편, 축협은 1999. 1. 28. 원고에 대한 변상판정위원회를 개최하였으나 원고와 이종택의 행위로 인한 축협의 손실액이 정확하게 산출될 때 재부의(再附議) 한다는 내용의 의결보류결정을 하였다.
- 1999. 9. 7. 법률 제6018호로 제정되고 2000. 7. 1.부터 시행된 농업협동조합법에 의하여 설립된 농업협동조합중앙회(이하 "피고"라고 한다)는 위 법 부칙 제7조 제1항에 의하

여 축협의 권리·의무를 포괄적으로 승계하면서 원고를 비롯한 축협 직원들에 대한 고용관계도 승계하였다.

- 피고는 원고에 대한 무죄판결이 확정된 후인 2001. 8. 20. 원고를 복직시켰으나, 인사위원회를 개최하여 원고에 대한 징계 및 변상조치 여부를 확정하기 위하여 같은 날 원고에 대하여 대기발령을 하였다가, 2002. 1. 3. 대기발령 사유가 해소되자 대기발령을 해제하고 원고를 피고의 목포 신안군 지부에서 근무하도록 명하였다.

- 2000. 7. 1.부터 원고에게 적용되는 피고의 인사규정 제15조 제2항 제1호, 제16조 제1항 제1호는 '형사사건으로 기소되었을 때에는 판결확정 후 1월까지 명령휴직을 할 수 있다'고 규정하고, 제24조 제1항 제4호는 '징계사유에 해당되어 인사위원회에 부의될 때에는 대기발령을 할 수 있다'고 규정하고 있다. 한편, 원고에게 2001. 3. 31.까지 적용되던 축협의 급여규정 제7조 제2항 제6호는 '명령휴직기간 중에는 급여를 지급하지 아니한다'고 규정하고 있고, 원고에게 2001. 4. 1.부터 적용되는 피고의 직원급여규정 제8조 제2항 제6호, 제4항은 '명령휴직자와 대기발령 중인 직원에 대하여는 고정급여의 80% 해당액을 지급한다'고 규정하고 있는바, 피고는 2001. 4. 1.부터 원고에게 적용되는 피고의 직원급여규정에 의하여 같은 날부터 2002. 1. 2.까지의 명령휴직 및 대기발령의 기간에 대하여 본봉에 직책수당을 합한 고정급여의 80% 해당액을 지급하였다.

Ⅱ. 판결요지

- 근로기준법 제30조 제1항에서 사용자는 근로자에 대하여 정당한 이유 없이 휴직하지 못한다고 제한하고 있는 취지에 비추어 볼 때, 사용자의 취업규칙이나 단체협약 등의 휴직 근거규정에 의하여 사용자에게 일정한 휴직사유의 발생에 따른 휴직명령권을 부여하고 있다 하더라도 그 정해진 사유가 있는 경우 당해 휴직규정의 설정 목적과 그 실제 기능, 휴직명령권 발동의 합리성 여부 및 그로 인하여 근로자가 받게 될 신분상·경제상의 불이익 등 구체적인 사정을 모두 참작하여 근로자가 상당한 기간에 걸쳐 근로의 제공을 할 수 없다거나, 근로제공을 함이 매우 부적당하다고 인정되는 경우에만 정당한 이유가 있다고 보아야 한다. 근로자가 형사사건으로 구속되었다가 불구속 기소된 이상 사용자의 인사규정에서 정한 명령휴직의 사유 그 자체는 발생하였다고 할 것이고 근로자가 석방되기 전까지는 상당한 기간에 걸쳐 근로의 제공을 할 수 없는 경우에 해당하므로 위 근로자에 대한 사용자의 명령휴직처분에는 정당한 이유가 있다고 볼 수 있으나, 구속취소로 석방된 후에는 근로자가 상당한 기간에 걸쳐 근로의 제공을 할 수 없는 경우에 해당한다고 할 수 없고 명령휴직규정의 설정 목적 등 제반 사정에 비추어 볼 때 근로자가 근로를 제공함이 매우 부적당한 경우라고도 볼 수 없어 위 명령휴직처분을 계속 유지하는 것에 정당한 이유가 없다.

Ⅲ. 해설

1. 휴직의 의의 및 유형

1) 일반적으로 '휴직'이란 어느 근로자에게 당해 근로자를 노무에 종사하게 하는 것이 불가능하거나 부적당한 사유가 발생한 경우 사용자가 그 종업원에 대해 근로계약관계 그 자체는 유지하게 하면서 노무 제공을 면제 또는 금지하는 조치라고 정의할 수 있다.

2) 휴직에는 다양한 종류가 있는바, 주된 것으로는 (i) 근로자의 업무외 질병이나 부상을 이유로 하는 상병휴직, (ii) 상병 이외의 사고에 따른 결근을 이유로 하는 사고결근휴직, (iii) 형사사건에 기소된 자를 일정기간 또는 판결확정시까지 휴직시키는 기소휴직, (iv) 국내, 국외 유학이나 공직취임 등을 이유로 하는 자기사정휴직, (v) 파견기간 동안의 파견휴직 등을 들 수 있다. 위 (i) 내지 (iii)은 해고의 회피가 주된 목적이고, (ii)와 (iii)은 기업질서나 사회적 신용의 유지의 취지도 포함한다. 한편, (i) 내지 (iv)는 근로자 측에서 발생한 사유에 기한 휴직인데 비하여, (v)는 사용자 측의 사유에 기하여 행하여지는 휴직이다.

2. 휴직명령의 요건

1) 일반적으로 휴직은 근로관계의 내용에 중요한 변동을 발생하는 것이기 때문에 명확한 법적 근거를 요한다. 따라서, 사용자의 휴직처분이 유효하기 위해서는 우선 개별근로계

약, 취업규칙 또는 단체협약에 휴직에 관한 근거규정이 존재하여야 하고, 그 근거규정에 정해진 휴직사유가 실제 발생하여야 할 것이다. 그러므로, 취업규칙이나 단체협약 등에 휴직에 관하여 아무런 근거규정을 두고 있지 않다면 사용자의 일방적 의사에 의하여 휴직처분을 할 수 없고, 나아가 휴직에 관한 규정이 있더라도 그 소정의 휴직사유에 해당하지 아니하는 경우에는 휴직처분을 할 수 없을 것이다.

2) 그러나, 이러한 요건은 휴직명령의 정당성에 대한 형식적인 정당성을 담보해 줄 수는 있을지언정, 그러한 휴직명령의 실질적 정당성에 대해서는 어떠한 기준도 제시하지 못한다. 근로기준법은 제23조 제1항에서 '사용자가 정당한 이유 없이 근로자를 휴직하지 못한다'라고 규정하고 있는바, 위 조항은 사용자의 휴직명령이 실질적으로도 정당하여야 한다는 의미하고 해석해야 할 것이다. 한편, 사용자의 휴직명령권이 남용될 때에는 근로자는 소득이 감소 또는 박탈되는 불이익을 입게 되므로 생활상의 어려움을 겪게 된다는 점에서, 휴직의 실질적 정당성의 존부는 엄격하게 판단되어야 할 것이다. 한편, 판례는 휴직제도의 목적, 기능, 합리성과 근로자가 받는 불이익의 내용 등을 감안한 단체협약 및 취업규칙에 대한 합리적 해석이라는 방법으로 휴직제도에 대한 법규제를 하고 있다. 즉, 판례는 단체협약이나 취업규칙에서 휴직사유의 발생에 따른 휴직명령권을 부여하고 있다 하더라도 그 정해진 사유가 발생한 경우, 당해 휴직규정 설정의 목적과 그 실제 기능, 휴직명

령권 발동의 합리성 여부 및 그로 인하여 근로자가 받게 될 신분상, 경제상 불이익 등 구체적인 사정을 모두 참작하여 근로자가 상당한 기간에 걸쳐 근로의 제공을 할 수 없는 것이 인정되는 경우에만 휴직처분에 정당한 이유가 있다고 한다.

3) 그러므로, 명령휴직의 정당성이 인정되기 위해서는 먼저 (i) 개별근로계약, 취업규칙 내지 단체협약 등에 사용자의 '휴직명령권'에 대한 명시적인 근거규정이 존재하여야 하고, 또한 그에 정한 휴직사유가 실제 발생하였어야 할 뿐만 아니라(형식적 요건), 나아가 (ii) 그러한 규정 설정의 목적과 그 실제 기능, 휴직명령권 발동의 합리성 여부 및 그로 인하여 근로자가 받게 될 신분상, 경제상 불이익 등 구체적인 사정을 모두 참작하여 근로자가 상당한 기간에 걸쳐 근로의 제공을 할 수 없다고 인정되어야 할 것이다(실질적 요건).

3. 기소휴직의 정당성

1) 근로자가 형사사건으로 기소되었음을 이유로 그 근로자에 대하여 휴직을 명령하는 조치를 기소휴직이라고 한다면, 기소휴직은 유죄가 확정되지 않은 근로자에 대하여 휴직이라고 하는 중대한 불이익을 부과하는 것이기 때문에 여타의 인사조치에 비하여 신중한 취급이 요구될 것이다.

2) 기소휴직의 정당성에 관하여, 국내의 학설은 '사용자는 근로자가 단지 형사사건으로 기소된 것만을 가지고 그 자를 기소휴직 처분하여서는 안 된다'는 점에서 일치하고 있는

바, 학설은 일반적으로 기소휴직의 정당화 요건에 관하여는 다음의 두 가지 요건 중의 어느 하나가 충족될 것이 요구된다고 한다. 즉, 학설의 주류적인 태도는 기소휴직이 정당성을 갖기 위한 요건으로서, (i) 기소에 의하여 범죄혐의가 상당한 정도로 객관화되었다고 평가되고, 기소사실의 종류, 태양 및 당해 근로자의 지위, 직무에 비추어 그 형사기소로 말미암아 기업의 대외적 신용이 실추되고, 직장질서를 유지하는데 지장이 있는 경우(제1요건) 또는 (ii) 구속된 채로 재판이 진행되는 경우는 물론 불구속인 경우에도 공판기일에 출석할 의무 때문에 노무제공이 불가능 혹은 곤란하고 이로 인하여 기업활동에 지장을 초래한다는 사정이 있어서, 이를 피하기 위하여 기소된 근로자를 잠정적으로 기업으로부터 배제할 필요성이 있는 경우(제2요건)에만 기소휴직의 정당성이 인정된다고 한다.

3) 그런데, 위 제1요건의 경우에 있어 근로자가 형사사건으로 기소되는 경우의 대부분은 직무 이외의 사생활상의 비행에 관한 것이라는 점에서 법원은 대개의 경우에 직무수행과 관련성이 없다고 하여 이 요건의 충족을 인정하지 않는 경향이 있다. 특히, 제1의 요건과 관련하여 기소휴직은 기업외 비행을 대상으로 한다는 점에서 징계처분과 유사한 점이 있다는 점에서, 기소휴직과 징계처분과의 균형도 기소휴직의 정당성을 판단함에 있어 고려되어야 할 것이다.한편, 기소휴직이 남용되기 쉬운 제도라는 점에서 요건을 한층 엄격히 해석하는 견해도 있는바, 이에 의하면 기소휴직은 (i) 기소사실의 내용에 관하여 징계처분의 대상

이 되는 가능성을 지닐 정도의 것이어야 하고, 나아가 (ii) 당해 근로자의 배치전환 등에 의하여 기업의 영향을 회피할 수 없는 경우에 한하여 그 정당성이 인정된다고 한다.

4) 한편, 위 제2요건과 관련하여서는 피고인이 구속을 당하고 있는 경우에 한하여 제2요건이 충족될 수 있으며, 근로자가 보석 등의 이유로 불구속 기소되어 단순히 공판 출석 시에만 노무 제공에 지장이 초래되는 경우에는 제2요건이 충족되지 않는다고 보아야 할 것이다.왜냐하면, 근로자가 불구속 기소된 경우에 있어서의 공판기일 출석은 유급휴가의 사용으로 이를 대신할 수 있을 것이므로, 근로자가 불구속 기소된 경우에 있어 공판기일의 출석으로 인하여 당해 근로자의 근로제공이 불가능하거나 곤란하게 되는 상황이 초래되었다고 보기는 어렵기 때문이다.

5) 기소휴직 발령 당시에는 위 요건 중의 어느 하나를 충족하여 기소휴직의 정당성이 인정되는 경우라 할지라도 휴직기간 도중에 보석이나 1심에서의 무죄판결 등으로 그 요건을 충족하지 못하게 된 때에는 휴직사유가 종료된 것으로 사용자는 복직조치를 취해야 할 의무를 진다고 할 것이다.[72)]

4. 대상판결의 평가

휴직은 휴직기간이 만료하거나 휴직기간 중이나 휴직기간 만료 시에 휴직사유가 소멸함에 의해 종료하며, 사용자는 특별한

72) 일본의 판례 중에는 기소휴직기간 도중에 보석과 1심에서의 무죄판결 등에 의해 그 요건을 충족하지 않게 된 경우에는 휴직사유가 종료된 것으로서 사용자는 복직조치를 취해야 한다는 것이 있다(전일본공륜사건 - 동경지판 평11. 2. 15. 노판 760호 46면).

사유가 없는 한 당해 근로자를 휴직 전의 업무로 복귀시켜야 할 의무를 부담한다. 따라서, 본건 명령휴직이 그 명령휴직 처분 당시에는 정당성의 요건에 합치하여 유효했다고 하더라도, 휴직기간 도중의 구속취소에 의하여 그 요건을 갖추지 못하게 된 경우에는 휴직사유가 소멸되는 것이며, 따라서 근로자의 복직신청이 있는 경우 사용자에게는 명령휴직을 철회하고 당해 근로자를 원직에 복직시킬 의무가 있다고 할 것이다.

대상판결은 휴직사유의 정당성과 관련하여 과연 어떠한 경우에 '근로제공을 함이 매우 부적당하다'고 인정될 수 있는지 여부에 관하여 사용자에게 어느 정도의 판단권한을 인정하면서도, 본봉이 지급되는 대기발령의 경우를 참조하여 휴직명령을 지속한 피고 측의 행위의 부당성을 지적하고 있다. 특히, 대상판결은 '명령휴직 기간 중에는 일체의 급여를 지급하지 아니한다'는 급여규정에 비추어, 약 3년의 기간 동안 무급의 명령휴직을 유지한 것은 그 실질에 있어 해고와 다름없는 조치라고 보아 명령휴직에 정당한 이유가 없다고 판단하였는바, 휴직명령이 장기간 지속되는 경우에 있어서의 징계처분과의 형평성 측면에서도 대상판결의 이러한 결론은 구체적 타당이 있다고 생각된다.

Ⅵ. 휴업

> **제46조(휴업수당)** ① 사용자의 귀책사유로 휴업하는 경우에 사용자는 휴업기간 동안 그 근로자에게 평균임금의 100분의 70 이상의 수당을 지급하여야 한다. 다만, 평균임금의 100분의 70에 해당하는 금액이 통상임금을 초과하는 경우에는 통상임금을 휴업수당으로 지급할 수 있다.
> ② 제1항에도 불구하고 부득이한 사유로 사업을 계속하는 것이 불가능하여 노동위원회의 승인을 받은 경우에는 제1항의 기준에 못 미치는 휴업수당을 지급할 수 있다.

사용자의 귀책사유로 휴업하는 경우에 사용자는 휴업기간 동안 그 근로자에게 평균임금의 100분의 70 이상의 수당을 지급하여야 한다. 다만, 평균임금의 100분의 70에 해당하는 금액이 통상임금을 초과하는 경우에는 통상임금을 휴업수당으로 지급할 수 있다. 단, 사용자가 부득이한 사유로 사업을 계속하는 것이 불가능하여 노동위원회의 승인을 받은 경우에는 제1항의 기준에 못 미치는 휴업수당을 지급할 수 있다.

위 조항의 '휴업'에는 개개의 근로자가 근로계약에 따라 근로를 제공할 의사가 있음에도 불구하고 그 의사에 반하여 취업이 거부되거나 또는 불가능하게 된 경우도 포함되므로 이는 '휴직'을 포함하는 광의의 개념이다. 판례는 사용자가 자신의 귀책사유에 해당하는 경영상의 필요에 따라 개별 근로자들에 대하여 휴업을 실시한 경우 이러한 휴업은 근로기준법 제23조 제1항에서 정한 '휴직'의 개념에 포함되며, 따라서 정당한 이유가 필요하다는 입장이다.[73]

한편, 위 조항은 사용자의 귀책사유로 인하여 휴업하는 경우에 근로자의 최저생활을 보장하려는 취지에서 휴업수당을 지급하도록 한 것인바, 이는 개개의 근로자가 근로계약에 따라 근로를 제공할 의사가 있음에도 불구하고 그 의사에 반하여 근로를 제공하지 못한 경우에 반대급부인 임금의 일부를 휴업수당이라는 명목으로 지급하도록 한 것으로 보아야 한다. 따라서, 사용자의 귀책사유로 인하여 휴업하는 경우에 사용자가 근로자에게 지급할 휴업수당은 임금에 해당한다고 할 것이다.

73) 대법원 2009. 9. 10. 선고 2007두10440 판결.

제4장 징계

Ⅰ. 징계의 의의 및 법적 규제

1. 징계의 의의

징계란 근로자의 근무규율 기타 직장질서의 위반행위에 대하여 사용자가 행하는 제재조치를 말한다. 한편, 징계권이란 사용자가 사업장의 질서를 유지하기 위하여 사업장의 규율을 위반한 노동자에게 일정한 불이익을 과하는 권한을 말한다.

2. 징계권의 법적 근거

사용자가 근로자를 징계한다는 것은 먼저 사용자에게 징계를 할 수 있는 권한이 있음을 전제로 하는바, 사용자에게 징계권이 인정되는 법적 근거가 무엇인가에 관하여는 고유권설, 계약설 및 규범설이 대립한다.[74)]

(1) 고유권설

이 견해는 사용자는 기업이라는 유기적 경영조직체에 내재하

74) 학설의 상세는 박홍규, 303면 이하, 김형배, 653면 이하 참조.

는 본질적 요청에 기하여 고유의 권능으로서 기업질서에 반하는 근로자를 기업에서 배제 기타 제재를 과하는 징계권을 가진다고 한다. 따라서 이러한 견해에 따르면 사용자는 징계권의 근거가 되는 명시적인 규범이 없는 경우에도 징계처분을 할 수 있다고 하게 된다.

(2) 계약설

이 견해는 사용자와 근로자간의 근로관계는 권력지배의 관계는 아니기 때문에 사용자가 당연히 일방적으로 근로자에 대하여 징계권을 가지는 것이라고는 볼 수 없으며, 따라서 근로자가 사용자와의 근로계약에 의해 사용자의 징계권을 승인함으로써 비로소 사용자는 근로자에 대하여 위 계약상의 징계권을 행사할 수 있게 된다는 견해이다. 그리고 취업규칙은 근로계약의 내용을 이루는 것이기 때문에 사용자는 취업규칙에 징계권에 대한 규정이 있는 경우에는 그 규칙에 명시된 징계처분 외에 일방적으로 임의의 징계처분을 행하는 것은 허용되지 않는다고 한다.

(3) 규범설

이 견해는 사용자의 징계권의 근거를 근로관계를 규율하는 법규범으로부터 구하는바, 이러한 법규범으로 취업규칙을 든다. 즉, 취업규칙에 정해진 징계규정도 그 한도에 있어서 법규범성을 가지는 것이라고 하는 입장이다.

(4) 판례의 입장

징계권의 법적 근거에 대하여 판례는 "사용자의 본질적 권한에 속하는 피용자에 대한 징계권"이라든지 "근로자의 상벌 등에 관한 인사권은 사용자의 고유권한으로서 그 범위에 속하는 징계권 역시 기업운영 또는 노동계약의 본질상 당연히 사용자에게 인정되는 권한"이라는 등 고유권설에 근거하고 있는 듯한 표현을 사용하고 있다.

대법원 1993. 9. 28. 선고 91다30620 판결

"위와 같이 노사협상의 산물로서 노동조합 간부에 대한 징계해고를 함에 있어 노동조합의 사전동의를 받도록 정하여져 있다고 하더라도 이는 사용자의 노동조합 간부에 대한 부당한 징계권 행사를 제한하자는 것이지 사용자의 본질적 권한에 속하는 피용자에 대한 징계권 행사 그 자체를 부정할 수는 없는 것이므로 노동조합의 사전동의권은 어디까지나 신의성실의 원칙에 입각하여 합리적으로 행사되어야 할 것이고, 따라서 피징계자에게 객관적으로 명백한 징계사유가 있고 이에 대한 징계를 함에 있어 사용자가 노동조합측의 동의를 얻기 위하여 성실하고 진지한 노력을 다하였음에도 불구하고 노동조합측이 합리적 근거나 이유제시도 없이 무작정 반대함으로써 동의거부권을 남용한 것이라고 인정되거나 노동조합측이 스스로 이러한 사전동의권의 행사를 포기하였다고 인정된다면 사용자가 노동조합측의 사전동의를 받지 못하였다고 하여 그 징계처분을 무효로 볼 수는 없다고 하여야 할 것이다."

대법원 1994. 9. 30. 선고 94다21337 판결

"단체협약에 명문으로 징계규정을 별도로 제정하기로 하였고, 그 규정에 의하여 징계규정이 만들어진 이상 다시 구체적인 징계규정의 내용에 관하여 회사와 근로자간에 합의가 있어야 한다고 말할 수 없다. 원래 근로자의 상벌 등에 관한 인사권은 사용자의 고유권한으로서 그 범위에 속하는 징계권 역시 기업운영 또는 노동계약의 본질상 당연히 사용자에게 인정되는 권한이기 때문에 그 징계규정의 내용이 강행법규나 단체협약의 내용에 반하지 않는 한 사용자는 그 구체적 내용을 자유롭게 정할 수 있고, 그 규정이 단체협약의 부속서나 단체협약 체결 절차에 준하여 제정되어야 하는 것은 아니다."

3. 징계권의 한계

(1) 목적상의 한계

사용자의 징계권은 기업의 질서유지를 목적으로 인정된 것이므로 그 목적의 범위 내에서만 행사될 수 있다. 원칙적으로 기업의 질서유지와 관계없는 근로자의 사생활이나 정당한 조합활동 및 정치활동에는 미치지 않는다. 따라서 사용자가 근로자의 사상이나 신조, 조합활동을 이유로 징계권을 행사할 수 없다.

(2) 절차상의 한계

징계권은 취업규칙이 정하는 절차에 따라서만 행사할 수 있다. 다만 단체협약에 이에 관한 규정이 있는 때에는 단체협약이 우선한다. 물론 취업규칙이나 단체협약 규정의 징계절차에 관한 규정이 근로기준법 제23조에 위배되는 경우에는 효력이 인정되지 않는다. 대개 취업규칙의 징계규정에는 징계의 사유가 열거되어 있는 경우가 많은데, 그 경우 열거되지 않은 사유로는 유추해석해서 징계할 수 없다.

(3) 신의칙상 한계

징계의 사유가 되는 규율위반에 대해 모든 노동자에게 균등하게 적용해야 하며, 징계하지 않은 지나간 규율위반 사실에 대해 소급하여 징계할 수 없고, 노동자에게 고의 과실이 있는 경우에만 그 책임을 물어 징계할 수 있다. 또한 징계처분의 종류가 규율 위반의 경중에 따라 형평에 맞게 정해져야 한다.

Ⅱ. 징계처분의 종류

1. 감급

일시적으로 급여를 감소하는 징계로 근로기준법 제95조는 근로자의 제재에 관한 사항을 정함에 있어, 제재의 수단으로 감급의 제재를 정할 경우에 그 감액은 1회의 금액이 평균임금의 1일분의 2분의 1을, 총액이 1임금지급기의 임금 총액의 10분의 1을 초과하지 못한다고 규정한다.

> **제95조(제재 규정의 제한)** 취업규칙에서 근로자에 대하여 감급(減給)의 제재를 정할 경우에 그 감액은 1회의 금액이 평균임금의 1일분의 2분의 1을, 총액이 1임금지급기의 임금 총액의 10분의 1을 초과하지 못한다.

2. 출근정지, 정직

출근정지 또는 정직처분은 일시적으로 출근을 제한하는 징계이다. 이 경우에는 임금의 지급이 정지된다.

3. 징계해고

징계해고는 가장 중한 징계처분으로서 근로자를 기업에서 축출하는 최종적인 처분이다.

Ⅲ. 징계의 정당성

1. 실체적 요건

(1) 징계사유의 존재

징계처분이 정당한 것으로 인정되기 위해서는 먼저 취업규칙이나 단체협약에 규정된 징계사유가 존재하여야 한다. 한편, 취업규칙이나 단체협약상의 징계사유는 명확하게 규정되어야 하며 징계의 종류와 범위도 명확하여야 할 것이다. 이는 근로자로 하여금 어떠한 행위가 기업질서위반행위로서 금지되며 그 행위에 대해서는 어떠한 처분이 과해지는가에 대한 예측가능성을 부여하고 사용자의 자의적인 징계처분 행사를 방지하는 데 필수적인 요건이라고 할 수 있다. 또한, 행위 당시에 징계처분의 대상이 되지 않은 사유에 대해 이후의 단체협약이나 취업규칙상 징계사유의 추가에 의하여 징계하는 것은 허용되지 않는다.

> **대법원 1994. 12. 13. 선고 94다27960 판결**
> "취업규칙 위반행위시와 징계처분시에 있어서 서로 다른 내용의 취업규칙이 있는 경우, 다른 특별한 사정이 없는 한 해고 등의 의사표시는 의사표시의 시점에 시행되고 있는 신 취업규칙 소정의 절차에 따라 행하면 족하지만, 징계권(징계사유)의 유무에 관한 결정은 징계가 근로자에게 있어서 불이익한 처분이므로 문제로 되어 있는 행위시에 시행되고 있던 구 취업규칙에 따라 행하여야 할 것이다."

이러한 징계사유는 각각의 기업의 취업규칙이나 단체협약에서 정하는 것이므로 각 기업에서 그 내용이 상이할 것이나, 아래의 사유들을 징계사유로 규정하는 것이 일반적이다.

가. 직무명령 위반

전직, 전출명령 등 기업의 인사명령에 불응하는 경우 징계의 사유가 된다. 그러나 그러한 인사명령이 부당한 경우에는 결국 그에 불응한 행위로 인한 징계는 무효가 된다.

나. 직장질서 문란

기업재산 및 물적 시설의 보존 및 안전규칙에 위반한 것, 직장 내에서의 폭행이나 도박, 정당한 노조활동의 범위를 벗어나는 유인물 배포 등은 징계사유에 해당된다.

다. 불법쟁의행위

불법쟁의행위에 적극적으로 참여한 노동자에 대해서는 징계권을 행사할 수 있다. 한편 판례는 불법쟁의행위를 지시, 주도한 조합간부에 대해서 조합원과 비교하여 징계를 할 수 있거나 더 무거운 징계처분을 할 수 있다고 한다.

라. 경력사칭

경력사칭이란 근로계약 체결 당시 학력, 직장경력, 사회활동경력 또는 전과사실 등을 거짓으로 속이거나 은폐하는 것을 말한다. 경력사칭을 했다는 것이 곧바로 징계사유로 되지는 않지만, 그것이 기업질서 내지 직장질서를 유지하는 데 있어서 구체적 피해를 본 경우에 한해 징계사유가 인정되어야 한다.

마. 겸업금지의무 위반

경쟁관계에 있는 기업에서의 이중취직은 물론 사용자의 이익이 부당하게 침해되거나 직장질서를 문란하게 하는 자기사업 등은 징계사유가 된다. 그러나 직장생활에 아무런 문제가 없는 부업 등은 문제되지 않는다.

바. 기업 밖에서의 비행

기업 밖에서의 비행은 비록 그것이 형벌법규에 해당되어 처벌대상이 된다고 하더라도 그 사유로 인해 직무를 계속할 수 없다든지 기업질서를 문란하게 한 경우가 아니라면 징계할 수 없다.

□ Topic. 근무성적 부진을 이유로 징계해고하는 것이 허용되는가?

징계처분은 종업원의 근무규율 기타 직장질서 위반행위에 대한 제재로서 근로자에게 노동관계상의 불이익을 주는 조치를 말하며, 일반적으로 경고, 감봉, 정직, 징계해고 등의 방법에 의하여 이루어진다. 이러한 징계처분은 사용자가 근로계약상 행할 수 있는 통상적인 업무 지시와는 구별되는 직장질서의 유지를 위하여 인정되는 특별한 제재이므로, 사용자가 직장질서 위반자에 대하여 징계권을 행사하기 위하여는 특별한 근거가 필요하다. 따라서 사용자의 징계권은 근로자의 행위가 단체협약, 취업규칙, 인사규정 등에 규정된 징계사유에 해당하는 경우에만 행사될 수 있고 또한 취업규칙 등에서 정한 제재수단에 따라서만 행사될 수 있는 것이다.

그런데 일반적으로 근무성적 불량이나 근무태만 그 자체는 근로자가 근로계약상의 노무를 전부 또는 일부 제공하지 않은 행위이므로 고용계약에 대한 단순한 채무불이행 사유에 불과하다고 할 것인바, 이러한 채무불이행은 원칙적으로 인사고과를 평가하는 기준이 될 수 있을 뿐 사용자가 이를 이유로 징계권을 행사할 수는 없다고 할 것이다. 즉, 사용자의 징계권은 엄격하게는 기업질서유지라는 목적에서 인정되는 것이며, 계약상의 의무위반에 대하여 인정되는 계약벌과 질서위반행위에 대하여 인정되는 징계벌은 구별되어야 한다. 계약벌은 손배배상의 청구 등 금전적인 제재를 의미하는 데 반하여 징계벌은 고용관계상의 불이익, 즉 신분상의 불이익을 의미한다는 점에서 구분되기 때문이다. 다만, 이러한 근무태만이 다른 직원의 근무태도에 악영향을 주는 경우 또는 감독자나 관리자로부터의 수차례 주의를 받았음에도 불구하고 이를 시정하지 않는 경우에는 근무태만이 단순한 채무불이행을 넘어 사업장의 근무규율 내지 직장질서에 위반한다고 인정되어 정당한 징계사유가 될 수 있을 것이다.

결국, 실적부진 내지 근무태만이라는 사유가 징계사유에 해당하는지의 여부는 구체적인 사실관계를 고려하여 그러한 사유가 근무규율 또는 직장질서에 반한다고 판단되는지에 달려 있다고 할 것이다. 즉, 근로자의 근무성적의 현저한 부진이 객관적으로 증명되고, 사용자 및 감독자의 시정지시에도 불구하고 이러한 상태가 상당기간 지속되었으며, 또한 영업실적의 부진이 근로자의 근무태만에서 기인한 것으로 인정되고, 근무태만 사실이 근로자의 지위, 보수, 다른 근로자의 전반적인 근무실적, 회사의 경영실태 등에 비추어 해당지위에 있는 근로자로서 요구되는 최소한도의 직무능력마저 결여된 것으로 판단되는 경우에 한하여 근로자의 근무태만 및 성적불량이 정당한 징계사유로 인정될 수 있을 것이다.

(1) 정당한 징계사유에 해당된다고 인정된 사례

거래선 개척, 계약서 관리, 거래중지자 미수금관리 등을 그 임무로 하고 있는 자가 미수금회수에 관하여 1년간 실적이 없고, 다음해에도 같은 업무에 종사하는 다른 사원의 10%에도 미치지 못한 것은 사무분장 및 미수금회수 거래선의 분담관계가 불리한 상황이라 하더라도 성실히 복무하여야 할 의무를 다하지 아니한 것이라고 볼 수 있다고 하여 정당한 징계사유로 인정한 경우[75]

보험업을 영위하는 사용자가 근로자의 거수실적(보험계약을 체결하여 보험료를 입금시킨 실적)이 그 직위와 보수에 비추어 보면 일반적으로 기대되는 최저한도의 실적에도 미치지 못하는 경우에 거수

75) 대법원 1987. 4. 14. 선고 86다카875 판결.

실적이 불량한 직원에 대하여 징계할 수 있다는 인사규정에 의해 한 징계면직이 정당하다고 본 사례[76]

(2) 정당한 징계사유에 해당되지 않는다고 판단한 사례

근무성적 평가결과 45명 중 43위를 하였으나 이는 일시적인 것이고, 이외에 업무처리 능력이 현저히 부족하다는 객관적인 증거가 없다는 이유로 이러한 사유를 이유로 한 징계해고를 부당해고로 본 사례[77]

(2) 징계의 적정성 : 징계의 필요성과 상당성

가. 징계의 필요성

징계처분이 정당하기 위해서는 먼저 징계의 필요성이 인정되어야 한다. 사용자가 근로자에 대하여 징계권을 행사할 수 있는 것은 기업활동을 원활하게 수행하는데 필요한 범위 내에서 규율과 질서를 유지하기 위한 것이므로 이러한 목적에 부합하는 경우에만 징계가 허용된다고 할 것이다.

대법원 1994. 12. 13. 선고 93누23275 판결
"사용자가 근로자에 대하여 징계권을 행사할 수 있는 것은 사업활동을 원활하게 수행하는데 필요한 범위 내에서 규율과 질서를 유지하기 위한 데에 그 근거가 있으므로, 근로자의 사생활에서의 비행은 사업활동에 직접 관련이 있거나 기업의 사회적 평가를 훼손할 염려가 있는 것에 한하여 정당한 징계사유가 될 수 있다."

나. 징계사유와 징계처분의 상당성

판례는 징계대상행위와 징계처분과의 관계에 대하여 원칙적으

76) 대법원 1991. 3. 27. 선고 90다카25420 판결.
77) 서울민사지법 1974. 5. 13. 선고, 73가합4840 판결.

로 취업규칙에서 징계사유를 규정함에 있어 동일한 징계사유에 대하여 여러 등급의 징계가 가능한 것으로 규정하였다든가, 어떠한 징계사유에 대하여 원칙적인 징계의 종류를 규정하면서 예외적으로 정상에 따라 보다 무거운 징계를 할 수 있는 것으로 규정하였다든가 하는 경우에 그 중 어떤 징계처분을 선택할 것인지는 징계권자의 재량에 속한다고 하면서도, 이러한 재량은 징계권자의 자의적이고 편의적인 재량에 맡겨져 있는 것이 아니며, 징계사유와 징계처분과의 사이에 사회통념상 상당하다고 보여지는 균형의 존재가 요구되고, 경미한 징계사유에 대하여 가혹한 제재를 과한다든가 하는 것은 권리의 남용으로서 무효로 보고 있다.

대법원 2002. 8. 23. 선고 2000다60890,60906 판결

"피징계자에게 징계사유가 있어서 징계처분을 하는 경우, 어떠한 처분을 할 것인가 하는 것은 징계권자의 재량에 맡겨진 것이고, 다만 징계권자가 재량권의 행사로서 한 징계처분이 사회통념상 현저하게 타당성을 잃어 징계권자에게 맡겨진 재량권을 남용한 것이라고 인정되는 경우에 한하여 그 처분을 위법하다고 할 수 있고, 그 징계처분이 사회통념상 현저하게 타당성을 잃어 재량권의 범위를 벗어난 위법한 처분이라고 할 수 있으려면 구체적인 사례에 따라 징계의 원인이 된 비위사실의 내용과 성질, 징계에 의하여 달성하려고 하는 목적, 징계양정의 기준 등 여러 요소를 종합하여 판단할 때에 그 징계내용이 객관적으로 명백히 부당하다고 인정할 수 있는 경우라야 한다."

징계의 정당성 - 경력사칭

대법원 1995. 3.10. 선고 94다14650 판결

기업은 그 목적달성을 위하여 노동력을 활용하는 유기적 조직체로서, 다수 근로자가 상호협력하고 통일적인 행동을 할 수 있도록 직장질서 내지 규율을 필요로 한다. 이러한 직장질서의 유지, 확립을 위하여 위반행위를 한 근로자에 대하여 사용자로부터 가하여지는 각종의 불이익처분을 징계라고 부른다. 이러한 징계는 근로자의 생활상의 이익을 강제적으로 박탈하는 것이기 때문에 무제한하게 허용될 수는 없는 것이다. 이에 현행법은 징계에 관하여 정당한 이유 없이는 징계를 할 수 없다거나, 단결활동권의 정당한 행사를 이유로 징계를 할 수 없다거나, 징계에 관한 사항을 취업규칙에 기재해야 한다는 등의 제한 규정을 두고 있으나, 이러한 규정은 모두 추상적인 내용이므로 결국 징계의 사유와 징계처분의 내용 및 징계의 절차 등에 관한 구체적인 사항은 각 기업의 단체협약, 취업규칙 등에 위임하고 있는 상황이다.

Ⅰ. 사실관계

- 원고는 1993. 11. 11. K공업 주식회사(이하 "회사")에 입사하여 생산부 압착반 기능공으로 근무하여 오다가, 입사시에 제출한 이력서에 대학재학 중인 것을 고등교 졸업으로 허위 기재한 것이 문제가 되어 1995. 7. 11. 징계해고 되었다.
- 원고는 입사 후 징계해고 되기까지 회사 노동조합인천지부에 가입하여 노동조합활동을 하여 왔다. 그러던 중 1995. 5.

2.부터 1995년도 임금인상을 위한 단체교섭이 시작되었고, 노사교섭에서 잠정적으로 합의한 임금인상안(제16차)이 각 지부의 조합원 총회에서 투표결과 부결되었으나, 소외 위 노동조합 인천지부장이 단독으로 재투표에 회부하여 임금교섭안이 가결되었다. 이에 원고를 포함한 5명이 지부장을 비난하고 '95 임투승리와 인천지부 민주화를 위한 조합원 대책위원회'를 결성하여 임금교섭에 대처하기로 하고, 위 노동조합 강동지부와 경주지부가 임금교섭(제17차)을 재개하기로 한 것을 계기로, 1995. 6. 28. 출근길에 인천지부 조합원들에게 유인물을 뿌리며 교섭대표의 새로운 선출과 함께 임금교섭(제17차)을 새로이 할 것을 호소하였다.

- 한편 회사는 1994. 10월경부터 외부에서 원고 등 5명에 대한 신원확인의뢰가 잇따르자 그들에 대한 신원확인의 필요성을 느끼고 해당 대학에 확인한 결과 1995. 6월경 원고의 최종 학력은폐 사실을 발견하고, 원고가 조합원이었기 때문에 단체협약에 의하여 회사 측 6명과 노동조합 측 2명으로 구성되는 징계위원회의 구성이 필요했던 바, 노동조합에 대하여 노조 측 인사위원 2명의 추천을 요구하였으나 노조의 추천이 없었기 때문에, 회사 측의 징계인사위원만으로 1995. 7. 6. 인사위를 개최하기로 하고 동년 7. 11.자로 징계해고를 의결하고 그 결과를 원고에게 통보하였으며, 원고의 재심청구로 7. 11.의 인사위에서 7. 12.자로 다시 징계해고하기로 의결하고, 원고와 노동조합에 통보하였다.

Ⅱ. 판결요지

- 기업이 근로자를 고용하면서 학력 또는 경력을 기재한 이력서 등을 요구하는 이유는 단순히 근로자의 근로능력 즉 노동력을 평가하기 위해서 만이 아니라 노사간의 신뢰형성과 기업질서유지를 위해서는 근로자의 지능과 경험, 교육정도, 정직성 및 직장에서의 정착성과 적응성 등 전인격적 판단을 거쳐 고용 여부를 결정할 필요가 있으므로 그 판단자료로 삼기 위한 것이고, 근로자의 채용시의 허위경력기재행위 내지 경력은폐행위를 징계해고사유로 규정하는 취업규칙이나 상벌규정 등은 특별한 사정이 없는 한 유효하다 할 것이므로, 경력을 기재하게 되면 채용되지 않을 것이 예상된다고 하여 그 경력을 은폐하거나 허위경력을 기재하는 행위가 정당화될 수는 없는 것이고, 이러한 허위경력기재행위 내지 경력은폐행위를 징계사유로 삼는 것이 근로자의 생존권을 박탈하는 것으로서 위법하다고 할 수 없다. 사용자는 통상적으로 근로자가 이력서 등에 기재한 경력 등을 진실한 것으로 신뢰하는 것이므로 달리 특별한 사정이 없는 한 사용자에게 근로자의 이력서 등의 기재내용의 진실 여부를 확인하여야 할 일반적인 의무가 있다고 할 수는 없는 것이고, 허위경력기재행위 내지 경력은폐사유가 징계사유로 규정되어 있는 이상 취업규칙 등에서 근로자의 시용기간 동안에만 이를 징계사유로 삼을 수 있다는 등의 특별한 규정이 있는 경우를 제외하고는 이를 시용기간이 지난 후에도 징계사유

로 삼을 수 있음은 당연하므로 허위경력기재행위 내지 경력은폐사유를 시용기간이 지난 후에는 징계사유로 삼을 수 없다고 할 수 없다.

Ⅲ. 해설

1. 경력사칭을 이유로 한 징계처분의 정당성

1) 사용자는 근로자를 고용할 것인지의 여부를 결정할 채용의 자유가 있는바, 사용자는 근로자의 채용여부를 판단하기 위하여 응모자에 관한 판단자료를 얻을 필요가 있고, 이를 위하여 응모자에 관한 사항의 조사가 필요하다. 따라서, 사용자에게는 응모자에 관한 개인정보를 파악할 권리(질문권)가 인정된다고 할 것이다. 한편 응모자는 이러한 사용자의 질문권에 대응하여 근로계약을 위한 교섭단계에서 계약성립에 필요한 정보를 고지 및 설명할 의무(진실고지의무)를 부담한다.

2) 우리나라의 경우 다수의 기업에서 취업규칙에 성명, 연령, 학력, 자격 등 중요한 인적사항이나 이력사항을 은폐하였거나 허위기재하여 채용되었을 때에는 이를 징계사유로 규정하는 경우가 많은바, 종래 경력사칭을 이유로 한 징계가 허용되는지 여부가 근로자의 진실고지의무와 관련하여서 문제되었다.

3) 일반적으로 경력사칭이란, 근로자가 기업에 채용될 때에 제출하는 이력서나 면접 등에 있어서, 학력, 경력, 학생운

동 전력, 노동운동 전력, 범죄경력 등을 사칭하거나 진실을 숨기는 것을 의미하는 것으로 정의되고 있고, 이러한 경력사칭에 대하여는, 근로자가 회사에 대하여 자신의 경력을 사실대로 밝힐 의무가 있는지 및 그 진실의무의 범위, 징계해고의 사유가 될 수 있는지 여부 등에 관하여 종전부터 여러 가지 논의가 있었다.

4) 이와 관련하여, 경력사칭은 근로계약체결 이전의 문제이므로 이를 근로계약위반이라고 할 수 없고, 나아가 근로계약의 존재를 전제로 하는 직장질서의 위반이라고 볼 수도 없으므로 경력사칭은 근로계약체결상의 신의칙위반으로서 계약해지(통상해고)의 원인이 될 뿐이라거나, 계약체결과정에 있어서의 착오 또는 사기로서 계약의 취소사유가 될 수 있어도 근로계약체결 후의 기업질서 침해행위를 대상으로 하는 징계처분의 사유는 되지 않는다는 견해가 있으나,[78] 판례는 학력 또는 경력의 은폐나 이력서의 허위기재행위는 노사간 신뢰형성에 영향을 미칠 수 있는 행위로서 만일 회사가 위와 같은 전력사칭을 알았다면 사원으로 고용하지 않았으리라고 인정되는 경우에는 정당한 징계해고 사유가 될 수 있다는 견해이다.[79]

5) 그러나 채용과정에서의 진실고지의무 위반과 기업질서위반은 논리상 구별되어야한다는 점에서 경력사칭은 기업질서

78) 김형배, 『노동법』(신판 제2판), (박영사, 2006), 662-663면; 김유성, 『노동법I : 개별적 근로관계법』, (법문사, 2005), 282면; 安技英伸・西村健一郎, 『勞動法』(제7판), (有斐閣, 2002), 206면.
79) 대법원 1988.12.13. 선고 86다204, 86다카1035 판결.

에 대한 '구체적 침해'를 야기한 경우에만 징계사유로 인정될 수 있다고 엄격히 해석하여야 할 것이다. 즉 경력사칭이 징계사유로 되기 위해서는 그것이 단순한 신의칙위반에 그치지 않고 현실적으로 기업질서를 침해하는 결과를 가져와야 하며, 또한 근로계약 후 상당한 기간이 지나지 않았어야 할 것이다. 나아가, 조합활동, 학생운동, 정치활동 등의 활동경력에 관한 사칭행위는 근로능력의 평가와는 무관한 것이기 때문에 이를 징계사유로 삼을 수는 없다고 할 것이다.[80)]

2. 대상판결의 평가

1) 대상판결은 (i) 정당한 해고사유가 있는 경우와 부당노동행위가 경합하는 경우에 실질적 해고사유에 관한 판단 문제(부당노동행위 원인의 경합), (ii) 단체협약상의 징계사유와 취업규칙상의 징계사유와의 관계에 관한 판단(단체협약·취업규칙상의 징계사유), (iii) 이력서상의 학력허위기재와 관련한 해고의 정당성(허위의 학력기재와 징계해고) 등의 쟁점에 관하여 종래의 대법원의 판례법리를 재

80) 최근 하급심 판결 중에는 근로자가 경력을 속여 입사한 것이 정당한 해고사유가 되는지 여부는 그 동기, 내용 등과 아울러 그것이 기업의 임금 및 근로조건 체계를 어지럽히거나 적정한 노무배치를 저해하는 등 기업의 질서를 현실적으로 침해하는지 등을 종합적으로 고려하여 사회통념상 합리성이 인정되는 범위 내에서 판단하여야 한다고 하여, 근로자가 4년제 대학을 졸업하였음에도 최종학력을 고등학교 졸업이라고 속여 입사한 사안에서, 사용자가 그 사실을 사전에 알았다면 근로계약을 체결하지 않았거나 적어도 같은 조건으로 계약을 체결하지 않았을 것이라고 인정할 수 있을 정도로 중대한 사유라고 볼 수 없어, 정당한 징계해고 사유에 해당하지 않는다고 판단한 사례가 있다(서울행법 2008. 4. 3. 선고 2007구합31560 판결).

확인하고 있다.

2) 부당노동행위 원인의 경합 : 이와 관련하여 대상판결은 실질적인 해고사유를 판단함에 있어서 제반의 사정 등을 고려하여야 한다고 하면서, 사용자에게 정당한 해고사유가 있어서 해고한 경우에는 근로자의 노동조합활동을 못마땅하게 여긴 흔적이 있다거나 반조합적인 의사가 추정된다고 하더라도 당해 해고사유가 단순히 표면상의 구실에 불과하다고 할 수 없을 것이므로 부당노동행위가 아니라고 하였다. 이는 종래 대법원의 판단 법리에 따른 것으로 보인다.[81] 그러나, 본 사안의 경우 입사 후 2년 동안 근무하여 오면서 노동조합 지부장의 임금교섭행위에 불만을 품고 임금교섭의 재개를 주장한 직후에 징계해고 된 것이라는 점을 고려할 때, 부당노동행위가 성립한다고 보는 것이 타당하다고 할 것이다. 대상판결은 '제반의 사정 등의 고려'라고 하는 종합적인 판단을 추구하는 듯한 용어를 사용하면서 구체적인 판단에 있어서는 제반의 사정을 충분히 고려하지 않는 태도를 취하고 있는 것으로 생각되는 것이다.

3) 단체협약·취업규칙상의 징계사유 : 대상판결은 징계사유 및 절차에 관하여 단체협약에서 취업규칙상의 징계에 관한 규정을 제한하고 있거나, 취업규칙상의 징계에 관한 규정이 단체협약에 저촉되지 않는 한 취업규칙에서 징계에 관한 규정을 둘 수 있다고 하면서, 취업규칙상의 징계사유에 의한 징계가 가능한 경우로 해석하였다. 이 또한 종래

81) 대법원 1997. 7. 8. 선고 96누6431 판결.

대법원의 견해에 따른 것으로 보인다.[82)]

4) 허위의 학력기재와 징계해고 : 대상판결은 입사시에 사용자가 이력서를 요구하는 것은 단순히 근로자의 능력을 평가하기 위해서 만이 아니라, 노사간의 신뢰형성과 기업질서의 유지를 위하여는 근로자의 지능과 상식, 경험, 정직성 및 직장에 대한 정착성과 적응성 등을 고려한 전인격적인 판단을 거쳐 고용 여부를 결정할 필요가 있기 때문에 그와 같은 판단의 자료로 삼기 위한 것이라고 하여, 허위기재는 작성자의 착오나 그 내용이 사소하여 그것을 징계해고사유로 삼는 것이 사회통념상 타당하지 않는 등의 특별한 사정이 있는 경우를 제외하고는 정당한 해고사유로서 유효하다고 하였다. 이 또한 종래 대법원의 견해[83)]에 따른 것으로 보인다.[84)]

(3) 절차적 요건

가. 취업규칙 등에 징계절차가 규정된 경우

단체협약이나 취업규칙에 징계절차가 마련되어 있는 경우 이러한 절차를 거치지 아니하고 행한 징계처분은 효력을 인정할 수 없다.

82) 대법원 1997. 6. 13. 선고 97다13627 판결.
83) 대법원은 1985.4.9. 선고 83다카2202 판결에서 최초로 경력사칭은 징계해고사유가 된다고 판시한 이래 예외 없이 이러한 판시를 계속하여 현재는 확립된 원칙으로 정립되어 있는 상황이다.
84) 대법원 1997. 5. 28. 선고 95다45903 판결.

대법원 1991. 7. 9. 선고 90다8077 판결
"단체협약이나 취업규칙 또는 이에 근거를 둔 징계규정에서 징계위원회의 구성에 노동조합의 대표자를 참여시키도록 되어 있고 또 징계대상자에게 징계위원회에 출석하여 변명과 소명자료를 제출할 기회를 부여하도록 되어 있음에도 불구하고 이러한 징계절차를 위배하여 징계해고를 하였다면 이러한 징계권의 행사는 징계사유가 인정되는 여부에 관계없이 절차에 있어서의 정의에 반하는 처사로서 무효라고 보아야 한다."

나. 취업규칙 등에 징계절차가 규정되지 않은 경우

판례는 단체협약이나 취업규칙에서 징계혐의자의 출석 및 진술의 기회부여 등 징계절차에 관한 규정을 두고 있지 않은 경우에는 그러한 절차를 거치지 않아도 징계의 효력에는 영향이 없다는 입장이다.

대법원 1992. 9. 25. 선고 92다18542 판결
"단체협약이나 취업규칙에 징계대상자에게 징계혐의 사실을 통지하여야 한다는 규정이 있는 경우에 이러한 절차를 거치지 아니한 징계처분을 유효하다고 할 수 없을 것이지만 그러한 규정이 없는 경우까지 반드시 그 사실을 통지하여 줄 의무가 있는 것은 아니다."

징계처분의 절차적 정당성[85]

대법원 1991. 7. 9. 선고 90다8077 판결

Ⅰ. 사실관계

- 피고회사 노동조합은 1987. 8. 7.부터 같은 달 28.까지 임금 인상 등의 요구사항을 내걸고 파업농성을 하고 같은 달 28. 피고회사와 사이에 농성자들에 대한 민·형사 등 법적 조치 및 일체의 불이익처분을 하지 않는다는 등의 합의를 하고 다음날부터 정상 조업을 하여왔다. 그런데 1987. 9. 21. 경찰이 노조위원장 등 5명을 위 파업 중 발생한 방화, 업무방해, 폭력행위 등의 혐의로 연행하고 그날 아침 노동조합 사무국장까지 회사에서 경찰이 연행하여 가자 노동조합은 노조위원장을 위원장으로 하는 대책위원회를 구성하고 조합원 총회를 열어 구속 근로자의 석방시까지 파업을 하기로 결의하여 곧바로 파업농성에 들어갔는데 원고들은 앞장서서 농성을 선동하였다. 이에 피고회사는 9. 29. 휴업결정을 하고 앞으로 농성시위에는 가담하지 않겠다는 서약서를 제출한 근로자들만 선별 출근시켜 조업을 해오다가 같은 해 11. 5. 휴업조치를 철회하였다.

85) 이 판결에 대한 평석은 정재성, "징계절차를 위반한 징계의 효력 -대법원 1991.7.9. 선고 90다8077 판결을 중심으로-", 노동법연구 2권 1호(1992), 서울대학교 노동법연구회 참조.

- 한편, 피고회사는 원고들이 위와 같은 파업농성을 주도하고 다른 근로자의 작업을 방해함으로써 피고회사 사업장의 규율질서 내지는 경영질서를 침해하였다는 사유로 원고들을 징계위원회에 회부하였다.

- 피고회사의 단체협약 제23조는 노동조합장은 조합원의 징계시 징계위원이 되도록 되어 있고, 피고회사 노동조합의 규약 제31조에는 위원장 유고시 부위원장이 위원장을 대리하도록 되어 있으며, 또 피고회사의 취업규칙 제76조에는 사원에 대한 징계결정은 징계위원회의 의결에 따라 사장이 정하도록 되어 있고, 징계규정 제17조 및 제20조에는 징계위원회의 개최일시와 장소를 징계대상자에게 통보하여야 하고 징계대상자는 징계사유에 대하여 징계위원회에서 진술하여야 하며 징계대상자가 진술을 거부하였을 때는 징계처분 결과에 이의가 없는 것으로 보고, 또 징계대상자가 징계위원회에서 진술할 수 없는 부득이한 사유가 있을 때에는 징계대상자가 지정한 대리인이 대리 진술하게 할 수 있도록 되어 있다.

- 피고회사는 원고들을 각 해고한 그 날짜에 각 징계위원회를 개최하여 징계위원 7명 중 6인이 출석하여 원고들의 각 비위사실이 피고회사 징계규정에 규정된 징계사유에 해당하는 것으로 인정하여 원고들을 각 징계해고 하기로 의결하였고, 이에 따라 피고회사 대표이사가 같은 날짜로 원고들을 각 징계해고 하였다.

- 그런데 원고들은 위 각 징계위원회 개최당시 그 개회 30분

전에야 비로소 징계위원회의 개최일시 및 장소를 통보 받고서 모두 징계위원회에 출석하여 간사로부터 각 징계혐의 사실에 대한 설명을 들었으나, 원고들 중 일부는 그 직후 진술을 거부하고 일방적으로 퇴장하였고, 나머지는 자리에 남아 징계사유에 대하여 진술을 하거나 변명을 하였다.

- 한편 원고들 중 일부에 대한 징계위원회 개최 당시에는 피고회사 노동조합 집행부를 이루고 있는 위원장 등이 모두 구속되어 있어 수습대책위원회 위원 1인이 피고회사 노동조합의 업무를 사실상 집행하고 있었으므로 피고회사는 위 위원에게 노동조합측 징계위원으로 참석할 것을 통보하였으나 그의 참석거부로 노동조합측 징계위원의 출석 없이 원고들에 대한 징계위원회가 개최되었고, 나머지 원고들의 경우에는 같은 해 11.12자로 피고회사 노동조합 대의원대회에서 부위원장으로 선출된 소외 안동락이 위원장 권한대행의 자격을 가지고 노동조합측 징계위원으로 출석하여 징계위원회가 개최되었다.

Ⅱ. 판결요지

- 단체협약이나 취업규칙 또는 이에 근거를 둔 징계규정에서 징계위원회의 구성에 노동조합의 대표자를 참여시키도록 되어 있고 또 징계대상자에게 징계위원회에 출석하여 변명과 소명자료를 제출할 기회를 부여하도록 되어 있음에도 불구하고 이러한 징계절차를 위배하여 징계해고를 하였다면 이러한 징계권의 행사는 징계사유가 인정되는 여부에

관계없이 절차에 있어서의 정의에 반하는 처사로서 무효라고 보아야 한다. 징계규정에 징계대상자에게 징계위원회에 출석하여 변명과 소명자료를 제출할 기회를 부여하도록 되어 있다면 그 통보의 시기와 방법에 관하여 특별히 규정한 바가 없다고 하여도 변명과 소명자료를 준비할 만한 상당한 기간을 두고 개최일시와 장소를 통보하여야 하며, 이러한 시간적 여유를 주지 않고 촉박하게 이루어진 통보는 징계규정이 규정한 사전통보의 취지를 몰각한 것으로서 부적법하다고 보아야 할 것인바, 징계위원회의 개최일시 및 장소를 징계위원회가 개회되기 불과 30분 전에 통보하였다면 이러한 촉박한 통보는 징계대상자로 하여금 사실상 변명과 소명자료를 준비할 수 없게 만드는 것이어서 적법한 통보라고 볼 수 없다. 징계대상자가 이러한 징계위원회에 출석하여 진술을 하였다고 하여도 스스로 징계에 순응하는 경우가 아닌 한 그 징계위원회의 의결에 터잡은 징계해고는 징계절차에 위배한 부적법한 징계권의 행사임에 틀림없다.

Ⅲ. 해설

1. 징계처분의 절차적 요건

1) 현행법은 징계에 관하여 정당한 이유 없이는 징계를 할 수 없다는 등의 추상적인 규정을 두고 있을 뿐이므로 결국 징계의 사유와 징계처분의 내용 및 징계의 절차 등에 관한 구체적인 사항은 각 기업의 단체협약, 취업규칙 등에 위임되어 있다. 따라서, 구체적 사안에 있어 징계절차는 주로

취업규칙이나 단체협약에 의하여 규율되고 있으며, 이러한 단체협약 또는 취업규칙에서 정한 징계절차를 위반한 경우 그 징계가 무효라는 데 판례는 대체로 일치하고 있다.[86)]

2) 취업규칙상 징계절차 규정의 효력 : 근로기준법은 "취업규칙에서 정한 기준에 미달되는 근로조건을 정한 근로계약에 대하여는 그 미달되는 부분에 한하여 이를 무효로 하고 이 경우에 있어서 무효로 된 부분은 취업규칙에 정한 기준에 의한다"고 규정하여 취업규칙에 규범력과 보충적 효력을 부여하고 있다. 따라서 취업규칙에 정한 징계절차에 위반한 징계의 효력은 위 규정에 의해 근로계약 위반이 되므로 무효로 된다고 볼 것이다.

3) 단체협약에 정한 징계절차 규정의 효력 : 단체협약에 징계절차에 관한 규정을 두고 있는 경우 그 효력에 관하여는 그 부분을 채무적 부분으로 볼 것인가 아니면 규범적 부분으로 볼 것인가에 따라 달라진다. 이를 채무적 부분으로 보는 경우 채무적 효력을 가질 뿐이므로 그에 위반하였다 하더라도 사용자는 노동조합에 대해 손해배상책임을 질 뿐 그 징계의 사법상 효력은 유효하다고 보게 되는 반면, 규범적 부분으로 볼 경우 규범적 효력을 가지므로 이에 위반하는 경우 무효로 된다. 징계절차는 개개 근로자에게 적용되는 것이고 그에 위반하는 경우 무효라는 점에서 일종의 절차기준을 정한 것으로 볼 수 있으므로 징계절차 규정 역시 규범적 부분으로 보아야 할 것이고, 따라서 단체협약에

86) 대법원 1986.7.8. 선고 85다375, 85다카1591 판결.

서 정한 징계절차에 위반한 징계는 단체협약의 규범적 효력에 의하여 무효라고 할 것이다.

2. 대상판결의 평가

1) 대상판결은 단체협약이나 취업규칙 또는 이에 근거 둔 징계규정에서 정한 징계절차를 위배하여 징계해고를 하였다면 그 징계해고는 무효라고 하여 종전 판례의 태도를 유지하고 있다.

2) 나아가 대상판결은 "징계규정에 징계위원회의 개최일시와 장소를 징계대상자에게 통보하고 징계대상자는 징계사유에 대하여 징계위원회에서 진술하도록 규정되어 있다면 이는 징계대상자에게 징계위원회에 출석하여 변명과 소명자료를 제출할 수 있는 기회를 부여한 것이므로 그 통보의 시기와 방범에 관하여 특별히 규정한 바가 없다고 하여도 변명과 소명자료를 준비할 만한 상당한 기간을 두고 개최일시와 장소를 통보하여야 하며 이러한 변명과 소명자료를 준비할 만한 시간적 여유를 주지 않고 촉박하게 이루어진 통보는 실질적으로 변명과 소명자료 제출의 기회를 박탈하는 것과 다를 바 없어 부적법하다"고 판시하여 비록 징계위원회 개최통보의 시기와 방법에 관하여 특별히 규정한 바가 없어도 상당한 기간을 두고 통보하여야 한다는 점을 명확히 하였는바, 징계대상자의 방어권의 보장 측면에서 바람직한 해석이라고 생각된다.

제5장 기업변동과 근로관계

Ⅰ. 서설

기업변동이란 현행법상 규정되어 있는 법률용어는 아니며, 일반적으로 기업조직이 변경되는 모든 경우를 통칭하는 의미로 이해할 수 있을 것이다. 우리나라의 현행 법체계이 규정하고 있는 기업변동의 형태로는 영업양도, 합병 그리고 분할 등을 고려할 수 있을 것인바, 이러한 기업변동과 관련하여서는 기업변동에 수반하여 발생하는 근로자들의 근로관계의 존속과 그 내용의 보호가 문제된다.

Ⅱ. 영업양도

1. 노동법에서의 영업양도의 개념

노동법에서의 영업양도의 개념은 근로관계의 승계와 관련하여 논의되어 왔는바, 판례는 근로관계의 승계가 문제된 사안에서 영업양도의 개념을 '일정한 영업목적에 의하여 조직화된 총체 즉 물적·인적 조직을 그 동일성을 유지하면서 일체로서 이전하는 것'이라고 파악하고 있다. 한편, 판례는 영업과 관련된 자산, 부채, 채권·채무, 영업목적, 근로관계 인수의 형식, 인수된 근로자의 수, 인수를 전후한 근로조건의 동일성 등을 인적·물적 조직의 동일성 유지를 판단하기 위한 구체적 기준으로 제시하고 있다.[87)]

대법원 1997. 6. 24, 선고 96다2644 판결
"영업양도란 일정한 영업목적에 의하여 조직화된 총체 즉 물적·인적 조직을 그 동일성을 유지하면서 일체로서 이전하는 것으로서 영업양도 당사자 사이의 명시적 또는 묵시적 계약이 있어야 할 것인바, 이 사건에서 피고와 한국수자원공사 사이에 영업양도에 관한 계

87) 상법학에 있어서 영업양도의 의의에 관하여는 영업의 구성요소 중에 어디에 중점이 있는가에 따라 ① 일정한 영업목적에 의하여 조직화된 유기적 일체로서의 기능적 재산의 이전을 목적으로 하는 채권계약이라는 설(영업재산양도설), ② 유기적 일체로서의 영업을 채권계약에 의하여 이전하는 것이라는 설(영업유기체양도설), ③ 기업의 동일성을 유지하면서 기업 그 자체를 일체로서 이전하는 계약이라는 설(기업자체이전설), ④ 경영자인 지위의 인계와 영업재산의 이전을 내용으로 하는 채권계약이라는 설(지위, 재산이전설)이 있다. 상법 학계의 다수설은 영업재산양도설로서 이에 따르면 상법상 영업양도라 함은 영업조직체를 그 동일성을 유지하면서 하나의 채권계약에 의해 이전할 것을 목적으로 하는 것이고, 여기서 양도의 대상으로 되는 영업조직체라 함은 객관적 의미의 영업으로서 영리의 목적에 따라 조직된 유기적 일체로서의 기능적 재산, 즉 영업용 재산을 비롯하여 영업의 비결, 고객관계, 경영조직 등의 사실관계를 포함하는 유기적 조직체를 말하는 것이 된다. 판례도 "상법 제41조 소정의 영업의 양도란 영업목적을 위하여 조직화된 유기적 일체로서의 기능재산의 동일성이 유지된 일괄이전을 의미하는 것이고 영업의 동일성 여부는 일반사회관념에 의하여 결정되어져야 할 사실인정의 문제이기는 하지만, 영업재산의 전부를 양도했어도 그 조직을 해체하여 양도했다면 영업의 양도는 되지 않는 반면에 그 일부를 유보한 채 영업시설을 양도했어도 그 양도한 부분만으로도 종래의 조직이 유지되어 있다고 사회관념상 인정되기만 하면 그것을 영업의 양도라 하지 않을 수 없는 것이다."라고 하여 영업재산양도설의 입장에 있다(대법원 1989.12.26. 선고 88다카10128 판결).

약이 있었다는 점은 기록상 전혀 찾아볼 수 없다."

이러한 판례의 태도에 따르면, 근로관계가 승계되는 영업양도로 인정되기 위해서는 물적 동일성과 인적 동일성을 유지하여야 할 것인바, 여기에서 물적, 인적 동일성은 사회통념에 의하여 객관적으로 판단된다. 따라서, 영업양도가 이루어졌는가의 여부는 단지 어떠한 영업재산이 어느 정도로 이전되어 있는가에 의하여 결정되어야 하는 것이 아니고 거기에 종래의 영업조직이 유지되어 그 조직이 전부 또는 중요한 일부로서 기능할 수 있는가에 의하여 결정되어야 하므로 영업재산의 일부를 유보한 채 영업시설을 양도했어도 그 양도한 부분만으로도 종래의 조직이 유지되어 있다고 사회관념상 인정되면 그것을 영업의 양도라 볼 것이지만, 반면에 영업재산의 전부를 양도했어도 그 조직을 해체하여 양도했다면 영업의 양도로 볼 수 없다.

대법원 2002. 3. 29. 선고 2000두8455 판결

"영업의 양도라 함은 일정한 영업목적에 의하여 조직화된 업체 즉, 인적·물적 조직을 그 동일성은 유지하면서 일체로서 이전하는 것으로서 영업의 일부만의 양도도 가능하고, 이러한 영업양도가 이루어진 경우에는 원칙적으로 해당 근로자들의 근로관계가 양수하는 기업에 포괄적으로 승계되는바, 여기서 영업의 동일성 여부는 일반 사회관념에 의하여 결정되어져야 할 사실인정의 문제이기는 하지만, 문제의 행위(양도계약관계)가 영업의 양도로 인정되느냐 안 되느냐는 단지 어떠한 영업재산이 어느 정도로 이전되어 있는가에 의하여 결정되어져야 하는 것이 아니고 거기에 종래의 영업조직이 유지되어 그 조직이 전부 또는 중요한 일부로서 기능할 수 있는가에 의하여 결정되어져야 하는 것이므로, 예컨대 <u>영업재산의 전부를 양도했어도 그 조직을 해체하여 양도했다면 영업의 양도는 되지 않는 반면에 그</u>

일부를 유보한 채 영업시설을 양도했어도 그 양도한 부분만으로도 종래의 조직이 유지되어 있다고 사회관념상 인정되면 그것을 영업의 양도라 볼 것이다."

2. 영업양도와 근로관계의 승계

현행법은 영업양도에 따른 근로관계의 승계에 관한 명문규정을 두고 있지 않기 때문에 이에 관해서는 해석론과 판례의 법리에 의존하고 있다.

(1) 당연승계설

당연승계설은 영업양도 당사자 사이의 약정 여하에 관계없이 종래의 근로관계가 전체로서 포괄하여 법률상 당연히 양수인에게 승계되어 자동인수된다는 견해이다. 이 견해의 주된 논거는 영업양도 당사자 사이의 특약에 의하여 종래의 근로관계를 자유로이 승계의 범위에서 제외할 수 있다면 이는 영업양도를 이유로 하여 근로자를 아무런 제한없이 해고할 수 있는 것과 마찬가지의 결과로서 해고제한의 법리와 어긋난다는 것이다.

(2) 특약필요설

특약필요설은 영업양도 당사자 사이에 근로관계의 승계에 관하여 명시적인 특약 또는 묵시적인 합의가 있고 근로자 역시 이에 동의하여야만 근로관계가 양수인에게 승계된다는 견해이다. 이러한 입장은 계약자유의 원칙을 그대로 고수하는 논리라고 할 수 있다.

(3) 원칙승계설

원칙승계설은 영업양도 당사자 사이에 반대의 특약이 없는 한 영업의 양도에 관한 합의 속에는 원칙적으로 근로관계를 포괄적으로 승계시키기로 하는 내용의 합의가 포함된 것으로 사실상 추정된다는 것이다. 이 경우 반대의 특약은 당사자의 전적인 자유의사에 맡겨지는 것이 아니라 합리적 이유를 필요로 하는바, 반대의 특약의 유효성은 결국 해고의 문제로 귀착된다. 즉, 영업양도 당사자사이에 합의한 근로자 배제의 특약은 결국 양도인과 근로자 사이에서 해고의 문제로 되는 것이 일반적이고 이에 따라 영업양도를 이유로 근로자를 부당하게 해고하는 것은 방지되어야 한다는 해고제한의 법리에 근거를 두어 근로자의 이전을 배제하기 위한 특약이 유효하기 위해서는 정당한 해고사유가 있어야 한다는 것이다.

(4) 판례

판례는 "영업이 포괄적으로 양도되면 반대의 특약이 없는 한 양도인과 근로자간의 근로관계도 원칙적으로 양수인에게 포괄적으로 승계된다. 영업양도 당사자 사이에 근로관계의 일부를 승계의 대상에서 제외하기로 하는 특약이 있는 경우에는 그에 따라 근로관계의 승계가 이루어지지 않을 수 있으나 그러한 특약은 실질적으로 해고나 다름이 없으므로, 근로기준법 제23조 제1항 소정의 정당한 이유가 있어야 유효하며, 영업양도 그 자체만을 사유로 삼아 근로자를 해고하는 것은 정당한 이유가 있는 경우에 해당한다고 볼 수 없다"는 입장을 취하고 있다.

3. 근로자가 영업양도에 따른 근로관계의 승계를 거부하는 경우

사업의 전부 양도의 경우에는 종전의 기업은 사실상 소멸을 예정하고 있기 때문에 근로관계의 승계를 거부하는 근로자는 실제로는 발생하지 않을 것이다. 그러나 사업의 일부양도의 경우에 있어서는 근로자가 근로관계의 승계를 원하지 않는 경우가 발생할 수 있다(이는 회사의 분할의 경우에도 유사할 것이다). 이와 같이 근로자가 영업양도로 인한 근로관계의 승계를 거부하고 원래의 사용자인 양도인의 사업에서 계속 근로를 제공하려고 하는 경우에는 근로관계의 승계에 대한 근로자의 동의가 필요한지 또는 근로자에게 근로관계의 승계를 거부할 권리가 있는지 등이 문제되는바, 판례는 영업의 일부가 양도되었음에도 불구하고 근로관계의 승계를 거부하는 근로자에 대하여는 양수하는 기업에 승계되지 아니하고 여전히 양도 기업과의 사이에 존속한다고 한다.[88] 나아가 판례는 원래의 사용자가 근로관계의 승계를 거부한 근로자를 해고하기 위해서는 정리해고로서의 요건을 갖추어야 한다는 견해를 취한다.

대법원 2010.9.30. 선고 2010다41089 판결

"영업이 양도된 경우에 근로관계의 승계를 거부하는 근로자에 대하여는 그 근로관계가 양수하는 기업에 승계되지 아니하고 여전히 양도하는 기업과 사이에 존속되는 것이며, 이러한 경우 원래의 사용자는 영업 일부의 양도로 인한 경영상의 필요에 따라 감원이 불가피하게 되는 사정이 있어 정리해고로서의 정당한 요건이 갖추어져 있다면 그 절차에 따라 승계를 거부한 근로자를 해고할 수 있다고 할 것이다(대법원 2000. 10. 13. 선고 98다11437 판결). 또한 구 근로기준법(2007. 4. 11. 법률 제8372호로 개정되기 전의 것) 제31조 제1항 내지 제3항에 의하여 사용자가 경영상의 이유에 의하여 근로자를 해고하고자 하는 경우에는, 긴박한 경영상의 필요가 있어야 하고, 해고를 피하기 위한 노력을 다하여야 하고, 합리적이고 공정한 기준에

88) 대법원 2000. 10. 13. 98다11437 판결.

따라 그 대상자를 선정하여야 하며, 해고를 피하기 위한 방법과 해고의 기준 등을 근로자의 과반수로 조직된 노동조합 또는 근로자대표와 성실하게 협의하여야 한다. 한편 위 각 요건의 구체적 내용은 확정적·고정적인 것이 아니라 구체적 사건에서 다른 요건의 충족 정도와 관련하여 유동적으로 정하여지는 것이므로, 구체적 사건에서 경영상 이유에 의한 당해 해고가 위 각 요건을 모두 갖추어 정당한지 여부는 위 각 요건을 구성하는 개별 사정들을 종합적으로 고려하여 판단하여야 한다(대법원 2006. 1. 26. 선고 2003다69393 판결 등 참조). 위 법리에 비추어 보면 영업 일부의 양도로 인한 경영상의 필요에 따라 감원이 불가피하게 되는 사정이 있다 하더라도 근로자를 해고하기 위해서는 구 근로기준법 제31조 제1항 내지 제3항이 정한 정리해고로서의 각 요건이 모두 갖추어져 있어야 한다. 그럼에도 불구하고, 원심은 이 사건 해고가 경영 악화를 방지하기 위한 목적에서 이루어졌고, 피고가 고용승계를 위한 노력을 다하였다는 등 정리해고의 각 요건 중 긴박한 경영상의 필요가 있어야 하고, 해고를 피하기 위한 노력을 다하여야 한다는 요건과 관련이 있다고 볼 수 있는 사정들만을 든 다음, 나머지 합리적이고 공정한 기준에 따른 대상자 선정과 해고를 피하기 위한 방법과 해고의 기준 등에 대한 근로자대표와의 협의 요건까지도 갖추어 정리해고의 각 요건을 모두 갖추었다고 볼만한 사정이 있는지에 대하여는 나아가 살피지 아니한 채, 이 사건 해고가 객관적 합리성과 사회적 상당성을 갖추었다는 이유로 이를 정당한 해고라고 판단하고 말았으니, 원심판결에는 정리해고의 요건에 관한 법리를 오해하였거나 정리해고의 요건 충족 여부에 대한 심리를 제대로 하지 아니하여 판결에 영향을 미친 위법이 있다고 할 것이다. 이를 지적하는 상고이유의 주장은 정당하다.

4. 영업양도에 따라 승계되는 근로자의 범위

영업양도에 의한 근로관계 승계의 범위에 관하여, 판례는 영업양도에 의하여 승계되는 근로관계의 범위에 대하여 영업양도

계약체결일 현재 실제로 그 영업부문에서 근무하고 있는 근로자와의 근로관계만을 의미하고 계약체결일 이전에 해당 영업부문에서 근무하다가 해고된 근로자로서 해고의 효력을 다투는 근로자와의 근로관계까지 승계되는 것은 아니라는 것을 원칙으로 하고 있다.

대법원 1995. 9. 29. 선고 94다54245 판결
"영업양도 계약에 따라 승계되는 근로관계는 계약 체결일 현재 실제로 근무하고 있는 근로자와의 근로관계만을 의미하고 계약 체결일 이전에 근무하다가 해고된 근로자로서 해고의 효력을 다투는 근로자와의 근로관계까지 승계되는 것은 아니며, 사업양도 계약의 당사자는 양도 과정에 소요되는 기간 등을 고려하여 근로관계 승계 기준일을 계약 체결일과 다른 일자로 정할 수 있다."

다만, 영업양도시에 해고되어 실제로 그 영업 부문에서 근무하고 있지 아니한 근로자라 하더라도 그 영업양도 이전에 이미 판결을 통하여 당해 해고가 무효임이 객관적으로 명확하게 된 경우에는 그 근로관계가 승계된다.

대법원 1996. 4. 26. 선고 95누1972 판결
"영업양도에 의하여 승계되는 근로관계는 계약체결일 현재 실제로 그 영업 부문에서 근무하고 있는 근로자와의 근로관계만을 의미하고 계약체결일 이전에 해당 영업 부문에서 근무하다가 해고된 근로자로서 해고의 효력을 다투는 근로자와의 근로관계까지 승계되는 것은 아니라고 할 것이나, <u>영업양도시에 해고되어 실제로 그 영업 부문에서 근무하고 있지 아니한 근로자라 하더라도 영업양도 이전에 이미 판결을 통하여 당해 해고가 무효임이 객관적으로 명확하게 된 경우에는 근로관계가 승계</u>되는 것과 마찬가지로, 전적명령을 받은 근로자들이 전적명령에 동의하지 아니함으로써 전적명령 자체가 아무런 효력을 갖게 될 수 없음이 객관적으로 명확하게 되었을 뿐만 아니라, 양도회사의 대표이사가 양수회사의 이사이고, 양수회사의 대표이사는 양도회사의 대표이사로 있다가 이 사건 전적명령 이후 영업양도 직전인 1993. 9. 23. 양도회사의 대표이사직만 사임하였을 뿐이어서 양수회사가 이 사건 영업양수를 할 당시 원고들에 대한 전적명령이 아무런 효력이 없게 된 사실을 알고 있었음이 명백한 경우에는, 특별한 사정이 없는 한, 원고들과의 근로관계를 그대로 승계한다고 하여야 한다.

5. 근로자의 일부를 승계대상에서 제외하는 특약의 효력

판례는 영업양도 당사자 사이에 근로관계의 일부를 승계의 대상에서 제외하기로 하는 특약이 있는 경우에는 그러한 특약에 따라 근로관계의 승계가 이루어지지 않을 수는 있으나, 그러한 특약은 실질적으로 해고나 다름이 없으므로 근로기준법 제23조 제1항 소정의 정당한 이유가 있어야 유효하며, 나아가 영업양도 그 자체만을 사유로 삼아 근로자를 해고하는 것은 정당한 이유가 있는 경우에 해당한다고 볼 수는 없다고 한다.

대법원 1994. 6. 28. 선고 93다33173 판결
"영업양도 당사자 사이에 근로관계의 일부를 승계의 대상에서 제외하기로 하는 특약이 있는 경우에는 그에 따라 근로관계의 승계가 이루어지지 않을 수 있으나, 그러한 특약은 실질적으로 해고나 다름이 없으므로, 근로기준법 제27조 제1항 소정의 정당한 이유가 있어야 유효하며, 영업양도 그 자체만을 사유로 삼아 근로자를 해고하는 것은 정당한 이유가 있는 경우에 해당한다고 볼 수 없다."

Ⅲ. 합병

1. 합병의 의의

합병이란 2개 이상의 회사가 계약에 의하여 상법에 정해진 법정절차에 따라 당사자로 된 회사의 하나 또는 그 이상이 청산절차 없이 해산하여 소멸되고 하나의 회사로 존속 또는 신설되는 것을 말한다. 한편, 합병의 경우 존속회사 또는 신설회사는 소멸회사의 권리의무를 포괄적으로 승계한다(상법 제235조, 제530조 제2항, 제603조).

2. 합병과 근로관계의 승계

회사합병의 경우 소멸회사에서 소속된 근로자의 근로계약관계가 존속회사 또는 신설회사에 그대로 승계되는 것인지 아니면 존속회사 또는 신설회사에 근로관계 일부 또는 전부의 승계가 배제될 수도 있는지 여부가 문제된다. 이에 대한 통설의 입장은 상법이 회사합병의 효과와 관련하여 "합병후 존속하는 회사 또는 합병으로 인하여 설립되는 회사가 합병으로 인하여 소멸되는 회사의 권리의무를 승계한다"고 규정하고 있으므로 소멸회사와 근로자 사이의 근로관계 역시 존속회사 또는 신설회사에 법률상 당연히 포괄적으로 승계된다고 해석한다.

대법원 1994. 3. 8. 선고 93다1589 판결
"회사의 합병에 의하여 근로관계가 승계되는 경우에는 종전의 근로계약상의지위가 그대로 포괄적으로 승계되는 것이므로 합병 당시 취

> 업규칙의 개정이나 단체협약의 체결 등을 통하여 합병 후 근로자들의 근로관계의 내용을 단일화하기로 변경 조정하는 새로운 합의가 없는 한 합병 후 존속회사나 신설회사는 소멸회사에 근무하던 근로자에 대한 퇴직금 관계에 관하여 종전과 같은 내용으로 승계하는 것이라고 보아야 한다."

회사의 합병에 따라 존속회사 또는 신설회사는 소멸회사가 종래 근로자에 대하여 갖고 있던 사업주로서의 지위를 그대로 포괄 인수하게 되는 것으로 보아야 하므로, 원칙적으로 근로자의 임금, 근로시간, 직무의 내용, 퇴직금 등의 근로조건에 관하여 소멸회사와 사이에 형성된 근로관계의 내용이 회사합병으로 말미암은 사업주의 교체와 관계없이 존속회사 또는 신설회사와 사이에 아무런 변동없이 종전 그대로 유지된다고 할 것이다. 이와 같이 회사의 합병에 따라 소멸회사의 근로자 사이의 근로관계가 존속회사에 법률상 당연히 포괄적으로 승계된다고 해석되므로, 소멸회사의 근로자가 합병 후 존속회사에 근무하다가 퇴직하게 되는 경우 그에 대한 퇴직금을 계산함에 있어서 산입하여야 할 근속년수는 합병 후 존속회사의 근속기간 뿐만 아니라 합병 전 소멸회사의 근속기간까지 통산하여야 한다.

합병과 근로관계의 승계

대법원 2003. 4. 11. 선고 2001다39374 판결

Ⅰ. 사실관계

- 원고들은 주식회사 J버스터미널(이하 "소외 회사") 입사하여 1978. 3. 30. 각 퇴직하면서 퇴직금과 특별상여금 수령하였다.
- 소외 회사 1978. 3. 30. J여객자동차(이하 "피고 회사")에 흡수 합병되면서 원고들 은 1978. 4. 1. 각 피고회사에 재입사해 근무하였다.
- 원고들은 1997. 12. 31. 피고 회사 퇴직하고, 피고 회사 입사일인 1978. 4. 1.부터 퇴직일까지의 기간에 해당하는 퇴직금만 수령하였다.
- 원고들은 합병의 성질상 소외 회사의 모든 권리의무는 포괄적으로 피고 회사에 승계되어 소외 회사에 입사한 날로부터 근속기간을 통산하여 퇴직금을 산정하여야 하고, 원고들이 회사측의 일방적 방침에 따라 중간정산퇴직금을 수령하였다고 주장하며 소외 회사에 소를 제기하였다.

Ⅱ. 판결요지

- 근로관계가 포괄승계됨에 있어 근로자가 자의에 의하여 사직서를 제출하고 퇴직금을 지급받았다면 계속근로의 단절에 동의한 것으로 볼 수 있지만, 그것이 근로자의 자의에 의한 것이 아니라 기업의 경영방침에 의한 일방적인 결정에 따라 퇴직과 재입사의 형식을 거친 것에 불과하다면, 이러한 형식을 거쳐서 퇴직금을 지급받았더라도 근로자에게 근로관계를 단절할 의사가 있었다거나 계속근로의 단절에 동의하였다고 볼 수 없고, 따라서 계속근로관계도 단절되지 아니한다고 할 것인바, 흡수 합병으로 소멸된 회사에 입사하여 근무하던 원고들이 퇴직하고 그에 따른 퇴직금을 지급받은 후 존속회사에 입사하는 형식을 거쳤다고 하더라도, 원고들이 계속근로관계를 단절하는 것에 동의하였다고 볼 수 없다.

Ⅲ. 해설

1) 합병 후의 근로조건은 원칙적으로 소멸회사와의 근로계약상의 지위가 그대로 포괄적으로 승계되고, 합병 전의 근속연수도 계속근속연수에 통산되는 것은 회사 합병의 법리상 당연하다. 그런데 회사 사이의 합병계약과는 별도로 근로자들이 회사와 근로관계의 계속 여부에 관한 약정을 하는 것도 가능한 점에 비추어 기업의 흡수합병시 소멸회사

에 사직서를 제출하여 퇴직금을 지급받은 다음 존속회사에 입사하여 근무하는 사례가 있었고, 이 경우 퇴직금 산정의 기초가 되는 근속기간과 관련하여 중간퇴직으로 근로관계가 단절되는지 여부가 문제된다.

2) 종래 판례는 근로관계의 포괄적 이전에 있어서의 퇴직의 경우 그것이 근로자의 자유로운 의사에 기하여 이루어진 경우에 한하여 그 유효성, 즉 근로관계의 단절을 인정하고, 그렇지 아니한 경우에는 포괄승계되는 근로관계를 근로자의 자의에 의하지 않고 단절당하게 되는 결과를 초래하므로 이러한 경우의 사직서 제출은 비진의 의사표시거나 통정허위표시로서 무효가 되는 것이므로 근로관계는 퇴사·입사라는 형식에 불구하고 단절되지 않고 계속된다는 입장에 있었다.[89]

3) 대상판결은 흡수합병과 그에 따른 근로계약상 지위의 포괄적 승계의 경우 근로자들의 자발적 의사에 기한 것이 아니라 기업의 경영방침에 따른 일방적인 결정에 따라 소멸회사의 퇴직과 존속회사 재입사의 형식을 거친 것에 불과한 이상, 소멸회사로부터 중간퇴직금을 지급받았더라도 근로자들에게 근로관계를 단절할 의사가 있었다고 볼 수 없음을 명백히 하고 있다.

---

89) 대법원 1991.11.12. 선고 91다12806 판결, 대법원 1999. 1. 26. 선고 98다46198 판결 등 참조.

Ⅳ. 회사분할

1. 회사분할의 의의

회사분할이란 하나의 회사를 2개 이상의 회사로 분리하는 현상을 가리킨다. 분할되는 회사의 재산 일부가 이를 넘겨받는 적어도 1개 이상의 양수회사로 부분적으로 포괄승계되고 그 대가로 양수회사가 지분을 발행하여 이를 분할하는 회사 자체(물적분할) 또는 그 주주들(인적분할)에게 교부한다.

2. 회사분할과 근로관계의 승계

상법은 회사분할의 경우에 있어서 근로관계의 승계에 관하여 명시적인 규정을 두고 있지 않은바,[90] 부분적 포괄승계라는 회사분할의 법적효과가 합병과 유사하다는 점에 주목하여 회사분할의 경우에 있어서도 근로자의 근로관계는 포괄승계의 법리에 따라 당연히 신설회사로 승계된다고 해석하는 입장이 있는 반면,[91] 근로관계의 일신전속권와 근로자의 보호에 주목하여 근로

90) 참고로, 일본의 경우에는 "회사분할에 수반한 근로계약의 승계 등에 관한 법률"을 제정하여 회사분할의 경우 근로관계의 승계문제를 입법적으로 해결하였다.

91) 노동부는 회사분할의 경우에 있어서의 근로자의 고용승계 문제에 관하여 "상법 제530조의10(분할 또는 분할합병의 효과)에서 분할 또는 분할합병으로 인하여 설립되는 회사 또는 존속하는 회사는 분할하는 회사의 권리와 의무를 분할계획서 또는 분할합병계약서가 정하는 바에 따라서 승계토록 하고 있는 바, 회사분할에 따라 신설회사 등으로 이전되는 사업부문에 종사하고 있는 근로자는 원칙적으로 동 사업부문이 이전되는 신설회사 등으로 고용승계가 된다고 사료됨. 다만, 분할계약서 등에 고용승계에 관하여 별도로 규정하고 있는 경우 고용승계의 원

관계의 승계에 근로자의 동의가 필요하다고 보는 입장도 있다.

한편, 서울중앙지방법원은 2006년 한국전력공사사건에서 "상법상 회사분할에 의하여 신설되는 회사는 분할회사와는 법인격을 달리하는 전혀 별개의 회사이므로 회사분할로써 근로계약상의 사용자의 지위에 변동이 발생하고, 근로자의 입장에서도 분할회사에서 이적하여 신설회사의 업무에 종사하게 되는 점 등에 비추어 볼 때, 회사분할의 경우에도 근로관계에 있어서 업무지휘권의주체가 변경됨으로 인하여 근로자가 받을 불이익을 방지할 필요가 있으므로, 회사분할로 인한 고용승계도 사용자가 회사분할시 근로자의 동의를 얻지 아니하고 다른 회사로 고용승계시키는 관행이 있어서 그 관행이 근로계약의 내용을 이루고 있다는 등의 특별한 사정이 없는 한 민법 제657조 제1항과 근로기준법 제30조 제1항[92]에 근거하여 전적의 경우와 마찬가지로 근로자의 동의를 얻어야 효력이 발생하는 것으로 봄이 상당하다 할 것이다"고 판시하여 분할의 경우에는 근로자의 동의가 있는 경우에만 근로관계가 승계된다는 견해를 제시하였고,[93] 이러한 해석은 항소심 법원인 서울고등법원에서도 지지되었다.

서울고법 2006. 9. 22. 선고 2006나33021 판결

"상법 제530조의10은 회사분할의 효과로서 '분할 또는 분할합병으로 인하여 설립되는 회사 또는 존속하는 회사는 분할하는 회사의 권리와 의무를 분할계획서 또는 분할합병계약서가 정하는 바에 따라서 승계한다.'라고 규정하여 분할에 대해 합병과 유사한 포괄승계를 인

칙에서 일탈하지 않는 한 동 규정에 따라 고용승계가 될 것"이라는 입장이다(2001. 6. 11. 근기 68207-1873 질의회시 참조).

92) 현행 근로기준법 제23조 제1항과 동일한 취지의 규정이다.

93) 서울중앙지법 2006. 2. 9. 선고 2004가합84103 판결.

> 정하고 있으므로 회사분할에 있어 분할계획서 등에 승계할 근로자의 범위를 기재한 경우는 물론 그와 같은 기재가 없는 경우에도 합병과 마찬가지로 그 분할되는 사업부문에 속한 근로관계는 원칙적으로 분할로 인하여 설립되는 회사에 승계된다고 보아야 할 것이지만, 개별 근로자의 처지에서 보면 분할의 대상으로 되지 아니한 나머지 사업부문에서 계속 근무할 가능성이 남아 있음에도 근로관계의 승계 여부에 대하여 선택의 기회를 박탈당하는 것은 직업선택의 자유 내지는 강제근로금지원칙의 침해가 될 수 있으므로, 회사분할의 경우에도 민법 제657조 제1항의 규정이 적용되어 개별근로자의 동의가 있어야만 근로관계를 승계할 수 있다고 보아야 할 것이다."

그런데, 서울행정법원은 2008. 9. 11. 선고 2007구합45583 판결에서 "회사분할시 분할대상이 되는 사업에 종사하던 근로자들의 근로관계는 원칙적으로 신설회사에 포괄적으로 승계되고, 예외적으로 근로자가 거부권을 행사하는 경우에는 거부권을 행사한 근로자의 근로관계는 승계대상에서 제외 된다고 봄이 상당하다"고 판시하여 위 서울고법 판결과는 상이한 해석론을 제시하였다. 나아가, 위 서울행정법원 판결에서는 "사용자는 위와 같은 근로자의 거부권 행사를 보장하기 위하여, 회사분할시 원칙적으로 포괄승계의 대상이 되는 근로자에게 거부권 행사에 필요한 상당한 기간을 부여하여야 한다. 만약 사용자가 근로자에게 거부권행사에 필요한 상당한 기간을 부여하지 아니한 경우, 이는 근로자의 자기의사결정권을 침해한 것이므로 무효이고, 그 기간은 사회통념상 거부권행사에 필요한 상당한 기간까지 연장된다고 보아야 할 것이다."라고 하여 분할시 근로관계는 원칙적으로 승계되나 다만 근로자에게는 이를 거부할 권리가 인정되며, 이러한 거부권의 행사를 위한 상당기간을 부여하여야 한다는 해석론을 전개하고 있다.

서울행법 2008. 9. 11. 선고 2007구합45583 판결
"우리나라 기업에서 통상 근로자의 배치전환과 관련한 인사권은 대부분 사용자가 상당한 재량권을 가지고 행사하고 있는 점, 여러 개의 사업을 운영하고 있는 회사가 경영상 위기를 극복하기 위하여 구조조정의 일환으로 특정 사업부분을 분할하는 경우, 신설회사가 경영상의 위기를 극복하지 못하고 도산하게 되면, 회사는 근로기준법상 경영상 해고에 관한 절차를 거치지 아니하고 특정 사업 부문을 폐지하는 효과를 거둘 수 있는 점, 회사분할로 사용자이던 회사가 신설회사로 변경되는 경우, 이는 실질적으로는 사용자의 변경과 차이가 크지 아니하므로 이에 대한 근로자의 의사가 적절히 반영될 수 있도록 하는 것이 근로관계의 전속성에 합치하는 점, 회사분할로 인하여 근로관계가 포괄승계되므로, 특정승계되는 영업양도와는 달리 양도성을 제한하는 당사자의 의사보다는 법률에 의한 포괄승계의 효력에 우선권을 부여하는 것이 민사상의 법률관계의 체계에 합당한 점 등을 종합적으로 고려하면, 회사분할시 분할대상이 되는 사업에 종사하던 근로자들의 근로관계는 원칙적으로 신설회사에 포괄적으로 승계되고, 예외적으로 근로자가 거부권을 행사하는 경우에는 거부권을 행사한 근로자의 근로관계는 승계대상에서 제외된다고 봄이 상당하다. 회사분할시 사용자는 근로자의 거부권 행사를 보장하기 위하여 원칙적으로 포괄승계의 대상이 되는 근로자에게 거부권 행사에 필요한 상당한 기간을 부여하여야 한다. 만약 사용자가 근로자에게 거부권 행사에 필요한 상당한 기간을 부여하지 아니한 경우, 이는 근로자의 자기의사결정권을 침해한 것이므로 무효이고, 그 기간은 사회통념상 거부권행사에 필요한 상당한 기간까지 연장된다고 보아야 한다."

그런데, 최근 서울행정법원은 다시 위 서울고법 2006. 9. 22. 선고 2006나33021 판결의 입장으로 돌아가 '회사분할의 경우에도 근로관계에 있어서 업무지휘권의 주체가 변경됨으로 인하여 근로자가 받을 불이익을 방지할 필요가 있으므로, 회사 분할로 인한 고용승계도 사용자가 회사 분할시 근로자의 동의를 얻지 아니하고 다른 회사로 고용승계시키는 관행이 있어서 그 관행이 근로계약의 내용을 이루고 있다는 등의 특별한 사정이 없는 한 근로자의 동의를 얻어야 효력이 발생하는 것으로 봄이 상당하다'는 취지의 판결을 하였는바,[94] 회사분할의 경우에 있어 근로관계의 승계문제에 관한 대법원의 입장정리가 요망된다.

94) 서울행법 2010. 6. 17. 선고 2009구합52028 판결.

제6장 근로관계의 종료

Ⅰ. 총설

근로관계가 종료되는 원인으로는 크게 근로관계의 당사자가 소멸하는 경우, 계약기간의 만료, 정년의 도달 등 근로관계가 당연히 종료되는 사유가 발생한 때와 사용자 및/또는 근로자의 의사표시에 의하여 근로관계가 종료되는 경우로 구분할 수 있을 것이다. 한편, 근로관계의 당사자의 의사표시에 의한 근로관계의 종료는 근로자의 근로계약의 종료의 의사표시(사직 등), 사용자의 근로계약의 종료의 의사표시(해고) 및 근로자와 사용자의 합의에 의한 경우(합의해지)로 구분할 수 있을 것이다.

Ⅱ. 근로관계의 당연종료사유

근로자의 사망, 정년의 도래 또는 근로계약기간의 만료 등의 사유가 발생하면 근로관계는 당연히 종료된다. 다만, 취업규칙이나 단체협약 등에서 일정한 사유의 발생을 당연퇴직사유로 규정하고 있다고 하더라도, 이러한 퇴직사유가 사망, 정년, 근로계약기간의 만료 등과 같이 근로관계의 자동소멸을 가져오는 경우를 제외하고는 그 취업규칙이나 단체협약 등에 따른 퇴직처분은 실질적으로는 사용자의 일방적 의사에 의한 해고와 동일하므로 형식적으로 취업규칙 또는 단체협약 등으로 정한 퇴직사유가 발생하였다는 것만으로 이에 터잡은 퇴직처분까지 당연히 정당하게 되는 것은 아니다.[95)]

대법원 2009.2.12. 선고 2007다62840 판결[96)]
"사용자가 어떤 사유의 발생을 당연퇴직 또는 면직사유로 규정하고 그 절차를 통상의 해고나 징계해고와 달리한 경우에, 그 당연퇴직사유가 근로자의 사망이나 정년, 근로계약기간의 만료 등 근로관계의 자동소멸사유로 보이는 경우를 제외하고는 이에 따른 당연퇴직처분은 구 근로기준법(2007. 4. 11. 법률 제8372호로 전문 개정되기 전의 것) 제30조의 제한을 받는 해고이다."

1. 당사자의 소멸

(1) 근로자의 사망

근로자가 사망한 경우 근로계약은 당연히 종료된다. 근로자가

95) 대법원 2009.6.11. 선고 2009두3583 판결.

96) 주차관리 및 경비 요원을 파견하는 사업을 하는 사용자가 근로자가 근무하는 건물의 소유자 등과의 관리용역계약이 해지될 때에 근로자와의 근로계약도 해지되는 것으로 본다고 근로자와 약정한 사안에서 그와 같은 해지사유를 근로관계의 자동소멸사유라고 할 수 없다고 한 사안이다. 이 사안에서 대법원은 사용자가 주차관리 및 경비요원을 필요한 곳에 파견하는 것을 주요 사업을 하는 회사로서 그 근로자와 사이에, 근로자가 근무하는 건물주 등과 사용자간의 관리용역계약이 해지된 때에 그 근로자와 사용자 사이의 근로계약도 해지된 것으로 본다고 약정하였다고 하여 그와 같은 해지사유를 근로관계의 자동소멸사유라고 볼 수 없다고 판단하였다.

사망한 경우 기존의 근로계약에 따라 근로자의 사망 이전에 이미 발생한 임금채권이나 근로계약의 종료를 원인으로 발생하는 퇴직금채권 등의 개별적인 권리가 사망한 근로자의 상속인에게 상속될 뿐, 근로계약의 전속성에 비추어 근로관계 자체가 상속될 수는 없기 때문이다.

(2) 자연인인 사업주의 사망

개인사업주가 사망한 경우 근로계약이 당연히 종료하는지에 대해서는 사용자가 사망하는 경우에도 근로계약은 그대로 존속되며 당연히 종료사유가 되는 것은 아니라고 보는 견해와 사용자의 사망은 원칙적으로 근로관계의 소멸사유로 보면서 다만 개인회사의 경우에 상속이 되면 소멸하지 않는다고 보는 입장이 대립하고 있다. 개인기업체의 사용자가 사망하면 상속이 개시되는 것이 일반적인 경우이므로 원칙적으로 사용자의 사망은 근로관계의 종료사유가 아니라, 기업변동의 한 형태로 이해하여야 할 것이다.

(3) 법인인 사업주의 청산

법인인 사업주의 청산이 종료된 때에는 그 법인격이 소멸하므로 근로관계도 당연히 종료된다고 할 것이다. 다만, 법인이 해산절차에 들어갔다고 하더라도 청산이 완료되지 않은 이상 청산의 목적 범위 내에서 존속하기 때문에 해산에 의하여 근로관계가 당연히 종료하는 것은 아니다.

한편, 판례는 법인이 파산선고를 받은 경우 그 청산과정에서 근로자를 해고하는 것은 위장폐업이 아닌 한 기업경영의 자유에 속하는 것으로서 정리해고가 아니라 통상해고에 해당한다는 입장이다.

대법원 2004. 2. 27. 선고 2003두902 판결
"기업이 파산선고를 받아 사업의 폐지를 위하여 그 청산과정에서 근로자를 해고하는 것은 위장폐업이 아닌 한 기업경영의 자유에 속하는 것으로서 파산관재인이 파산선고로 인하여 파산자 회사가 해산한 후에 사업의 폐지를 위하여 행하는 해고는 정리해고가 아니라 통상 해고에 해당하는 것이어서(대법원 2003. 4. 25. 선고 2003다7005 판결 참조), 정리해고에 관한 근로기준법 규정이 적용될 여지가 없고, 또한 파산관재인의 근로계약 해지는 해고만을 목적으로 한 위장파산이나 노동조합의 단결권 등을 방해하기 위한 위장폐업이 아닌 한 원칙적으로 부당노동행위에 해당하지 아니한다."

여기서 위장폐업이란 사업주가 진실한 사업폐지의 의사는 없이 다만 근로자들이 노동조합을 결성하려고 하는 것에 대응하거나 노동조합의 활동을 혐오하여 노동조합을 와해시키는 수단으로서 사업체를 해산하고 조합원을 전원 해고한 다음 새로운 사업체를 설립하는 방법으로 사업체의 실체가 존속하면서 조합원을 배제한 채 사업 활동을 계속하는 것을 말한다.

□ Topic. 위장폐업의 형태

위장폐업은 기업활동을 계속하는 형태에 따라 다음과 같이 분류할 수 있다.

① 기업재개형 : 해산결의를 하여 근로자를 모두 해고한 후에 청산절차를 완료하지 않고 기업계속의 결의를 하여 해고된 비조합원이나 신규로 노동자를 채용하여 기업을 재개하는 경우이다. 일본 미야기지방노동위원회는 해산결의 후 2개월 반 만에 해산결의를 취소하고 영업을 재개한 石券陸運 사건에서 회사의 해산결의를 부당노동행

위로 인정하였다(宮城地勞委決 昭和26. 10. 12.).

② 개인기업으로의 이행 : 해산결의를 한 뒤 전원해고를 행하고 일응 청산절차를 실시하지만 대표자나 임원이 종래의 기업설비를 인수하여 개인기업으로 영업을 계속하는 경우이다.

③ 제2회사 설립 : 해산결의를 하여 전원해고를 행하고 청산을 진행시키는 동시에 다른 한편에서 별개의 회사를 설립하여 해산결의가 행하여지기 전에 종래의 기업시설을 승계하여 영업을 계속하는 경우이다. 일본 도쿄지방노동위원회는 '鐵の時代社 사건에서 출판물은 명칭, 체제, 형식등 모두 구회사의 것과 동일하고 출판번호는 그대로 號를 따라 매기고 업무의 장소, 사용하는 재료, 기계, 전화, 거래처 등 조금도 종래와 변하지 않은 사실을 인정하고, 구회사와 철의 시대와 자립경제특신사와는 모두 동일한 실체를 가진다고 인정되기 때문에 그 구제로 원직복귀, backpay를 명하는 것이 타당하다고 명령한바 있다(東京都地勞委 昭和36. 9. 7.).

④ 자회사의 해산 : 이미 설립된 자회사에서 노동조합이 설립되고 조합활동이 활발해지자 자회사를 해산하고 조합원전원을 해고한 뒤 자회사의 영업을 모회사가 계속하는 경우이다.

2. 정년의 도달

정년제란 일반적으로 근로자가 일정한 연령에 도달하면 근로자의 의사나 능력과 무관하게 근로계약관계를 종료시키는 제도를 말한다. 정년제의 법적 성질에 관하여는 해제조건부계약설, 종기부계약설, 해고예고설, 해고사유설 등의 견해가 있으나, 일종의 종기를 정한 근로계약이라고 파악하는 것이 일반적이다.

□ Topic. 직급정년제의 적법성

소위 직급정년제는 일정한 기간내에 상위직급에 오르지 못한 경우 자동적으로 퇴직토록 하는 것으로, 이는 일반적인 정년제의 경우와 같은 근로계약기간 만료로 볼 수 없고 해고로 보아야 한다.

3. 근로계약기간의 만료

근로계약기간의 정함이 있는 근로계약의 경우에는 특별한 사정이 없는 한 그러한 기간이 만료함에 따라 사용자의 해고 등 별도의 조치를 기다릴 것 없이 근로계약은 자동적으로 종료된다.[97]

Ⅲ. 사직의 의사표시

근로자의 사직의 의사표시는 경우에 따라 근로관계의 합의해지를 위한 청약의 의미로 이해될 수 있는 경우가 있는가 하면, 근로자가 자신의 근로관계를 일방적으로 해지하는 통상해지의 의사표시(해약고지)로 이해될 수 있는 경우도 있다. 사직의 의사표시가 해약고지에 해당하는 때에는 사직원 제출 후 민법 제660조 소정의 기간이 경과하면 근로관계는 종료되나, 합의해약의 청약에 해당하는 때에는 사용자가 이를 승낙할 때에 비로소 근로계약은 종료된다. 사직의 의사표시가 이들 중 어디에 해당하는지는 사직원에 기재된 문구와 함께 당사자의 태도나 사직원의 제출 경위, 사직원 제출을 전후한 제반 상황을 종합적으로

97) 대법원 1995. 7. 11. 선고 95다9280 판결 등.

고려하여 판단하여야 할 것이다.

다만, 판례는 근로자로부터 사직서를 제출 받고 이를 수리하는 의원면직의 형식을 취하여 근로계약관계를 종료시킨 경우에도, 사직의 의사 없는 근로자로 하여금 어쩔 수 없이 사직서를 작성·제출하게 하였다면 실질적으로 사용자의 일방적인 의사에 의하여 근로계약관계를 종료시키는 것이어서 해고에 해당한다는 견해이다.[98)]

근로자의 사직의 의사표시

대법원 2003. 4. 25. 선고 2002다11458 판결

Ⅰ. 사실관계

- A(이하 "원고")는 OO조합중앙회(이하 "피고")의 서울대학교 지점에서 대리대우로 근무하다가 1999. 1. 15. 피고가 실시한 명예퇴직제도에 따라 사직원을 작성·제출하였고, 피고는 1999. 2. 20. 원고를 의원해직(명예퇴직)한다는 인사발령을 통보하였다.
- 피고는 1993년부터 1999년에 이르기까지 매년 명예퇴직제도를 시행하여 왔는데, 외환위기로 인하여 구조조정의 필요성이 대두하자 1998. 9.경 '구조조정비상대책위원회'를 구성하

98) 대법원 2003. 4. 11. 선고 2002다60528 판결.

여 인력구조조정의 방법으로 명예퇴직제도와 순환명령휴직제도를 실시하기로 결정하고, 그와 같은 내용을 공문을 통하여 소속 근로자들에게 알리는 한편, 안내창구를 설치하여 명예퇴직에 관한 안내를 하도록 하고, 간부사원을 동원하여 명예퇴직을 권유하였다.

- 피고가 공문을 통하여 알린 바에 의하면, 명예퇴직을 희망하는 자는 1999. 1. 11.부터 같은 달 15.까지 공문에 첨부된 사직원 양식과 같은 방법으로 사직원을 작성하여 제출하여야 하고, 명예퇴직 대상자는 피고의 고등인사위원회의 의결로 결정하되, 징계 중이거나 변상판정이 계류된 자는 일단 무보직 발령하고 징계 및 변상판정 결과에 의거 명예퇴직 여부를 결정하며, 퇴직발령일은 추후에 통보하는 것으로 되어 있다.

- 원고는 이러한 명예퇴직 실시 방침에 따라 1999. 1. 15. 명예퇴직을 신청하게 된 것인데, 원고가 피고에게 제출한 사직원에 의하면, "소직은 금차 사직(명예퇴직)하고자 하오니 허가하여 주시기 바랍니다."라고 원고의 자필로 기재되어 있다.

- 그러나 원고는 사직원을 제출한 후 1999. 1. 22. 피고의 고등인사위원장 앞으로 이미 제출한 사직원의 반환을 요청하는 취지의 반환요청서를 작성·제출하였으나, 원고의 반환요청은 받아들여지지 아니하였고, 위와 같이 피고는 원고에게 의원해직(명예퇴직)한다는 인사발령을 통보한 것이다.

Ⅱ. 판결요지

- 명예퇴직은 근로자가 명예퇴직의 신청(청약)을 하면 사용자가 요건을 심사한 후 이를 승인(승낙)함으로써 합의에 의하여 근로관계를 종료시키는 것으로, 명예퇴직의 신청은 근로계약에 대한 합의해지의 청약에 불과하여 이에 대한 사용자의 승낙이 있어 근로계약이 합의해지되기 전에는 근로자가 임의로 그 청약의 의사표시를 철회할 수 있다.

Ⅲ. 해설

1. 사직의 의사표시의 해석

1) 사직서 제출이 근로자의 자유의사에 기한 경우라 하더라도 이를 모두 동일한 법적 효과를 발생시키는 것으로 볼 수는 없다. 왜냐하면 이 경우에도 근로자가 어떠한 법적인 지위에서 사직의 의사표시를 하는지에 따라서는 근로자의 사직의 의사표시가 근로관계의 합의해지를 위한 청약의 의미로 이해될 수 있는 경우가 있는가 하면, 근로자가 자신의 근로관계를 일방적으로 해지하는 통상해지의 의사표시(해약고지)로 이해하는 경우로 나누어 볼 수 있다.

2) 사직의 의사표시가 해약고지에 해당하는 때에는 사직원 제출 후 민법 제660조 소정의 기간이 경과하면 근로관계는 종료되나, 합의해약의 청약에 해당하는 때에는 사용자가

이를 승낙할 때에 비로소 근로계약은 종료된다. 사직의 의사표시가 이들 중 어디에 해당하는지는 사직원에 기재된 문구와 함께 당사자의 태도나 사직원의 제출 경위, 사직원 제출을 전후한 제반 상황을 종합적으로 고려하여 판단하여야 할 것이다. 다만 판례는 사직의 의사표시는 특별한 사정이 없는 한 원칙적으로 당해 근로계약을 종료시키는 취지의 해약고지로 보아야 한다는 입장이다.[99]

2. 해약고지의 법률관계

1) 기간의 정함이 없는 근로계약을 체결한 경우에는 근로자는 언제든지 해지의 통고를 할 수 있다(민법 제660조 제1항). 이 경우 사용자가 해지의 통고를 받은 날로부터 1월이 경과하면 해지의 효력이 생긴다(민법 제660조 제2항). 다만, 주급·월급 등 기간으로 보수를 정한 때에는 사용자가 해지의 통고를 받은 당기 후의 1기가 경과함으로써 해지의 효력이 생긴다(민법 제660조 제3항). 이러한 민법 제660조는 근로자의 해약의 자유를 보장하는 규정으로서 근로자에게 불리하지 않는 한 그 기간이나 절차에 관하여 취업규칙에서 이와 달리 규정하는 것도 가능하나, 사용자를 위하여 예고기간을 연장할 수는 없다.[100]

2) 해약고지는 상대방 있는 단독행위로서 근로계약 종료의 효과가 발생함에 있어 일정 기간의 경과만을 요건으로 할 뿐 사용자에게 도달한 시점에서 해약고지로서의 효력은 이미

99) 대법원 2000. 9. 5. 선고 99두8657 판결.
100) 대법원 1997. 7. 8. 선고 96누5087 판결.

발생하고 있기 때문에 이러한 의사표시가 사용자에게 도달한 이상 이를 철회할 수 없다.

3) 기간의 정함이 있는 근로계약을 체결한 경우에 근로계약기간 도중에 근로자가 사직하고자 하는 경우에는 '부득이한 사유'가 있어야 한다. 여기서 부득이한 사유라 함은 고용관계의 유지・계속을 기대할 수 없는 사유를 의미하며, 부득이한 사유가 있는 경우에도 그 사유가 근로자의 귀책사유로 인하여 생긴 때에는 사용자에게 손해를 배상하여야 한다(민법 제661조).

3. 합의해지의 청약

1) 합의해지는 근로계약의 당사자인 근로자와 사용자가 계속적 채권관계인 근로계약관계를 합의에 의하여 장래를 향하여 종료시키는 것을 말한다. 근로계약의 합의해지의 경우에 있어, 근로자의 퇴직의 의사표시는 근로계약 해약의 청약이고 해약의 성부는 상대방인 사용자의 승낙의 유무에 달린 것이기 때문에, 사용자의 승낙이 있을 때까지는 계약관계의 종료가 확정되지 않게 되는 결과 당연히 퇴직의 의사표시를 철회할 여지가 존재한다. 다만, 민법 제527조는 계약의 청약은 이를 철회하지 못한다고 규정하고 있는바, 근로계약의 합의해지의 청약도 이를 해지하지 못하는지가 문제된다.

2) 판례는 근로자가 사직원의 제출방법에 의하여 근로계약관계의 합의해지를 청약하고 이에 대하여 사용자가 승낙함으로써 당해 근로관계를 종료시키게 되는 경우에 있어서

는, 근로자는 위 사직원의 제출에 따른 사용자의 승낙의사가 형성되어 확정적으로 근로계약 종료의 효과가 발생하기 전에는 그 사직의 의사표시를 자유로이 철회할 수 있다는 입장을 취하고 있다. 다만, 판례의 입장에서도 근로계약 종료의 효과발생 전이라고 하더라도 근로자가 사직의 의사표시를 철회하는 것이 사용자에게 불측의 손해를 주는 등 신의칙에 반한다고 인정되는 특별한 사정이 있는 경우에 한하여 그 철회가 허용되지 않는다.[101)]

4. 대상판결의 평가

명예퇴직이란 통상 기업이 구조조정을 위하여 근로자수를 감축하거나 혹은 인사적체를 해소한다는 차원에서 정년에 도달하지 아니한 근로자들에게 명예퇴직금 등의 금전적인 보상을 주고 정년 전에 미리 퇴직하도록 유도하는 것을 말한다. 이러한 명예퇴직은 통상의 경우 근로자가 취업규칙 등에 정하여진 요건 및 절차에 따라 명예퇴직의 신청을 하고 이에 대하여 사용자가 그 신청을 수용하는 방식으로 이루어지는바, 이러한 과정을 통하여 사용자와 근로자 사이에 근로계약 해지의 청약과 승낙의 의사표시가 합치되는 때에 근로계약의 합의해지라는 법률행위가 확정적으로 성립된다.

한편, 종래 판례는 근로자가 사직원의 제출방법에 의하여 근로계약관계의 합의해지를 청약하고 이에 대하여 사용자가 승낙함으로써 당해 근로관계를 종료시키게 되는 경우에 있어서는 근로자는 위 사직원의 제출에 따른 사용자의 승낙의사가 형성되어

101) 대법원 1992. 4. 10. 선고 91다43138 판결.

확정적으로 근로계약 종료의 효과가 발생하기 전에는 그 사직의 의사표시를 자유로이 철회할 수 있다는 입장인바, 대상판결은 명예퇴직의 신청이 근로계약에 대한 합의해지의 청약에 불과하다고 보고, 따라서 이에 대한 사용자의 승낙이 있어 근로계약이 합의해지되기 전에는 근로자가 임의로 그 청약의 의사표시를 철회할 수 있다고 판단하였다. 본 판결은 명예퇴직의 성질에 관하여 종래의 판례가 취하여 온 입장을 다시 명백하여 사용자의 승낙이 있기 전까지 근로자는 그 신청을 철회할 수 있다고 한 점에서 그 의의가 있다.

Ⅳ. 해고

1. 해고의 의의

해고는 사용자의 일방적 의사표시에 의해 근로계약을 종료하는 법률행위를 말한다. 이와 같이 해고는 사용자에 의한 근로계약의 해지이므로, 상대방 있는 단독행위에 해당하며 따라서 해고의 의사표시가 상대방에게 도달하는 때에 효력이 발생한다고 할 것이다.

한편, 근로기준법의 규제의 대상이 되는 해고는 그 명칭이나 절차에 관계없이 근로자의 의사에 반하여 사용자가 일방적으로 근로계약을 종료시키는 일체의 사유를 의미한다.

2. 해고에 관한 법적 규제

(1) 해고의 정당성

> **제23조(해고 등의 제한)** ① 사용자는 근로자에게 정당한 이유 없이 해고, 휴직, 정직, 전직, 감봉, 그 밖의 징벌(懲罰)(이하 "부당해고등"이라 한다)을 하지 못한다.

사용자는 정당한 이유 없이 근로자를 해고하지 못한다.

(2) 해고금지기간

> **제23조(해고 등의 제한)**
> ② 사용자는 근로자가 업무상 부상 또는 질병의 요양을 위하여 휴업한 기간과 그 후 30일 동안 또는 산전(産前)·산후(産後)의 여성이 이 법에 따라 휴업한 기간과 그 후 30일 동안은 해고하지 못한다. 다만, 사용자가 제84조에 따라 일시보상을 하였을 경우 또는 사업을 계속할 수 없게 된 경우에는 그러하지 아니하다.

사용자는 근로자가 업무상 부상 또는 질병의 요양을 위하여 휴업한 기간과 그 후 30일 동안 또는 산전·산후의 여성이 근로기준법에 따라 휴업한 기간과 그 후 30일 동안은 해고하지 못한다. 다만, 사용자가 근로기준법 제84조에 따라 일시보상을 하였을 경우 또는 사업을 계속할 수 없게 된 경우에는 그러하지 아니하다.

(3) 해고의 예고

가. 원칙

> **제26조(해고의 예고)** 사용자는 근로자를 해고(경영상 이유에 의한 해고를 포함한다)하려면 적어도 30일 전에 예고를 하여야 하고, 30일 전에 예고를 하지 아니하였을 때에는 30일분 이상의 통상임금을 지급하여야 한다. 다만, 천재·사변, 그 밖의 부득이한 사유로 사업을 계속하는 것이 불가능한 경우 또는 근로자가 고의로 사업에 막대한 지장을 초래하거나 재산상 손해를 끼친 경우로서 고용노동부령으로 정하는 사유에 해당하는 경우에는 그러하지 아니하다. 〈개정 2010.6.4〉

사용자는 근로자를 해고하는 경우 30일 전에 예고하여야 하고, 만일 30일 전에 예고를 하지 아니하였을 때에는 30일분 이상의 통상임금을 지급하여야 한다. 다만, 천재·사변 기타 부득이한 사유로 사업을 계속하는 것이 불가능한 경우 또는 근로자가 고의로 사업에 막대한 지장을 초래하거나 재산상 손해를 끼친 경우로서 고용노동부령으로 정하는 사유에 해당하는 경우에는 그러하지 아니하다.

▶시행규칙 별표. 해고 예고의 예외가 되는 근로자의 귀책사유(제4조 관련)

1. 납품업체로부터 금품이나 향응을 제공받고 불량품을 납품받아 생산에 차질을 가져온 경우
2. 영업용 차량을 임의로 타인에게 대리운전하게 하여 교통사고를 일으킨 경우
3. 사업의 기밀이나 그 밖의 정보를 경쟁관계에 있는 다른 사업자 등에게 제공하여 사업에 지장을 가져온 경우
4. 허위 사실을 날조하여 유포하거나 불법 집단행동을 주도하여 사업에 막대한 지장을 가져온 경우

5. 영업용 차량 운송 수입금을 부당하게 착복하는 등 직책을 이용하여 공금을 착복, 장기유용, 횡령 또는 배임한 경우
6. 제품 또는 원료 등을 몰래 훔치거나 불법 반출한 경우
7. 인사·경리·회계담당 직원이 근로자의 근무상황 실적을 조작하거나 허위 서류 등을 작성하여 사업에 손해를 끼친 경우
8. 사업장의 기물을 고의로 파손하여 생산에 막대한 지장을 가져온 경우
9. 그 밖에 사회통념상 고의로 사업에 막대한 지장을 가져오거나 재산상 손해를 끼쳤다고 인정되는 경우

한편, 위 규정을 위반한 해고의 효력에 관하여는 위 규정은 효력규정이므로 그와 같은 해고는 당연히 무효라고 하는 무효설, 위 규정은 효력규정이 아니라 단속규정이므로 해고의 효력은 발생한다고 하는 유효설, 위 규정을 위반한 해고는 해고로서의 효력은 발생하지 않지단 그 후 예고기간이 경과하거나 예고수당을 지급하면 그때부터 효력이 발생한다고 하는 상대적 유효설이 대립한다. 위 규정은 근로자보호를 위하여 해고를 함에 있어서의 강행적 요건을 규정한 것이므로 무효설이 타당하다. 다만, 판례는 해고예고의무를 위반한 해고라 하더라도 해고의 정당한 이유를 갖추고 있는 한 해고의 사법상 효력에는 영향이 없다는 입장이다.

대법원 1993.9.24. 선고 93누4199 판결

"위에서 본 원고의 비위행위는 해고의 정당한 이유가 되기는 하나 근로기준법 제27조 단서가 구정하고 있는 해고예고 예외사유인 '근로자가 고의로 사업에 막대한 지장을 초래하거나 재산상 손해를 끼친 경우'에 해당한다고는 볼 수 없어 원심의 위와 같은 판단은 근로기준법의 해고예고 예외사유에 대한 법리를 오해한 것이라 할 것이

나 해고예고의무를 위반한 해고라 하더라도 해고의 정당한 이유를 갖추고 있는 한 해고의 사법상의 효력에는 영향이 없어 원고에 대한 이 사건 해고는 유효하다 할 것이므로 같은 취지의 원심의 결론은 옳다. 논지 역시 이유가 없다."

나. 적용예외

제35조(예고해고의 적용 예외) 제26조는 다음 각 호의 어느 하나에 해당하는 근로자에게는 적용하지 아니한다.
1. 일용근로자로서 3개월을 계속 근무하지 아니한 자
2. 2개월 이내의 기간을 정하여 사용된 자
3. 월급근로자로서 6개월이 되지 못한 자
4. 계절적 업무에 6개월 이내의 기간을 정하여 사용된 자
5. 수습 사용 중인 근로자

해고예고제도는 일용근로자로서 3개월을 계속 근무하지 아니한 자, 2개월 이내의 기간을 정하여 사용된 자, 월급근로자로서 6개월이 되지 못한 자, 계절적 업무에 6개월 이내의 기간을 정하여 사용된 자 및 수습 사용 중인 근로자에게는 적용하지 아니한다. 여기서 수습 사용 중인 근로자란 수습 사용한 날부터 3개월 이내인 자를 말한다(시행령 제16조).

(4) 해고사유 등의 서면통지

제27조(해고사유 등의 서면통지) ① 사용자는 근로자를 해고하려면 해고사유와 해고시기를 서면으로 통지하여야 한다.
② 근로자에 대한 해고는 제1항에 따라 서면으로 통지하여야 효력이 있다.

사용자는 근로자를 해고하려면 해고사유와 해고시기를 서면으로 통지하여야 한다. 근로자에 대한 해고는 위 규정에 따른 서

면으로 통지하여야 효력이 있다.

3. 통상해고

(1) 일반론

일반적으로 통상해고는 개인적인 질병 등으로 근로의 제공이 어렵다거나 또는 능력이 현저하게 부족하여 그 직무를 수행하지 못하는 등의 사정이 있을 경우의 해고라고 설명된다. 해고는 일반적으로 통상해고, 징계해고, 정리해고로 구분하는바, 기업질서 유지를 위해 징계의 목적에서 이루어지는 징계해고와 인원정리의 목적을 위하여 이루어지는 정리해고를 제외한 나머지 일반적인 해고는 모두 통상해고에 포함된다고 할 것이다.

(2) 청산해고

판례는 기업이 파산선고를 받아 사업의 폐지를 위하여 그 청산과정에서 근로자를 해고하는 경우에는 정리해고가 아니라 통상해고에 해당하여 정리해고에 관한 근로기준법 제24조의 적용이 없다고 한다.

대법원 2004. 2. 27. 선고 2003두902 판결[102)]
"기업이 파산선고를 받아 사업의 폐지를 위하여 그 청산과정에서 근로자를 해고하는 것은 위장폐업이 아닌 한 기업경영의 자유에 속하는 것으로서 파산관재인이 파산선고로 인하여 파산자 회사가 해산한 후에 사업의 폐지를 위하여 행하는 해고는 정리해고가 아니라 통상

102) 이 판결에 대한 평석은 이창형, "기업이 파산선고를 받아 사업의 폐지를 위하여 그 청산과정에서 근로자를 해고하는 경우에 정리해고에 관한 근로기준법 규정이 적용 여부 및 파산관재인의 근로계약 해지가 부당노동행위에 해당한다고 볼 것인지의 여부", 대법원판례해설 49호, 법원도서관 참조.

해고에 해당하는 것이어서(대법원 2003. 4. 25. 선고 2003다7005 판결 참조), 정리해고에 관한 근로기준법 규정이 적용될 여지가 없고, 또한 파산관재인의 근로계약 해지는 해고만을 목적으로 한 위장파산이나 노동조합의 단결권 등을 방해하기 위한 위장폐업이 아닌 한 원칙적으로 부당노동행위에 해당하지 아니한다."

4. 징계해고

사용자가 기업질서유지를 위한 징계의 목적으로 실시하는 해고를 징계해고라고 한다. 근로기준법은 징계해고의 요건에 관하여는 구체적인 규정을 두고 있지 않다. 판례는 징계해고의 '정당한 이유'란 사회통념상 고용관계를 계속시킬 수 없을 정도로 근로자에게 책임있는 사유가 있는 경우를 말하며, 징계사유 중에서도 위반의 정도, 상태 등 그 정황에서 특히 중대한 사유에 해당하는 것이 중징계인 해고의 사유가 될 수 있다는 입장이다.

5. 정리해고

제24조(경영상 이유에 의한 해고의 제한) ① 사용자가 경영상 이유에 의하여 근로자를 해고하려면 긴박한 경영상의 필요가 있어야 한다. 이 경우 경영 악화를 방지하기 위한 사업의 양도 · 인수 · 합병은 긴박한 경영상의 필요가 있는 것으로 본다.

② 제1항의 경우에 사용자는 해고를 피하기 위한 노력을 다하여야 하며, 합리적이고 공정한 해고의 기준을 정하고 이에 따라 그 대상자를 선정하여야 한다. 이 경우 남녀의 성을 이유로 차별하여서는 아니 된다.

③ 사용자는 제2항에 따른 해고를 피하기 위한 방법과 해고의 기준 등에 관하여 그 사업 또는 사업장에 근로자의 과반수로 조직된 노동조합이 있는 경우에는 그 노동조합(근로자의 과반수로 조직된 노동조합이 없는 경우에는 근로자의 과반수를 대표하는 자를 말한다. 이하 "근로자대표"라 한다)에 해고를

하려는 날의 50일 전까지 통보하고 성실하게 협의하여야 한다.
④ 사용자는 제1항에 따라 대통령령으로 정하는 일정한 규모 이상의 인원을 해고하려면 대통령령으로 정하는 바에 따라 고용노동부장관에게 신고하여야 한다.〈개정 2010.6.4〉
⑤ 사용자가 제1항부터 제3항까지의 규정에 따른 요건을 갖추어 근로자를 해고한 경우에는 제23조제1항에 따른 정당한 이유가 있는 해고를 한 것으로 본다.

정리해고 또는 정리해고란 사용자가 경영상 이유에 의하여 근로자를 해고하는 것을 말한다. 근로기준법 제24조 제1항 내지 제3항에 의하면, 사용자가 경영상의 이유에 의하여 근로자를 해고하고자 하는 경우에는 긴박한 경영상의 필요가 있어야 하고, 해고를 피하기 위한 노력을 다하여야 하며, 합리적이고 공정한 기준에 따라 그 대상자를 선정하여야 하고, 해고를 피하기 위한 방법과 해고의 기준 등을 근로자의 과반수로 조직된 노동조합 또는 근로자대표에게 해고실시일 50일 전까지 통보하고 성실하게 협의하여야 한다. 한편, 이들 각 요건의 구체적 내용은 확정적·고정적인 것이 아니라 구체적 사건에서 다른 요건의 충족 정도와 관련하여 유동적으로 정해지는 것이므로 구체적 사건에서 경영상 이유에 의한 당해 해고가 위 각 요건을 모두 갖추어 정당한지 여부는 위 각 요건을 구성하는 개별사정들을 종합적으로 고려하여 판단하여야 한다는 것이 판례의 입장이다.[103)]

(1) 긴박한 경영상의 필요

종래의 대법원판결 중에는 고도의 경영위기상태가 초래되어야

103) 대법원 2003. 11. 13. 선고 2003두4119 판결, 2002. 7. 9. 선고 2001다29452 판결 등 참조

만 긴박한 경영상의 필요성 이 인정된다고 판시한 경우도 있었지만(이른바 도산회피설의 입장),[104] 최근의 판례들은 인원삭감이 객관적으로 보아 합리성이 있다고 인정될 때에는 긴박한 경영상의 필요성이 있는 것으로 넓게 인정해 주는 경향이 강하다.[105] 즉, 최근의 판례는 정리해고의 요건으로 요구되는 '긴박한 경영상의 필요'가 반드시 기업의 도산을 회피하기 위한 경우로 한정되는 것은 아니고, 장래에 올 수도 있는 위기에 미리 대처하기 위하여 인원 삭감이 객관적으로 보아 합리성이 있다고 인정되는 경우도 포함되는 것으로 보아야 한다는 입장이다.[106] 긴박한 경영상의 필요가 인정되는 경우로는 계속되는 경영악화, 경영악화로 일부사업 폐지, 작업형태의 변경, 신기술의 도입 등을 생각할 수 있다. 그리고 경영악화를 방지하기 위한 사업의 양도·인수·합병의 경우는 긴박한 경영상의 필요가 있는 것으로 간주된다.

(2) 해고회피노력

긴박한 경영상의 필요성이 존재하더라도 사용자는 해고를 피하기 위한 최선의 노력을 다하여야 하며 해고는 최후의 수단으로 이루어져야만 그 정당성을 확보할 수 있다. 사용자가 정리해고를 실시하기 전에 다하여야 할 해고회피노력의 방법과 정도는 확정적·고정적인 것이 아니라 당해 사용자의 경영위기의 정도,

104) 대법원 1989. 5. 23. 선고 87 다카 2132 판결.

105) 대법원 1991. 12. 10 선고 91다8647 판결; 대법원 1992. 5. 12. 선고 90누9421 판결 ; 대법원 993. 1. 26. 선고 92 누 376 판결; 대법원 1995. 12. 5. 선고 94누15787 판결; 대법원 1995. 12. 22. 선고 94 다 53119 판결 등.

106) 대법원 2004. 10. 15. 선고 2001두1154,1161,1178 판결 등.

정리해고를 실시하여야 하는 경영상의 이유, 사업의 내용과 규모, 직급별 인원상황 등에 따라 달라지는 것이다. 해고회피조치로는 신규채용(중도채용포함)의 중지, 유기계약자 계약 갱신 중단, 배치전환을 통한 노동력의 이동, 잔업과 조업의 축소,[107] 집단적 휴가의 실시,[108] 유·무급 휴직의 실시, 명예퇴직 실시와 퇴직장려 및 희망퇴직자 고집[109] 등을 들 수 있다. 한편, 사용자가 해고를 회피하기 위한 방법에 관하여 노동조합 또는 근로자대표와 성실하게 협의하여 정리해고 실시에 관한 합의에 도달하였다면 이러한 사정도 해고회피노력의 판단에 참작되어야 한다.[110]

(3) 합리적이고 공정한 해고의 기준의 설정

해고대상자 선정에 합리성과 공정성을 결여되어 있으면, 설사 긴박한 경영상의 필요성과 해고회피노력이 인정된다 하더라도, 해고자체가 무효로 될 수 있다. 이러한 합리적이고 공정한 해고의 기준 역시 확정적·고정적인 것은 아니고, 사용자가 직면한 경영위기의 강도와 정리해고를 실시하여야 하는 경영상의 이유, 정리해고를 실시한 사업 브문의 내용과 근로자의 구성, 정리해

107) 사용자가 경영상의 이유로 일방적으로 소정근로시간에 미달하게 근로시켰을 경우 단축된 시간에 대해서는 휴업수당을 지급해야 하므로, 사용자가 소정근로시간의 단축과 함께 단축된 시간만큼의 임금도 지급하지 않고자 하는 경우에는 노사당사자간 합의사항으로 될 것이고, 적법한 절차에 따른 단체협약의 갱신, 취업규칙의 변경, 근로계약의 변경 등이 필요하다.

108) 근로기준법 제60조에 의해 근로자대표와의 서면합의에 의하여 월차 또는 연차휴가의 집단적인 동시사용이 가능하다.

109) 자발적인 퇴직과 해고의 구별이 문제시되는데, 회사측에서 일관적인 사직원제출을 지시 또는 강요하여 사직원을 수리하면, 근로자의 사직원 제출은 진의가 아닌 것으로 인정되어 부당해고로서 무효가 될 수 있다.

110) 대법원 2002. 7. 9. 선고 2001다29452 판결.

고 실시 당시의 사회경제상황 등에 따라 달라지는 것이다. 요컨대, 해고대상자의 선정 기준의 공정성은 구체적 사안별로 해고와 관련된 여러 가지 사정을 종합적으로 고려하여 판단하여야 할 것인바, 이 때 고려하여야 할 사정으로는 (i) 근로자측의 주관적인 사정으로서 연령, 가족관계, 근속연수, 재산관계, 재취업의 가능성, 건강 상태 등을 종합적으로 고려하여 상대적으로 사회적, 경제적 약자에 해당하는 자를 해고의 대상자에서 제외시키되, (ii) 평소 근무성적, 상벌관계, 경력, 기능의 숙련도 등 사용자의 이익에 부합하는 측면 역시 대상자를 선정하는 기준으로서 고려할 수 있을 것이다. 한편, 사용자가 해고의 기준에 관하여 노동조합 또는 근로자대표와 성실하게 협의하여 해고의 기준에 관한 합의에 도달하였다면 이러한 사정도 해고의 기준이 합리적이고 공정한 기준인지의 판단에 참작되어야 한다.[111)]

□ Topic. 아웃소싱과 정리해고

아웃소싱이란 일반적으로 어떤 기업이 수행하는 다양한 활동 중 전략적으로 중요하면서도 가장 잘 할 수 있는 분야나 핵심역량에 모든 자원을 집중시키고 나머지 활동들의 기획에서부터 운영까지 일체를 전문기업에게 외부화하는 것을 의미하는바, 이러한 외부화의 과정에서 종래 당해 기업 내에서 관련업무를 수행하던 근로자들에 대한 정리해고가 문제되는 경우가 많다.

1. 아웃소싱과 긴박한 경영상의 필요성

아웃소싱과 관련하여 대법원 1995. 12. 22. 선고 94다52119 판결은 "4년 가까이 계속된 적자 등으로 인한 경영난을 해소하기 위하여 해당 사업부문을 외부 하도급제로 운영하기로 함에 따라 잉여인력을

111) 대법원 2002. 7. 9. 선고 2001다29452 판결.

감축한 경우"에 긴박한 경영상의 필요성을 인정한 사례가 있다. 다만 회사가 당시 경영현황과 관계없이 사업의 집중이라는 목적을 위해 아웃소싱을 하고 그에 따라 잉여인력이 발생한 경우에도 정리해고에 있어 긴박한 경영상의 필요성을 인정할 것인지 여부가 문제되나, 이러한 경우에는 아웃소싱이라는 사실 자체만으로 긴박한 경영상의 필요성이 긍정되기는 어려울 것이다.

2. 해고대상자를 해당 사업부로 제한할 수 있는지 여부

아웃소싱과 관련한 정리해고에 있어 그 대상자를 아웃소싱의 해당 사업부 직원으로 한정할 수 있는지 여부가 문제되는 바, 정리해고의 경영상의 필요성이 발생한 사업장 전체가 아닌 축소대상 부서 소속 근로자만을 정리해고 대상자로 삼은 것은 객관적이고 합리적인 기준에 의한 해고대상자 선정이 아니고, 정리해고의 회피 노력을 다하지 않았다는 이유로 정리해고의 정당성을 인정할 수 없다고 판시한 사안(서울고법 1998. 7. 16. 선고 97구47660 판결)이 있는 한편, 만성적자로 인해 해당부서를 폐지하고 소속 근로자를 정리해고한 것은 긴박한 경영상의 필요에 의한 것으로 볼 수 있다고 판시한 사안(서울고등법원 2002. 3. 8. 선고 2000누15318 판결)도 있는 등 사안에 따라 결론을 달리하고 있다. 결국 법원은 긴박한 경영상의 필요성 및 당해 아웃소싱의 경위, 대상 업체 직원들의 전직의 가능성, 해고회피를 위한 회사의 노력의 내용과 정도 등을 종합적으로 고려하여 그 정당성 여부를 판단하고 있는 것으로 생각된다. 생각건대, 경영상 해고에 있어서 해고대상자는 원칙적으로 전 근로자를 대상으로 선정해야 할 것이나, 폐지되는 사업부문의 근로자를 다른 사업으로 배치전환할 수 없는 사정이 있다면 부득이 폐지되는 사업의 근로자를 해고대상자로 선정할 수는 있을 것이다.

(4) 노동조합 · 근로자대표에 대한 사전 통보와 협의

근로기준법 제24조 제3항이 사용자는 해고를 피하기 위한 방법 및 해고의 기준 등에 관하여 당해 사업 또는 사업장에 근로자의 과반수로 조직된 노동조합이 있는 경우에는 그 노동조합, 근로자의 과반수로 조직된 노동조합이 없는 경우에는 근로자의 과반수를 대표하는 자에 대하여 미리 통보하고 성실하게 협의하여야 한다고 하여 정리해고의 절차적 요건을 규정한 것은 동조 제1항, 제2항에서 규정하고 있는 정리해고의 실질적 요건의 충족을 담보함과 아울러 비록 불가피한 정리해고라 하더라도 협의과정을 통한 쌍방의 이해 속에서 실시되는 것이 바람직하다는 이유에서이다.112)

가. 통보기간을 준수하지 못한 경우

근로기준법 제24조 제3항이 해고를 피하기 위한 방법과 해고의 기준을 해고실시 50일 이전까지 근로자대표에게 통보하도록 규정한 것은 소속근로자의 소재와 숫자에 따라 그 통보를 전달하는 데 소요되는 시간, 그 통보를 받은 각 근로자들이 통보 내용에 따른 대처를 하는 데 소요되는 시간, 근로자대표가 성실한 협의를 할 수 있는 기간을 최대한으로 상정 · 허여하자는 데 있는 것이므로, 동 기간의 준수가 정리해고의 효력요건은 아니라는 것이 판례의 입장이다.

대법원 2003. 11. 13. 선고 2003두4119 판결
"근로기준법 제31조 제3항이 해고를 피하기 위한 방법과 해고의 기

112) 대법원 2009.12.24. 선고 2009다53949 판결.

준을 해고실시 60일 이전까지 근로자대표에게 통보하게 한 취지는, 소속근로자의 소재와 숫자에 따라 그 통보를 전달하는 데 소요되는 시간, 그 통보를 받은 각 근로자들이 통보 내용에 따른 대처를 하는 데 소요되는 시간, 근로자대표가 성실한 협의를 할 수 있는 기간을 최대한으로 상정·허여하자는 데 있는 것이고, 60일 기간의 준수는 정리해고의 효력요건은 아니어서, 구체적 사안에서 통보 후 정리해고 실시까지의 기간이 그와 같은 행위를 하는 데 소요되는 시간으로 부족하였다는 등의 특별한 사정이 없으며, 정리해고의 그 밖의 요건은 충족되었다면 그 정리해고는 유효하다."

나. 협의의 상대방의 자격

정리해고가 실시되는 사업장에 근로자의 과반수로 조직된 노동조합이 있는 경우 사용자는 그 노동조합과의 협의 외에 정리해고의 대상인 일정 급수 이상 직원들만의 대표를 새로이 선출케 하여 그 대표와 별도로 협의를 하지 않았다고 하여 협의절차가 흠결되었다고 볼 수는 없다.[113] 한편, 판례는 정리해고에 관한 협의의 상대방이 형식적으로는 근로자 과반수의 대표로서의 자격을 명확히 갖추지 못하였더라도 실질적으로 근로자의 의사를 반영할 수 있는 대표자라고 인정할 수 있는 경우에는 이러한 절차적 요건이 충족된 것으로 볼 수 있다는 입장이다.

대법원 2006.1.26. 선고 2003다69393 판결[114]
"근로기준법 제31조 제3항[115]이 사용자는 해고를 피하기 위한 방법

113) 대법원 2002. 7. 9. 선고 2001다29452 판결
114) 이 판결에 대한 평석은 김경태, 경영상 이유에 의한 해고의 정당성 요건의 재구성/노동법학 통권32호 (2009. 12.) 한국노동법학회 참조.
115) 현행 근로기준법 제24조 제3항과 동일한 취지의 규정이다(다만, 현행 근로기준법은 통보기간을 종래의 60일에서 50일로 단축하였다).

> 및 해고의 기준 등에 관하여 당해 사업 또는 사업장에 근로자의 과반수로 조직된 노동조합이 있는 경우에는 그 노동조합, 근로자의 과반수로 조직된 노동조합이 없는 경우에는 근로자의 과반수를 대표하는 자(근로자대표)에 대하여 미리 통보하고 성실하게 협의하여야 한다고 하여 정리해고의 절차적 요건을 규정한 것은 같은 조 제1, 2항이 규정하고 있는 정리해고의 실질적 요건의 충족을 담보함과 아울러 비록 불가피한 정리해고라 하더라도 협의과정을 통한 쌍방의 이해 속에서 실시되는 것이 바람직하다는 이유에서라고 할 것이므로, 근로자의 과반수로 조직된 노동조합이 없는 경우에 그 협의의 상대방이 형식적으로는 근로자 과반수의 대표로서의 자격을 명확히 갖추지 못하였더라도 실질적으로 근로자의 의사를 반영할 수 있는 대표자라고 볼 수 있는 사정이 있다면 위 절차적 요건도 충족하였다고 보아야 할 것이다."

(5) 우선 재고용 등

> **제25조(우선 재고용 등)** ① 제24조에 따라 근로자를 해고한 사용자는 근로자를 해고한 날부터 3년 이내에 해고된 근로자가 해고 당시 담당하였던 업무와 같은 업무를 할 근로자를 채용하려고 할 경우 제24조에 따라 해고된 근로자가 원하면 그 근로자를 우선적으로 고용하여야 한다.
> ② 정부는 제24조에 따라 해고된 근로자에 대하여 생계안정, 재취업, 직업훈련 등 필요한 조치를 우선적으로 취하여야 한다.

근로자를 정리해고한 사용자는 근로자를 해고한 날부터 3년 이내에 해고된 근로자가 해고 당시 담당하였던 업무와 같은 업무를 할 근로자를 채용하려고 할 경우 제24조에 따라 해고된 근로자가 원하면 그 근로자를 우선적으로 고용하여야 한다.

한편, 정부는 정리해고된 근로자에 대하여 생계안정, 재취업, 직업훈련 등 필요한 조치를 우선적으로 취하여야 한다.

6. 부당한 해고에 대한 구제방법

(1) 사법상 구제방법

가. 해고무효의 확인 등

부당해고에 대한 사법상 구제방법으로는 본안소송으로서 해고무효확인의 소 또는 종업원지위확인의 소를 제기하거나, 보전절차로서 종업원지위보전의 가처분을 신청할 수 있다. 대부분의 경우에는 해고기간 동안의 임금을 같이 청구하며, 위자료를 청구하는 경우도 있다.

□ Topic. 해고의 무효와 back-pay

해고가 무효로 확인된 경우 그러한 기간 동안에는 근로계약은 유효하게 계속되고 있었는데도 불구하고 근로자가 사용자의 귀책사유로 말미암아 근로를 제공하지 못한 것이므로 근로자는 계속 근로하였을 경우에 받을 수 있는 임금 전액을 사용자에게 청구할 수 있다(대법원 1992. 3. 31. 선고 90다8763 판결, 1995. 11. 21. 선고 94다45753, 45760 판결 등 참조).

한편, 해고기간 중 다른 직장에 근무함으로 인하여 얻은 소득(중간수입)이 있는 경우에는 그 공제가 문제되는바, 판례는 사용자의 귀책사유로 인하여 해고된 근로자가 해고기간 중에 다른 직장에 종사하여 얻은 이익은 민법 제538조 제2항에서 말하는 채무를 면함으로써 얻은 이익에 해당하므로, 사용자는 해고기간 중의 임금을 지급함에 있어 그 이익 금액을 임금액에서 공제할 수 있다고 하면서도, 그 공제의 범위에 관하여는 해고기간 중 다른 직장에서 수입을 얻은 경우에도 소정의 휴업수당의 한도에서는 이를 이익공제의 대상으로 삼을 수 없고, 그 휴업수당을 초과하는 금액에서 중간수입을 공제하여야 한다는 입장이다(대법원 1991.6.28. 선고 90다카25277 판결).

해고무효확인의 소는 해고의 무효, 즉 사용자와 근로자간의 근로계약관계를 확인함으로써 원래의 지위를 회복시키려는데 그 목적이 있다. 이러한 해고무효확인의 소는 해고의 무효를 확인함으로써 해고전의 근로관계를 회복하려는 것이므로 복직근로자에게 합당한 일을 시킨다면 그 일이 비록 종전의 일과가 다소 다르더라도 원직에 복직시킨 것으로 볼 수 있다.[116)]

나. 부당해고와 불법행위책임의 성부

일반적으로 해고가 정당하지 못하여 무효로 판단되는 경우에도 그러한 사유만으로 곧바로 불법행위가 구성된다고 할 수는 없다. 그러나, 사용자가 근로자에 대하여 징계해고 등을 할 만한 사유가 전혀 없는데도 오로지 근로자를 사업장에서 축출하려는 의도로 고의로 어떤 명목상의 해고사유 등을 내세워 징계라는 수단을 동원하여 해고 등의 불이익처분을 한 경우나, 해고 등의 이유로 된 어느 사실이 취업규칙 등 소정의 징계사유에 해당되지 아니하거나 징계사유로 삼을 수 없는 것임이 객관적으로 명백하고 또 조금만 주의를 기울였더라면 이와 같은 사정을 쉽게 알아볼 수 있는데도 그것을 이유로 징계해고 등의 불이익처분을 한 경우처럼 사용자에게 부당 해고 등에 대한 고의·과실이 인정되는 경우에 있어서는 불법행위가 성립되어 그에 따라 입게 된 근로자의 정신적 고통에 대하여도 이를 배상할 의무가 있다.[117)]

---

116) 대법원 1994.7.29. 선고 94다4295 판결.
117) 대법원 1996. 2. 27. 선고 95다11696 판결.

(2) 행정상 구제방법 – 부당해고 구제신청

가. 부당해고 구제신청의 의의

> **제28조(부당해고등의 구제신청)** ① 사용자가 근로자에게 부당해고등을 하면 근로자는 노동위원회에 구제를 신청할 수 있다.

사용자가 근로자에 대하여 정당한 이유 없이 해고 등 징벌을 한 때에는 당해 근로자는 부당해고 등이 있었던 날로부터 3개월 이내에 사업장 관한 지방노동위원회에 구제신청을 할 수 있다. 이러한 부당해고구제신청제도는 민사소송을 통한 통상적인 권리구제방법에 따른 소송절차의 번잡성, 절차의 지연, 과다한 비용부담 등의 폐해를 지양하고 신속·간이하며 경제적이고 탄력적인 권리구제를 도모하기 위한 것이다.

나. 신청권자 및 신청기간

> **제28조(부당해고등의 구제신청)**
> ② 제1항에 따른 구제신청은 부당해고등이 있었던 날부터 3개월 이내에 하여야 한다.

근로자는 사용자의 부당해고가 있었던 날부터 3개월 이내에 노동위원회에 부당해고의 구제를 신청할 수 있다.

다. 심문절차

> **제29조(조사 등)** ① 노동위원회는 제28조에 따른 구제신청을 받으면 지체 없이 필요한 조사를 하여야 하며 관계 당사자를 심문하여야 한다.
> ② 노동위원회는 제1항에 따라 심문을 할 때에는 관계 당사자의 신청이나 직권으로 증인을 출석하게 하여 필요한 사항을 질문할 수 있다.
> ③ 노동위원회는 제1항에 따라 심문을 할 때에는 관계 당사자에게 증거 제출과 증인에 대한 반대심문을 할 수 있는 충분한 기회를 주어야 한다.

④ 제1항에 따른 노동위원회의 조사와 심문에 관한 세부절차는 「노동위원회법」에 따른 중앙노동위원회(이하 "중앙노동위원회"라 한다)가 정하는 바에 따른다.

노동위원회는 근로자로부터 부당해고 구제신청을 받으면 지체 없이 필요한 조사를 하여야 하며 관계 당사자를 심문하여야 한다. 노동위원회는 심문을 함에 있어 관계 당사자의 신청이나 직권으로 증인을 출석하게 하여 필요한 사항을 질문할 수 있다. 노동위원회는 심문을 할 때에는 관계 당사자에게 증거제출과 증인에 대한 반대심문을 할 수 있는 충분한 기회를 주어야 한다.

라. 구제명령 등

제30조(구제명령 등) ① 노동위원회는 제29조에 따른 심문을 끝내고 부당해고등이 성립한다고 판정하면 사용자에게 구제명령을 하여야 하며, 부당해고등이 성립하지 아니한다고 판정하면 구제신청을 기각하는 결정을 하여야 한다.
② 제1항에 따른 판정, 구제명령 및 기각결정은 사용자와 근로자에게 각각 서면으로 통지하여야 한다.
③ 노동위원회는 제1항에 따른 구제명령(해고에 대한 구제명령만을 말한다)을 할 때에 근로자가 원직복직(原職復職)을 원하지 아니하면 원직복직을 명하는 대신 근로자가 해고기간 동안 근로를 제공하였더라면 받을 수 있었던 임금 상당액 이상의 금품을 근로자에게 지급하도록 명할 수 있다.

노동위원회는 심문을 통하여 부당해고가 성립한다고 판정하면 사용자에게 구제명령을 하여야 하며, 부당해고가 성립하지 아니한다고 판정하면 구제신청을 기각하는 결정을 하여야 한다. 노동위원회는 이러한 판정, 구제명령 및 기각결정을 사용자와 근로자에게 각각 서면으로 통지하여야 한다.

부당해고에 대한 구제명령을 하는 경우, 노동위원회는 근로자가 원직복직을 원하지 아니하면 원직복직을 명하는 대신 근로자가 해고기간 동안 근로를 제공하였더라면 받을 수 있었던 임금 상당액 이상의 금품을 근로자에게 지급하도록 명할 수 있다.

마. 구제명령의 확정

> **제31조(구제명령 등의 확정)** ① 「노동위원회법」에 따른 지방노동위원회의 구제명령이나 기각결정에 불복하는 사용자나 근로자는 구제명령서나 기각결정서를 통지받은 날부터 10일 이내에 중앙노동위원회에 재심을 신청할 수 있다.
> ② 제1항에 따른 중앙노동위원회의 재심판정에 대하여 사용자나 근로자는 재심판정서를 송달받은 날부터 15일 이내에 「행정소송법」의 규정에 따라 소(訴)를 제기할 수 있다.
> ③ 제1항과 제2항에 따른 기간 이내에 재심을 신청하지 아니하거나 행정소송을 제기하지 아니하면 그 구제명령, 기각결정 또는 재심판정은 확정된다.

지방노동위원회의 구제명령이나 기각결정에 불복하는 사용자나 근로자는 구제명령서나 기각결정서를 통지받은 날부터 10일 이내에 중앙노동위원회에 재심을 신청할 수 있다. 한편, 중앙노동위원회의 재심판정에 대하여는 사용자나 근로자가 재심판정서를 송달받은 날부터 15일 이내에 행정소송법의 규정에 따라 소를 제기할 수 있다. 이러한 각각의 기간 이내에 재심을 신청하지 아니하거나 행정소송을 제기하지 아니하면 그 구제명령, 기각결정 또는 재심판정은 확정된다.

> **제32조(구제명령 등의 효력)** 노동위원회의 구제명령, 기각결정 또는 재심판정은 제31조에 따른 중앙노동위원회에 대한 재심신청이나 행정소송 제기에 의하여 그 효력이 정지되지 아니한다.

노동위원회의 구제명령, 기각결정 또는 재심판정은 중앙노동위원회에 대한 재심 신청이나 행정소송 제기에 의하여 그 효력이 정지되지 아니한다.

바. 구제명령의 실효성 확보 - 이행강제금

第33조(이행강제금) ① 노동위원회는 구제명령(구제명령을 내용으로 하는 재심판정을 포함한다. 이하 이 조에서 같다)을 받은 후 이행기한까지 구제명령을 이행하지 아니한 사용자에게 2천만원 이하의 이행강제금을 부과한다.
② 노동위원회는 제1항에 따른 이행강제금을 부과하기 30일 전까지 이행강제금을 부과·징수한다는 뜻을 사용자에게 미리 문서로써 알려 주어야 한다.
③ 제1항에 따른 이행강제금을 부과할 때에는 이행강제금의 액수, 부과 사유, 납부기한, 수납기관, 이의제기방법 및 이의제기기관 등을 명시한 문서로써 하여야 한다.
④ 제1항에 따라 이행강제금을 부과하는 위반행위의 종류와 위반 정도에 따른 금액, 부과·징수된 이행강제금의 반환절차, 그 밖에 필요한 사항은 대통령령으로 정한다.
⑤ 노동위원회는 최초의 구제명령을 한 날을 기준으로 매년 2회의 범위에서 구제명령이 이행될 때까지 반복하여 제1항에 따른 이행강제금을 부과·징수할 수 있다. 이 경우 이행강제금은 2년을 초과하여 부과·징수하지 못한다.
⑥ 노동위원회는 구제명령을 받은 자가 구제명령을 이행하면 새로운 이행강제금을 부과하지 아니하되, 구제명령을 이행하기 전에 이미 부과된 이행강제금은 징수하여야 한다.
⑦ 노동위원회는 이행강제금 납부의무자가 납부기한까지 이행강제금을 내지 아니하면 기간을 정하여 독촉을 하고 지정된 기간에 제1항에 따른 이행강제금을 내지 아니하면 국세 체납처분의 예에 따라 징수할 수 있다.
⑧ 근로자는 구제명령을 받은 사용자가 이행기한까지 구제명령을 이행하지 아니하면 이행기한이 지난 때부터 15일 이내에 그 사실을 노동위원회에 알려 줄 수 있다.

노동위원회는 사용자가 구제명령 또는 구제명령을 내용으로

하는 재심판정을 받은 후 그 이행기한까지 구제명령을 이행하지 아니하는 경우 2천만원 이하의 이행강제금을 부과한다. 이 경우 노동위원회는 이행강제금을 부과하기 30일 전까지 이행강제금을 부과 · 징수한다는 뜻을 사용자에게 미리 문서로써 알려 주어야 한다. 이행강제금의 부과는 이행강제금의 액수, 부과 사유, 납부기한, 수납기관, 이의제기방법 및 이의제기기관 등을 명시한 문서로 하여야 한다. 한편, 노동위원회는 최초의 구제명령을 한 날을 기준으로 매년 2회의 범위에서 구제명령이 이행될 때까지 반복하여 이행강제금을 부과 · 징수할 수 있다. 이 경우 이행강제금은 2년을 초과하여 부과 · 징수하지 못한다.

노동위원회는 구제명령을 받은 자가 구제명령을 이행하면 새로운 이행강제금을 부과하지 아니하되, 구제명령을 이행하기 전에 부과된 이행강제금은 징수하여야 한다.

노동위원회는 이행강제금 납부의무자가 납부기한까지 이행강제금을 내지 아니하면 기간을 정하여 독촉을 하고 지정된 기간에 이행강제금을 내지 아니하면 국세 체납처분의 예에 따라 징수할 수 있다.

근로자는 구제명령을 받은 사용자가 이행기한까지 구제명령을 이행하지 아니하면 이행기한이 지난 때부터 15일 이내에 그 사실을 노동위원회에 알려줄 수 있다.

Ⅴ. 근로관계 종료와 관련된 사용자의 제반 의무

1. 퇴직급여 제도

> **제34조(퇴직급여 제도)** 사용자가 퇴직하는 근로자에게 지급하는 퇴직급여 제도에 관하여는 「근로자퇴직급여 보장법」이 정하는 대로 따른다.

사용자가 퇴직하는 근로자에게 지급하는 퇴직급여 제도에 관하여는 근로자퇴직급여 보장법에 따른다.

2. 퇴직일시금

(1) 퇴직일시금의 산정

> **근로자퇴직급여 보장법 제8조(퇴직금제도의 설정)** ① 퇴직금제도를 설정하고자 하는 사용자는 계속근로기간 1년에 대하여 30일분 이상의 평균임금을 퇴직금으로 퇴직하는 근로자에게 지급할 수 있는 제도를 설정하여야 한다.
> ② 제1항의 규정에 불구하고 사용자는 근로자의 요구가 있는 경우에는 근로자가 퇴직하기 전에 당해 근로자가 계속 근로한 기간에 대한 퇴직금을 미리 정산하여 지급할 수 있다. 이 경우 미리 정산하여 지급한 후의 퇴직금 산정을 위한 계속근로기간은 정산시점부터 새로이 기산한다.

퇴직금제도를 설정하고자 하는 사용자는 계속근로기간 1년에 대하여 30일분 이상의 평균임금을 퇴직금으로 퇴직하는 근로자에게 지급할 수 있는 제도를 설정하여야 한다.

(2) 계속근로연수

계속근로연수는 원칙적으로 근로자의 재직기간을 의미한다. 따라서, 단체협약이나 취업규칙으로 재직기간 중 일부를 퇴직금 산정의 기초가 되는 계속근로연수에서 제외하는 것은 그와 같이 하여 산정한 퇴직금의 액수가 법령에 따라 산정한 퇴직금의 액수 이상인 경우 등의 특별한 사정이 없는 한 허용될 수 없다.

□ Topic. 명예퇴직 근로자에 대한 전직지원교육기간을 유급휴직으로 처리하면서 근속기간에서는 제외하기로 한 단체협약 등 규정의 효력

대법원 2007.11.29. 선고 2005다28358 판결

"퇴직금에 관한 구 근로기준법(2005. 1. 27. 법률 제7379호로 개정되기 전의 것) 제34조 제1항에서 말하는 계속근로연수란 원칙적으로 근로자의 재직기간을 말하므로, 단체협약이나 취업규칙으로 재직기간 중 일부를 퇴직금 산정의 기초가 되는 근속기간에서 함부로 제외하는 것은 그와 같이 하여 산정한 퇴직금의 액수가 근로기준법에 정한 산정방법을 적용하여 산정한 퇴직금의 액수 이상인 경우 등의 특별한 사정이 없는 한 허용될 수 없다. 다만, 사용자가 명예퇴직 신청을 받아 명예퇴직을 명함으로써 명예퇴직자로 확정시킴과 동시에 그 때부터 일정기간 전직 지원 교육을 실시하기로 하고 그 기간을 유급휴직기간으로 처리하되 퇴직금 산정의 기초가 되는 근속기간에서는 제외하기로 단체협약이나 취업규칙에서 정한 경우라면, 그 휴직기간은 사용자의 업무와 관련된 일반적인 근로관계는 사실상 마무리된 상태에서 명예퇴직자들의 이익을 위하여 특별히 설정된 기간이라는 점을 고려할 때, 그러한 휴직기간은 그 성질상 근로기준법상의 퇴직금 산정의 기준이 되는 계속근로연수에서 제외되어야 하므로, 그러한 취지를 정한 단체협약 등의 규정은 근로기준법에 위배되지 아니하여 유효하다.

☐ Topic. 일용근로자에 대하여도 퇴직금을 지급하여야 하는가?

근로기준법은 일용근로자에 대한 정의규정을 두고 있지 않으나, 일용근로자는 통상 1개월 미만 동안 고용되는 자를 말한다(고용보험법 제2조 제6호). 이러한 일용근로자와 관련하여서는 종래 형식적으로는 일용근로자이나 일용관계가 중단되지 않고 계속되어 온 경우 상용근로자로 보아 일용관계가 계속된 기간을 계속 근로년수로 계산하여 퇴직금을 지급하여야 하는지 여부가 문제되었다. 판례는 형식적으로는 일용근로자이나 일용관계가 중단되지 않고 계속되어 온 경우 상용근로자로 보아 일용관계가 계속된 기간을 계속 근로년수로 계산하여 퇴직금을 지급하여야 한다고 보았으며, 나아가 근로자의 근로계속성을 인정하기 위하여 반드시 월 평균 25일 이상 근무하여야 하는 것도 아니라고 보았다.

대법원 2002. 7. 26. 선고 2000다27671 판결

"형식적으로 일용근로자라 하더라도 일용관계가 중단되지 않고 계속되어 온 경우에는 상용근로자로 보아야 하고 사용자로서는 취업규칙 및 보수규정상의 직원에 준하여 일용관계가 계속된 기간을 계속 근로년수로 계산하여 그에 상응하는 퇴직금을 지급하여야 하고, 반드시 월 평균 25일 이상 근무하여야만 근로자의 상근성, 계속성, 종속성을 인정할 수 있는 것은 아니라 할 것이다."

한편, 판례는 일용근로자의 근무의 단절이 상당 기간 지속되어 계속근로로 인정되기 어려운 경우에는 근로관계가 종료된 것으로 보아야 한다는 입장이다.

대법원 2006. 4. 28. 선고 2004다66995 판결

"형식적으로 일용근로자라 하더라도 일용관계가 중단되지 않고 계속되어 온 경우에는 상용근로자로 보아야 하고 사용자로서는 취업규칙 및 보수규정상의 직원에 준하여 일용관계가 계속된 기간을 계속 근로연수로 계산하여 그에 상응하는 퇴직금을 지급하여야 하나(대법원 1986. 8. 19. 선고 83다카657 판결 참조), 근무의 단절이 상당 기간 지속되어 사회통념상 계속근로로 인정되기 어려운 경우에는 명시적인 퇴직의 의사표시가 없었더라도 근로관계가 묵시적으로 합의 해지되어 종료되었다고 봄이 상당하다."

(3) 퇴직금 채권의 발생시기와 소멸시효

근로자퇴직급여 보장법 제9조(퇴직금의 지급) 사용자는 근로자가 퇴직한 경우에는 그 지급사유가 발생한 날부터 14일 이내에 퇴직금을 지급하여야 한다. 다만, 특별한 사정이 있는 경우에는 당사자간의 합의에 의하여 지급기일을 연장할 수 있다. 〈개정 2005.7.29〉

근로자퇴직급여 보장법 제10조(퇴직금의 시효) 이 법에 의한 퇴직금을 받을 권리는 3년간 행사하지 아니하면 시효로 인하여 소멸한다.

근로자의 퇴직급여제도에 관하여 규정하고 있는 근로자퇴직급여보장법 제9조는 사용자는 근로자가 퇴직한 경우에는 그 지급사유가 발생한 날부터 14일 이내에 퇴직금을 지급하여야 한다고 규정하고 있으며, 동법 제10조는 퇴직금을 받을 권리는 3년간 행사하지 아니하면 시효로 인하여 소멸한다고 하여 퇴직금채권의 소멸시효기간을 3년으로 규정하고 있다. 따라서, 퇴직금 채권은 근로자가 퇴직한 때 비로소 발생한다고 할 것이므로 근로자의 퇴직금 채권은 원칙적으로 근로자가 퇴직한 때로부터 3년간 행사하지 않을 경우 시효로 소멸하게 된다.

(4) 퇴직금의 우선변제

근로자퇴직급여 보장법 제11조(퇴직금의 우선변제) ① 퇴직금은 사용자의 총재산에 대하여 질권 또는 저당권에 의하여 담보된 채권을 제외하고는 조세·공과금 및 다른 채권에 우선하여 변제되어야 한다. 다만, 질권 또는 저당권에 우선하는 조세·공과금에 대하여는 그러하지 아니하다.

> ② 제1항의 규정에 불구하고 최종 3년간의 퇴직금은 사용자의 총재산에 대하여 질권 또는 저당권에 의하여 담보된 채권, 조세·공과금 및 다른 채권에 우선하여 변제되어야 한다.
> ③ 제2항의 규정에 의한 퇴직금은 계속근로기간 1년에 대하여 30일분의 평균임금으로 계산한 금액으로 한다.

퇴직금은 사용자의 총재산에 대하여 질권 또는 저당권에 의하여 담보된 채권을 제외하고는 조세·공과금 및 다른 채권에 우선하여 변제되어야 한다. 다만, 질권 또는 저당권에 우선하는 조세·공과금에 대하여는 그러하지 아니하다.

한편, 최종 3년간의 퇴직금은 사용자의 총재산에 대하여 질권 또는 저당권에 의하여 담보된 채권, 조세·공과금 및 다른 채권에 우선하여 변제되어야 한다. 이 경우 퇴직금은 계속근로기간 1년에 대하여 30일분의 평균임금으로 계산한 금액으로 한다.

3. 퇴직금차등금지

근로자퇴직급여보장법 제4조 제2항은 하나의 사업 내에 차등적인 퇴직금제도를 설정해서는 아니된다고 규정하고 있다.

□ Topic. 퇴직급여 차등금지원칙이 명예퇴직금에 대하여도 적용되는지 여부

사용자가 법정 퇴직금제도 이외에 장기근속자의 정년 이전 조기퇴직을 유도하기 위하여 퇴직일부터 정년까지의 기간이 길수록 많은 금액이 지급되는 내용의 명예퇴직금 제도를 운영하는 경우, 이러한 명예퇴직금에 대하여도 퇴직급여 차등금지원칙이 적용 내지 유추적용되는지 문제된다. 판례는 이러한 명예퇴직금은 후불임금이라기보다는 조기 퇴직에 대한 사례금 또는 장려금적인 성격이 농후하다는 이유로 명예퇴직금에 대하여는 퇴직급여 차등금지원칙이 적용되지 않는다는 입장이다.

대법원 2007.11.29. 선고 2005다28358 판결

"사용자가 근속기간과 평균임금을 산정기초로 삼는 퇴직금제도 외에 별도로 명예퇴직금제도를 두고 그에 따라 지급하는 명예퇴직금은 그 지급대상, 지급요건 및 산정방법 등이 다양하여 그 성격을 한 가지로만 규정할 수는 없는데, 장기근속자의 정년 이전 조기 퇴직을 유도하기 위하여 퇴직일부터 정년까지의 기간이 길수록 많은 금액이 지급되는 내용의 명예퇴직금제도를 설정하여 운영하는 경우, 그 명예퇴직금은 후불임금이라기보다는 조기 퇴직에 대한 사례금 또는 장려금적인 성격이 농후하다 할 것인바, 그러한 명예퇴직금제도는 구 근로기준법(2005. 1. 27. 법률 제7379호로 개정되기 전의 것) 제34조에서 규율하고 있는 퇴직금제도와는 그 성질을 달리하는 것이어서 같은 조 제2항에 정한 차등금지원칙이 적용된다고 보기 어렵다."

4. 퇴직급여 관련 합의의 유효성

(1) 퇴직급여의 사전포기 및 부제소특약의 효력

퇴직금은 원칙적으로 사용자가 일정기간을 계속근로하고 퇴직하는 근로자에게 그 계속근로에 대한 대가로서 지급하는 후불적 임금의 성질을 띤 금원으로서 구체적인 퇴직금청구권은 계속근로가 끝나는 퇴직이라는 사실을 요건으로 하여 발생되는 것이므로, 최종 퇴직시 발생하는 퇴직금청구권을 사전에 포기하거나 사전에 그에 관한 민사상 소송을 제기하지 않겠다는 부제소특약을 하는 것은 강행법규에 위반되어 무효이다.[118] 다만, 사용자와의 근로관계를 장차 일정한 시점에서 종료시키기로 하고 그

118) 대법원 1998. 3. 27. 선고 97다49732 판결.

퇴직을 전제로 하여 퇴직금 또는 퇴직위로금을 수령하면서 향후 퇴직금 또는 퇴직위로금과 관련하여 부제소 합의를 하는 것은 퇴직금의 사전포기에 해당하지 않고 따라서 근로기준법에 위반되지 않는다고 할 것이다.[119]

> **대법원 2006.12.8. 선고 2005다36762 판결**
> "회사와의 근로관계를 장차 일정한 시점에서 종료시키기로 하고 그 퇴직을 전제로 하여 퇴직금 또는 퇴직위로금 등을 수령하면서 향후 퇴직 또는 퇴직금과 관련하여 회사에 대하여 어떠한 청구나 이의도 하지 않겠다는 내용의 부제소 합의를 하는 것은 퇴직금의 사전포기에 해당하지 않고 따라서 근로기준법에 위반되지 않는다고 할 것이다."

(2) 매월 지급되는 임금에 퇴직금 명목의 금원을 포함하기로 한 약정의 효력

사용자가 근로자와 매월 지급받는 임금 속에 퇴직금이란 명목으로 일정한 금원을 지급하기로 약정하고 사용자가 이를 지급한 경우, 이러한 약정의 효력의 효력이 문제된다. 판례는 퇴직금이란 퇴직이라는 근로관계의 종료를 요건으로 하여 비로소 발생하는 것으로 근로계약이 존속하는 동안에는 원칙으로 퇴직금 지급의무는 발생할 여지가 없는 것이므로, 사용자와 근로자들 사이에 매월 지급받는 임금 속에 퇴직금이란 명목으로 일정한 금원을 지급하기로 약정하고 사용자가 이를 지급하였다고 하여도 이러한 금원의 지급은 퇴직금 지급으로서의 효력이 없다고 한다.

---

119) 대법원 2006. 12. 8. 선고 2005다36762 판결.

대법원 2002. 7. 12. 선고 2002도2211 판결
"근로기준법 제34조 제1항은 사용자에 대하여 퇴직하는 근로자에게 퇴직금을 지급할 수 있는 제도를 마련할 것을 규정하고 있고, 퇴직금이란 퇴직이라는 근로관계의 종료를 요건으로 하여 비로소 발생하는 것으로 근로계약이 존속하는 동안에는 원칙으로 퇴직금 지급의무는 발생할 여지가 없는 것이므로, 사용자와 근로자들 사이에 매월 지급받는 임금 속에 퇴직금이란 명목으로 일정한 금원을 지급하기로 약정하고 사용자가 이를 지급하였다고 하여도 그것은 근로기준법 제34조 제1항에서 정하는 퇴직금 지급으로서의 효력은 없다."

5. 금품청산

(1) 금품청산의 의의

제36조(금품 청산) 사용자는 근로자가 사망 또는 퇴직한 경우에는 그 지급 사유가 발생한 때부터 14일 이내에 임금, 보상금, 그 밖에 일체의 금품을 지급하여야 한다. 다만, 특별한 사정이 있을 경우에는 당사자 사이의 합의에 의하여 기일을 연장할 수 있다.

사용자는 근로자가 사망 또는 퇴직한 경우에는 그 지급 사유가 발생한 때부터 14일 이내에 임금, 보상금, 그 밖에 일체의 금품을 지급하여야 한다. 다만, 특별한 사정이 있을 경우에는 당사자 사이의 합의에 의하여 기일을 연장할 수 있다.

제37조(미지급 임금에 대한 지연이자) ① 사용자는 제36조에 따라 지급하여야 하는 임금 및 「근로자퇴직급여 보장법」 제2조제5호에 따른 급여(일시금만 해당된다)의 전부 또는 일부를 그 지급 사유가 발생한 날부터 14일 이내에 지급하지 아니한 경우 그 다음 날부터 지급하는 날까지의 지연 일수에 대하여 연 100분의 40 이내의 범위에서 「은행법」에 따른 은행이 적용하는 연체금리 등 경제 여건을 고려하여 대통령령으로 정하는 이율에 따른

지연이자를 지급하여야 한다. 〈개정 2010.5.17〉
② 제1항은 사용자가 천재 · 사변, 그 밖에 대통령령으로 정하는 사유에 따라 임금 지급을 지연하는 경우 그 사유가 존속하는 기간에 대하여는 적용하지 아니한다.

금품청산의무의 대상이 되는 임금의 전부 또는 일부를 그 지급 사유가 발생한 날부터 14일 이내에 지급하지 아니한 경우에는 그 다음 날부터 지급하는 날까지의 지연 일수에 대하여 연 100분의 40 이내의 범위에서 은행법에 따른 은행이 적용하는 연체금리 등 경제 여건을 고려하여 대통령령으로 정하는 이율에 따른 지연이자를 지급하여야 한다. 여기서 대통령령으로 정하는 이율이란 현재는 연 100분의 20을 말한다(시행령 제17조).

제109조(벌칙) ① 제36조, 제43조, 제44조, 제44조의2, 제46조, 제56조, 제65조 또는 제72조를 위반한 자는 3년 이하의 징역 또는 2천만원 이하의 벌금에 처한다. 〈개정 2007.7.27〉

한편, 금품청산의무를 위반한 자는 근로기준법 제109조 제1항에 따라 3년 이하의 징역 또는 2천만원 이하의 벌금에 처한다.

(2) 금품청산의 대상

금품청산의 대상은 임금, 보상금 기타 일체의 금품을 포함한다. 판례는 근로소득세액 연말정산에 의한 환급금도 일체의 금품에 해당한다고 보고 있다.

대법원 2011.5.26. 선고 2009도2357 판결
"소득세법 제137조에 따른 근로소득세액의 연말정산에 의한 환급금은, 당해 연도에 이미 원천징수하여 납부한 소득세가 당해 종합소득

산출세액에서 소득세법 제134조 제4항 각 호의 세액공제를 한 금액을 초과하는 경우 그 초과액을 당해 근로소득자에게 소득세법 시행령이 정하는 바에 따라 환급하는 것으로서, 근로기준법 제36조에서 정한 '근로자가 사망 또는 퇴직한 경우에 사용자가 그 지급사유가 발생한 때부터 14일 이내에 지급하여야 할 임금, 보상금, 그 밖에 일체의 금품'에 해당한다."

❑ Topic. 해고가 취소된 경우에도 금품청산의무위반죄(제109조 제1항)가 성립하는지

판례는 사용자가 근로자에 대한 해고처분을 취소한 경우 해고의 효력 및 그에 기한 퇴직금지급의무 또한 소급적으로 소멸하므로 퇴직금 미지급으로 인한 근로기준법 제36조 위반죄는 성립하지 않는다는 입장이다.

대법원 2009.11.12. 선고 2009도7908 판결[120]

"근로기준법(2007. 4. 11. 법률 제8372호로 전부 개정되기 전의 것) 제112조 제1항,[121] 제36조 위반죄는 사용자가 같은 법 제36조에 정한 근로자의 퇴직 등에 따른 퇴직금 등의 금품지급의무를 그 지급사유가 발생한 때부터 14일 안에 이행하지 아니할 경우에 성립하는 것으로서, 그 중 근로자의 퇴직금지급청구권은 퇴직이라는 근로관계의 적법한 종료를 요건으로 하여 발생하는 것이므로 근로계약이 유효하게 존속하는 한 사용자의 퇴직금지급의무는 발생할 여지가 없어 위 죄가 성립하지 아니한다. 이는 사용자가 그 해고처분을 취소함으로써 해고의 효력 및 그에 기한 퇴직금지급의무가 소급적으로 소멸

120) 근로자의 구제신청으로 해고처분이 취소되고 복직발령을 받은 이상 그에 기한 퇴직금지급의무는 소급적으로 소멸하게 되어 퇴직금 미지급으로 인한 근로기준법 위반죄의 구성요건적 사실이 존재하지 않게 되었음에도, 위 해고처분의 취소 및 원직복귀명령이 당초의 해고처분 이후에 행해졌다는 이유로 근로기준법 제36조 위반의 공소사실을 유죄로 인정한 원심판결을 위법하다고 판단한 사안이다.

121) 현행 근로기준법 제109조 제1항과 동일한 취지의 규정이다.

하게 되는 경우에도 마찬가지이다."

(3) 청산의무의 주체

금품청산의무 위반으로 인한 근로기준법 제109조 제1항 위반죄는 임금 등의 지급사유 발생일로부터 14일이 경과하는 때에 성립하고, 따라서 사업주가 법인일 경우에는 위 기간이 경과할 당시에 퇴직금 등의 지급권한을 갖는 대표자가 그 체불로 인한 죄책을 진다. 따라서, 사업주가 법인일 경우 퇴직금 등의 지급사유 발생일로부터 14일이 경과하기 전에 그 지급권한을 상실하게 된 대표자는 근로기준법 제109조 제1항의 죄책을 지지 않는다는 것이 판례의 입장이다. 한편, 지급권한의 상실 원인에는 해임, 사임 등 법인과의 고용계약 종료에 기한 것은 물론 법령에 의한 지급권한 상실 또한 포함된다.

대법원 2010.5.27. 선고 2009도7722 판결

"근로기준법 제36조는 사용자는 근로자가 사망 또는 퇴직한 경우에는 그 지급사유가 발생한 때부터 14일 이내에 임금, 보상금 기타 일체의 금품을 지급하도록 규정함으로써, 퇴직근로자 등의 생활안정을 도모하기 위하여 법률관계를 조기에 청산하도록 강제하는 한편, 사용자측에 대하여 그 청산에 소요되는 기간을 유예하여 주고 있으므로, 위 퇴직금 등 체불로 인한 근로기준법 제109조 제1항 위반죄는 지급사유 발생일로부터 14일이 경과하는 때에 성립하고, 따라서 사업주가 법인일 경우에는 위 14일이 경과할 당시에 퇴직금 등의 지급권한을 갖는 대표자가 그 체불로 인한 죄책을 짐이 원칙이고, 14일이 경과하기 전에 그 지급권한을 상실하게 된 대표자는 특별한 사정이 없는 한 그 죄책을 지지 않는다(대법원 1995. 11. 10. 선고 94도1477 판결, 대법원 2002. 11. 26. 선고 2002도5044 판결 참조). 여기서 퇴직금 등의 지급권한 상실의 원인에는 해임, 사임 등 법인과의 고용계약 종료에 기한 것은 물론 법령에 의한 지급권한 상실 또한 포함된다."

(4) 금품청산의무 위반행위에 대한 고의 및 착오

형법 제8조는 형법의 총칙규정은 타법령에 정한 죄에 적용한다고 규정하고 있으므로, 근로기준법 위반죄의 경우에도 죄의 성립요소인 사실을 인식하지 못한 행위는 벌하지 아니한다는 형법 제13조 및 자기의 행위가 법령에 의하여 죄가 되지 아니하는 것으로 오인한 행위는 그 오인에 정당한 이유가 있는 때에 한하여 벌하지 아니한다는 형법 제16조 규정이 적용된다.

형법 제8조(총칙의 적용) 본법 총칙은 타법령에 정한 죄에 적용한다. 단 그 법령에 특별한 규정이 있는 때에는 예외로 한다.

형법 제13조(범의) 죄의 성립요소인 사실을 인식하지 못한 행위는 벌하지 아니한다. 단, 법률에 특별한 규정이 있는 경우에는 예외로 한다.

형법 제16조(법률의 착오) 자기의 행위가 법령에 의하여 죄가 되지 아니하는 것으로 오인한 행위는 그 오인에 정당한 이유가 있는 때에 한하여 벌하지 아니한다.

따라서, 임금지급의무의 존부 및 범위에 관하여 다툴 만한 근거가 있는 경우에는 사용자가 임금을 지급하지 아니한 데에 상당한 이유가 있다고 보아야 할 것이어서 근로기준법 제109조 제1항, 제36조 위반죄에 관한 고의가 있었다고 보기 어렵고, 따라서 형법 제16조에 따라 그러한 사용자는 벌하지 아니한다.

대법원 2007. 8. 23. 선고 2007도4171 판결[122)]
"사용자가 사법상의 효력이 없는 '매월의 월급이나 매일의 일당 속에 퇴직금을 포함시켜 지급한다'는 내용의 약정을 내세워 퇴직한 근로자에 대한 퇴직금의 지급을 거절하는 경우, 이를 퇴직금지급의무의 존부에 관하여 다툴 만한 근거가 있어 사용자가 퇴직금을 지급하지 아니한 데에 상당한 이유가 있는 경우라고 볼 수 없고, 이러한 사용자에게 근로기준법 제112조, 제36조 소정의 임금 등의 기일 내 지급의무 위반죄에 관한 고의가 없다고 할 수는 없다."

대법원 2007. 3. 29. 선고 2007도97 판결
"사용자인 피고인이 근로자와 근로계약을 체결하면서 임금 속에 퇴직금을 포함시켜 지급하기로 하는 이른바 연봉제 봉급약정을 하여 매월 임금을 지급하여 왔고, 또한 근로자에게 따로 금원을 대여하였는데, 근로자가 위 차용금을 반환하지 아니한 채 우편으로 사직서를 제출하고 출근하지 않으면서 피고인과 연락을 끊었으며 상당한 기간이 지날 때까지 퇴직금에 관하여 이의를 제기한 사실이 없는 경우, 피고인이 퇴직금 지급의무가 없다고 믿은 데에 정당한 이유가 있다"

(5) 책임조각사유

사용자가 임금 등의 지급을 위하여 최선의 노력을 다하였으나, 경영부진으로 인한 자금사정 등으로 지급기일 내에 지급할 수 없었던 불가피한 사정이 사회통념에 비추어 인정되는 경우에는 근로기준법 제36조에서 정하는 금품청산의무 위반죄는 면책된다는 것이 판례의 입장이다. 사용자에게 더 이상의 적법행위를 기대할 수 없거나 불가피한 사정이었음이 인정되는 경우에만

122) 이 판결에 대한 평석은 김현용, 퇴직금을 월급 등에 포함하여 지급하는 약정을 이유로 사용자가 퇴직근로자에게 퇴직금지급을 거절한 경우, 구 근로기준법 제112조, 제36조 위반죄의 고의 인정 여부 /대법원판례해설 74호 (2007 하반기) (2008.07) 법원도서관 참조.

책임이 조각되는 것이고, 단순히 사용자가 경영부진 등으로 자금압박을 받아 이를 지급할 수 없었다는 것만으로는 면책되지 아니한다.[123)]

대법원 2006.2.9. 선고 2005도9230 판결[124)]

"근로기준법 제112조, 제36조에서 정하는 임금 및 퇴직금 등의 기일 내 지급의무 위반죄는 사용자가 그 지급을 위하여 최선의 노력을 다하였으나, 경영부진으로 인한 자금사정 등으로 지급기일 내에 지급할 수 없었던 불가피한 사정이 사회통념에 비추어 인정되는 경우에만 면책되는 것이고, 단순히 사용자가 경영부진 등으로 자금압박을 받아 이를 지급할 수 없었다는 것만으로는 그 책임을 면할 수 없으며, '임금이나 퇴직금을 기일 안에 지급할 수 없었던 불가피한 사정'이 있었는지 여부를 판단함에 있어서는, 사용자가 퇴직 근로자 등의 생활안정을 도모하기 위하여 임금이나 퇴직금 등을 조기에 청산하기 위해 최대한 변제노력을 기울이거나 장래의 변제계획을 분명하게 제시하고 이에 관하여 근로자측과 성실한 협의를 하는 등, 퇴직 근로자 등의 입장에서 상당한 정도 수긍할 만한 수준이라고 객관적으로 평가받을 수 있는 조치들이 행하여졌는지 여부도 하나의 구체적인 징표가 될 수 있다.

123) 대법원 2007. 11. 30. 선고 2006도7329 판결.

124) 이 판결은 사용자가 자신이 인수하여 운영하던 회사의 경영상태가 계속 악화되자 경영부진을 이유로 근로자들을 권고사직시키는 등 인원감축에 치중하였을 뿐, 퇴직 근로자들에 대한 임금이나 퇴직금 등의 청산을 위한 변제노력이 있었다거나 장래의 변제계획이 구체적으로 제시된 바 없고 이와 관련하여 근로자측과 성실한 협의를 한 흔적이 없다는 이유로 퇴직 근로자에 대하여 임금이나 퇴직금을 지급할 수 없었던 불가피한 사정이 있다고 인정하기 어렵다고 판단한 사례이다. 이 판결에 대한 평석은 이주원, "근로기준법상 임금 등의 기일 내 지급의무 위반죄의 면책사유인 '임금 등을 기일 안에 지급할 수 없었던 불가피한 사정'의 판단 기준", 대법원판례해설 62호(2006.12), 법원도서관 참조.

대법원 2008.10.9. 선고 2008도5984 판결[125)]
"기업이 불황이라는 사유만으로 사용자가 근로자에 대한 임금 등을 체불하는 것은 허용되지 아니한다. 그러나 모든 성의와 노력을 다했어도 임금의 체불이나 미불을 방지할 수 없었다는 것이 사회통념상 긍정할 정도가 되어 사용자에게 더 이상의 적법행위를 기대할 수 없거나 불가피한 사정이었음이 인정되는 경우, 그러한 사유는 구 근로기준법(2007. 4. 11. 법률 제8372호로 전부 개정되기 전의 것) 제36조 위반죄의 책임조각사유가 된다."

(6) 죄수관계

근로자가 사망 또는 퇴직하기 이전에 이미 발생하여 있던 체불임금에 대하여 임금체불행위에 관한 근로기준법 제109조, 제43조 위반죄와 별도로 금품청산의무위반에 관한 근로기준법 제109조, 제36조 위반죄가 성립할 수 있는지 문제되는바, 양자는 실체적 경합관계에 있다는 것이 판례의 입장이다.

대법원 2006.5.11. 선고 2005도8364 판결
"근로기준법의 제36조, 제42조 제2항[126)]의 규정들에 의하여 사용자에게 부과된 의무의 내용 및 이행시기와 그 입법 취지 등을 종합하여 보면, 근로기준법 제112조, 제36조 위반죄와 근로기준법 제112조, 제42조 위반죄는 실체적 경합관계에 있는 것으로 보아야 할 것이므로, 근로자가 사망 또는 퇴직하기 이전에 이미 발생하여 있던 체불임금에 대해서는 근로기준법 제112조, 제42조 위반죄와는 별도로 근로기준법 제112조, 제36조 위반죄가 성립할 수 있다."

---

125) 이 판결에 대한 평석은 박형준, "불황으로 임금을 지급할 수 없는 사정이 근로기준법 제36조 위반죄의 책임조각사유에 해당하기 위한 요건", 조세 247호 (2008.12), 조세통람사 참조.
126) 현행 근로기준법 제43조 제2항과 동일한 내용의 규정이다.

(7) 소추요건 - 반의사불벌죄

제109조(벌칙) ② 제36조, 제43조, 제44조, 제44조의2, 제46조 또는 제56조를 위반한 자에 대하여는 피해자의 명시적인 의사와 다르게 공소를 제기할 수 없다.〈개정 2007.7.27〉

근로기준법 제36조를 위반한 자에 대하여는 피해자의 명시적인 의사와 다르게 공소를 제기할 수 없다. 이와 관련하여 사용자와 근로자가 미리 매월 지급받는 임금 속에 퇴직금이란 명목으로 일정한 금원을 지급하기로 약정한 경우, 이러한 약정을 근로자들이 퇴직금을 지급하지 않는 사용자에 대한 처벌불원의 의사표시를 한 것으로 볼 수는 없다.[127)]

6. 사용증명서 교부의무

제39조(사용증명서) ① 사용자는 근로자가 퇴직한 후라도 사용 기간, 업무 종류, 지위와 임금, 그 밖에 필요한 사항에 관한 증명서를 청구하면 사실대로 적은 증명서를 즉시 내주어야 한다. ② 제1항의 증명서에는 근로자가 요구한 사항만을 적어야 한다.

사용자는 근로자가 퇴직한 후라도 사용 기간, 업무 종류, 지위와 임금, 그 밖에 필요한 사항에 관한 증명서를 청구하면 사실대로 적은 증명서를 즉시 내주어야 한다. 사용증명서를 청구할 수 있는 자는 계속하여 30일 이상 근무한 근로자로 하되, 청구할 수 있는 기한은 퇴직 후 3년 이내로 한다(시행령 제19조). 한편, 사용증명서에는 근로자가 요구한 사항만을 적어야 한다.

127) 대법원 2007. 4. 12. 선고 2007도1186 판결.

제7장 임금

Ⅰ. 임금의 의의

1. 임금의 의의

제2조(정의) ① 이 법에서 사용하는 용어의 뜻은 다음과 같다.
5. "임금"이란 사용자가 근로의 대가로 근로자에게 임금, 봉급, 그 밖에 어떠한 명칭으로든지 지급하는 일체의 금품을 말한다.

근로기준법상 임금이란 사용자가 근로의 대가로 근로자에게 임금, 봉급, 그 밖에 어떠한 명칭으로든지 지급하는 일체의 금품을 말한다. 이와 같이 임금은 근로계약을 체결한 사용자와 근로자와의 관계에서 지급되는 금원이므로, 따라서 그 명칭이 임금이라 하더라도 그러한 금품을 지급하는 자가 사용자가 아니거나 또는 이를 수령하는 자가 근로자가 아니라면 임금이라고 할 수 없다.

□ Topic. 회사의 이사에게 지급하는 보수와 퇴직금의 법적 성격

회사의 이사는 사용자의 지휘감독 아래 일정한 근로를 제공하고 소정의 임금을 받는 고용관계에 있는 것이 아니므로 이사가 회사로부터 받는 일정한 보수는 근로기준법상 임금에 해당하지 않음이 원칙이다. 다만, 대법원은 1992. 5. 12. 선고91누11490판결에서 "회사의 이사가 회사로부터 위임받은 사무를 처리하는 이외에 일정한 노무를 담당하고 그 대가로 일정한 보수를 지급받아 왔다면 근로기준법상의 근로자라고 볼 수 있다."고하여 주식회사의 이사가 회사로부터 위임사무의 처리 이외에 일정한 노무를 담당하고 그 대가로 일정한 보수를 지급받았다면 근로기준법상 근로자에 해당한다는 입장을 취한 바 있다. 따라서 이사가 회사로부터 위임받은 사무 이외에 일정한 노무를 담당하고 그 대가로 보수를 지급받은 경우 그러한 보수는 근로기준법상 임금에 해당한다고 인정될 여지가 있다.[128] 따라서, 이사의 보수 중에서 근로기준법상 임금성이 인정되는 부분에 대하여는 근로기준법이 전면적으로 적용된다고 할 것이므로, 이러한 보수 부분에 대하여는 근로기준법 제48조에 따라 3년의 소멸시효가 적용될 것이며,[129] 나아가 회사가 이러한 보수 부분의 지급을 해태하는 경우에

128) 위임계약에 의한 이사의 지위와 고용계약에 의한 사용인의 지위를 겸유하는 소위 '사용인겸직이사'의 경우에 있어, 이사로서 받는 위임의 보수와 사용인으로서 받는 급여의 법적 성격은 개념상으로 명백히 구별된다고 할 것이다. 따라서, 사용인겸직이사가 고용관계에 기하여 회사에 종속노동을 제공하고 그 대가로 지급 받는 봉급, 퇴직금 등에 대하여 상법 제388조가 적용된다고 한다면 회사가 사용인의 봉급을 정관 또는 주주총회의 결의로 정하여야 한다는 결과가 도출될 것인바, 이는 사용인의 임금채권에 대한 부당한 제한이라고 생각된다. 따라서, 상법 제388조의 보수는 이사의 지위에 기한 직무집행의 대가만을 의미한다고 해석하는 것이 합리적이며, 사용인의 지위에 기한 종속노동의 대가로서의 임금 부분은 제388조의 보수에 포함되지 않는다고 보아야 할 것이다. 다만, 이사와 회사간의 고용계약 내지 근로계약은 상법 제398조 소정의 이사와 회사간의 거래에 해당하므로 원칙적으로 사용인겸직이사가 사용인으로서 받는 급여의 결정은 이사회의 승인사항이라고 할 것이다. 拙稿, "이사의 보수에 관한 연구", 참조.

는 임금체불의 형사책임을 지는 경우도 발생할 수 있을 것이다.

한편, 근로기준법상 근로자성이 부정되는 이사 기타 임원에게 지급하는 보수와 퇴직금의 법적 성격에 관하여 판례는 이러한 금원은 재직중의 직무집행에 대한 대가로 지급되는 보수에 불과하다고 하여 근로기준법상 임금성을 부정하고 있다. 따라서 이들 금원에 대하여는 근로기준법상 임금에 관한 제반 규정(임금지급의 원칙, 임금채권의 우선변제, 소멸시효 등)의 적용이 없다고 할 것이다.

대법원 2003. 9. 26. 선고 2002다64681 판결

"주식회사의 이사, 감사 등 임원은 회사로부터 일정한 사무처리의 위임을 받고 있는 것이므로, 사용자의 지휘·감독 아래 일정한 근로를 제공하고 소정의 임금을 받는 고용관계에 있는 것이 아니며, 따라서 일정한 보수를 받는 경우에도 이를 근로기준법 소정의 임금이라 할 수 없고, 회사의 규정에 의하여 이사 등 임원에게 퇴직금을 지급하는 경우에도 그 퇴직금은 근로기준법 소정의 퇴직금이 아니라 재직중의 직무집행에 대한 대가로 지급되는 보수에 불과하다."

다만, 이사가 회사에 대한 위임의 대가로 받는 보수의 경우에도 민사집행법 제246조 제1항 제4호 내지 제5호의 압류금지채권에는 해당한다고 할 것이다. 민사집행법 제246조 제1항 제4호 내지 제5호는 급여생활자의 생계보호를 위하여 급여채권을 압류금지채권으로 규정한 것이라는 점에 비추어 볼 때 이사의 보수와 같이 계속적 위임관계로 인한 것도 압류금지채권에 포함된다고 보는 것이 동 규정의 취지에 부합할 것이기 때문이다.

---

129) 대법원 1993.8.24. 선고 92다923 판결은 정부투자기관의 이사 또는 감사들이 사장의 지휘, 감독하에 담당직무를 수행하여 오면서 매월 보수규정에 미리 정하여진 일정 금액의 금원을 보수명목으로 지급받아 왔다면 그들은 임금을 목적으로 노무를 제공하는 근로자의 위치에 있다 할 것이어서 그들이 지급받은 보수 및 퇴직금은 근로기준법상의 임금에 해당하고 따라서 그에 관하여는 위 법 소정의 임금채권의 시효에 관한 규정이 적용된다고 판시한바 있다.

한편, '근로의 대가'란 일반적으로 사용자가 근로자에게 지급하는 금품 중에서 사용종속관계 아래서 행하는 근로의 대가로서 지급되는 금품을 말한다.

임금의 개념

대법원 2011. 8. 18. 선고 2010다106054 판결

Ⅰ. 사실관계

- A(이하 "원고")는 1937. 7. 6. S전자주식회사(이하 "피고회사")에 입사한 후 피고회사의 승낙을 얻어 1997. 3. 4.부터 피고회사 노동조합의 상급단체인 한국노동조합총연맹 경기도본부 화성지역본부(이하 "한국노총 화성지부")의 기획부장으로 전임근무를 시작하였고, 2006년경 지부장의 직책을 맡아 그 임기인 2009. 1. 20.까지 전임자로서의 근무를 마쳤는바, 피고회사는 원고에게 전임근무기간 동안 종전과 같은 급여를 지급하여 왔다.
- 그러던 중 피고회사는 매출부진과 수익구조의 악화로 말미암아 경영위기가 초래되자 이를 타개하기 위하여 명예퇴직, 상여금 반납 등 다각적인 조치를 취해 왔으며, 그 일환으로 노조전임제의 규모나 전임자에 대한 대우 등도 적정한 수준으로 조정할 필요성이 있어 노동조합과 단체협약을 체결하여 사업장 내 노동조합 전임자의 경우는 규모를 축소하

기로 하고, 2007. 2. 22. 노동조합장을 비롯한 근로자측 위원과 대표이사를 포함한 사용자측 위원이 참석한 가운데 임시 노사협의회를 열어 단체협약상 5명의 노동조합 전임자를 2명으로 변경하고 원고에 대하여는 2007. 3.부터 한국노총 화성지부 지부장 임기까지 무급휴직으로 처리하기로 의결하여 회의록을 작성하였고, 노동조합장과 대표이사가 회의록에 서명하였다.

- 이에 피고회사는 2007. 2. 21. 원고를 무급 휴직처리를 하고, 2007. 3. 5. 한국노총 화성지부에 2007. 3.분부터 급여 지급을 중지하겠다고 통보하였다.

Ⅱ. 판결요지

- 노동조합 전임자는 사용자와 기본적 노사관계를 유지하고 근로자 신분은 그대로 가지면서도 근로계약에서 정한 근로를 제공하지 아니하며 노동조합의 업무에만 종사하는 자로서 단체협약으로 정하거나 사용자의 동의가 있는 경우에 인정된다. 노동조합 전임자의 근로제공의무가 면제되는 것에 대응하여 사용자의 임금지급의무도 면제되므로, 사용자가 단체협약·노사관행 등에 따라 노동조합 전임자에게 일정한 돈을 지급한다고 하더라도 이를 근로의 대가인 임금이라고 할 수는 없다.

Ⅲ. 해설

1. 노조전임자의 의의

노조전임자란 회사의 근로자로서의 지위를 그대로 유지한 채 노동조합의 업무에만 전념하는 자를 의미한다. 이러한 노조전임자의 인정근거에 대하여는 종래 단결권설, 협정설, 제한적 협정설의 견해가 주장되었는바, 판례는 노조전임제는 노동조합에 대한 편의제공의 한 형태이고 사용자가 단체협약을 통하여 승인하는 경우에 인정되는 것이라고 판시하여 협정설을 따르고 있다[130].

2. 사용자가 노조전임자에게 지급한 금품의 법적 성격

판례는 노동조합 전임자는 사용자와의 사이에 기본적 노사관계는 유지되고 기업의 근로자로서의 신분도 그대로 가지는 것이지만, 휴직상태에 있는 근로자와 유사하여 근로계약상의 근로를 하지 않을 수 있는 지위에 있다고 하여, 노조전임자의 법적 지위를 기본적으로 휴직상태에 있는 근로자와 유사한 것으로 보았다.[131]

이와 같이 노조전임자의 법적 지위가 휴직상태에 있는 근로자와 유사하다는 점에서 판례는 사용자가 노조전임자에게 지급한 금품은 근로기준법상 임금에 해당하지 않는다고 본다.

---

130) 대법원 1997. 4. 25. 선고 97다6926 판결.
131) 대법원 1996. 12. 6. 선고 96다26671 판결.

대법원 1998. 4. 24. 선고, 97다54727 판결
"노동조합 전임자는 사용자와의 사이에 기본적 노사관계는 유지되고 기업의 근로자로서의 신분도 그대로 가지는 것이지만, 노동조합 전임자의 근로제공의무가 면제되고 원칙적으로 사용자의 임금지급의무도 면제된다는 점에서 휴직 상태에 있는 근로자와 유사하고, 따라서 사용자가 단체협약 등에 따라 노동조합 전임자에게 일정한 금원을 지급한다고 하더라도 이를 근로의 대가인 임금이라고는 할 수 없다."

3. 대상판결의 평가

대상판결은 "노동조합 전임자는 사용자와 기본적 노사관계를 유지하고 근로자 신분은 그대로 가지면서도 근로계약에서 정한 근로를 제공하지 아니하며 노동조합의 업무에만 종사하는 자로서 단체협약으로 정하거나 사용자의 동의가 있는 경우에 인정된다. 노동조합 전임자의 근로제공의무가 면제되는 것에 대응하여 사용자의 임금지급의무도 면제되므로, 사용자가 단체협약, 노사관행 등에 따라 노동조합 전임자에게 일정한 돈을 지급한다고 하더라도 이를 근로의 대가인 임금이라고 할 수는 없다"고 판시하여 사용자가 노조전임자에게 지급한 금품은 근로기준법상 임금에 해당하지 않는다는 기존의 판례를 재확인하고 있다.

한편, 대상판결은 "노조전임제는 노동조합에 대한 편의제공의 한 형태로서 전임제를 인정할 것인지는 물론 노동조합 전임자의 선임과 해임절차, 전임기간, 전임자 수, 전임자에 대한 대우 등 구체적인 제도 운용에 관하여도 기본적으로 사용자의 동의에 기초한 노사합의에 의하여 유지되는 것이므로, 전임제 시행 이후 경제적·사회적 여건의 변화, 회사 경영 상태의 변동, 노사관계의 추이 등 여러 사정들에 비추어 합리적 이유가 있는 경우에 사용자는 노동조합과의 합의, 적정한 유예기간의 설정 등 공정한 절차를 거쳐 노조전임제의 존속 여부 및 구체적 운용방법을 변경할 수 있다"고 보아, 노조전임제의 실시가 노동조합에 대한 편의제공에 해당하고, 사용자가 단체협약을 통하여 승인하는 경우에 인정된다는 점을 전제로 피고회사가 노조전임제의 운용방법을 변경할 만한 합리적 이유가 있는 상황에서 노동조합과 합의를 거친 후 원고에 대한 급여지급을 중단한 것은 유효하다고 판단하였다.

피고회사가 매출부진과 수익구조의 악화를 타개하기 위해 명예퇴직, 상여금 반납 등 다각적인 조치를 취한 사실, 피고회사가 노동조합과 임시 노사협의회를 열어 단체협약상 노조전임자의 수를 5명에서 2명으로 축소하기로 합의하고 이러한 내용에 관한 회의록을 작성하여 노동조합장과 대표이사가 이에 서명한 사실 등을 종합적으로 고려해 볼 때, 대상판결의 결론은 구체적 타당성이 있다고 생각된다. 다만, 노조전임자에 대한 급여지원이 노동조합에 대한 편의제공의 성격을 갖는다는 측면을 고려할 때, 사용자가 노조전임자에 대한 급여지원을 중단하는 행위는 편의제공을 철회하는 것이므로 그 적법성을 인정함에 있어 사용자의 진정한 동기(부당노동행위의 의사가 있었는지) 등 제반사정을 종합적으로 고려하여 신중하게 판단하여야 할 것이다.

Ⅱ. 평균임금

1. 평균임금의 의의

> **제2조(정의)** ① 이 법에서 사용하는 용어의 뜻은 다음과 같다.
> 6. "평균임금"이란 이를 산정하여야 할 사유가 발생한 날 이전 3개월 동안에 그 근로자에게 지급된 임금의 총액을 그 기간의 총일수로 나눈 금액을 말한다. 근로자가 취업한 후 3개월 미만인 경우도 이에 준한다.
>
> ② 제1항제6호에 따라 산출된 금액이 그 근로자의 통상임금보다 적으면 그 통상임금액을 평균임금으로 한다.

평균임금이란 이를 산정하여야 할 사유가 발생한 날 이전 3개월 동안에 그 근로자에게 지급된 임금의 총액을 그 기간의 총일수로 나눈 금액을 말한다. 이러한 평균임금은 퇴직금, 사용자의 귀책사유로 인한 휴업수당, 연차유급휴가수당, 재해보상금 및 감급제재로서의 감급액 등을 산출함에 있어서 그 표준이 된다. 이와 같이 평균임금은 이론적인 것이 아니고 실제적인 편의에 의하여 산출된 제도인바, 위의 수당이나 보상 등의 기본취지는 근로자의 생활을 보장하고자 하는 데에 있으므로 이를 계산하는 표준이 되는 평균임금은 근로자의 통상의 생활임금을 사실대로 산정하는 것을 기본원리로 삼고 있다고 할 수 있다.

2. 평균임금의 산정

(1) 평균임금 산정 기초임금

평균임금의 산정대상이 되는 임금은 사용자가 근로의 대상으로 근로자에게 지급하는 일체의 금품으로서 근로자에게 계속적·정기적으로 지급되며 그 지급에 관하여 단체협약, 취업규칙, 급여규정, 근로계약, 노동관행 등에 의하여 사용자에게 그 지급의무가 지워져 있고 또한 일정한 요건에 해당하는 근로자에게 일률적으로 지급하는 것이라면 그 명칭 여하를 불문하고 평균임금의 산정대상이 되는 임금에 해당한다.[132)]

다만, 임시로 지급된 임금 및 수당과 통화 외의 것으로 지급된 임금은 포함하지 아니한다(시행령 제2조 제2항).

□ Topic. 운전기사가 운송회사에 납입하는 사납금을 초과하는 수입금의 임금성

운전기사가 운송회사에 납입하는 사납금을 초과하는 수입금이 평균임금의 산정대상이 되는 임금에 해당하는지에 관하여 판례는 (i) 근로자들이 초과 수입금을 개인 수입으로 자신에게 직접 귀속시킨 경우에는 운송회사로서는 그 발생 여부나 금액을 알 수 없어 이에 대한 관리 및 지배가능성이 없다고 할 것이어서 그 초과 수입금 부분은 퇴직금 산정의 기초인 평균임금에 포함되지 않지만, (ii) 운송회사가 근로자들로부터 사납금과 함께 초과 수입금을 납부받았다가 추후에 초과 수입금을 근로자들에게 지급한 경우에는 그 초과 수입금 부분은 퇴직금 산정의 기초가 되는 평균임금에 포함된다는 입장이다.

132) 대법원 2002. 10. 17. 선고 2002다8025 전원합의체 판결.

대법원 2007.9.20. 선고 2007다32993,33002 판결

"운송회사가 그 소속 운전사들에게 매월 실제 근로일수에 따른 일정액을 지급하는 이외에 하루의 운송수입금 중 회사에 납입하는 일정액의 사납금을 초과하는 수입금(이하 '초과 수입금'이라 한다)을 그 운전사 개인의 수입으로 하여 자유로운 처분에 맡겨 왔다면 위와 같은 초과 수입금 부분도 근로의 대가인 임금에 해당한다고 보아야 하고, 다만 평균임금 산정기간 내에 지급된 임금이라 하더라도 퇴직금 산정의 기초가 되는 평균임금을 산출함에 있어서는 사용자의 퇴직금 출연에 예측가능성을 기할 수 있게 하기 위하여 사용자가 관리가능하거나 지배가능한 부분이 아니면 그 범위에서 제외하여야 하므로, 근로자들이 초과 수입금을 개인 수입으로 자신에게 직접 귀속시킨 경우에는 운송회사로서는 그 발생 여부나 금액을 알 수 없어 이에 대한 관리 및 지배가능성이 없다고 할 것이어서 그 초과 수입금 부분은 퇴직금 산정의 기초인 평균임금에 포함되지 않는다 할 것이나, 이와 달리 운송회사가 근로자들로부터 사납금과 함께 초과 수입금을 납부받았다가 추후에 초과 수입금을 근로자들에게 지급한 경우에는 그 초과 수입금 부분은 퇴직금 산정의 기초가 되는 평균임금에 포함되는 것으로 보아야 한다(대법원 2002. 8. 23. 선고 2002다4399 판결 등 참조). 이는 운송회사가 소속 근로자들로부터 납부받은 초과 수입금이 실제의 운송수입 내역과 일치하는지 여부를 확인하지 아니한 채 이를 다시 근로자들에게 지급하였다고 하더라도 달리 볼 것이 아니다(대법원 2006. 11. 9. 선고 2006다42313 판결 등 참조)."

(2) 산정기간

평균임금의 산정기간은 평균임금을 산정하여야 할 사유가 발생한 날 이전 3개월간이다. 다만, 이러한 기간 중에 근로기준법 시행령 제2조 제1항 각호에 해당하는 기간이 있는 경우에는 그 기간과 그 기간 중에 지급된 임금은 평균임금 산정기간과 임금의 총액에서 각각 공제한다.

시행령 제2조(평균임금의 계산에서 제외되는 기간과 임금) ① 「근로기준법」(이하 "법"이라 한다) 제2조제1항제6호에 따른 평균임금 산정기간 중에 다음 각 호의 어느 하나에 해당하는 기간이 있는 경우에는 그 기간과 그 기간 중에 지급된 임금은 평균임금 산정기준이 되는 기간과 임금의 총액에서 각각 뺀다. 〈개정 2008.6.5, 2011.3.2〉

1. 법 제35조제5호에 따른 수습 사용 중인 기간
2. 법 제46조에 따른 사용자의 귀책사유로 휴업한 기간
3. 법 제74조에 따른 산전후휴가 기간
4. 법 제78조에 따라 업무상 부상 또는 질병으로 요양하기 위하여 휴업한 기간
5. 「남녀고용평등과 일·가정 양립 지원에 관한 법률」 제19조에 따른 육아휴직 기간
6. 「노동조합 및 노동관계조정법」 제2조제6호에 따른 쟁의행위기간
7. 「병역법」, 「향토예비군 설치법」 또는 「민방위기본법」에 따른 의무를 이행하기 위하여 휴직하거나 근로하지 못한 기간. 다만, 그 기간 중 임금을 지급받은 경우에는 그러하지 아니하다.
8. 업무 외 부상이나 질병, 그 밖의 사유로 사용자의 승인을 받아 휴업한 기간

판례는 평균임금 산정의 예외를 규정한 위 시행령 제2조 제1항 각호의 사유는 제한적 열거규정이라는 입장이다.

대법원 2003. 7. 25. 선고 2001다12669 판결

"구 근로기준법(1997. 3. 13. 법률 제5309호로 제정되기 전의 것) 제19조 제1항 본문133)에 따른 평균임금 산정의 예외를 규정한 구 근로기준법시행령(1997. 3. 27. 대통령령 제15320호로 제정되기 전의 것) 제2조 제1항은 제한적인 열거규정으로 볼 것인데, <u>근로자가 정년으로 퇴직하기 전에 대기발령을 받았다가 퇴직한 경우의 대기발령</u>

133) 현행 근로기준법 제2조 제1항 제6호와 동일한 취지의 규정이다.

기간은 위 구 근로기준법시행령 제2조 제1항 소정의 어느 기간에도 해당하지 않으므로, 위 규정을 적용하여 그 기간의 일수와 그 기간 중에 지급받은 임금액을 평균임금 산정의 기초에서 제외할 수 없다."

한편, 판례는 위법한 쟁의행위 기간은 위 시행령 제2조 제1항 제6호 소정의 '노동조합 및 노동관계조정법 제2조 제6호에 따른 쟁의행위기간'에 포함되지 않는다는 입장이다.

대법원 2009.5.28. 선고 2006다17287 판결[134)]

"근로자의 정당한 권리행사 또는 근로자에게 책임을 돌리기에 적절하지 않은 사유로 근로자가 평균임금 산정에서 불이익을 입지 않도록 특별히 배려한 구 근로기준법 시행령(2003. 12. 11. 대통령령 제18158호로 개정되기 전의 것) 제2조 제1항의 취지 및 성격을 고려할 때, 그 제6호 '노동조합 및 노동관계조정법 제2조 제6호의 규정에 의한 쟁의행위 기간'이란 헌법과 노동조합 및 노동관계조정법에 의하여 보장되는 적법한 쟁의행위로서의 주체, 목적, 절차, 수단과 방법에 관한 요건을 충족한 쟁의행위 기간만을 의미한다. 만약, 이와 달리 위와 같은 요건을 충족하지 못하는 위법한 쟁의행위 기간까지 제한 없이 제6호에 포함되는 것으로 해석하게 되면, 결과적으로 제6호의 적용 범위 또는 한계를 가늠할 수 없게 되어 평균임금 산정 방법에 관한 원칙 자체가 무의미하게 되는 상황에 이르게 되는바, 이는 평균임금 산정에 관한 원칙과 근로자 이익 보호 정신을 조화시키려는 구 근로기준법 시행령 제2조 제1항의 취지 및 성격이나 근로자의 권리행사 보장이 필요하거나 근로자에게 책임을 돌리기에 적절하지 않은 경우만을 내용으로 삼고 있는 위 조항의 다른 기간들과 들어맞지 않기 때문이다."

134) 이 판결에 대한 평석은 노상헌, "2009년 노동법 중요 판례", 인권과 정의 403호(2010. 3), 대한변호사협회 참조.

(3) 근로기준법 등에 따라 산정한 평균임금이 통상의 경우보다 현저하게 적거나 많은 경우

근로기준법에 따라 산정한 평균임금이 통상의 경우보다 현저하게 적거나 많게 산정된 것으로 인정되는 예외적인 경우에는 이를 기초로 퇴직금을 산출하는 것은 근로자의 통상적인 생활임금을 기준으로 퇴직금을 산출하고자 하는 근로기준법의 정신에 비추어 허용될 수 없는 것이므로, 근로자의 통상적인 생활임금을 사실대로 반영할 수 있는 합리적이고 타당한 다른 방법으로 그 평균임금을 따로 산정하여야 한다는 것이 판례의 입장이다.

특히, 근로자가 의도적으로 현저하게 평균임금을 높이기 위한 행위를 함으로써 근로기준법에 의하여 그 평균임금을 산정하는 것이 부적당한 경우에 해당하게 된 때에는 근로자가 그러한 의도적인 행위를 하지 않았더라면 산정될 수 있는 평균임금 상당액을 기준으로 하여 퇴직금을 산정해야 하고, 이러한 경우 평균임금은 특별한 사정이 없는 한 근로자가 의도적으로 평균임금을 높이기 위한 행위를 하기 직전 3개월 동안의 임금을 기준으로 하여 근로기준법 등이 정하는 방식에 따라 산정한 금액 상당이 된다.[135] 다만, 이러한 산정 방식은 어디까지나 근로자의 의도적인 행위로 인하여 현저하게 높아진 임금항목에 한하여 적용되어야 할 것이므로, 근로자에게 지급된 임금이 여러 항목으로 구성되어 있어 그러한 임금항목들 가운데 근로자의 의도적인 행위로 현저하게 많이 지급된 것과 그와 관계없이 지급된 임금항목이 혼재되어 있다면, 그 중 근로자의 의도적인 행위로 현저하게

135) 대법원 1995.2.28. 선고 94다8631 판결.

많이 지급된 임금 항목에 대해서는 그러한 의도적인 행위를 하기 직전 3개월 동안의 임금을 기준으로 하여 근로기준법이 정하는 방식에 따라 평균임금을 산정해야 하지만, 그와 무관한 임금 항목에 대해서는 근로기준법에 정한 원칙적인 산정 방식에 따라 퇴직 전 3개월 동안의 임금을 기준으로 평균임금을 산정해야 한다.136)

한편, 판례는 근로자의 평균임금이 통상의 경우보다 현저하게 적거나 많다고 볼 예외적인 정도까지 이르지 않은 경우에는 근로기준법 등이 정한 원칙에 따라 평균임금을 산정하여야 한다는 입장이다.137)

대법원 2010.4.15. 선고 2009다99396 판결

"근로기준법 및 근로기준법 시행령 등이 정한 원칙에 따라 평균임금을 산정하였다고 하더라도, 근로자의 퇴직을 즈음한 일정 기간 특수하고 우연한 사정으로 인하여 임금액 변동이 있었고, 그 때문에 위와 같이 산정된 평균임금이 근로자의 전체 근로기간, 임금액이 변동된 일정 기간의 장단, 임금액 변동의 정도 등을 비롯한 제반 사정을 종합적으로 평가해 볼 때 통상의 경우보다 현저하게 적거나 많게 산정된 것으로 인정되는 예외적인 경우라면, 이를 기초로 퇴직금을 산출하는 것은 근로자의 통상적인 생활임금을 기준으로 퇴직금을 산출

136) 대법원 2009. 10.15. 선고 2007다72519 판결. 이 판결은 택시기사인 근로자가 퇴직금을 더 많이 받기 위하여 의도적으로 퇴직 직전 5개월 동안 평소보다 많은 사납금 초과 수입금을 납부한 사안에서, 근로자가 지급받은 임금의 항목들 중 사납금 초과 수입금 부분에 대하여는 의도적인 행위를 하기 직전 3개월 동안의 임금을 기준으로 평균임금을 산정하되 '의도적인 행위를 한 기간 동안의 동종 근로자들의 평균적인 사납금 초과 수입금의 증가율'을 곱하여 산출하고, 이를 제외한 나머지 임금 항목들에 대하여는 퇴직 전 3개월 동안 지급받은 임금총액을 기준으로 평균임금을 산정함이 적절하다고 한 판단한 사례이다.

137) 대법원 2010.4.15. 선고 2009다99396 판결.

하고자 하는 근로기준법의 정신에 비추어 허용될 수 없는 것이므로, 근로자의 통상적인 생활임금을 사실대로 반영할 수 있는 합리적이고 타당한 다른 방법으로 그 평균임금을 따로 산정하여야 한다. 그러나 근로자의 평균임금이 위와 같이 통상의 경우보다 현저하게 적거나 많다고 볼 예외적인 정도까지 이르지 않은 경우에는 근로기준법 등이 정한 원칙에 따라 평균임금을 산정하여야 한다."

평균임금

대법원 2011. 7. 14. 선고 2011다23149 판결

Ⅰ. 사실관계

- A(이하 "원고")는 2004. 4. 1. 렉서스 자동차를 수입판매하는 C모터스 주식회사(이하 "피고")에 입사하여 영업사원으로 근무하다가 2007. 4. 13. 퇴직한 근로자이다.
- 피고의 급여체계는 연봉제를 기본으로 하고, 연봉은 기본급, 기본급 이외의 급여(이하 "제수당") 및 상여금으로 구성되어 있는바, 영업직의 경우에는 경력을 고려하여 기본 연봉액을 책정하고, 개별 능력에 따른 판매장려수당(인센티브)은 별도로 정하는 규정에 의하도록 되어 있다. 피고의 인센티브 지급규정은 영업사원의 인센티브 지급에 관하여 다음과 같이 규정하고 있다.

> 4.1.1. 지급기준
> (1) 인센티브 지급률은 영업사원이 판매한 차량에 대하여 다음 지급기준표에 의한다.
> (2) 판매수당의 지급액은 차량 총 판매금액에 인센티브 지급률을 곱하여 산정한다.
> (3) 상기 인센티브 지급 외에 추가로 발생하는 영업 프로모션의 경우는 별도로 정하는 바에 의한다.
>
> 4.1.2. 지급일
> 판매수당의 지급은 당월 정산 후 익월 25일 급여와 함께 지급한다.

- 피고는 원고에 대한 퇴직금을 산정하면서 원고가 수령한 인센티브는 평균임금 산정의 기초임금에서 제외하였는바, 원고는 원고가 수령한 인센티브는 퇴직금 산정의 기초가 되는 평균임금에 해당한다고 주장하며 소송을 제기하였다.

Ⅱ. 판결요지

- 평균임금 산정의 기초가 되는 임금총액에는 사용자가 근로의 대상으로 근로자에게 지급하는 일체의 금품으로서, 근로자에게 계속적·정기적으로 지급되고 그에 관하여 단체협약, 취업규칙 등에 의하여 사용자에게 지급의무가 지워져 있으면 명칭 여하를 불문하고 모두 포함된다. 한편 어떤 금품이 근로의 대상으로 지급된 것인지를 판단할 때에는 금품지급의무의 발생이 근로제공과 직접적으로 관련되거나 그것과 밀접하게 관련된 것으로 볼 수 있어야 하고, 이러한 관련 없이 지급의무의 발생이 개별 근로자의 특수하고 우연한 사정에 의하여 좌우되는 경우에는 금품의 지급이 단체협약·취업규칙·근로계약 등이나 사용자의 방침 등에

의하여 이루어진 것이라 하더라도 그러한 금품은 근로의 대상으로 지급된 것으로 볼 수 없다.

- 피고는 인센티브 지급규정이나 영업 프로모션 등으로 정한 지급기준과 지급시기에 따라 인센티브를 지급하여 왔고, 차량판매는 피고 회사의 주업으로서 영업사원들이 차량판매를 위하여 하는 영업활동은 피고에 대하여 제공하는 근로의 일부라 볼 수 있어 인센티브는 근로의 대가로 지급되는 것이라고 보아야 하고, 매월 정기적, 계속적으로 이루어지는 인센티브의 지급이 우발적, 일시적 급여라고 할 수 없으며, 지급기준 등의 요건에 맞는 실적을 달성하였다면 피고로서는 그 실적에 따른 인센티브의 지급을 거절할 수 없을 것이므로 이를 은혜적인 급부라고 할 수도 없고, 성과급을 일률적으로 임금으로 보지 않을 경우 성과급만으로 급여를 지급받기로 한 근로자는 근로를 제공하되 근로의 대상으로서의 임금은 없는 것이 되고 퇴직금도 전혀 받을 수 없게 되는 불합리한 결과가 초래될 것인 점 등에 비추어 보면, 이 사건 인센티브는 퇴직금 산정의 기초가 되는 평균임금에 해당한다고 할 것이다.

Ⅲ. 해설

1. 임금성의 판단기준

사용자가 근로자에게 지급하는 금품이 임금에 해당하려면 먼저 그 금품이 근로의 대가로 지급되는 것이어야 한다. 그런데,

어떤 금품이 근로의 대상으로 지급된 것이냐를 판단함에 있어서는 그 금품지급의무의 발생이 근로제공과 직접적으로 관련되거나 그것과 밀접하게 관련된 것으로 볼 수 있어야 하고, 이러한 관련 없이 그 지급의무의 발생이 개별 근로자의 특수하고 우연한 사정에 의하여 좌우되는 경우에는 그 금품의 지급이 단체협약·취업규칙·근로계약 등이나 사용자의 방침 등에 의하여 이루어진 것이라 하더라도 그러한 금품은 근로의 대상으로 지급된 것으로 볼 수 없다.[138)]

2. 성과급의 임금성

성과급의 임금성과 관련하여 종래 많은 논란이 있어 왔다. 종래 대법원은 구두회사 직원의 상품권 판매 실적에 따른 포상금이 문제가 된 사안에서는 "이 사건 포상금은 피고가 매년 같은 시기에 같은 비율에 따라 지급하는 것이 아니라 피고가 일방적으로 정한 지급 시기와 지급 액수, 지급 기준에 따라 지급하는 것이기는 하지만, 상품권 판매는 구두류 제품 판매를 주업으로 하는 피고가 역점을 두는 사업이므로 직원들이 상품권 판매를 위하여 하는 영업 활동은 결국 피고에 대하여 제공하는 근로의 일부라고 볼 수 있어 포상금은 근로의 대가로 지급되는 것이라고 보아야 하고, 기록에 나타난 자료에 의하면 포상금 지급은 해마다 그 지급 시기는 다르나 매년 한두 차례 시행되는 것이 관례화되어 있음을 알 수 있으므로 이를 우발적·일시적 급여라고 할 수 없으며, 피고가 해마다 미리 지급 기준과 지급 비율을 정하고 그에 따라 계산된 포상금을 지급하는 것인 이상 직원들

---

138) 대법원 1995. 5. 12. 선고 94다55934 판결.

이 그 요건에 맞는 실적을 달성하였다면 피고로서도 그 실적에 따른 포상금의 지급을 거절할 수 없을 것이므로 이를 은혜적인 급부라고 할 수도 없고, 또한 직원 대다수가 포상금을 업무와 관련된 용도로 사용하였다고 하더라도 피고가 포상금을 업무와 관련된 용도에만 사용하도록 하였다고 볼 자료가 없는 이상 그 용도는 직원들의 의사에 맡겨져 있어 그와 같은 사정이 있다고 하여 평균 임금적 성격이 부정되는 것은 아니므로, 피고가 지급하는 포상금 중 부서 포상금이나 일정 수의 직원만 선발하여 여행이나 상품을 포상하는 것은 개인적으로 지급되는 것이 아니거나 은혜적인 급부에 불과하여 평균 임금에 포함될 수 없다고 하더라도, 개인 포상금은 평균 임금에 포함된다고 하여야 할 것이다"라고 판시한바 있다.[139] 반면, 증권회사 영업 직원의 영업실적에 따른 성과급이 문제가 된 사안에서는 "근로자 개인의 실적에 따라 결정되는 성과급은 지급조건과 지급시기가 단체협약 등에 정하여져 있다고 하더라도 지급조건의 충족 여부는 근로자 개인의 실적에 따라 달라지는 것으로서 근로자의 근로제공 자체의 대상이라고 볼 수 없으므로 임금에 해당된다고 할 수 없다"고 판단하여 근로자 개인의 실적에 따라 결정되는 성과급의 임금성을 부정한 사례가 있었다.[140]

생각건대, 성과급이 회사 이윤에 따른 분배금 내지 부서별 성과급의 경우에는 그 임금성이 부정될 수 있을 것이나, 개인별 성과급의 경우에는 근로자 개인의 근로의 대가로 지급되는 것이 명확하고 지급 조건의 충족 여부가 개인에게 달려 있다고는 하

139) 대법원 2002. 5. 31. 선고 2001다18127 판결.
140) 대법원 2004. 5. 14. 선고 2001다76328 판결.

더라도 사전에 지급조건 및 그에 따른 지급률이 정해진 경우에는 지급 조건이 충족된 이상 사용자로서는 그에 따른 성과급을 지급할 의무가 있다고 할 것이므로 임금성을 인정하는 것이 타당할 것이다.

3. 대상판결의 평가

대상판결은 '피고는 인센티브 지급규정이나 영업 프로모션 등으로 정한 지급기준과 지급시기에 따라 인센티브를 지급하여 왔고, 차량판매는 피고 회사의 주업으로서 영업사원들이 차량판매를 위하여 하는 영업활동은 피고에 대하여 제공하는 근로의 일부라 볼 수 있어 인센티브는 근로의 대가로 지급되는 것이라고 보아야 하고, 매월 정기적, 계속적으로 이루어지는 인센티브의 지급이 우발적, 일시적 급여라고 할 수 없으며, 지급기준 등의 요건에 맞는 실적을 달성하였다면 피고로서는 그 실적에 따른 인센티브의 지급을 거절할 수 없을 것이므로 이를 은혜적인 급부라고 할 수도 없다'고 하여 이 사건 인센티브가 퇴직금 산정의 기초가 되는 평균임금에 해당한다고 판단하였는바, 개인별 성과급의 경우에는 근로자 개인의 근로의 대가로 지급되는 것이 명확하다는 점에서 대상판결의 결론은 정당하다.

대상판결은 종래 혼선을 빚어 온 개인실적에 기초한 성과급의 인금성의 판단기준을 제시하고 있다는 점에서 의미가 있다.

Ⅲ. 통상임금

1. 통상임금의 의의

> **시행령 제6조(통상임금)** ① 법과 이 영에서 "통상임금"이란 근로자에게 정기적이고 일률적으로 소정(所定)근로 또는 총 근로에 대하여 지급하기로 정한 시간급 금액, 일급 금액, 주급 금액, 월급 금액 또는 도급 금액을 말한다.

통상임금을 근로자에게 정기적이고 일률적으로 소정근로 또는 총 근로에 대하여 지급하기로 정한 시간급 금액, 일급 금액, 주급 금액, 월급 금액 또는 도급 금액을 말한다. 이러한 통상임금은 가산임금이나 해고예고수당 등의 산정기초로 작용하고 있는 도구적 개념으로서 사전적·평가적 성격을 갖는다.

> **대법원 1996. 2. 9. 선고 94다19501 판결**
> "근로기준법시행령 제31조 제1항[141]은 근로기준법 소정의 통상임금을 '근로자에게 정기적, 일률적으로 소정 근로 또는 총 근로에 대하여 지급하기로 정하여진 시간급금액, 일급금액, 주급금액, 월급금액 또는 도급금액을 말한다.'고 규정하고 있는 바이므로, 원칙적으로 근로자에게 소정 근로 또는 총 근로의 대상(對償)으로 지급되는 금품으로서 그것이 정기적, 일률적으로 지급되는 것은 통상임금에 속하는 임금이다."

2. 통상임금의 판단기준

통상임금의 산정기초가 되는 임금은 근로계약이나 취업규칙

141) 현행 근로기준법시행령 제6조 제1항과 동일한 취지의 규정이다.

또는 단체협약 등에 의하여 소정근로시간(소정근로시간이 없는 경우에는 법정근로시간)에 대하여 근로자에게 지급하기로 정하여진 기본급 임금과 정기적·일률적으로 1임금산정기간에 지급하기로 정하여진 고정급 임금으로 한다.142)

3. 통상임금의 산정방식

시행령 제6조(통상임금)

②제1항에 따른 통상임금을 시간급 금액으로 산정할 경우에는 다음 각 호의 방법에 따라 산정된 금액으로 한다.

1. 시간급 금액으로 정한 임금은 그 금액
2. 일급 금액으로 정한 임금은 그 금액을 1일의 소정근로시간 수로 나눈 금액
3. 주급 금액으로 정한 임금은 그 금액을 주의 통상임금 산정 기준시간 수(법 제2조제1항제7호에 따른 주의 소정근로시간과 소정근로시간 외에 유급으로 처리되는 시간을 합산한 시간)로 나눈 금액
4. 월급 금액으로 정한 임금은 그 금액을 월의 통상임금 산정 기준시간 수(주의 통상임금 산정 기준시간 수에 1년 동안의 평균 주의 수를 곱한 시간을 12로 나눈 시간)로 나눈 금액
5. 일·주·월 외의 일정한 기간으로 정한 임금은 제2호부터 제4호까지의 규정에 준하여 산정된 금액
6. 도급 금액으로 정한 임금은 그 임금 산정 기간에서 도급제에 따라 계산된 임금의 총액을 해당 임금 산정 기간(임금 마감일이 있는 경우에는 임금 마감 기간을 말한다)의 총 근로 시간 수로 나눈 금액
7. 근로자가 받는 임금이 제1호부터 제6호까지의 규정에서 정한 둘 이상의 임금으로 되어 있는 경우에는 제1호부터 제6호까지의 규정에 따라 각각 산정된 금액을 합산한 금액

③제1항에 따른 통상임금을 일급 금액으로 산정할 때에는 제2항에 따른 시간급 금액에 1일의 소정근로시간 수를 곱하여 계산한다.

---

142) 통상임금산정지침(2007.11.28 노동부예규 제551호) 제3조 제1항 참조.

통상임금의 산정기초가 되는 임금을 시간급금액으로 산정할 경우의 산정기준시간은 일급금액으로 정하여진 경우에는 1일의 소정근로시간, 주급금액으로 정하여진 경우에는 소정근로시간과 소정근로시간 외에 유급처리되는 시간을 합산한 시간, 월급금액으로 정하여진 경우에는 주의 통상임금 산정기준시간에 1년간의 평균주수를 곱한 시간을 12월로 나눈 시간, 도급금액으로 정하여진 경우에는 당해 임금산정기간의 총근로시간(총근로시간외에 유급처리되는 시간은 합산)으로 한다.[143] 한편, 통상임금을 일급 금액으로 산정할 때에는 시간급 금액에 1일의 소정근로시간 수를 곱하여 계산한다.

통상임금의 범위와 산정방법

대법원 2005. 9. 9. 선고 2004다41217 판결

Ⅰ. 사실관계

- 원고들은 OO자동차주식회사(이하 "피고")의 근로자들인바, 피고의 급여체계는 업무량 또는 성과를 시간단위로 측정할 수 있는 생산현장의 정량적인 업무에 종사하는 자에 대하여 시간단위로 급여를 책정, 지급하는 시급제와 일반직, 연구직, 사무직, 영업직, 및 생산직 중 관리, 감독업무 종사자 등 업무량 또는 성과를 시간 단위 등으로 측정곤란한 비정

143) 통상임금산정지침(2007.11.28 노동부예규 제551호) 제4조.

량적 업무에 종사하는 자에 대해서 월의 장단, 휴일의 다소에 관계없이 역월로 급여를 책정, 지급하는 함)와 월급제로 나누어져 있다.

- 한편, 시급제 사원의 급여구성은 시급으로 계산되는 기본급과 매월 고정급으로 지급되는 보직수당, 근속수당, 복지수당, 생산성향상수당, 유해작업수당, 교대근무수당을 통상임금으로 보아 기준내 임금으로 분류하고, 산업안전보건비, 고열작업수당 등 기타 고정수당을 기준 외 임금으로 분류하고 있다.

- 산업안전보건비는 1995. 8. 24. 체결된 피고와 노동조합 사이의 1995년도 임금조정합의에 의하여 연장근무 및 업무능률의 향상을 위해 전직원들에게 격월로 50,000원씩 지급되다가 1996.7.25. 체결된 1996년도 임금조정합의에 의하여 1996. 4. 1.로 소급하여 기본급에 편입된 급여이다.

- 고열작업수당은 피고회사가 혹서기고열수당시행세칙(1989. 10. 1.부터 시행)에 따라 혹서기에 고열원을 취급하는 고열작업장에서 근무하는 종업원의 고충을 배려하고 작업능률을 향상시킬 것을 목적으로 울산공장에 한하여 작업의 경중에 따른 공정(경작업공정, 중동작업공정, 중작업공정)과 작업장의 온도를 감안하여 4등급으로 차등을 두어 각 등급별로 매월 지급하는 금액을 정하고 이를 당초에는 매년 6월에서 8월까지 매월 지급하여 오다가 1995. 8. 24. 체결된 단체협약 부속합의서에 따라 매년 4월에서 9월까지 그 기간을 늘려 지급해 급여이다.

- 단체개인연금은 피고가 1997. 7. 24. 노동조합과 사이에 1997년도 단체협약을 체결하면서 전 직원들을 대상으로 개인연금으로 월 20,000원씩을 10년간 불입하여 주기로 합의하였고, 이에 따라 같은 해 8. 국민투자신탁증권주식회사와 사이에 전 직원들을 피보험자로 한 단체개인연금계약을 체결한 후 같은 달부터 1998. 8.까지 매달 급여지급일에 20,000원씩의 연금보험료를 대신 납부하여 준 금원이다.

- 원고들은 피고가 법정수당 산정의 기초가 되는 통상임금을 산정함에 있어, 시급제 사원에 대하여 산업안전보건비, 고열작업수당, 단체개인연금을 임의로 제외하였다고 주장하며 소송을 제기하였다.

Ⅱ. 판결요지

- 통상임금이란 정기적·일률적으로 소정 근로의 양 또는 질에 대하여 지급하기로 된 임금으로서 실제 근무일이나 실제 수령한 임금에 구애됨이 없이 고정적이고 평균적으로 지급되는 일반임금인바, 위의 '일률적'으로 지급되는 것이라 함은 '모든 근로자'에게 지급되는 것뿐만 아니라 '일정한 조건 또는 기준에 달한 모든 근로자'에게 지급되는 것도 포함되고, 여기서 말하는 '일정한 조건'이란 '고정적이고 평균적인 임금'을 산출하려는 통상임금의 개념에 비추어 볼 때 '고정적인 조건'이어야 한다.

Ⅲ. 해설

1. 통상임금의 판단기준

근로기준법 시행령에 따르면 '통상임금'이란 근로자에게 정기적·일률적으로 소정근로에 대하여 지급하기로 정하여진 금액을 말하는바, 통상임금에서의 '일률성'을 모든 근로자를 대상으로 하는 의미로 엄격히 파악하면 부양의무가 있는 근로자에게만 지급되는 가족수당 등은 통상임금의 범위에서 제외된다. 판례는 근래에는 일정한 조건 또는 기준에 달하면 지급되는 경우에도 '일률성'이라는 요건을 충족시킨다고 판단하고 있다.

한편, 통상임금에서의 '정기성'을 좁은 의미로 파악하면 1월을 초과하여 지급하는 수당 내지 급여는 통상임금의 범위에서 제외되게 되는바, 판례도 유사한 입장을 취하다가 최근에는 매년 1회 일정시기에 전체근로자에게 월 기본급의 일정액으로 지급하는 체력단련비나 월동보조비 등의 급여는 정기적·일률적으로 지급되는 고정적 금품으로서 통상임금에 해당한다고 결론내리고 있다.[144]

2. 대상판결의 평가

대상판결은 "통상임금이란 정기적·일률적으로 소정 근로의 양 또는 질에 대하여 지급하기로 된 임금으로서 실제 근무일이나 실제 수령한 임금에 구애됨이 없이 고정적이고 평균적으로 지급되는 일반임금인바, 위의 <u>'일률적'으로 지급되는 것이라 함</u>

144) 대법원 1996.2.9 선고, 94다19501 판결.

은 '모든 근로자'에게 지급되는 것뿐만 아니라 '일정한 조건 또는 기준에 달한 모든 근로자'에게 지급되는 것도 포함되고, 여기서 말하는 '일정한 조건'이란 '고정적이고 평균적인 임금'을 산출하려는 통상임금의 개념에 비추어 볼 때 '고정적인 조건'이어야 한다"고 판시하여 통상임금의 개념징표로서의 '일률성'의 요건을 탄력화하고, 이를 기초로 본 사안에서 쟁점이 된 제반 수당들의 통상임금성을 판단하고 있다.

먼저, 대상판결은 고열작업수당은 당해 연도의 4월부터 9월까지 실제 변화된 온도를 고려하여 고열등급을 새로이 조정하지 않고 전년도 온도측정에 따라 확정된 고열등급대로 같은 공정 내의 사원들에게 같은 금액의 수당을 지급해왔다는 점에 주목하여 이러한 조건은 일시적·유동적 조건인 것이 아니라 고정적 조건이라고 보아야 할 것이고, 따라서 이 사건 고열작업수당은 고열작업수당이 지급되도록 정하여진 공정에 종사하는 모든 근로자들에 대해서 일정한 조건이 충족되면 일정한 금액이 매년 정기적, 일률적으로 지급된 것으로서 통상임금에 포함된다고 판단하였다. 또한, 산업안전보건비는 노사간의 합의에 의하여 피고의 전 사원들에게 근무성적과는 관계없이 정기적·일률적·고정적으로 지급되는 것인 이상통상임금의 성질을 가진다고 판단하였다. 단체개인연금 보험료의 경우에도 피고가 1997. 7. 24. 노동조합과 사이에 1997년도 단체협약을 체결하면서 전 직원들을 대상으로 개인연금으로 월 20,000원씩을 10년간 불입하여 주기로 합의하였고, 이에 따라 같은 해 8. 전 직원들을 피보험자로 한 단체개인연금계약에 가입한 후 1998. 8.까지 매달 급여지급일에 20,000원씩의 연금보험료를 대납하고, 이를 급여명세서에 기재한 후 근로소득세를 원천징수한 사실을 인정하고 한 다음, 비록 직접 근로자들에게 현실로 지급되는 것이 아니고 그 지급의 효과가 즉시 발생하는 것은 아니라 하더라도 사용자가 단체협약에 의하여 전 근로자를 피보험자로 하여 개인연금보험에 가입한 후 매월 그 보험료 전부를 대납하였고 근로소득세까지 원천징수하였다면 이는 통상임금에 포함된다고 판단하였다.

대상판결은 통상임금에서 일률성을 탄력적으로 해석하여 통상임금의 범위를 확대하고, 근로자들의 일상적인 임금을 기초로 각종 급여를 산출할 수 있게 하였다는 점에서 의미가 있다.

Ⅳ. 임금지급의 원칙

1. 통화지급의 원칙

> **제43조(임금 지급)** ① 임금은 통화(通貨)로 직접 근로자에게 그 전액을 지급하여야 한다. 다만, 법령 또는 단체협약에 특별한 규정이 있는 경우에는 임금의 일부를 공제하거나 통화 이외의 것으로 지급할 수 있다.

임금은 법적 통용력이 있는 통화로 지급하여야 한다. 다만, 법령 또는 단체협약에 특별한 규정이 있는 경우에는 통화 이외의 것으로 지급할 수 있다.

2. 직접지급의 원칙

> **제43조(임금 지급)** ① 임금은 통화(通貨)로 직접 근로자에게 그 전액을 지급하여야 한다. 다만, 법령 또는 단체협약에 특별한 규정이 있는 경우에는 임금의 일부를 공제하거나 통화 이외의 것으로 지급할 수 있다.

임금은 직접 근로자에게 지급하여야 한다. 임금 직접불의 원칙은 통화불의 원칙이나 전액불의 원칙처럼 법령 또는 단체협약에 의한 예외를 인정하지 않고 있다.

임금채권의 양도성

대법원 1988. 12. 13. 선고 87다카2803 전원합의체 판결

Ⅰ. 사실관계

- A는 H공사에 근무하다가 1986. 7. 28 퇴직하였는데, H공사에 대하여 금 8,397,140원의 퇴직금채권을 가지게 되었다. 그리고 B는 A에 대한 집행권원에 터잡은 강제집행에 의하여 A의 퇴직금채권 중 금 2,220,792원을 채권압류 및 전부명령을 받아 이를 수령하였다.
- 한편, A의 퇴직금 총액의 1/2의 범위 중 B가 수령해 간 금액을 제외한 나머지 금 1,977,778원에 대하여는 B의 별개의 집행권원(채권액 금 3,446,947원)에 터잡은 압류와 C의 가

압류가 경합되어 있었으므로, A는 그 금액을 공탁하였다. 이에 B는 1986. 10. 18 C와 압류가 경합된 집행권원상의 채권을 담보하기 위하여 A의 H공사에 대한 나머지 퇴직금채권 금 4,198,570원(총액의 1/2) 중 금 3,446,947원의 채권을 A로부터 양도받고, A는 H공사에게 채권양도를 통지하였다. 그러나 H공사는 양도통지 후인 1986. 11. 3에 나머지 퇴직금 4,198,570원을 A에게 지급하였다.

- 이에 B는 채권양도를 근거로 하여 H공사에 대하여 양수받은 채권액의 지급을 청구하였다.

Ⅱ. 판결요지

- 근로자의 임금채권은 그 양도를 금지하는 법률의 규정이 없으므로 이를 양도할 수 있으나, 근로기준법 제36조 제1항[145]에서 임금직접지급의 원칙을 규정하는 한편 동법 제109조에서 그에 위반하는 자는 처벌을 하도록 하는 규정을 두어 그 이행을 강제하고 있는 취지가 임금이 확실하게 근로자 본인의 수중에 들어가게 하여 그의 자유로운 처분에 맡기고 나아가 근로자의 생활을 보호하고자 하는데 있는 점에 비추어 보면 근로자가 그 임금채권을 양도한 경우라 할지라도 그 임금의 지급에 관하여는 같은 원칙이 적용되어 사용자는 직접 근로자에게 임금을 지급하지 아니하면 안되는 것이고 그 결과 비록 양수인이라고 할지라도 스스로 사용자에 대하여 임금의 지급을 청구할 수는 없다.

145) 현행 근로기준법 제43조 제1항과 동일한 취지의 규정이다.

Ⅲ. 해설

1. 퇴직금의 법적 성격과 임금직접지급의 원칙

일반적으로 퇴직금이라 함은 계속적인 근로관계의 종료를 사유로 하여 사용자가 퇴직하는 근로자에 대하여 지급하는 금전급부를 말한다. 퇴직금의 법적 성격에 관하여는 판례는 임금후불설을 지지하고 있다. 그러그로 근로자에 대한 퇴직금은 근로계약이 얼마간 계속되다가 그 근로계약이 종료될 때에 근로자에게 지급되는 후불적 임금의 성질을 띤다고 할 수 있으므로 기본적으로는 노사간의 내부관계에서는 퇴직금을 후불적 임금이라고 볼 수 있다. 한편, 근로기준법은 임금은 근로자의 유일한 생활자원이라는 측면에서 임금이 확실히 근로자의 수중에 들어가야 한다는 정책적 목적에 바탕을 두어 임금직접지급의 원칙을 규정하고 있다(제43조 제1항).

2. 임금채권의 양도성에 관한 학설

현해 법률상 임금채권의 양도를 금지하는 명문규정은 없다. 종래 학설상으로는 임금채권의 양도성에 관하여 양도성부정설, 양도효력제한설, 양도성제한설, 완전양도성인정설 등이 대립하고 있었다.

① 양도성부정설 : 양도성부정설은 근로자가 임금채권을 제3자에게 임의로 양도하는 행위는 임금직접지불의 원칙에 반하여 허용되지 않는다는 견해이다.

② 양도효력제한설 : 양도효력제한설은 임금채권의 양도성을 완전히 인정하지만 양수인의 사용자에 대한 임금지급청구권은 부정한다. 즉, 임금직접지급의 원칙을 규정하고 있는 근로기준법 제43조 제1항은 임금채권의 양도 자체를 금지하고 있지 아니하므로 임금채권은 일반원칙에 따라서 양도될 수 있으나, 근로기준법의 규정으로 말미암아 사용자는 임금을 양수인에게 지급할 수 없고 또한 양수인의 지급청구권도 인정되지 아니한다고 본다.

③ 양도성제한설 : 양도성제한설은 민법상 압류금지채권의 양도성을 배제하는 규정은 없지만, 민사집행법상 채권의 압류가 금지되는 경우의 구체적인 내용을 보면 압류금지는 채권자의 인간다운 생활을 할 수 있는 경제적 터전을 마련하여 주려는 사회정책적인 고려에 그 근본적인 이유가 있으므로, 압류금지채권은 원칙적으로 양도도 금지된다고 해석하여야 한다고 한다. 그러므로 양도성제한설에 의하면 임금채권은 법령상 압류가 금지되는 범위에서는 양도할 수 없으나 그 나머지는 완전히 유효하게 양도할 수 있고, 그 범위에서는 양수인은 사용자에 대하여 직접 채무의 이행을 청구할 수 있다고 본다.

④ 완전양도성인정설 : 완전양도성인정설은 임금채권의 양도성을 전면적으로 인정할 뿐만 아니라, 양수인의 지급청구권도 인정한다.

3. 대상판결의 평가

퇴직금의 법적 성질을 후불임금으로 보게 되면 퇴직금양도의 문제도 일반적인 임금채권의 양도와 같이 생각할 수 있다. 그런데 임금채권의 양도에 관하여는 근로기준법 제86조의 재해보상청구권에 있어서와 같이 양도를 금지하는 명문규정이 없기 때문에 해석상 우선은 양도가 가능하다고 할 것이다(민법 제449조 제1항 본문).

한편, 대상판결의 다수의견은 근로자의 임금채권을 이전하는 양도는 인정하면서도, 근로기준법이 임금을 근로자에게 직접 지급하도록 규정하고 있기 때문에 부득이 그 채권자체의 귀속과 추심권능을 분리하여 그 추심권능의 이전은 금지된다는 견해를 취하고 있다. 이러한 판단은 결과적으로는 구체적 타당성이 있다고 생각되나, 이러한 견해에 의하면 임금채권의 양도 후에는 실체상의 권리는 양수인에게 이전하고 그 추심권능은 근로자에게 남는 것이 되어 채권양드의 본질에 반하고 법률관계를 복잡하게 한다는 문제가 있다. 다라서 대상판결은 결론에 이르는 이유에 대하여는 설득력있는 근거를 제시하지 못한 문제가 있다고 생각된다. 양도성제한설을 취하여 해결하는 방식이 보다 설득력이 있다고 생각된다.

3. 전액지급의 원칙

제43조(임금 지급) ① 임금은 통화(通貨)로 직접 근로자에게 그 전액을 지급하여야 한다. 다만, 법령 또는 단체협약에 특별한 규정이 있는 경우에는

임금의 일부를 공제하거나 통화 이외의 것으로 지급할 수 있다.

임금은 근로자에게 그 전액을 지급하여야 한다. 다만, 법령 또는 단체협약에 특별한 규정이 있는 경우에는 임금의 일부를 공제할 수 있다. 단체협약에 특별한 규정을 두는 사례로는 노동조합비 체크오프 조항이나 사용자의 근로자에 대한 대출금채권을 임금채권에서 공제할 수 있도록 한 단체협약규정 등을 생각할 수 있다.

대법원 2003. 6. 27. 선고 2003다7623 판결

"근로기준법 제42조 제1항[146] 본문은, '임금은 통화로 직접 근로자에게 그 전액을 지급하여야 한다.'고 규정하여 임금직접지급의 원칙을 천명하고 있으나, 그 단서에서 '법령 또는 단체협약에 특별한 규정이 있는 경우에는 임금의 일부를 공제하거나 또는 통화 이외의 것으로 지급할 수 있다'고 예외를 두고 있는바, 단체협약은 노동조합이 사용자 또는 사용자 단체와 근로조건 기타 노사관계에서 발생하는 사항에 관하여 체결하는 협정으로서 사용자가 근로자의 집단적 의사결정 방법에 의한 동의를 얻지 아니한 채 기득 이익을 침해하는 방법으로 변경하는 것이 금지되어 있고, 체결과정에 있어서도 그 진정성과 명확성이 담보되어 있다는 점과, 개별 근로자의 자유로운 의사에 터잡아 이루어진 동의가 있는 경우 사용자는 근로자에 대한 자동채권과 근로자의 임금채권을 상계할 수 있다는 점(대법원 2001. 10. 23. 선고 2001다25184 판결) 등에 비추어 볼 때, <u>적법하게 체결된 단체협약이 사용자의 근로자에 대한 대출원리금 등 채권 등을 공제할 수 있도록 규정하고 있다 하여 특별한 사정이 없는 한 이것이 근로기준법 제42조의 정신에 반하는 것으로서 무효라고 볼 이유는 없다</u>고 할 것이다."

146) 현행 근로기준법 제43조 제1항과 동일한 취지의 규정이다.

임금 전액지급의 원칙에 따라 사용자는 근로자에게 임금을 전액 지급하여야 하는 것이므로 사용자가 근로자에 대하여 가지는 채권으로써 상계하지 못하는 것이 원칙이다. 다만, 판례는 계산의 착오 등으로 임금이 초과 지급되었을 때 그 행사의 시기가 초과 지급된 시기와 임금의 정산, 조정의 실질을 잃지 않을 만큼 합리적으로 밀접되어 있고 금액과 방법이 미리 예고되는 등 근로자의 경제생활의 안정을 해할 염려가 없는 경우나, 근로자가 퇴직한 후에 그 재직 중 지급되지 아니한 임금이나 퇴직금을 청구하는 경우에는 초과 지급된 임금의 반환청구권을 자동채권으로 하여 상계하는 것은 허용된다고 한다.

또한, 임금 전액불의 원칙에 따라 상계가 금지된다고 하더라도 사용자가 근로자에 대한 채무명의의 집행을 위하여 근로자의 자신에 대한 임금채권에 관하여 압류 및 전부명령을 받는 것까지 금지되는 것은 아니라는 것이 판례의 입장이다.

대법원 1994. 3. 16. 93마1822,1823 결정
"근로기준법 제36조 제1항 본문에 규정된 임금의 전액지급의 원칙에 비추어 사용자가 근로자의 급료나 퇴직금 등 임금채권을 수동채권으로 하여 사용자의 근로자에 대한 다른 채권으로 상계할 수 없지만, 그렇다고 하여 사용자가 근로자에 대한 채무명의의 집행을 위하여 근로자의 자신에 대한 임금채권 중 2분의 1 상당액에 관하여 압류 및 전부명령을 받는 것까지 금지하는 취지는 아니고, 같은 법 제25조는 사용자가 전차금 기타 근로할 것을 조건으로 하는 전대채권과 임금을 서로 상계하지 못한다는 취지를 규정한 데 불과하므로 이를 근거로 하여 위와 같은 사용자의 임금채권에 관한 압류 및 전부명령이 허용되지 않는다고 풀이할 수도 없다."

□ Topic. 임금의 반납 및 조정의 방법

1. 이미 발생한 임금의 반납

근로자들이 기왕의 근로제공으로 인하여 이미 발생한 임금을 반납하는 것은 법적으로는 임금채권의 포기에 해당할 것인바, 종래 임금채권의 포기가 법적으로 허용될 수 있는지 여부에 관하여 논란이 있어 왔다. 대법원 판례 중에는 "근로자의 임금에 관하여 사용자와 근로자가 개별 합의에 의하여 이를 받지 않기로 하든가 또는 이를 포기하는 것은 원칙적으로 근로자의 기본적 생활을 유지하고 인간다운 생활을 보장하기 위한 근로기준법상의 임금전액지급의 원칙에 위반되어 무효"라고 판시한 사례도 있었다.[147] 그러나 근로자의 임금채권이라 하여도 사적자치의 원칙상 근로자의 자유로운 의사에 따라 포기될 수 있다고 보아야 하며, 최근의 대법원 판례 또한 "근로자 스스로 임금 채권을 포기하는 경우 임금의 포기가 근로자의 완전한 자유의사에 기한 것이라고 인정하기에 족한 합리적인 이유가 객관적으로 존재하고, 임금채권 포기에 대한 명백한 의사표시(별다른 이의제기 없이 근무하였거나, 퇴직한 것만으로는 명백한 포기의 의사표시가 있다고 볼 수 없다)가 있으면 사법관계에 있어서 각 개인의 자유와 창의를 존중하여 사적 자치를 최대한 허용하고 있는 우리의 법제상 인정된다"고 판시하여 임금채권의 포기를 인정하고 있다(대법원 1999. 6. 11. 선고 98다22185 판결 참조). 다만, 대법원은 "근로자의 임금채권은 근로기준법에 의하여 강력한 보호를 받는 것이므로 임금채권에 관하여 근로자에게 불리할 수 있는 의사표시에 관하여는 이를 엄격하게 해석하여야 한다"는 전제하에 일정한 요건을 갖춘 때에 한하여 임금채권의 포기가 유효하다고 판단하고 있다. 최근까지의 대법원 판례를 종합하여 볼 때, 대법원이 임금채권의 포기가 유효하다고 인정한 경우로는 ① 임금의 반납에 관하여 근로자들로부터 개별적인 동의를 받았고, 그러한 동의가 개개 근로자들이 자유로운 의사에 따른 것이라고 인정되는 경우(대법원 2000. 10. 13. 선고

147) 대법원 1976. 9. 28. 선고 75다801 판결.

2000다26562 판결), ② 근로자의 과반수가 상여금의 반납에 동의함으로써 회사가 상여금의 지급에 관한 취업규칙을 변경하는 데에 대한 유효한 동의가 있었다고 인정되는 경우(대법원 2003. 7. 11. 선고 2003다5474 판결), ③ 노동조합의 유효한 결의에 따라 상여금 등 임금의 일부를 반납한다는 내용의 단체협약이 체결되었다고 인정될 수 있는 경우(대법원 2004. 2. 12. 선고 2001다63599 판결) 등이 있다.

한편, 판례는 "이미 구체적으로 그 지급청구권이 발생한 임금(상여금 포함)이나 퇴직금은 근로자의 사적 재산영역으로 옮겨져 근로자의 처분에 맡겨진 것이기 때문에 노동조합이 근로자들로부터 개별적인 동의나 수권을 받지 않은 이상, 사용자와 사이에 단체협약만으로 이에 대한 포기나 지급유예와 같은 처분행위를 할 수 없다"고 판시하여, 노동조합이 단체협약의 체결을 통하여 이미 구체적인 권리로서 존재하고 있는 상여금 지급청구권을 소멸시킬 수 없다는 입장을 취하고 있으므로(대법원 2000. 9. 29. 선고 99다67536 판결), 이미 발생한 임금채권을 노동조합의 단체협약으로 반납하는 것은 허용되지 않는다.

2. 장래의 임금채권의 조정

장래의 근로에 대한 임금을 조정하는 경우에는, 먼저 비조합원인 근로자의 장래의 임금수준을 하향조정할 경우에는 취업규칙의 변경이 필요한바, 이 경우에는 통상 불이익 변경에 해당되기 때문에 근로자의 집단적 동의가 필요하다. 판례에 따르면 근로자들의 과반수가 취업규칙에 정한 상여금에 관하여 이를 회사에 반납한다는 결의를 하였거나 또는 동의서를 회람하여 이에 서명하는 방식으로 동의하였고, 이를 회사가 모든 사원들에게 주지한 경우에는 비록 이에 관한 취업규칙의 문구를 변경하여 작성하지 않았다고 하더라도 취업규칙의 유효한 변경이 이루어졌다고 볼 수 있으며, 따라서 이에 따른 임금반납 내지는 임금채권의 포기는 유효하다(대법원 2003. 4. 11. 선고 2002다71832 판결).

한편, 조합원의 경우에는 장래의 임금수준을 하향조정할 경우에는 새로운 단체협약의 체결이 필요하다. 판례는 "협약자치의 원칙상 노동조합은 사용자와 사이에 근로조건을 유리하게 변경하는 내용의 단체협약뿐만 아니라 근로조건을 불리하게 변경하는 내용의 단체협약을 체결할 수 있으므로, 근로조건을 불리하게 변경하는 내용의 단체협약이 현저히 합리성을 결하여 노동조합의 목적을 벗어난 것으로 볼 수 있는 경우와 같은 특별한 사정이 없는 한 그러한 노사간의 합의를 무효라고 볼 수는 없고, 노동조합으로서는 그러한 합의를 위하여 사전에 근로자들로부터 개별적인 동의나 수권을 받을 필요가 없으며, 단체협약이 현저히 합리성을 결하였는지 여부는 단체협약의 내용과 그 체결경위, 당시 사용자측의 경영상태 등 여러 사정에 비추어 판단해야 한다"고 판시하여, 노동조합은 단체협약을 통하여 아직까지 지급기일이 도래하지 아니한 상여금 지급청구권의 내용을 근로자에게 불리하게 변경시킬 수 있다는 입장을 취하고 있다(대법원 2000. 9. 29. 선고 99다67536 판결). 한편, 새로운 임금협약의 체결에 실패하여 무협약 상태가 되더라도 종전의 임금협약에서 정한 임금을 지급하여야 한다. 다만 무협약상태에서는 사용자가 개개 근로자와 개별적인 근로계약을 체결하여 임금을 조정할 수 있다. 이 경우 임금협약에 의하여 임금이 하향조정되더라도 취업규칙이나 근로계약에 이를 상회하는 임금이 명시되어 있을 경우에는 '유리조건의 우선의 원칙'을 인정할 것인가의 여부에 따라 결과가 달라질 것이다.

4. 정기지급의 원칙

제43조(임금 지급)
② 임금은 매월 1회 이상 일정한 날짜를 정하여 지급하여야 한다. 다만, 임시로 지급하는 임금, 수당, 그 밖에 이에 준하는 것 또는 대통령령으로 정하는 임금에 대하여는 그러하지 아니하다.

임금은 매월 1회 이상 일정한 날짜를 정하여 지급하여야 한다. 다만, 임시로 지급하는 임금, 수당, 그 밖에 이에 준하는 것 또는 대통령령으로 정하는 임금에 대하여는 그러하지 아니하다.

5. 임금지급의 원칙 위반행위에 대한 처벌

(1) 벌칙규정

> **제109조(벌칙)** ① 제36조, 제43조, 제44조, 제44조의2, 제46조, 제56조, 제65조 또는 제72조를 위반한 자는 3년 이하의 징역 또는 2천만원 이하의 벌금에 처한다. 〈개정 2007.7.27〉

근로기준법 제43조를 위반한 자는 3년 이하의 징역 또는 2천만원 이하의 벌금에 처한다.

(2) 고의

형법 제8조는 형법의 총칙규정은 타법령에 정한 죄에 적용한다고 규정하고 있으므로, 근로기준법 제43조 위반죄의 성립을 위하여도 고의가 필요하다. 판례는 임금·퇴직금 등 지급의무의 존부 및 범위에 관하여 다툴 만한 근거가 있는 것이라면 사용자가 임금·퇴직금 등을 지급하지 아니한 데에 상당한 이유가 있다고 보아야 할 것이어서 그 고의를 인정하기 어려워 본죄가 성립되지 않는다고 본다.

> **대법원 2007. 3. 29. 선고 2007도97 판결**
> "근로기준법에서 규정하는 임금·퇴직금 등의 기일 내 지급의무 위반죄는 사용자가 경영부진으로 인한 자금사정 등으로 지급기일 내에 임금·퇴직금 등을 지급할 수 없었던 불가피한 경우뿐만 아니라 기타의 사정으로 사용자의 임금부지급에 고의가 없거나 비난할 수 없는 경우에도 그 죄가 되지 않는다 할 것이고(대법원 1998. 6. 26. 선고 98도1260 판결 참조), 임금·퇴직금 등 지급의무의 존부 및 범위

에 관하여 다툴 만한 근거가 있는 것이라면 사용자가 임금·퇴직금 등을 지급하지 아니한 데에 상당한 이유가 있다고 보아야 할 것이어서 그 고의를 인정하기 어려운 것이다(대법원 2005. 6. 9. 선고 2005도1089 판결 등 참조)."

(3) 책임조각사유

사용자가 임금 등의 지급을 위하여 최선의 노력을 다하였으나, 경영부진으로 인한 자금사정 등으로 지급기일 내에 지급할 수 없었던 불가피한 사정이 사회통념에 비추어 인정되는 경우에는 책임이 조각된다.[148)]

대법원 2002. 11. 26. 선고 2002도649 판결
"근로기준법 제112조, 제36조, 제42조에서 정하는 임금 및 퇴직금 등의 기일 내 지급의무 위반죄는 사용자가 그 지급을 위하여 최선의 노력을 다하였으나, 경영부진으로 인한 자금사정 등으로 지급기일 내에 지급할 수 없었던 불가피한 사정이 인정되는 경우에만 면책되는 것이고, 단순히 사용자가 경영부진 등으로 자금압박을 받아 이를 지급할 수 없었다는 것만으로는 그 책임을 면할 수 없다."

(4) 죄수관계

근로기준법 제43조는 개개 근로자의 임금을 확보하기 위한 것이므로 사용자가 수인의 근로자에 대하여 임금지급 원칙을 위반한 경우에는 각각의 근로자에 대하여 1죄가 성립한다(실체적 경합).

148) 대법원 2007. 11. 30. 선고 2006도7329 판결.

대법원 1995. 4. 14. 선고 94도1724 판결
"근로기준법 제109조, 제30조 위반의 범죄는 근로자에 대하여 일정 기일까지 임금을 지급받게 하기 위한 취지이므로 근로자가 수인일 경우 그 범의가 단일한 것이라고 인정하기 어려울 때에는 지급을 받을 수 없었던 근로자 각자마다에 대하여 같은 법조 위반의 범의가 있다고 인정하여야 한다."

(5) 소추요건

제109조(벌칙)
② 제36조, 제43조, 제44조, 제44조의2, 제46조 또는 제56조를 위반한 자에 대하여는 피해자의 명시적인 의사와 다르게 공소를 제기할 수 없다.〈개정 2007.7.27〉

근로기준법 제43조를 위반한 자에 대하여는 피해자의 명시적인 의사와 다르게 공소를 제기할 수 없다. 이러한 반의사불벌죄에 있어서 처벌불원의 의사표시의 부존재는 소극적 소송조건으로서 법원의 직권조사사항에 해당한다.

V. 임금지급의 확보를 위한 제도

1. 도급사업에 대한 임금지급

제44조(도급 사업에 대한 임금 지급) ① 사업이 여러 차례의 도급에 따라 행하여지는 경우에 하수급인(下受給人)이 직상(直上) 수급인의 귀책사유로 근로자에게 임금을 지급하지 못한 경우에는 그 직상 수급인은 그 하수급인과 연대하여 책임을 진다.
② 제1항의 직상 수급인의 귀책사유 범위는 대통령령으로 정한다.

사업이 여러 차례의 도급에 따라 행하여지는 경우에 하수급인이 직상 수급인의 귀책사유로 근로자에게 임금을 지급하지 못한 경우에는 그 직상 수급인은 그 하수급인과 연대하여 책임을 진다. 원래 임금지급의무는 근로자와 직접 근로계약관계를 맺고 있는 사용자에게 있으므로 수급인이 수급받은 일의 일부 또는 전부를 하수급인에게 도급을 준 경우에도 하수급인이 그와 근로계약관계를 맺고 있는 근로자들에 대하여 사용자로서 임금지급의무를 부담함이 원칙인바, 위 조항에 의하여 비로소 일정한 경우 직상수급인이 하수급인과 근로계약관계를 맺고 있는 근로자들에 대하여 임금지급책임을 지게 된다.

한편, 위 규정의 취지는 수급인의 의존성과 종속성을 고려하여 도급을 준 사람이 근로자들이 임금을 받지 못하게 된 데에 일정한 귀책사유가 있는 경우에는 그에게도 책임을 부담케 하려는 데 있으므로, 도급이 1차에 걸쳐 행하여지건 또는 수차에 걸쳐 행하여지건 이를 묻지 않는다고 해석할 것이다. 따라서, 도급이 1차에 걸쳐 행하여짐으로써 도급인과 수급인만이 있는 경우에는 도급인이 직상수급인에 해당한다고 할 것이다.[149]

여기서 직상수급인의 귀책사유란 직상수급인이 정당한 사유 없이 도급계약에서 정한 도급 금액 지급일에 도급 금액을 지급하지 아니하거나, 정당한 사유 없이 도급계약에서 정한 원자재 공급을 늦게 하거나 공급을 하지 아니하거나, 또는 정당한 사유 없이 도급계약의 조건을 이행하지 아니하여 하수급인이 도급사

149) 하급심 판결이기는 하나 광주지법 1992. 1. 10. 선고 91노856 판결도 이 같은 취지로 판시하고 있다.

업을 정상적으로 수행하지 못한 경우를 말한다(시행령 제24조).

위 조항에 의하여 직상수급인과 하수급인은 하수급인과 근로계약관계를 맺고 있는 근로자들에게 연대하여 임금을 지급할 책임을 지게 되므로 하수급인의 근로자들은 직상수급인이나 하수급인 중 어느 누구에게도 임금의 전부를 청구할 수 있게 되는바, 일반적으로 자력이 나은 직상수급인을 상대로 임금을 청구하는 경우가 많을 것이다. 직상수급인이 위 조항에 의하여 하수급인의 근로자들에게 임금을 지급하였다면 특별한 사정이 없는 한 직상수급인은 원래 하수급인에게 지급의무가 있는 임금채무를 대신 이행한 셈이 되므로 하수급인에 대하여 그가 지급한 임금 상당액의 구상채권을 취득하게 된다고 할 것이다.[150]

2. 건설업에서의 임금 지급 연대책임

(1) 건설업에서의 임금 지급 연대책임

> **제44조의2(건설업에서의 임금 지급 연대책임)** ① 건설업에서 사업이 2차례 이상 「건설산업기본법」 제2조제11호에 따른 도급(이하 "공사도급"이라 한다)이 이루어진 경우에 같은 법 제2조제7호에 따른 건설업자가 아닌 하수급인이 그가 사용한 근로자에게 임금(해당 건설공사에서 발생한 임금으로 한정한다)을 지급하지 못한 경우에는 그 직상 수급인은 하수급인과 연대하여 하수급인이 사용한 근로자의 임금을 지급할 책임을 진다. 〈개정 2011.5.24〉
> ② 제1항의 직상 수급인이 「건설산업기본법」 제2조제7호에 따른 건설업자가 아닌 때에는 그 상위 수급인 중에서 최하위의 같은 호에 따른 건설업자를 직상 수급인으로 본다.〈개정 2011.5.24〉

건설업에서 사업이 2차례 이상 건설산업기본법 제2조 제11호

150) 대법원 1988. 4. 12. 선고 87다카1886 판결.

에 따른 도급이 이루어진 경우에 동법 제2조 제7호에 따른 건설업자가 아닌 하수급인이 그가 사용한 근로자에게 해당 건설공사에서 발생한 임금을 지급하지 못하면 그 직상수급인은 하수급인과 연대하여 하수급인이 사용한 근로자의 임금을 지급할 책임을 진다. 이 경우에는 직상수급인의 귀책사유는 묻지 않는다. 이 경우 직상수급인이 동법 제2조 제7호에 따른 건설업자가 아닌 때에는 그 상위 수급인 중에서 최하위의 건설업자를 직상 수급인으로 본다.

(2) 건설업의 공사도급에 있어서의 임금에 관한 특례

제44조의3(건설업의 공사도급에 있어서의 임금에 관한 특례) ① 공사도급이 이루어진 경우로서 다음 각 호의 어느 하나에 해당하는 때에는 직상 수급인은 하수급인에게 지급하여야 하는 하도급 대금 채무의 부담 범위에서 그 하수급인이 사용한 근로자가 청구하면 하수급인이 지급하여야 하는 임금(해당 건설공사에서 발생한 임금으로 한정한다)에 해당하는 금액을 근로자에게 직접 지급하여야 한다.

1. 직상 수급인이 하수급인을 대신하여 하수급인이 사용한 근로자에게 지급하여야 하는 임금을 직접 지급할 수 있다는 뜻과 그 지급방법 및 절차에 관하여 직상 수급인과 하수급인이 합의한 경우
2. 「민사집행법」 제56조제3호에 따른 확정된 지급명령, 하수급인의 근로자에게 하수급인에 대하여 임금채권이 있음을 증명하는 같은 법 제56조제4호에 따른 집행증서, 「소액사건심판법」 제5조의7에 따라 확정된 이행권고결정, 그 밖에 이에 준하는 집행권원이 있는 경우
3. 하수급인이 그가 사용한 근로자에 대하여 지급하여야 할 임금채무가 있음을 직상 수급인에게 알려주고, 직상 수급인이 파산 등의 사유로 하수급인이 임금을 지급할 수 없는 명백한 사유가 있다고 인정하는 경우

② 「건설산업기본법」 제2조제10호에 따른 발주자의 수급인(이하 "원수급인"이라 한다)으로부터 공사도급이 2차례 이상 이루어진 경우로서 하수급인(도급받은 하수급인으로부터 재하도급 받은 하수급인을 포함한다. 이하 이 항에

서 같다)이 사용한 근로자에게 그 하수급인에 대한 제1항제2호에 따른 집행권원이 있는 경우에는 근로자는 하수급인이 지급하여야 하는 임금(해당 건설공사에서 발생한 임금으로 한정한다)에 해당하는 금액을 원수급인에게 직접 지급할 것을 요구할 수 있다. 원수급인은 근로자가 자신에 대하여 「민법」 제404조에 따른 채권자대위권을 행사할 수 있는 금액의 범위에서 이에 따라야 한다.〈개정 2011.5.24〉
③ 직상 수급인 또는 원수급인이 제1항 및 제2항에 따라 하수급인이 사용한 근로자에게 임금에 해당하는 금액을 지급한 경우에는 하수급인에 대한 하도급 대금 채무는 그 범위에서 소멸한 것으로 본다.

가. 직상수급인의 임금지급의무

건설업에서 사업이 2차례 이상 건설산업기본법 제2조 제11호에 따른 도급이 이루어진 경우로서 (i) 직상 수급인이 하수급인을 대신하여 하수급인이 사용한 근로자에게 지급하여야 하는 임금을 직접 지급할 수 있다는 뜻과 그 지급방법 및 절차에 관하여 직상수급인과 하수급인이 합의한 경우, (ii) 민사집행법 제56조 제3호에 따른 확정된 지급명령 기타 이에 준하는 집행권원이 있는 경우, (iii) 하수급인이 그가 사용한 근로자에 대하여 지급하여야 할 임금채무가 있음을 직상 수급인에게 알려주고, 직상수급인이 파산 등의 사유로 하수급인이 임금을 지급할 수 없는 명백한 사유가 있다고 인정하는 경우 중 하나에 해당하는 때에는 직상수급인은 하수급인에게 지급하여야 하는 하도급 대금 채무의 부담 범위에서 그 하수급인이 사용한 근로자가 청구하면 하수급인이 지급하여야 하는 해당 건설공사에서 발생한 임금에 해당하는 금액을 근로자에게 직접 지급하여야 한다. 직상수급인이 하수급인이 사용한 근로자에게 임금에 해당하는 금액을 지급한 경우에는 하수급인에 대한 하도급 대금 채무는 그 범위에서 소멸한 것으로 본다.

나. 원수급인의 임금지급의무

건설산업기본법 제2조 제10호에 따른 발주자의 수급인(이하 "원수급인")으로부터 공사도급이 2차례 이상 이루어진 경우로서 하수급인이 사용한 근로자에게 그 하수급인에 대한 민사집행법 제56조 제3호에 따른 확정된 지급명령 기타 이에 준하는 집행권원이 있는 경우에는 근로자는 하수급인이 지급하여야 하는 건설공사에서 발생한 임금에 해당하는 금액을 원수급인에게 직접 지급할 것을 요구할 수 있다. 원수급인은 근로자가 자신에 대하여 민법 제404조에 따른 채권자대위권을 행사할 수 있는 금액의 범위에서 이에 따라야 한다. 원수급인이 하수급인이 사용한 근로자에게 임금에 해당하는 금액을 지급한 경우에는 하수급인에 대한 하도급 대금 채무는 그 범위에서 소멸한 것으로 본다.

3. 임금채권의 우선변제

> **제38조(임금채권의 우선변제)** ① 임금, 재해보상금, 그 밖에 근로관계로 인한 채권은 사용자의 총재산에 대하여 질권(質權) 또는 저당권에 따라 담보된 채권 외에는 조세·공과금 및 다른 채권에 우선하여 변제되어야 한다. 다만, 질권 또는 저당권에 우선하는 조세·공과금에 대하여는 그러하지 아니하다.
>
> ② 제1항에도 불구하고 다음 각 호의 어느 하나에 해당하는 채권은 사용자의 총재산에 대하여 질권 또는 저당권에 따라 담보된 채권, 조세·공과금 및 다른 채권에 우선하여 변제되어야 한다.
>
> 1. 최종 3개월분의 임금
> 2. 재해보상금

(1) 임금채권의 우선변제

임금, 재해보상금 기타 근로관계로 인한 채권은 사용자의 총재산에 대하여 질권 또는 저당권에 따라 담보된 채권 외에는 조세·공과금 및 다른 채권에 우선하여 변제되어야 한다. 다만, 질권 또는 저당권에 우선하는 조세·공과금에 대하여는 그러하지 아니하다.

(2) 우선변제특권

근로자의 최종 3개월분의 임금채권과 재해보상금은 사용자의 총재산에 대하여 질권 또는 저당권에 따라 담보된 채권, 조세·공과금 및 다른 채권에 우선하여 변제되어야 한다. 이러한 임금우선특권은 당사자의 약정 없이도 법률의 규정에 의하여 당연히 성립하는 법정담보물권이라는 것이 판례의 입장이다.151)

가. 우선변제특권이 인정되는 임금채권의 범위

우선변제특권이 인정되는 임금채권의 범위는 근로자의 최종 3개월분의 임금채권과 재해보상금이다. 여기서 배당요구 당시 근로계약관계가 이미 종료한 경우 우선변제특권이 인정되는 임금채권의 범위가 문제되는바, 판례는 근로계약관계의 종료시부터 소급하여 3개월 사이에 지급사유가 발생한 임금 중 미지급분에 대하여 우선변제특권이 인정된다는 입장이다.

대법원 2008.6.26. 선고 2006다1930 판결
"구 근로기준법(2007. 4. 11 법률 제8372호로 전문 개정되기 전의

151) 대법원 1990. 7. 10. 선고 89다카13155 판결, 대법원 1994. 12. 27. 선고 94다19242 판결.

것) 제37조 제2항 제1호[152]에 의하여 우선변제의 특권의 보호를 받는 임금채권의 범위는, 임금채권에 대한 근로자의 배당요구 당시 근로자와 사용자의 근로계약관계가 이미 종료하였다면 그 종료시부터 소급하여 3개월 사이에 지급사유가 발생한 임금 중 미지급분을 말한다."

나. 우선변제특권이 미치는 재산

우선변제특권은 사용자의 총재산에 대하여 미친다. 여기서 '사용자'는 사업주만을 지칭하는 개념으로 개인 경영의 경우에는 경영주 개인을 법인 경영의 경우에는 법인 그 자체를 의미한다고 할 것이다.[153]

이와 관련하여 사용자가 재산을 특정승계 취득하기 전에 설정된 담보권에 대하여도 임금채권 등의 우선변제특권이 인정되는지 문제되는바, 판례는 원칙적으로 사용자가 재산을 취득하기 전에 설정된 담보권에 대하여는 임금채권의 우선변제권이 미치지 않는다고 본다.

152) 현행 근로기준법 제38조 제2항 제1호와 동일한 취지의 규정이다.

153) 대법원도 1996.2.9 선고 95다719 판결에서 "임금 우선변제권의 적용대상이 되는 '사용자의 총 재산'이라 함은 근로계약의 당사자로서 임금채무를 1차적으로 부담하는 사업주인 사용자의 총 재산을 의미하고 따라서 사용자가 법인인 경우에는 법인 자체의 재산만을 가리키며 법인의 대표자 등 사업경영 담당자의 개인재산은 이에 포함되지 않는다고 봄이 상당하다."라고 판시하여 같은 입장을 취하고 있는 것으로 보인다. 이 판결은 합자회사의 경우 무한책임사원의 개인소유 재산이 사용자의 총재산에 포함되는지의 문제에 관하여 "보충적인 위 책임의 성질이나 일반담보권자의 신뢰보호 및 거래질서에 미치는 영향 등을 고려할 때 이를 회사가 사업주로서 임금채무를 부담하는 경우와 동일하다고 보아 무한책임사원 개인 소유의 재산까지 임금 우선변제권의 대상이 되는 사용자의 총재산에 포함된다고 해석할 수는 없다."고 판시하고 있다.

대법원 2004. 5. 27. 선고 2002다65905 판결[154]

"근로기준법 제37조 제2항[155]은 근로자의 최저생활을 보장하고자 하는 공익적 요청에서 일반 담보물권의 효력을 일부 제한하고 임금채권의 우선변제권을 규정한 것으로서, 그 규정의 취지는 근로자가 최종 3월분의 임금과 최종 3년간의 퇴직금, 재해보상금에 관한 채권을 질권, 저당권에 의하여 담보된 채권, 조세공과금 및 다른 채권과 동시에 사용자의 동일재산으로부터 경합하여 변제받는 경우에, 그 각 채권의 성립의 선후나 질권 또는 저당권의 설정 여부에 관계없이 그 임금, 퇴직금 등을 우선적으로 변제받을 수 있는 권리가 있음을 밝힌 것이며 사용자가 재산을 특정승계 취득하기 전에 설정된 담보권에 대하여까지 그 임금채권의 우선변제권을 인정한 것은 아니다."

그러나, 외견상 재산을 특정승계에 해당하나 그 실질이 포괄승계와 유사한 경우에는 예외적으로 사용자가 재산을 취득하기 전에 설정된 담보권에 대하여는 임금채권의 우선변제권이 미친다고 볼 수 있을 것이다. 대법원도 위 대법원 2004. 5. 27. 선고 2002다65905 판결에서 "개인병원 형태로 운영되던 사업을 의료법인 형태로 전환하면서 근저당권의 목적물인 부동산 등 물적 시설을 의료법인에 출자하고 그에 따라 근로자들의 근로관계도 법인에 단절 없이 승계된 경우와 같이 사업의 인적 조직·물적 시설이 그의 동일성을 유지하면서 일체로서 이전되어 형식적으로 경영주체의 변경이 있을 뿐 개인병원과 의료법인 사이에 실질적인 동일성이 인정되는 경우에는 담보된 재산만이 특정승계된 경우와는 달라서, 고용이 승계된 근로자는 물론 법인 전환

154) 이 판결에 대한 평석은 송승룡, "소정의 임금채권 우선변제권의 대상인 '사용자의 총재산'에 대한 판례연구", 법조 제54권제5호 (통권584호) (2005.05) 법조협회 참조.

155) 현행 근로기준법 제38조 제2항과 동일한 취지의 규정이다.

후에 신규로 채용된 근로자들도 사용자가 재산을 취득하기 전에 설정된 담보권에 대하여 임금 등의 우선변제권을 가진다"고 판단하였다.

다. 우선변제특권의 행사방법

근로기준법에 의하여 우선변제청구권을 갖는 임금채권자라고 하더라도 임의경매절차에서 배당요구의 종기까지 배당요구를 하여야만 우선배당을 받을 수 있다. 다만, 우선변제권이 있는 임금채권자가 경매절차개시 전에 경매 목적 부동산을 가압류한 경우에는 배당요구의 종기까지 우선권 있는 임금채권임을 소명하지 않았다고 하더라도 배당표가 확정되기 전까지 그 가압류의 청구채권이 우선변제권 있는 임금채권임을 소명하면 우선배당을 받을 수 있다는 것이 판례이다.[156] 나아가, 판례는 경매절차개시 전에 경매 목적 부동산을 가압류한 자가 배당표 확정 전까지 가압류의 청구채권이 우선변제권 있는 임금채권임을 소명하였음에도 불구하고 임금채권자에게 우선배당을 하지 아니한 채 후순위 채권자에게 배당하는 것으로 배당표가 확정된 경우에는 이로 인하여 배당을 받지 못한 임금채권자는 배당을 받은 후순위 채권자를 상대로 부당이득반환청구권을 갖는다고 보았다.

대법원 2004. 7. 22. 선고 2002다52312 판결
"근로기준법상 우선변제권이 있는 임금채권자가 경매절차개시 전에 경매 목적 부동산을 가압류하고 배당표가 확정되기 전까지 그 가압류의 청구채권이 우선변제권 있는 임금채권임을 소명하였음에도 경매법원이 임금채권자에게 우선배당을 하지 아니한 채 후순위 채권자에게 배당하는 것으로 배당표를 작성하고 그 배당표가 그대로 확정

156) 대법원 2004. 7. 22. 선고 2002다52312 판결.

된 경우에는 배당을 받아야 할 자가 배당을 받지 못하고 배당을 받지 못할 자가 배당을 받은 것으로서 배당에 관하여 이의를 한 여부 또는 형식상 배당절차가 확정되었는가의 여부에 관계없이 배당을 받지 못한 임금채권자는 배당을 받은 후순위 채권자를 상대로 부당이득반환청구권을 갖는다."

라. 선박우선특권과의 우선순위

상법은 (i) 채권자의 공동이익을 위한 소송비용, 항해에 관하여 선박에 과한 제세금, 도선료 · 예선료, 최후 입항 후의 선박과 그 속구의 보존비 · 검사비, (ii) 선원과 그 밖의 선박사용인의 고용계약으로 인한 채권, (iii) 해난구조로 인한 선박에 대한 구조료 채권과 공동해손의 분담에 대한 채권 및 (iv) 선박의 충돌과 그 밖의 항해사고로 인한 손해, 항해시설 · 항만시설 및 항로에 대한 손해와 선원이나 여객의 생명 · 신체에 대한 손해의 배상채권을 가진 자는 선박 · 그 속구, 그 채권이 생긴 항해의 운임, 그 선박과 운임에 부수한 채권에 대하여 다른 채권자보다 자기채권의 우선변제를 받을 권리가 있다고 하여 선박우선특권을 인정하고 있다.

상법 제777조 (선박우선특권 있는 채권)

① 다음의 채권을 가진 자는 선박 · 그 속구, 그 채권이 생긴 항해의 운임, 그 선박과 운임에 부수한 채권에 대하여 우선특권이 있다.

1. 채권자의 공동이익을 위한 소송비용, 항해에 관하여 선박에 과한 제세금, 도선료 · 예선료, 최후 입항 후의 선박과 그 속구의 보존비 · 검사비
2. 선원과 그 밖의 선박사용인의 고용계약으로 인한 채권
3. 해난구조로 인한 선박에 대한 구조료 채권과 공동해손의 분담에 대한 채권
4. 선박의 충돌과 그 밖의 항해사고로 인한 손해, 항해시설 · 항만시설 및 항

> 로에 대한 손해와 선원이나 여객의 생명·신체에 대한 손해의 배상채권
> ② 제1항의 우선특권을 가진 선박채권자는 이 법과 그 밖의 법률의 규정에 따라 제1항의 재산에 대하여 다른 채권자보다 자기채권의 우선변제를 받을 권리가 있다. 이 경우 그 성질에 반하지 아니하는 한 「민법」 의 저당권에 관한 규정을 준용한다.
> [전문개정 2007.8.3]

이러한 선박우선특권 있는 채권과 임금우선특권 있는 채권 사이의 우선순위에 대하여 판례는 양 우선특권제도의 입법 취지와 관련법령의 내용에 비추어 임금우선특권을 선박우선특권보다 우선시키는 것이 합리적이라는 입장을 취한다.

> **대법원 2005. 10. 13. 선고 2004다26799 판결**[157)]
> "선박우선특권 제도는 원래 해상기업에 수반되는 위험성으로 인하여 해사채권자에게 확실한 담보를 제공할 필요성과 선박소유자에게 책임제한을 인정하는 대신 해사채권자를 두텁게 보호해야 한다는 형평상의 요구에 의하여 생긴 제도임에 비하여, 임금우선특권 제도는 근로자의 생활안정, 특히 사용자가 파산하거나 사용자의 재산이 다른 채권자에 의해 압류되었을 경우에 사회·경제적 약자인 근로자의 최저생활보장을 확보하기 위한 사회정책적 고려에서 일반 담보물권자 등의 희생 아래 인정되어진 제도로서 그 공익적 성격이 매우 강하므로, 양 우선특권제도의 입법 취지를 비교하면 임금우선특권을 더 강하게 보호할 수밖에 없고, 나아가 상법 제861조 제2항[158)]에 의하면, 선박우선특권 있는 채권을 가진 자는 다른 채권자보다 우선변제를 받을 권리가 있되 이 경우에 그 성질에 반하지 아니하는 한 민법상의 저당권에 관한 규정을 준용하도록 되어 있는 점, 조세채권우선원칙의 예외사유를 규정한 국세기본법 제35조 제1항 단서나 지방세

157) 이 판결에 대한 평석은 김동진, "선박우선특권과 임금우선특권 사이의 순위", 판례연구 18집(2007.2), 부산판례연구회 참조.
158) 현행 상법 제777조 제2항과 동일한 취지의 규정이다.

법 제31조 제2항에서 임금우선특권은 그 예외사유로 규정되어 당해세보다도 우선하는 반면에 선박우선특권은 예외사유에서 빠져 있는 점, 구 근로기준법(2005. 1. 27. 법률 제7379호로 개정되기 이전의 것) 제37조 제2항[159]은 임금우선특권 있는 채권은 조세·공과금 채권에도 우선한다는 취지로 규정하고 있음에 반하여 상법에는 선박우선특권 있는 채권과 조세채권 상호간의 순위에 관하여 아무런 규정이 없을 뿐만 아니라, 오히려 상법 제861조 제1항은 '항해에 관하여 선박에 과한 제세금'을 제1호소정의 채권에 포함시켜 선박우선특권 내부에서 가장 앞선 순위로 규정하고 있는 점 등을 감안하면, 임금우선특권을 선박우선특권보다 우선시키는 것이 합리적인 해석이라고 할 것이다."

Ⅵ. 임금채권 관련 기타 규정

1. 비상시 지급

제45조(비상시 지급) 사용자는 근로자가 출산, 질병, 재해, 그 밖에 대통령령으로 정하는 비상(非常)한 경우의 비용에 충당하기 위하여 임금 지급을 청구하면 지급기일 전이라도 이미 제공한 근로에 대한 임금을 지급하여야 한다.

사용자는 근로자가 출산, 질병, 재해 기타 대통령령으로 정하는 비상한 경우의 비용에 충당하기 위하여 임금 지급을 청구하면 지급기일 전이라도 이미 제공한 근로에 대한 임금을 지급하여야 한다. 여기서 대통령령으로 정하는 비상한 경우란 근로자 또는 그의 수입으로 생계를 유지하는 자가 출산하거나 질병에

159) 현행 근로기준법 제38조 제2항과 동일한 취지의 규정이다.

걸리거나 재해를 당한 경우, 혼인 또는 사망한 경우 또는 부득이한 사유로 1주일 이상 귀향하게 되는 경우를 말한다(시행령 제25조).

2. 휴업수당의 보장

제46조(휴업수당) ① 사용자의 귀책사유로 휴업하는 경우에 사용자는 휴업기간 동안 그 근로자에게 평균임금의 100분의 70 이상의 수당을 지급하여야 한다. 다만, 평균임금의 100분의 70에 해당하는 금액이 통상임금을 초과하는 경우에는 통상임금을 휴업수당으로 지급할 수 있다.
② 제1항에도 불구하고 부득이한 사유로 사업을 계속하는 것이 불가능하여 노동위원회의 승인을 받은 경우에는 제1항의 기준에 못 미치는 휴업수당을 지급할 수 있다.

사용자의 귀책사유로 휴업하는 경우에 사용자는 휴업기간 동안 그 근로자에게 평균임금의 100분의 70 이상의 수당을 지급하여야 한다. 다만, 평균임금의 100분의 70에 해당하는 금액이 통상임금을 초과하는 경우에는 통상임금을 휴업수당으로 지급할 수 있다. 이 경우 휴업한 기간 중에 근로자가 임금의 일부를 지급받은 때에는 사용자는 평균임금에서 그 지급받은 임금을 뺀 금액의 100분의 70 이상에 해당하는 수당을 지급하여야 한다. 다만, 통상임금을 휴업수당으로 지급하는 경우에는 통상임금에서 휴업한 기간 중에 지급받은 임금을 뺀 금액을 지급하여야 한다(시행령 제26조). 한편, 부득이한 사유로 사업을 계속하는 것이 불가능하여 노동위원회의 승인을 받은 경우에는 이러한 기준에 미달하는 휴업수당을 지급할 수 있다.

3. 도급근로자의 임금보장

> **제47조(도급 근로자)** 사용자는 도급이나 그 밖에 이에 준하는 제도로 사용하는 근로자에게 근로시간에 따라 일정액의 임금을 보장하여야 한다.

사용자는 도급이나 그 밖에 이에 준하는 제도로 사용하는 근로자에게 근로시간에 따라 일정액의 임금을 보장하여야 한다.

4. 임금대장

> **48조(임금대장)** 사용자는 각 사업장별로 임금대장을 작성하고 임금과 가족수당 계산의 기초가 되는 사항, 임금액, 그 밖에 대통령령으로 정하는 사항을 임금을 지급할 때마다 적어야 한다.

사용자는 각 사업장별로 임금대장을 작성하고 임금과 가족수당 계산의 기초가 되는 사항, 임금액, 그 밖에 대통령령으로 정하는 사항을 임금을 지급할 때마다 적어야 한다.

5. 임금채권의 소멸시효

(1) 소멸시효기간

> **제49조(임금의 시효)** 이 법에 따른 임금채권은 3년간 행사하지 아니하면 시효로 소멸한다.

근로기준법에 따른 임금채권은 3년간 행사하지 아니하면 시효로 소멸한다.

(2) 소멸시효의 기산점

미지급 중간퇴직금 채권의 소멸시효는 그 퇴직금 중간정산일로부터 기산된다.

> **대법원 2006.5.26. 선고 2003다54322,54339 판결**
> "미지급 중간퇴직금 채권의 소멸시효는 그 퇴직금 중간정산일로부터 기산되고, 중간퇴직금 정산 이후에 근로관계가 계속되었다 하더라도 이러한 사정만으로는 달리 볼 것은 아니다."

제8장 근로시간과 휴식

Ⅰ. 근로시간의 의의

제50조(근로시간) ① 1주 간의 근로시간은 휴게시간을 제외하고 40시간을 초과할 수 없다.
② 1일의 근로시간은 휴게시간을 제외하고 8시간을 초과할 수 없다.

근로기준법은 근로시간에 관하여 다양한 규정을 두고 있지만, 정작 근로시간의 정의에 관하여는 아무런 규정도 하고 있지 않고, 다만 근로시간에는 휴게시간이 제외된다는 점만 분명히 하고 있다. 판례는 근로기준법상의 근로시간이라 함은 근로자가 사용자의 지휘·감독 아래 근로계약상의 근로를 제공하는 시간을 말하며, 근로자가 작업시간의 도중에 현실로 작업에 종사하지 않은 대기시간이나 휴식·수면시간 등이라 하더라도 그것이 휴게시간으로서 근로자에게 자유로운 이용이 보장된 것이 아니고 실질적으로 사용자의 지휘·감독하에 놓여 있는 시간이라면 이는 근로시간에 포함된다는 입장이다.[160]

160) 대법원 1993. 5. 27. 선고 92다24509 판결 참조.

> **제2조(정의)** ① 이 법에서 사용하는 용어의 뜻은 다음과 같다.
> 7. "소정(所定)근로시간"이란 제50조, 제69조 본문 또는 「산업안전보건법」 제46조에 따른 근로시간의 범위에서 근로자와 사용자 사이에 정한 근로시간을 말한다.

소정근로시간이란 근로기준법 제50조, 제69조 본문 또는 산업안전보건법 제46조에 따른 근로시간의 범위에서 근로자와 사용자 사이에 정한 근로시간을 말한다.

> **제50조(근로시간)** ① 1주 간의 근로시간은 휴게시간을 제외하고 40시간을 초과할 수 없다.
> ② 1일의 근로시간은 휴게시간을 제외하고 8시간을 초과할 수 없다.

1주간의 근로시간은 휴게시간을 제외하고 40시간을 초과할 수 없고, 1일의 근로시간은 휴게시간을 제외하고 8시간을 초과할 수 없다.

근로시간의 판단과 계산[161)]

대법원 2006. 11. 23. 선고 2006다41990 판결

Ⅰ. 사실관계

- OO아파트의 경비원인 A(이하 "원고")는 1999. 3. 15. OO아파트입주자대표회의(이하 "피고")와 근로계약을 체결하고 OO아파트의 경비업무를 수행하여 왔다.

- 피고는 원고를 포함한 선정자들(이하 "원고들")과 근로계약을 체결함에 있어, 원고들이 이 사건 아파트의 경비와 순찰을 주로 담당한다는 근로형태의 특수성을 고려하여 근로기준법 상에 근로시간을 초과하는 연장근로와 야간·휴일근로수당 및 임금, 상여금, 퇴직금 등 제수당을 합하여 매월 일정액을 지급하는 내용의 포괄임금제 방식을 택하였고, 원고들은 매일 09:00부터 다음날 09:00까지 24시간 근무 후 24시간을 쉬는 격일제 방식으로 아파트 경비업무를 수행하여 왔다.

- 그러던 중 원고들은 피고와 체결한 이 사건 근로계약의 포괄임금제는 취업규칙에 그 내용을 명시하지 않았고 실제로 선정자들이 감시업무 이외에 화단정리, 쓰레기분리수거 등

161) 이 판결에 대한 평석은 박순영, "근로기준법상 근로시간의 규제와 포괄임금제", 대법원판례해설 83호 (2010 상반기), 법원도서관 참조.

의 잡무를 많이 담당하고 있음에도 이를 제대로 반영하지 못하고 있어 무효이고, 위 포괄임금은 선정자들이 지급받아야 할 야간, 연・월차수당의 금액을 포함하지 않고 있을 뿐 아니라 최저임금에도 미달하므로 피고는 미지급 수당 및 최저임금미달액 등을 지급할 의무가 있다고 주장하며 동 금원의 지급을 구하는 소를 제기하였다.

- 위 소송과정에서 (i) OO아파트 관리사무소가 작성한 관리원 근무수칙에는 '야간근무 중 계속 수면을 취하다 동대표, 관리소장, 관리반장에게 적발시는 책임자 조치에 따른다.'라고 기재되어 있다는 사실이 확인되었고, (ii) 위 아파트의 관리원 및 관리반장으로 10년간 근무한 적이 있는 박OO은 '피고가 6시간의 휴식시간을 준 사실이 없으며, 관리반장으로 재직할 때 주간에는 수시로, 야간에는 23시부터 다음날 05시까지 자전거를 타고 관리원들의 근무초소를 순찰하면서 졸고 있거나 심야시간에 혹시라도 수면을 취하는 근무자를 적발하기 위한 감시・감독을 실행한 사실이 있다'라고 증언하였으며, (iii) 원고를 포함한 위 아파트의 전・현직 관리원들이 '재직 중 어떠한 휴게시간도 공식적으로 제공받은 사실이 없었다. 점심・저녁 식사시간은 전혀 없었고, 심야시간대에도 신발을 신고 의자에 앉아서 깜박깜박 졸면서 근무한 경우 말고는 24시간 근무 중 단 1시간도 휴게시간은 없었다.'라는 내용의 확인서를 작성・제출하였고, (iv) 피고의 전 대표자 이명자는 원고들의 임금 지급 요구와 관련하여 관할 지방노동사무소에서 조사를 받으면서 '경비직 근무자들의 경우 격일제로 근무하며 휴게시간은 알아서 쉬

고 있다.'라고 진술한 사실이 확인되었다.

Ⅱ. 판결요지

- 근로기준법상의 근로시간은 근로자가 사용자의 지휘·감독 아래 근로계약상의 근로를 제공하는 시간을 말하는바, 근로자가 작업시간의 도중에 현실로 작업에 종사하지 않은 대기시간이나 휴식·수면시간 등이라 하더라도 그것이 휴게시간으로서 근로자에게 자유로운 이용이 보장된 것이 아니고 실질적으로 사용자의 지휘·감독 아래 놓여 있는 시간이라면 이는 근로시간에 포함된다. 따라서, 24시간 동안 일한 후 24시간을 쉬는 격일제 형식으로 근무하는 아파트 경비원들의 실제 근로시간을 판단함에 있어서는 이들의 점심·저녁식사 및 심야시간의 근무실태에 대하여 구체적으로 심리해 본 후 사용자인 피고의 지휘명령으로부터 완전히 해방되어 원고들의 자유로운 이용이 보장된 식사시간 및 수면시간이 주어진 것으로 인정되는 경우에 한하여 그 시간만을 실제 근로시간에서 제외하였어야 할 것이므로, 원고들의 1일 실제 근로시간이 휴게시간 6시간을 제외한 18시간이라고 속단한 후 이를 기초로 최저임금을 산정한 원심판결에는 심리를 다하지 아니하고 채증법칙에 위반하여 사실을 잘못 인정하거나 근로기준법상의 휴게시간에 관한 법리를 오해함으로써 판결에 영향을 미친 위법이 있다.

Ⅲ. 해설

1. 근로시간의 개념

근로기준법은 근로시간의 개념과 관련하여 휴게시간이 근로시간에서 제외된다는 점을 명시하고 있을 뿐 별다른 규정을 두고 있지 아니한바, 종래 판례는 근로기준법상의 근로시간이라 함은 근로자가 사용자의 명시 또는 묵시의 지휘·감독 아래 근로계약상의 근로를 제공하는 시간을 말하는 것으로 당해 '근로계약상의 근로를 제공한 시간'에는 단지 근로자가 현실적으로 작업에 종사한 시간만이 포함되는 것은 아니며 근로자가 자신의 노동력을 처분가능한 상태로 사용자의 지휘·감독하에 두고 있는 시간도 포함되고, 또한 현실로 작업에 종사하지 않는다고 하더라도 근로자에게 그 자유로운 이용이 보장되지 않으며 사용자의 처분 아래 두어지는 시간도 근로시간에 포함된다는 입장을 취하고 있다.[162)]

2. 휴게시간과 대기시간의 구분

근로자가 시업시각에서 종업시각의 중간에 외형상 아무런 활동을 하고 있지 않은 시간이 있는 경우 이러한 시간이 근로시간에 포함되는지 여부가 문제되는바, 이는 휴게시간의 인정범위와도 관계가 있다. 휴게시간이란 실근로시간과 반대되는 개념으로, 근로자가 현실적인 작업에서 떠나 또는 1일의 근로시간 도중에 잠시 사용자의 지휘감독에서 완전히 벗어나 있는 시간을 말한

162) 대법원 1992. 10. 9. 선고 91다14406 판결.

다. 이러한 휴게시간은 소정근로시간에도 포함되지 않기 때문에 이에 대하여 임금지급의무가 없다. 반면, 근로자가 작업시간의 도중에 현실로 작업에 종사하지 않은 대기시간이나 휴식·수면 시간 등이라 하더라도 그것이 휴게시간으로서 근로자에게 자유로운 이용이 보장된 것이 아니고 실질적으로 사용자의 지휘·감독 아래 놓여 있는 시간이라면 이는 근로시간에 포함된다.

휴게시간과 대기시간과 구별하기 위한 구체적인 판단기준으로 (i) 근로자가 현실적인 근로로부터 떠나 있고, (ii) 근로자에게 시간적·장소적으로 근로로부터 떠나는 것이 보장되어 근로자가 이를 자유롭게 이용할 수 있는 상태에 있는지 등을 고려하여 판단하여야 할 것이다. 즉, 사용자의 지휘명령으로부터 완전히 해방되어 원고들의 자유로운 이용이 보장된 경우에 한하여 그 시간만을 휴게시간으로 인정할 수 있다.

3. 대상판결의 평가

대상판결은 "근로기준법상의 근로시간이라 함은 근로자가 사용자의 지휘, 감독 아래 근로계약상의 근로를 제공하는 시간을 말하는바, 근로자가 작업시간의 도중에 현실로 작업에 종사하지 않은 대기시간이나 휴식·수면시간 등이라 하더라도 그것이 휴게시간으로서 근로자에게 자유로운 이용이 보장된 것이 아니고 실질적으로 사용자의 지휘·감독하에 놓여 있는 시간이라면 이는 근로시간에 포함된다고 할 것이다"라고 하여 근로시간의 판단에 관한 기존의 판례 법리에 기초하여 '지휘·감독성'의 요소가 근로시간 해당 여부의 중핵적인 판단 기준임을 재차 확인하면서, 24시간 격일제로 근무하는 아파트 경비원의 경우 사업장의 구체적인 근무실태를 보건대 동 근로자가 일정 시간 식사 및 수면을 취한 사정이 있다고 하더라도 그것이 사용자의 지휘 · 명령에서 완전히 해방되어 자유로운 이용이 보장된 형식으로 주어진 것이 아니라면 이를 근로시간에서 제외할 수 없다는 견해를 제시하고 있는바, 대상판결의 이러한 태도는 정당하다.

대상판결은 24시간 격일제 맞교대 형식으로 근무하는 경비원의 식사 및 수면시간의 법적 성격을 언급한 최초의 사례로 향후 이와 유사한 근무형태 종사자의 근로시간 판단에 있어 의미 있는 기준이 될 것으로 보인다.

Ⅱ. 근로시간의 유연화

1. 탄력적 근로시간제

제51조(탄력적 근로시간제) ① 사용자는 취업규칙(취업규칙에 준하는 것을 포함한다)에서 정하는 바에 따라 2주 이내의 일정한 단위기간을 평균하여 1주 간의 근로시간이 제50조제1항의 근로시간을 초과하지 아니하는 범위에서 특정한 주에 제50조제1항의 근로시간을, 특정한 날에 제50조제2항의 근로시간을 초과하여 근로하게 할 수 있다. 다만, 특정한 주의 근로시간은 48시간을 초과할 수 없다.
② 사용자는 근로자대표와의 서면 합의에 따라 다음 각 호의 사항을 정하면 3개월 이내의 단위기간을 평균하여 1주 간의 근로시간이 제50조제1항의 근로시간을 초과하지 아니하는 범위에서 특정한 주에 제50조제1항의 근로시간을, 특정한 날에 제50조제2항의 근로시간을 초과하여 근로하게 할 수 있다. 다만, 특정한 주의 근로시간은 52시간을, 특정한 날의 근로시간은 12시간을 초과할 수 없다.

> 1. 대상 근로자의 범위
> 2. 단위기간(3개월 이내의 일정한 기간으로 정하여야 한다)
> 3. 단위기간의 근로일과 그 근로일별 근로시간
> 4. 그 밖에 대통령령으로 정하는 사항
>
> ③ 제1항과 제2항은 15세 이상 18세 미만의 근로자와 임신 중인 여성 근로자에 대하여는 적용하지 아니한다.
>
> ④ 사용자는 제1항 및 제2항에 따라 근로자를 근로시킬 경우에는 기존의 임금 수준이 낮아지지 아니하도록 임금보전방안(賃金補塡方案)을 강구하여야 한다.

(1) 2주 이내 단위기간의 탄력적 근로시간제

사용자는 취업규칙(취업규칙에 준하는 것을 포함한다)에서 정하는 바에 따라 2주 이내의 일정한 단위기간을 평균하여 1주간의 근로시간이 40시간을 초과하지 아니하는 범위에서 특정한 주에 40시간의 근로시간을, 특정한 날에 8시간의 근로시간을 초과하여 근로하게 할 수 있다. 다만, 특정한 주의 근로시간은 48시간을 초과할 수 없다. 이 경우 사용자는 기존의 임금 수준이 낮아지지 아니하도록 임금보전방안을 강구하여야 한다.

2주 이내 단위기간의 탄력적 근로시간제는 15세 이상 18세 미만의 근로자와 임신 중인 여성 근로자에 대하여는 적용하지 아니한다.

(2) 3개월 이내의 단위기간의 탄력적 근로시간제

사용자는 근로자대표와의 서면 합의에 따라 (i) 대상 근로자의 범위, (ii) 3개월 이내의 단위기간, (iii) 단위기간의 근로일과 그 근로일별 근로시간 및 (iv) 서면합의의 유효기간을 정하면 3개월 이내의 단위기간을 평균하여 1주간의 40시간을 초과하지 아니하는 범위에서 특정한 주에 40시간을, 특정한 날에 8시간을 초과하여 근로하게 할 수 있다. 다만, 특정한 주의 근로시간은 52시간을, 특정한 날의 근로시간은 12시간을 초과할 수 없다. 이 경우 사용자는 기존의 임금 수준이 낮아지지 아니하도록 임금보전방안을 강구하여야 한다.

3개월 이내 단위기간의 탄력적 근로시간제는 15세 이상 18세 미만의 근로자와 임신 중인 여성 근로자에 대하여는 적용하지 아니한다.

2. 선택적 근로시간제

> **제52조(선택적 근로시간제)** 사용자는 취업규칙(취업규칙에 준하는 것을 포함한다)에 따라 업무의 시작 및 종료 시각을 근로자의 결정에 맡기기로 한 근로자에 대하여 근로자대표와의 서면 합의에 따라 다음 각 호의 사항을 정하면 1개월 이내의 정산기간을 평균하여 1주간의 근로시간이 제50조제1항의 근로시간을 초과하지 아니하는 범위에서 1주 간에 제50조제1항의 근로시간을, 1일에 제50조제2항의 근로시간을 초과하여 근로하게 할 수 있다.
> 1. 대상 근로자의 범위(15세 이상 18세 미만의 근로자는 제외한다)
> 2. 정산기간(1개월 이내의 일정한 기간으로 정하여야 한다)
> 3. 정산기간의 총 근로시간
> 4. 반드시 근로하여야 할 시간대를 정하는 경우에는 그 시작 및 종료 시각
> 5. 근로자가 그의 결정에 따라 근로할 수 있는 시간대를 정하는 경우에는 그 시작 및 종료 시각
> 6. 그 밖에 대통령령으로 정하는 사항

선택적근로시간제는 개별근로자가 일정기간동안 미리 정해진 총근로시간에 맞추어 원하는 대로 근무시간을 조정할 수 있는 제도를 말한다. 즉, 업무의 시작과 종료를 근로자의 자주적 결정

에 위임하는 것이다.

사용자는 취업규칙(취업규칙에 준하는 것을 포함한다)에 따라 업무의 시작 및 종료 시각을 근로자의 결정에 맡기기로 한 근로자에 대하여 근로자대표와의 서면 합의에 따라 ① 대상근로자의 범위, ② 1월 이내의 정산기간, ③ 정산기간에 있어 총근로시간, ④ 의무적 근로시간대 및 선택적 근로시간대 및 ⑤ 표준근로시간항을 정하면 1개월 이내의 정산기간을 평균하여 1주간의 근로시간이 40시간을 초과하지 아니하는 범위에서 1주간에 40시간을, 1일에 8시간을 초과하여 근로하게 할 수 있다.

선택적근로시간제는 15세 이상 18세 미만의 연소자에게는 적용되지 않는다. 임산부 등에 대해서는 별도의 제한규정이 없다.

Ⅲ. 연장 근로의 제한

제53조(연장 근로의 제한) ① 당사자 간에 합의하면 1주 간에 12시간을 한도로 제50조의 근로시간을 연장할 수 있다.
② 당사자 간에 합의하면 1주 간에 12시간을 한도로 제51조의 근로시간을 연장할 수 있고, 제52조제2호의 정산기간을 평균하여 1주 간에 12시간을 초과하지 아니하는 범위에서 제52조의 근로시간을 연장할 수 있다.
③ 사용자는 특별한 사정이 있으면 고용노동부장관의 인가와 근로자의 동의를 받아 제1항과 제2항의 근로시간을 연장할 수 있다. 다만, 사태가 급박하여 고용노동부장관의 인가를 받을 시간이 없는 경우에는 사후에 지체 없이 승인을 받아야 한다.〈개정 2010.6.4〉
④ 고용노동부장관은 제3항에 따른 근로시간의 연장이 부적당하다고 인정하면 그 후 연장시간에 상당하는 휴게시간이나 휴일을 줄 것을 명할 수 있다.〈개정 2010.6.4〉

1. 통상연장근로

당사자간에 합의하면 1주간에 12시간을 한도로 법정기준근로시간인 1일 8시간, 1주 40시간을 연장할 수 있다.

2. 변형근로시간제에서의 연장근로

탄력적근로시간제나 선택적근로시간제를 도입한 경우에도 당사자 간의 합의가 있는 경우에는 1주간에 12시간을 한도로 근로기준법 제51조의 근로시간을 연장할 수 있으며, 제52조 제2호의 정산기간을 평균하여 1주간에 12시간을 초과하지 아니하는 범위 안에서 제52조의 근로시간을 연장할 수 있다.

3. 특별연장근로

사용자는 특별한 사정이 있으면 고용노동부장관의 인가와 근로자의 동의를 받아 근로시간을 연장할 수 있다. 다만, 사태가 급박하여 고용노동부장관의 인가를 받을 시간이 없는 경우에는 사후에 지체 없이 승인을 받아야 한다. 여기서 특별한 사정이란 천재, 사변 기타 이에 준하는 재해와 긴급하고 불가피한 사고로서 통상적인 업무의 운영으로는 이를 예견할 수 없는 경우를 말한다.

4. 근로시간 및 휴게시간의 특례

제59조(근로시간 및 휴게시간의 특례) 다음 각 호의 어느 하나에 해당하는 사업에 대하여 사용자가 근로자대표와 서면 합의를 한 경우에는 제53조제1항에 따른 주(週) 12시간을 초과하여 연장근로를 하게 하거나 제54조에 따른 휴게시간을 변경할 수 있다.

> 1. 운수업, 물품 판매 및 보관업, 금융보험업
> 2. 영화 제작 및 흥행업, 통신업, 교육연구 및 조사 사업, 광고업
> 3. 의료 및 위생 사업, 접객업, 소각 및 청소업, 이용업
> 4. 그 밖에 공중의 편의 또는 업무의 특성상 필요한 경우로서 대통령령으로 정하는 사업

(i) 운수업, 물품 판매 및 보관업, 금융보험업, (ii) 영화 제작 및 흥행업, 통신업, 교육연구 및 조사 사업, 광고업, (iii) 의료 및 위생 사업, 접객업, 소각 및 청소업, 이용업, (iv) 사회복지사업에 해당하는 사업에 대하여 사용자가 근로자대표와 서면 합의를 한 경우에는 1주에 12시간을 초과하여 연장근로를 하게 하거나, 휴게시간을 변경할 수 있다.

Ⅳ. 휴게

> **제54조(휴게)** ① 사용자는 근로시간이 4시간인 경우에는 30분 이상, 8시간인 경우에는 1시간 이상의 휴게시간을 근로시간 도중에 주어야 한다.
> ② 휴게시간은 근로자가 자유롭게 이용할 수 있다.

사용자는 근로시간이 4시간인 경우에는 30분 이상, 8시간인 경우에는 1시간 이상의 휴게시간을 근로시간 도중에 주어야 한다. 한편, 휴게시간은 근로자가 자유롭게 이용할 수 있다.

V. 휴일

1. 주휴일 제도

> **제55조(휴일)** 사용자는 근로자에게 1주일에 평균 1회 이상의 유급휴일을 주어야 한다.

사용자는 근로자에게 1주일에 평균 1회 이상의 유급휴일을 주어야 한다. 다만, 근로기준법 시행령은 주휴일은 1주 동안의 소정근로일을 개근한 자에게 주어야 한다고 규정하여 소정근로일의 개근을 유급 주휴일 부여의 요건으로 규정하고 있다(시행령 제30조).

대법원 2004. 6. 25. 선고 2002두 2857 판결

"근로기준법 주휴일 제도는 근로자의 피로를 회복시킴으로서 노동의 재생산을 꾀하고 생산성을 유지하기 위하여 정신적·육체적 휴식을 취하는데서 그치지 않고 나아가 근로자로 하여금 근로제공의무를 벗어나 사업장 이외의 장소에서 자유로운 시간을 갖도록 하려는 데에 그 취지가 있는 만큼 근로기준법 제54조 및 같은 법 시행령 제25조에서 사용자로 하여금 1주간의 소정근로일수를 개근한 근로자에게 1주일에 평균 1회 이상의 유급휴일을 주도록 한 규정은 1주일에 1회 이상의 휴일을 의무화하는 한편 성실근로를 유도·보상하기 위하여 소정의 근로일수를 개근하는 경우에 유급으로 할 것을 정한 것으로 해석하여야 할 것이므로 근로자가 소정의 근로일수를 모두 근무하지 아니하였다 하더라도 사용자에 대하여 유급휴일로 처리하여 줄 것을 청구할 수 없을 뿐 휴일 자체가 보장되지 않는다고 볼 수는 없다 할 것이어서 휴일 전후의 근로일을 결근하였다고 하여 휴일을 결근으로 처리할 수는 없다. 따라서 참가인들이 무계결근한 기간 중 휴일은 결근일수에 포함되지 않음에 따라 무계결근 일수가 7일에 미달하는 이상, 인사규정 소정의 직권면직사유는 인정되지 않는다고 할 것이므로 부당해고에 해당한다."

2. 휴일의 대체

휴일의 대체란 취업규칙이나 단체협약 등에 의하여 미리 휴일로 특정되어 있는 날에 근로를 시키고 그에 갈음하여 근로가 예정된 날을 휴일로 지정하는 것을 의미하는바, 종래 판례는 단체협약 등에서 특정된 휴일을 근로일로 하고 대신 통상의 근로일을 휴일로 교체할 수 있도록 하는 규정을 두거나 그렇지 않더라도 근로자의 동의를 얻은 경우, 미리 근로자에게 교체할 휴일을 특정하여 고지하면 달리 보아야 할 사정이 없는 한 이는 적법한 휴일대체가 되어, 원래의 휴일은 통상의 근로일이 되고 그 날의 근로는 휴일근로가 아닌 통상근로가 되므로 사용자는 근로자에게 휴일근로수당을 지급할 의무를 지지 않는다는 입장이다.

대법원 2000. 9. 22. 선고 99다7367 판결
"지방공무원법 등 상위 법령의 위임을 받은 조례 또는 단체협약 등에서 특정된 휴일을 근로일로 하고 대신 통상의 근로일을 휴일로 교체할 수 있도록 하는 규정을 두거나 그렇지 않더라도 근로자의 동의를 얻은 경우, 미리 근로자에게 교체할 휴일을 특정하여 고지하면 달리 보아야 할 사정이 없는 한 이는 적법한 휴일대체가 되어, 원래의 휴일은 통상의 근로일이 되고 그 날의 근로는 휴일근로가 아닌 통상근로가 되므로 사용자는 근로자에게 휴일근로수당을 지급할 의무를 지지 않는다."

원래 정해진 휴일에 근무하고 그 대신 다른 근로일에 휴무하기로 하는 휴일대체가 적법한 요건을 갖춘 경우, 휴일근로는 통상근로가 되므로 휴일근로수당을 지급해야 하는 것은 아니다.

□ Topic. 휴일의 대체와 대휴(代休) 및 보상휴가제

실무상 근로자에게 휴일근로를 명하는 대신 다른 근로일에 휴무토록 하는 제도는 크게 '휴일의 대체'와 '대휴(代休)'로 구분할 수 있다. 여기서, '휴일의 대체'란 사용자가 사전에 특정한 휴일을 다른 근로일로 교체하는 것을 의미하는바, 이러한 경우 원래의 휴일은 소정근로일로 되어 근로자가 당해 휴일에 근로를 제공하여도 이는 휴일근로에 해당하지 않으며, 따라서 휴일근로 가산수당을 지급할 필요가 없다. 반면, '대휴'는 휴일의 대체와는 달리 사용자가 사전에 특정한 휴일에 대체할 특정한 근로일을 정하지 않고, 일단 특정한 휴일에 휴일근로를 시킨 후 근로자의 선택에 따라 다른 근로일을 휴일로 쉬게 하는 것을 의미하는 것으로, 이러한 경우 특정한 휴일은 법적으로는 여전히 휴일에 해당하므로 근로자가 당해 휴일에 근로를 제공할 경우에는 휴일근로 가산수당을 지급하여야 한다고 보는 것이 일반적인 견해이다. 참고로, 노동부는 이러한 '휴일의 대체'의 요건과 관련하여, "지정된 휴일을 단체협약, 취업규칙, 근로자의 동의에 따라 대체하고 동 지정휴일에 제공한 근로에 대해서는 별도의 휴일근로수당을 지급하지 않을 수 있으나 이 경우에도 그 근로자가 대체된 휴일이 언제인지 미리 알 수 있도록 구체적으로 지정하여야 할 것" 이라는 견해이다(노동부 1990. 7. 10.자 근기 01254-9675 질의회시 참조). 이러한 노동부 행정해석의 태도에 비추어 볼 때, 귀사가 휴일근로에 대한 가산수당의 지급 없이 적법하게 휴일의 대체를 실시하기 위해서는 먼저 (i) 단체협약, 취업규칙, 근로자의 개별동의 등의 방식에 따라 근로자로부터 휴일의 대체에 관한 사전동의를 얻어야 함은 물론 나아가 (ii) 휴일의 대체에 관한 동의를 한 근로자에게 휴일의 대체를 통하여 대체된 휴일이 언제인지를 구체적으로 지정하여 통지해 줄 필요가 있다고 할 것이다.

한편, 근로기준법은 제57조는 "사용자는 근로자대표와의 서면합의에 따라 제56조의 규정에 의한 연장근로·야간근로 및 휴일근로에 대하여 임금을 지급하는 것에 갈음하여 휴가를 부여할 수 있다"고 규정함으로써 선택적 보상휴가제를 도입하고 있는바, 이러한 선택적 보상휴가제는 사용자가 근로자대표와의 서면합의에 따라 연장·야간·휴일근로에 대하여 임금을 지급하는 것에 갈음하여 다른 소정근로일에 휴가를 부여할 수 있도록 한 규정이므로, 휴일자체의 변경을 의미하는 '휴일의 대체' 내지 '대휴'와는 개념상 구별되는 제도라고 할 것이다. 다만, 선택적 보상휴가제 역시 휴일근로에 대한 가산수당의 지급을 휴가로 대체할 수 있다는 점에서 그 사실상의 효과에 있어서는 대휴와 유사하다고 볼 수 있을 것이다.

Ⅵ. 연장·야간 및 휴일근로수당

1. 원칙

> **제56조(연장·야간 및 휴일 근로)** 사용자는 연장근로(제53조 · 제59조 및 제69조 단서에 따라 연장된 시간의 근로)와 야간근로(오후 10시부터 오전 6시까지 사이의 근로) 또는 휴일근로에 대하여는 통상임금의 100분의 50 이상을 가산하여 지급하여야 한다.

사용자는 근로기준법 제53조, 제59조 및 제69조 단서에 따라 연장된 시간의 근로와 오후 10시부터 오전 6시까지 사이의 야간근로 또는 휴일근로에 대하여는 통상임금의 100분의 50 이상을 가산하여 지급하여야 한다.

2. 보상휴가제

> **제57조(보상 휴가제)** 사용자는 근로자대표와의 서면 합의에 따라 제56조에 따른 연장근로 · 야간근로 및 휴일근로에 대하여 임금을 지급하는 것을 갈음하여 휴가를 줄 수 있다.

사용자는 근로자대표와의 서면 합의에 따라 근로기준법 제56조에 따른 연장근로 · 야간근로 및 휴일근로에 대하여 가산임금을 지급하는 것을 갈음하여 보상휴가를 줄 수 있다.

3. 포괄임금계약

(1) 포괄임금계약의 의의

사용자는 근로계약을 체결함에 있어서 원칙적으로 근로자에 대하여 기본임금을 정하고 이를 기초로 시간외, 휴일, 야간 근로수당 등 제수당을 가산하여 이를 합산하여 지급하여야 한다. 그런데, 종래 근로시간 및 근로형태와 그 업무의 성질 등을 참작하여 근로자가 실제로 수행한 시간외 근로, 휴일근로 및 야간근로의 시간과 관계없이 매월 일정액을 제수당으로 지급하는 내용의 계약을 체결하는 경우가 많았다.

포괄임금계약이란 이와 같이 기본임금을 미리 산정하지 아니한 채 시간외 근로 등에 대한 제 수당을 합한 금액을 월 급여액이나 일당 임금을 정하거나, 매월 일정액을 제 수당으로 지급하는 내용의 임금제도를 말한다.

(2) 포괄임금계약의 유효성

종래 판례는 실제 근무실적에 관계없이 매월 일정액을 시간외, 야간 및 휴일수당으로 지급하기로 한 근로계약의 효력에 대하여 근로자에게 불이익이 없고 제반 사정에 비추어 정당하다고 인정될 때에는 이를 무효라고 할 수 없다는 입장이었다.

> **대법원 2005. 6. 9. 선고 2005도1089 판결**[163]
> "실제 근무실적에 따라 지급되어야 할 시간외, 야간 및 휴일수당 등을 근로시간 및 근로형태와 업무의 성질 등을 참작하고 계산의 편의와 직원의 근무의욕을 고취하는 뜻에서 매월 일정액을 제수당으로 지급하는 내용의 계약을 체결하였다 하더라도 근로자에게 불이익이 없고 제반 사정에 비추어 정당하다고 인정될 때에는 이를 무효라고 할 수 없다."

판례는 ① 업무의 성질등을 참작하여, ② 근로자의 승낙 하에 매월 일정액을 제수당으로 지급하는 내용의 계약을 체결하였고, ③ 근로자에게 불이익이 없고 제반사정에 비추어 정당하다고 인정될 때라는 3가지 요건을 포괄역산임금제의 유효요건으로 제시하고 있다.

포괄임금계약은 임금계약의 한 형태로서 현실로 존재하며 그 효력을 해석하기 위하여 판례가 제시하고 있는 포괄임금제에 관한 법리는 유효한 개념이다. 그러나 포괄임금제에 의한 임금계약을 포함한 모든 임금계약은 근로기준법과 단체협약 및 취업규

---

163) 이 판결에 대한 평석은 최희영, "실제 근무실적에 관계없이 매월 일정액을 시간외 근로수당으로 지급하기로 한 근로계약의 효력여부", 부산법조논집 창간호, 부산지방변호사회 참조.

칙에 정한 임금지급의 기준에 미달되거나 위배된다면 무효일 것인바, 구체적인 사안에서 포괄임금계약의 유효성을 판단함에 있어서는 그러한 계약이 근로자에게 불이익한지의 여부를 신중하게 검토하여야 할 것이다.

포괄임금계약

대법원 2010.5.13. 선고 2008다6052 판결

Ⅰ. 사실관계

- 피고 소속 국방부 산하 '해군복지근무지원단'은 장병 및 군무원의 사기진작 및 복지향상을 위하여 해군 내의 모든 복지업무 및 복지시설을 합리적으로 관리 운영하기 위하여 설립된 기관으로서, '평택 체력단련장'을 운영관리하고 있다.
- '해군복지근무지원단'은 매년 해군본부 중앙복지위원회를 거쳐 그 해 배정된 예산 범위 내에서 근무원의 급여지침을 작성한 후 이를 기초로 하여 그 소속 근무원들에게 급여를 지급하고 있는데, 다만 각종 제수당은 공무원보수규정에 준하여 지급하고 있다. 공무원보수규정에 의하면, 별정직을 제외한 모든 근무원들을 대상으로 실제 근로한 연장근로시간을 산정함이 없이 매년 위 근무원급여지침에 따라 결정된 등급을 기준으로 '시간 외 근무수당'이라는 명목으로 정액을 지급하고 있다.

- 한편, '해군복지근무지원단'의 '봉사료 지급지침'에 따르면, 체력단련장 내 운동시설이나 식당을 이용하는 고객들로부터 시설이용료 등에 정액의 봉사료(8%)를 가산하여 지급받은 후, '봉사료'라는 명목으로 그 중 40%는 위 체력단련장 내 식당에서 근무하는 모든 근무원들에게 균등지급하고, 나머지 60%는 그 중 시간외 근무자들에게 근무시간별로 분할 지급하도록 되어 있는데, 위 '봉사료'는 2004. 5. 1.자로 지급 중단되었다.

- 원고들은 위 체력단련장 내 식당에서 근무한 근무원들로서, 피고 소속 '해군복지근무지원단'이 원고들에게 '시간외 근무수당'이라는 명목으로 지급한 금원이 원고들이 실제로 연장근로한 시간을 기준으로 근로기준법에 기하여 계산한 금원에 미치지 못하므로, 피고는 원고들에게 그 차액에 상당하는 금원 및 이에 대한 지연손해금을 지급할 의무가 있다고 주장하면서 소송을 제기하였다.

Ⅱ. 판결요지

- 감시・단속적 근로 등과 같이 근로시간의 산정이 어려운 경우가 아니라면 달리 근로기준법상의 근로시간에 관한 규정을 그대로 적용할 수 없다고 볼 만한 특별한 사정이 없는 한 근로기준법상의 근로시간에 따른 임금지급의 원칙이 적용되어야 할 것이므로, 이러한 경우에도 근로시간 수에 상관없이 일정액을 법정수당으로 지급하는 내용의 포괄임금제

방식의 임금 지급계약을 체결하는 것은 그것이 근로기준법이 정한 근로시간에 관한 규제를 위반하는 이상 허용될 수 없다. 구 근로기준법(2007. 4. 11. 법률 제8372호로 전부 개정되기 전의 것) 제22조(현행 법 제15조)에서는 근로기준법에 정한 기준에 미치지 못하는 근로조건을 정한 근로계약은 그 부분에 한하여 무효로 하면서(근로기준법의 강행성) 그 무효로 된 부분은 근로기준법이 정한 기준에 의하도록 정하고 있으므로(근로기준법의 보충성), 근로시간의 산정이 어려운 등의 사정이 없음에도 포괄임금제 방식으로 약정된 경우 그 포괄임금에 포함된 정액의 법정수당이 근로기준법이 정한 기준에 따라 산정된 법정수당에 미달하는 때에는 그에 해당하는 포괄임금제에 의한 임금 지급계약 부분은 근로자에게 불이익하여 무효라 할 것이고, 사용자는 근로기준법의 강행성과 보충성 원칙에 의해 근로자에게 그 미달되는 법정수당을 지급할 의무가 있다.

Ⅲ. 해설

1. 포괄임금제의 개념

근로기준법은 근로계약을 체결함에 있어서 근로자에 대하여 기본임금을 결정하고 이를 기초로 시간외, 휴일, 야간 근로수당 등 제수당을 실제로 근로한 일수 또는 시간수에 따라 개별적으로 계산하여 이를 합산하여 지급하도록 규정하고 있으나, 일정한 경우에는 기본임금을 미리 산정하지 아니한 채 시간외근로 등에 대한 제수당을 합한 금액을 월급여액이나 일당임금으로 정하거나 매월 일정액을 제수당으로 지급하는 내용의 임금제도가 판례에 의하여 제한적으로 인정되고 있는바, 이러한 내용의 근로계약을 포괄임금제라고 한다.

2. 포괄임금제의 유효요건

종래 판례는 포괄임금제의 유효요건으로 (1) 업무의 성질상 근로시간이 불규칙하거나, 근로형태의 특수성 때문에 실근로시간을 정확하게 산정하는 것이 곤란할 것, (2) 포괄임금제에 대한 근로자의 승낙이 있을 것, (3) 근로자에게 불이익이 없고, 제반 사정에 비추어 정당할 것의 세 가지 요건을 제시하여 왔다.

① 업무의 성질상 근로시간이 불규칙하거나, 근로형태의 특수성 때문에 실근로시간을 정확하게 산정하는 것이 곤란할 것

종래 이 요건과 관련하여서는 (i) 포괄임금제가 인정될 수 있는 경우로서 근로형태의 특수성이나 업무의 성질상 근로시간의 산정이 어려운 경우에 한하지 않고, 근로시간의 측정이 가능하더라도 계산의 편의와 직원의 근무의욕을 고취하기 위한 경우에도 인정된다고 보는 견해(확대해석론)와 (ii) 포괄임금제는 근로형태의 특수성이나 업무의 성질상 근로시간의 산정이 어렵거나 근로가 불규칙한 경우에만 계산의 편의와 근로자의 근무의욕을 고취하기 위하여 제한적으로 허용되는 것이므로 근로시간의 산출이 용이함에도 불구하고 단순한 계산의 편의를 위하여 포괄임금제를 허용하는 것은 원칙과 예외를 혼동하는 것으로 근로자의 실근로시간을 잠탈할 우려가 있어 부당하다는 견해(엄격해석론)가 있었다. 종래 판례는 포괄임금제 자체가 근로형태의 특수성 또는 업무의 성질상 근로시간의 산정이 어렵거나 근로가 불규칙한 운수회사의 운전사들 혹은 아파트 경비원들에 대하여 인정되기 시작한 탓에 다수의 판례는 엄격해석론의 입장에 서 있는 것으로 보여지나,[164] 계산의 편의만을 위하거나[165] 또는 업무의 성질과 계산의 편의를 위한 포괄임금제를 인정한 판례도 보이고 있어[166] 판례가 반드시 엄격해석론만을 고수하고 있다고 단정하기는 어려웠다.

② 포괄임금제에 대한 근로자의 승낙이 있을 것

이와 관련하여 근로자의 승낙은 반드시 명시적일 것을 요하는 것은 아니고 묵시적이라도 상관없다는 것이 판례의 입장이다.[167]

③ 근로자에게 불이익이 없고, 제반 사정에 비추어 정당할 것

여기서의 불이익 판단의 기준은 단체협약이나 취업규칙에 구체적인 임금지급기준 등이 규정되어 있는 경우에 그러한 규정상의 기준에 비추어 보아 불이익하지 않아야 한다는 것을 의미한다.[168] 그러므로 만일 단체협약이나 취업규칙에 임금지급기준에 관한 규정이 없는 경우에는 비교의 대상이 없으므로 포괄임

164) 대법원 1982.3.9. 선고 80다2384 판결, 1982.12.28. 선고 80다3120 판결, 1983.9.13. 선고 82다카49 판결, 1983.10.25. 선고 83도1050 판결, 1984.1.24. 선고 83도2068 판결, 1990.11.27. 선고 90다카6934 판결, 1992.7.14. 선고 91다37256 판결, 1993.5.27. 선고 92다33398 판결 등.

165) 대법원 1990.11.27. 선고 89다카15939 판결, 1995.7.28. 선고 94다54542 판결 등.

166) 대법원 1991.4.23. 선고 89다카32118 판결.

167) 대법원 1987.6.9. 선고 85다카2473 판결, 1991.4.9. 선고 90다16245 판결, 1992.2.28. 선고 91다30208 판결 등 참조.

168) 대법원 1987.8.18. 선고 87다카474 판결, 1992.2.28. 선고 91다30828 판결 등 참조.

금제에 의한 임금이 법령상의 최저임금에 미달하지 않는 한, 이 요건은 문제되지 않는다고 할 수 있다. 한편, '제반사정에 비추어 정당'하다는 것이 구체적으로 무엇을 뜻하는 것인지는 분명하지 아니하나 이는 별개의 독립한 적극적 요건이라기보다는 위와 같은 제요건을 갖춘 포괄임금제가 실질적으로도 정의와 형평에 반하지 않을 것을 소극적 요건으로 하고 있는 것이 아닌가 보여진다.

3. 대상판결의 평가

대상판결은 "감시·단속적 근로 등과 같이 근로시간의 산정이 어려운 경우가 아니라면 달리 근로기준법상의 근로시간에 관한 규정을 그대로 적용할 수 없다고 볼 만한 특별한 사정이 없는 한 근로기준법상의 근로시간에 따른 임금지급의 원칙이 적용되어야 할 것이므로, 이러한 경우에도 근로시간 수에 상관없이 일정액을 법정수당으로 지급하는 내용의 포괄임금제 방식의 임금 지급계약을 체결하는 것은 그것이 근로기준법이 정한 근로시간에 관한 규제를 위반하는 이상 허용될 수 없다."고 판시하여 소위 '엄격해석론'의 입장에 따라 근로시간의 산정이 어려운 경우가 아니라면 포괄임금계약 방식의 임금지급은 허용되지 않음을 명시적으로 확인하였다는 점에서 큰 의미가 있다.

나아가, 대상판결은 <u>근로시간의 산정이 어려운 등의 사정이 없음에도 포괄임금제 방식으로 약정된 경우 그 포괄임금에 포함된 정액의 법정수당이 근로기준법이 정한 기준에 따라 산정된 법정수당에 미달하는 때에는 그에 해당하는 포괄임금제에 의한 임금 지급계약 부분은 근로자에게 불이익하여 무효라 할 것이</u>

고, 사용자는 근로기준법의 강행성과 보충성 원칙에 의해 근로자에게 그 미달되는 법정수당을 지급할 의무가 있다고 판시하였는바, 이 역시 타당한 결론이라 하겠다.

Ⅶ. 연차유급휴가

제60조(연차 유급휴가) ① 사용자는 1년간 8할 이상 출근한 근로자에게 15일의 유급휴가를 주어야 한다.

② 사용자는 계속하여 근로한 기간이 1년 미만인 근로자에게 1개월 개근 시 1일의 유급휴가를 주어야 한다.

③ 사용자는 근로자의 최초 1년 간의 근로에 대하여 유급휴가를 주는 경우에는 제2항에 따른 휴가를 포함하여 15일로 하고, 근로자가 제2항에 따른 휴가를 이미 사용한 경우에는 그 사용한 휴가 일수를 15일에서 뺀다.

④ 사용자는 3년 이상 계속하여 근로한 근로자에게는 제1항에 따른 휴가에 최초 1년을 초과하는 계속 근로 연수 매 2년에 대하여 1일을 가산한 유급휴가를 주어야 한다. 이 경우 가산휴가를 포함한 총 휴가 일수는 25일을 한도로 한다.

⑤ 사용자는 제1항부터 제4항까지의 규정에 따른 휴가를 근로자가 청구한 시기에 주어야 하고, 그 기간에 대하여는 취업규칙 등에서 정하는 통상임금 또는 평균임금을 지급하여야 한다. 다만, 근로자가 청구한 시기에 휴가를 주는 것이 사업 운영에 막대한 지장이 있는 경우에는 그 시기를 변경할 수 있다.

⑥ 제1항부터 제3항까지의 규정을 적용하는 경우 다음 각 호의 어느 하나에 해당하는 기간은 출근한 것으로 본다.

1. 근로자가 업무상의 부상 또는 질병으로 휴업한 기간
2. 임신 중의 여성이 제74조제1항 또는 제2항에 따른 보호휴가로 휴업한 기간

⑦ 제1항부터 제4항까지의 규정에 따른 휴가는 1년간 행사하지 아니하면 소

멸된다. 다만, 사용자의 귀책사유로 사용하지 못한 경우에는 그러하지 아니하다.

1. 연차유급휴가의 부여요건

(1) 원칙

사용자는 1년간 8할 이상 출근한 근로자에게 15일의 유급휴가를 주어야 한다. 이 경우 근로자가 업무상의 부상 또는 질병으로 휴업한 기간과 임신 중의 여성이 산전후휴가 또는 유산·사산휴가로 휴업한 기간은 출근한 것으로 본다.

사용자는 3년 이상 계속하여 근로한 근로자에게는 이러한 휴가에 최초 1년을 초과하는 계속근로연수 매 2년에 대하여 1일을 가산한 유급휴가를 주어야 한다. 다만, 가산휴가를 포함한 총 휴가의 일수는 25일을 한도로 한다.

(2) 근속기간이 1년 미만인 자

사용자는 계속하여 근로한 기간이 1년 미만인 근로자에게 1개월 개근시 1일의 유급휴가를 주어야 한다. 이 경우 근로자가 업무상의 부상 또는 질병으로 휴업한 기간과 임신 중의 여성이 산전후휴가 또는 유산·사산휴가로 휴업한 기간은 출근한 것으로 본다.

사용자는 근로자의 최초 1년간의 근로에 대하여 유급휴가를 주는 경우에는 그 기간 동안에 매월 부여된 이러한 휴가를 포함하여 15일로 하고, 근로자가 이러한 휴가를 사용한 경우에는 그 사용한 휴가일수를 15일에서 공제한다.

2. 연차유급휴가의 사용

사용자는 근로자가 청구한 시기에 연차유급휴가를 주어야 하고, 그 기간에 대하여는 취업규칙 등에서 정하는 통상임금 또는 평균임금을 지급하여야 한다. 이 경우 임금은 연차유급휴가를 주기 전이나 준 직후의 임금지급일에 지급하여야 한다(시행령 제33조).

사용자는 근로자가 청구한 시기에 휴가를 주는 것이 사업 운영에 막대한 지장이 있는 경우에는 그 시기를 변경할 수 있다.

> **대법원 1997. 3. 25. 선고 96다4930 판결**
> "연·월차휴가권이 근로기준법상의 성립요건을 충족하는 경우에 당연히 발생하는 것이라고 하여도 이와 같이 발생한 휴가권을 구체화하려면 근로자가 자신에게 맡겨진 시기지정권(時期指定權)을 행사하여 어떤 휴가를 언제부터 언제까지 사용할 것인지에 관하여 특정하여야 할 것이고 근로자가 이와 같은 특정을 하지 아니한 채 시기지정을 하더라도 이는 적법한 시기지정이라고 할 수 없어 그 효력이 발생할 수 없다."

3. 연차유급휴가의 소멸

연차유급휴가는 1년간 행사하지 아니하면 소멸된다. 다만, 사용자의 귀책사유로 사용하지 못한 경우에는 그러하지 아니하다.

4. 연차유급휴가의 대체

> **제62조(유급휴가의 대체)** 사용자는 근로자대표와의 서면 합의에 따라 제60조에 따른 연차 유급휴가일을 갈음하여 특정한 근로일에 근로자를 휴무시킬

수 있다.

사용자는 근로자대표와의 서면 합의에 따라 연차 유급휴가일을 갈음하여 특정한 근로일에 근로자를 휴무시킬 수 있다.

5. 연차유급휴가의 사용촉진

제61조(연차 유급휴가의 사용 촉진) 사용자가 제60조제1항 · 제3항 및 제4항에 따른 유급휴가의 사용을 촉진하기 위하여 다음 각 호의 조치를 하였음에도 불구하고 근로자가 휴가를 사용하지 아니하여 제60조제7항 본문에 따라 소멸된 경우에는 사용자는 그 사용하지 아니한 휴가에 대하여 보상할 의무가 없고, 제60조제7항 단서에 따른 사용자의 귀책사유에 해당하지 아니하는 것으로 본다.

1. 제60조제7항 본문에 따른 기간이 끝나기 3개월 전을 기준으로 10일 이내에 사용자가 근로자별로 사용하지 아니한 휴가 일수를 알려주고, 근로자가 그 사용 시기를 정하여 사용자에게 통보하도록 서면으로 촉구할 것
2. 제1호에 따른 촉구에도 불구하고 근로자가 촉구를 받은 때부터 10일 이내에 사용하지 아니한 휴가의 전부 또는 일부의 사용 시기를 정하여 사용자에게 통보하지 아니하면 제60조제7항 본문에 따른 기간이 끝나기 2개월 전까지 사용자가 사용하지 아니한 휴가의 사용 시기를 정하여 근로자에게 서면으로 통보할 것

사용자가 연차유급휴가의 사용을 촉진하기 위하여 (i) 연차유급휴가가 소멸되기 3개월 전을 기준으로 10일 이내에 사용자가 근로자별로 사용하지 아니한 휴가 일수를 알려주고 근로자가 그 사용 시기를 정하여 사용자에게 통보하도록 서면으로 촉구할 것, (ii) 이러한 촉구에도 불구하고 근로자가 촉구를 받은 때부터 10일 이내에 사용하지 아니한 휴가의 전부 또는 일부의 사용 시기를 정하여 사용자에게 통보하지 아니하면 연차유급휴가가

소멸되기 2개월 전까지 사용자가 사용하지 아니한 휴가의 사용 시기를 정하여 근로자에게 서면으로 통보할 것이라는 조치를 취하였음에도 불구하고 근로자가 휴가를 사용하지 아니하여 연차 유급휴가가 소멸된 경우에도 사용자는 그 사용하지 아니한 휴가에 대하여 보상할 의무가 없다.

연차유급휴가[169]

대법원 2008. 10. 9. 선고 2008다41666 판결

Ⅰ. 사실관계

- S시 도시철도공사(이하 "피고")는 2004년 7월경 그 소속의 근로자인 A 등 선정자 22명(이하 "원고 등")이 불법파업한 사실을 징계사유로 하여 정직 내지 직위해제 처분을 하였다.
- 한편, 연차유급휴가와 관련하여 피고 회사의 취업규칙은 1년간 개근한 직원에게는 10일, 9할 이상 출근한 직원에게는 8일의 연차유급휴가를 준다고 규정하고(제22조 제2항), 이 규칙에서 정한 휴일 및 휴가기간은 제6항의 계산기간에서 출근한 것으로 보되, 다간 계산기간 중 유계무계결근, 직위

169) 이 판결에 대한 평석은 김도형, "2008년 노동법 판례 연구", 인권과 정의 391호(2009. 3), 대한변호사협회; 주완, "2008년도 주요 판례 검토", (계간)조정과 심판 36호(2009. 3), 중앙노동위원회 참조.

해제, 휴직(업무상 부상 또는 질병으로 인한 휴직 제외) 또는 정직 등이 없는 경우를 개근이라 하며 계산기간 중 위의 사유로 총 근로일수의 9할 이상을 출근한 경우를 9할 이상 출근으로 하여 계산한다(제22조 제7항)고 규정하고 있다.

- 피고는 2004년도 연차휴가근로수당 지급과 관련하여 취업규칙 제22조 제7항 단서에 근거하여 정직 내지 직위해제 기간을 결근으로 처리함으로써 원고 등에게 연차휴가근로수당을 지급하지 아니하였다.
- 이에 원고 등은 2005. 4. 11.경 서울동부지방노동사무소에 징계기간을 근로일수에서 제외하고 그 나머지 근로일수를 기준으로 연차휴가근로수당을 지급하여야 함에도 피고가 이를 간과한 채 해당 연차휴가근로수당을 지급하지 아니함으로써 근로기준법 제59조를 위반하였다는 취지의 진정을 제기하고, 법원에 체불된 연차수당의 지급을 구하는 소송을 제기하였다.

Ⅱ. 판결요지

- 구 근로기준법 제59조는 "사용자는 1년간 개근한 근로자에 대하여는 10일, 9할 이상 출근한 자에 대하여는 8일의 유급휴가를 주어야 한다"고 규정하면서 '개근'이나 '9할 이상 출근한 자'에 관하여 아무런 정의 규정을 두고 있지 않은바, 위 규정에 의한 연차유급휴가는 근로자에게 일정기간 근로

의무를 면제함으로써 정신적 · 육체적 휴양의 기회를 제공하고 문화적 생활의 향상을 기하려는 데 그 의의가 있다. 그런데 정직이나 직위해제 등의 징계를 받은 근로자는 징계기간 중 근로자의 신분을 보유하면서도 근로의무가 면제되므로, 사용자는 취업규칙에서 근로자의 정직 또는 직위해제 기간을 소정 근로일수에 포함시키되 그 기간 중 근로의무가 면제되었다는 점을 참작하여 연차유급휴가 부여에 필요한 출근일수에는 포함하지 않는 것으로 규정할 수 있고, 이러한 취업규칙의 규정이 구 근로기준법 제59조에 반하여 근로자에게 불리한 것이라고 보기는 어렵다.

Ⅲ. 해설

1. 연차유급휴가의 취지

연차유급휴가란 1년간 계속근로한 근로자에 대하여 일정한 기간 유급으로 근로의무가 면제되는 날을 말한다. 근로자에게 일정기간 근로의무를 면제함으로써 심신의 피로를 회복하여 건강을 유지하고 근로자가 여가를 선용하여 사회적 문화적 시민생활을 누릴 수 있게 하려는 데 그 취지가 있다.

2. 출근율의 산정기준이 되는 소정근로일수

연차유급휴가는 1년간의 소정근로일수의 8할 이상 출근한 자에게 주어야 하는바, 여기서 소정근로일이라 함은 법령의 범위 내에서 근로자와 사용자가 근로하기로 약정한 날을 의미한다. 관련규정이 없어 해석론에 맡겨져 있는데 휴가제도의 취지를 감안하여 합목적적으로 판단할 수밖에 없을 것인바, 법률의 규정에 의하여 근로하기로 정할 수 없거나 약정에 의해 사전에 근로하지 않기로 한 날은 소정근로일수에 포함되지 않을 것으로 보인다. 예컨대 근로기준법상의 주휴일, 근로자의 날 제정에 관한 법률에 의한 근로자의 날, 단체협약이나 근로계약 등에서 정한 약정휴일 등이 이러한 경우에 해당된다고 할 수 있을 것이다. 또한 당초 근로하기로 약정된 날이지만 특별한 사유가 발생하여 근로제공의무가 정지되는 경우도 소정근로일수에 포함되지 않을 것으로 보인다. 예컨대 불가항력에 의한 휴업기간, 부당해고기간 등이 이러한 경우에 해당된다고 할 수 있다. 정당한 쟁의행위로 인해 근로를 제공하지 못한 기간은 소정근로일에서 제외시키는 것이 타당할 것이다.

한편, 휴직의 경우 그 기간을 소정근로일에서 제외시킬 것인가 아니면 결근으로 처리할 것인가가 문제되나, 강행법규나 공서양속에 반하지 않는 한 당사자는 취업규칙 등에 의하여 자유롭게 휴직의 조건, 내용 등을 정할 수 있다고 할 것이다.

3. 대상판결의 평가

대상판결은 연차유급휴가는 근로자에게 일정기간 근로의무를 면제함으로써 정신적·육체적 휴양의 기회를 제공하고 문화적 생활의 향상을 기하여는 데 그 의의가 있다고 판시하면서, 정직이나 직위해제 등의 징계를 받은 근로자는 징계기간 중 근로자의 신분을 보유하면서도 근로의무가 면제되므로 사용자는 취업규칙에서 근로자의 정직 또는 직위해제 기간을 소정근로일수에 포함시키되 그 기간 중 근로의무가 면제되었다는 점을 참작하여 연차 유급휴가에 필요한 출근일수에 포함하지 않는 것으로 규정할 수도 있으며, 이러한 취지의 취업규칙 규정이 근로자에게 불리한 것이라 보기 어렵다고 판단하였다. 이와 같은 대상판결의 판단에 대하여는 근로의무가 면제되는 날은 근로자의 근무일인 소정근로일수 자체에서 제외하는 것이 타당하다는 반론도 가능할 것이다.

그런데, 소정근로일수의 판단에 관하여는 관련규정이 없어 해석론에 맡겨져 있고, 따라서 휴가제도의 취지를 감안하여 합목적적으로 판단할 수밖에 없을 것이다. 정직이나 직위해제 등의 징계를 받은 근로자는 징계기간 중 근로자의 신분을 보유하면서도 근로의무가 면제된다는 점을 고려할 때, 이 사건 취업규칙이 근로기준법에 정하여진 기준보다 근로자에게 불리하게 규정되어 있다고 보기는 어렵다. 대상판결의 결론에 찬성한다.

Ⅷ. 적용제외

제63조(적용의 제외) 이 장과 제5장에서 정한 근로시간, 휴게와 휴일에 관한 규정은 다음 각 호의 어느 하나에 해당하는 근로자에 대하여는 적용하지 아니한다. 〈개정 2010.6.4〉

1. 토지의 경작 · 개간, 식물의 재식(栽植) · 재배 · 채취 사업, 그 밖의 농림 사업
2. 동물의 사육, 수산 동식물의 채포(採捕) · 양식 사업, 그 밖의 축산, 양잠, 수산 사업
3. 감시(監視) 또는 단속적(斷續的)으로 근로에 종사하는 자로서 사용자가 고용노동부장관의 승인을 받은 자
4. 대통령령으로 정하는 업무에 종사하는 근로자

(i) 토지의 경작·개간, 식물의 재식·재배·채취 사업, 그 밖의 농림 사업, (ii) 동물의 사육, 수산 동식물의 채포·양식 사업, 그 밖의 축산, 양잠, 수산 사업, (iii) 감시 또는 단속적으로 근로에 종사하는 자로서 사용자가 고용노동부장관의 승인을 받은 자 및 (iv) 사업의 종류에 관계없이 관리·감독 업무 또는 기밀을 취급하는 업무(시행령 第34조)에 종사하는 근로자에 대하여는 근로시간과 휴게와 휴일에 관한 규정을 적용하지 아니한다.

제9장 여성과 소년

Ⅰ. 연령과 관련된 제반 규제

1. 최저연령

> **제64조(최저 연령과 취직인허증)** ① 15세 미만인 자(「초 · 중등교육법」에 따른 중학교에 재학 중인 18세 미만인 자를 포함한다)는 근로자로 사용하지 못한다. 다만, 대통령령으로 정하는 기준에 따라 고용노동부장관이 발급한 취직인허증(就職認許證)을 지닌 자는 근로자로 사용할 수 있다. 〈개정 2010.6.4〉
> ② 제1항의 취직인허증은 본인의 신청에 따라 의무교육에 지장이 없는 경우에는 직종(職種)을 지정하여서만 발행할 수 있다.
> ③ 고용노동부장관은 거짓이나 그 밖의 부정한 방법으로 제1항 단서의 취직인허증을 발급받은 자에게는 그 인허를 취소하여야 한다.〈개정 2010.6.4〉

사용자는 15세 미만인 자와 중학교에 재학 중인 18세 미만인 자를 근로자로 사용하지 못한다. 다만, 대통령령으로 정하는 기준에 따라 고용노동부장관이 발급한 취직인허증을 지닌 자는 근로자로 사용할 수 있다. 취직인허증은 본인의 신청에 따라 의무교육에 지장이 없는 경우에는 직종을 지정하여서만 발행할 수 있다.

고용노동부장관은 거짓이나 그 밖의 부정한 방법으로 제1항 단서의 취직인허증을 발급받은 자에게는 그 인허를 취소하여야 한다.

2. 연소자

(1) 사용금지사업

가. 도덕상 또는 보건상 유해·위험한 사업

> **제65조(사용 금지)** ① 사용자는 임신 중이거나 산후 1년이 지나지 아니한 여성(이하 "임산부"라 한다)과 18세 미만자를 도덕상 또는 보건상 유해·위험한 사업에 사용하지 못한다.
> ③ 제1항 및 제2항에 따른 금지 직종은 대통령령으로 정한다.

사용자는 18세 미만자를 도덕상 또는 보건상 유해·위험한 사업에 사용하지 못한다.

▶ 임산부 등의 사용금지직종(제40조 관련)

18세 미만인 자	1. 「산업보건기준에 관한 규칙」 제69조제2호 및 제3호에 따른 고압작업 및 잠수작업 2. 「건설기계관리법」, 「도로교통법」 등에서 18세 미만인 자에 대하여 운전·조종면허 취득을 제한하고 있는 직종 또는 업종의 운전·조종업무 3. 「청소년보호법」 등 다른 법률에서 18세 미만 청소년의 고용이나 출입을 금지하고 있는 직종이나 업종 4. 교도소 또는 정신병원에서의 업무 5. 소각 또는 도살의 업무 6. 유류를 취급하는 업무(주유업무는 제외한다) 7. 2-브로모프로판을 취급하거나 노출될 수 있는 업무 8. 그 밖에 고용노동부장관이 산업재해보상보험및예방심의위원회의 심의를 거쳐 지정하여 고시하는 업무

나. 갱내근로의 금지

> **제72조(갱내근로의 금지)** 사용자는 여성과 18세 미만인 자를 갱내(坑內)에서 근로시키지 못한다. 다만, 보건 · 의료, 보도 · 취재 등 대통령령으로 정하는 업무를 수행하기 위하여 일시적으로 필요한 경우에는 그러하지 아니하다.

사용자는 18세 미만인 자를 갱내에서 근로시키지 못한다. 다만, 보건 · 의료, 보도 · 취재 등 대통령령으로 정하는 업무를 수행하기 위하여 일시적으로 필요한 경우에는 그러하지 아니하다. 여기서 대통령령으로 정하는 업무란 보건, 의료 또는 복지 업무, 신문 · 출판 · 방송프로그램 제작 등을 위한 보도 · 취재업무, 학술연구를 위한 조사 업무, 관리 · 감독 업무 기타 이들 업무와 관련된 분야에서 하는 실습 업무를 말한다(시행령 제42조).

(2) 연소자증명서

> **제66조(연소자 증명서)** 사용자는 18세 미만인 자에 대하여는 그 연령을 증명하는 가족관계기록사항에 관한 증명서와 친권자 또는 후견인의 동의서를 사업장에 갖추어 두어야 한다. 〈개정 2007.5.17〉

사용자는 18세 미만인 자에 대하여는 그 연령을 증명하는 가족관계기록사항에 관한 증명서와 친권자 또는 후견인의 동의서를 사업장에 갖추어 두어야 한다. 한편, 15세 미만인 자를 사용하는 사용자가 취직인허증을 갖추어 둔 경우에는 가족관계기록사항에 관한 증명서와 친권자나 후견인의 동의서를 갖추어 둔 것으로 본다(시행령 제38조 제1항).

(3) 근로조건의 서면명시

> **第67조(근로계약)**
> ③ 사용자는 18세 미만인 자와 근로계약을 체결하는 경우에는 제17조에 따른 근로조건을 서면으로 명시하여 교부하여야 한다.〈신설 2007.7.27〉

사용자는 18세 미만인 자와 근로계약을 체결하는 경우에는 근로기준법 제17조에 따른 근로조건을 서면으로 명시하여 교부하여야 한다.

(4) 연장근로의 제한

> **제69조(근로시간)** 15세 이상 18세 미만인 자의 근로시간은 1일에 7시간, 1주일에 40시간을 초과하지 못한다. 다만, 당사자 사이의 합의에 따라 1일에 1시간, 1주일에 6시간을 한도로 연장할 수 있다.

5세 이상 18세 미만인 자의 근로시간은 1일에 7시간, 1주일에 40시간을 초과하지 못한다. 다만, 당사자 사이의 합의에 따라 1일에 1시간, 1주일에 6시간을 한도로 연장할 수 있다. 여기서 근로시간은 휴게시간을 제외한 근로시간을 말한다(시행령 제41조).

(5) 야간근로와 휴일근로의 제한

> **제70조(야간근로와 휴일근로의 제한)**
> ② 사용자는 임산부와 18세 미만자를 오후 10시부터 오전 6시까지의 시간 및 휴일에 근로시키지 못한다. 다만, 다음 각 호의 어느 하나에 해당하는 경우로서 고용노동부장관의 인가를 받으면 그러하지 아니하다.〈개정 2010.6.4〉
> 1. 18세 미만자의 동의가 있는 경우
> 2. 산후 1년이 지나지 아니한 여성의 동의가 있는 경우
> 3. 임신 중의 여성이 명시적으로 청구하는 경우
>
> ③ 사용자는 제2항의 경우 고용노동부장관의 인가를 받기 전에 근로자의 건

강 및 모성 보호를 위하여 그 시행 여부와 방법 등에 관하여 그 사업 또는 사업장의 근로자대표와 성실하게 협의하여야 한다.〈개정 2010.6.4〉

사용자는 18세 미만자를 오후 10시부터 오전 6시까지의 시간 및 휴일에 근로시키지 못한다. 다만, 18세 미만자의 동의가 있는 경우로서 고용노동부장관의 인가를 받으면 그러하지 아니하다. 사용자는 고용노동부장관의 인가를 받기 전에 근로자의 건강을 위하여 그 시행 여부와 방법 등에 관하여 그 사업 또는 사업장의 근로자대표와 성실하게 협의하여야 한다.

3. 미성년자

(1) 근로계약

제67조(근로계약) ① 친권자나 후견인은 미성년자의 근로계약을 대리할 수 없다.
② 친권자, 후견인 또는 고용노동부장관은 근로계약이 미성년자에게 불리하다고 인정하는 경우에는 이를 해지할 수 있다.〈개정 2010.6.4〉

친권자나 후견인은 미성년자의 근로계약을 대리할 수 없다. 한편, 친권자, 후견인 또는 고용노동부장관은 근로계약이 미성년자에게 불리하다고 인정하는 경우에는 이를 해지할 수 있다.

(2) 임금청구

제68조(임금의 청구) 미성년자는 독자적으로 임금을 청구할 수 있다.

미성년자는 독자적으로 임금을 청구할 수 있다.

Ⅱ. 여성의 근로를 보호하기 위한 제반 규제

1. 사용금지사업

(1) 임신 또는 출산에 관한 기능에 유해 · 위험한 사업

제65조(사용 금지)
② 사용자는 임산부가 아닌 18세 이상의 여성을 제1항에 따른 보건상 유해 · 위험한 사업 중 임신 또는 출산에 관한 기능에 유해 · 위험한 사업에 사용하지 못한다.
③ 제1항 및 제2항에 따른 금지 직종은 대통령령으로 정한다.

사용자는 임산부가 아닌 18세 이상의 여성을 제1항에 따른 보건상 유해 · 위험한 사업 중 임신 또는 출산에 관한 기능에 유해 · 위험한 사업에 사용하지 못한다.

▶임산부 등의 사용금지직종(제40조 관련)

임산부가 아닌 18세 이상인 여자	1. 2-브로모프로판을 취급하거나 노출될 수 있는 업무. 다만, 의학적으로 임신할 가능성이 전혀 없는 여성인 경우에는 그러하지 아니하다. 2. 그 밖에 고용노동부장관이 산업재해보상보험및예방심의위원회의 심의를 거쳐 지정하여 고시하는 업무

(2) 갱내근로의 금지

제72조(갱내근로의 금지) 사용자는 여성과 18세 미만인 자를 갱내(坑內)에서 근로시키지 못한다. 다만, 보건 · 의료, 보도 · 취재 등 대통령령으로 정하는 업무를 수행하기 위하여 일시적으로 필요한 경우에는 그러하지 아니하다.

사용자는 여성을 갱내(坑內)에서 근로시키지 못한다. 다만, 보건·의료, 보도·취재 등 대통령령으로 정하는 업무를 수행하기 위하여 일시적으로 필요한 경우에는 그러하지 아니하다. 여기서 대통령령으로 정하는 업무란 보건, 의료 또는 복지 업무, 신문·출판·방송프로그램 제작 등을 위한 보도·취재업무, 학술연구를 위한 조사 업무, 관리·감독 업무 기타 이들 업무와 관련된 분야에서 하는 실습 업무를 말한다(시행령 제42조).

2. 야간근로와 휴일근로의 제한

> **第70조(야간근로와 휴일근로의 제한)** ① 사용자는 18세 이상의 여성을 오후 10시부터 오전 6시까지의 시간 및 휴일에 근로시키려면 그 근로자의 동의를 받아야 한다.

사용자는 18세 이상의 여성을 오후 10시부터 오전 6시까지의 시간 및 휴일에 근로시키려면 그 근로자의 동의를 받아야 한다.

3. 생리휴가

> **第73조(생리휴가)** 사용자는 여성 근로자가 청구하면 월 1일의 생리휴가를 주어야 한다.

사용자는 여성 근로자가 청구하면 월 1일의 무급 생리휴가를 주어야 한다.

4. 임산부의 보호

(1) 연장근로의 제한

제74조(임산부의 보호)
④ 사용자는 임신 중의 여성 근로자에게 시간외근로를 하게 하여서는 아니 되며, 그 근로자의 요구가 있는 경우에는 쉬운 종류의 근로로 전환하여야 한다.

사용자는 임신 중의 여성 근로자에게 시간외 근로를 하게 하여서는 아니 되며, 그 근로자의 요구가 있는 경우에는 쉬운 종류의 근로로 전환하여야 한다.

제71조(시간외근로) 사용자는 산후 1년이 지나지 아니한 여성에 대하여는 단체협약이 있는 경우라도 1일에 2시간, 1주일에 6시간, 1년에 150시간을 초과하는 시간외근로를 시키지 못한다.

사용자는 산후 1년이 지나지 아니한 여성에 대하여는 단체협약이 있는 경우라도 1일에 2시간, 1주일에 6시간, 1년에 150시간을 초과하는 시간외근로를 시키지 못한다.

(2) 야간근로·휴일근로의 제한

제70조(야간근로와 휴일근로의 제한)
② 사용자는 임산부와 18세 미만자를 오후 10시부터 오전 6시까지의 시간 및 휴일에 근로시키지 못한다. 다만, 다음 각 호의 어느 하나에 해당하는 경우로서 고용노동부장관의 인가를 받으면 그러하지 아니하다.〈개정 2010.6.4〉
1. 18세 미만자의 동의가 있는 경우
2. 산후 1년이 지나지 아니한 여성의 동의가 있는 경우
3. 임신 중의 여성이 명시적으로 청구하는 경우

③ 사용자는 제2항의 경우 고용노동부장관의 인가를 받기 전에 근로자의 건

> 강 및 모성 보호를 위하여 그 시행 여부와 방법 등에 관하여 그 사업 또는 사업장의 근로자대표와 성실하게 협의하여야 한다.〈개정 2010.6.4〉

사용자는 임산부를 오후 10시부터 오전 6시까지의 시간 및 휴일에 근로시키지 못한다. 다만, (i) 산후 1년이 지나지 아니한 여성의 동의가 있는 경우 또는 (ii) 임신 중의 여성이 명시적으로 청구하는 경우로서 고용노동부장관의 인가를 받으면 그러하지 아니하다. 사용자는 제2항의 경우 고용노동부장관의 인가를 받기 전에 근로자의 건강 및 모성 보호를 위하여 그 시행 여부와 방법 등에 관하여 그 사업 또는 사업장의 근로자대표와 성실하게 협의하여야 한다.

(3) 사용금지사업

> **제65조(사용 금지)** ① 사용자는 임신 중이거나 산후 1년이 지나지 아니한 여성(이하 "임산부"라 한다)과 18세 미만자를 도덕상 또는 보건상 유해 · 위험한 사업에 사용하지 못한다.
> ③ 제1항 및 제2항에 따른 금지 직종은 대통령령으로 정한다.

사용자는 임신 중이거나 산후 1년이 지나지 아니한 여성을 도덕상 또는 보건상 유해 · 위험한 사업에 사용하지 못한다.

▶임산부 등의 사용금지직종(제40조 관련)

임신 중인 여성	1. 「산업안전기준에 관한 규칙」 제59조와 제60조에서 규정한 둥근톱으로서 지름 25센티미터 이상, 같은 규칙 제61조와 제62조에서 규정하는 띠톱으로서 풀리(Pulley)의 지름 75센티미터 이상의 기계를 사용하여 목재를 가공하는 업무 2. 「산업안전기준에 관한 규칙」 제5편제3장과 제4장에 따른 정전작업, 활선작업 및 활선 근접작업 3. 「산업안전기준에 관한 규칙」 제6편제2장제3절에서 규정한 통나무비계의 설치 또는 해체업무와 제6편

	제5장에 따른 건물 해체작업(지상에서 작업을 보조하는 업무를 제외한다) 4. 「산업안전기준에 관한 규칙」 제6편제3장제3절에서 규정하는 터널작업, 같은 규칙 제439조에 따른 추락위험이 있는 장소에서의 작업, 같은 규칙 제452조에 따른 붕괴 또는 낙하의 위험이 있는 장소에서의 작업 5. 「산업보건기준에 관한 규칙」 제58조제4호에 따른 진동작업 6. 「산업보건기준에 관한 규칙」 제69조제2호 및 제3호에 따른 고압작업 및 잠수작업 7. 「산업보건기준에 관한 규칙」 제108조에 따른 고열작업이나 한랭작업 8. 「원자력법」 제97조에 따른 방사선 작업 종사자 등의 피폭선량이 선량한도를 초과하는 원자력 및 방사선 관련 업무 9. 납, 수은, 크롬, 비소, 황린, 불소(불화수소산), 염소(산), 시안화수소(시안산), 2-브로모프로판, 아닐린, 수산화칼륨, 페놀, 에틸렌글리콜모노메틸에테르, 에틸렌글리콜모노에틸에테르, 에틸렌글리콜모노에틸에테르 아세테이트, 염화비닐, 벤젠 등 유해물질을 취급하는 업무 10. 사이토메갈로바이러스(Cytomegalovirus)·B형 간염 바이러스 등 병원체로 인하여 오염될 우려가 짙은 업무. 다만, 의사·간호사·방사선기사 등으로서 면허증을 소지한 자 또는 양성 중에 있는 자를 제외한다. 11. 신체를 심하게 펴거나 굽힌다든지 또는 지속적으로 쭈그려야 하거나 앞으로 구부린 채 있어야 하는 업므 12. 연속작업에 있어서는 5킬로그램 이상, 단속작업에 있어서는 10킬로그램 이상의 중량물을 취급하는 업무 13. 그 밖에 고용노동부장관이 「산업재해보상보험법」 제8조에 따른 산업재해보상보험및예방심의위원회(이하 "산업재해보상보험및예방심의위원회"라 한다. 이하 이 표에서 같다)의 심의를 거쳐 지정하여 고시하는 업무
산후 1년이 지나지 아니한 여성	1. 납, 비소를 취급하는 업무. 다만, 모유 수유를 하지 아니하는 여성으로서 본인이 취업 의사를 사업주

	에게 서면으로 제출한 경우에는 그러하지 아니한 다. 2. 2-브로모프로판을 취급하거나 노출될 수 있는 업무 3. 그 밖에 고용노동부장관이 산업재해보상보험및예방심의위원회의 심의를 거쳐 지정하여 고시하는 업무

(4) 산전후휴가 등

제74조(임산부의 보호) ① 사용자는 임신 중의 여성에게 산전과 산후를 통하여 90일의 보호휴가를 주어야 한다. 이 경우 휴가 기간의 배정은 산후에 45일 이상이 되어야 한다.
② 사용자는 임신 중인 여성이 임신 16주 이후 유산 또는 사산한 경우로서 그 근로자가 청구하면 대통령령령으로 정하는 바에 따라 보호휴가를 주어야 한다. 다만, 인공 임신중절 수술(「모자보건법」 제14조제1항에 따른 경우는 제외한다)에 따른 유산의 경우는 그러하지 아니하다.
③ 제1항 및 제2항에 따른 휴가 중 최초 60일은 유급으로 한다. 다만, 「남녀고용평등과 일·가정 양립 지원에 관한 법률」 제18조에 따라 산전후휴가급여 등이 지급된 경우에는 그 금액의 한도에서 지급의 책임을 면한다.〈개정 2007.12.21〉
④ 사용자는 임신 중의 여성 근로자에게 시간외근로를 하게 하여서는 아니 되며, 그 근로자의 요구가 있는 경우에는 쉬운 종류의 근로로 전환하여야 한다.
⑤ 사업주는 제1항에 따른 보호휴가 종료 후에는 휴가 전과 동일한 업무 또는 동등한 수준의 임금을 지급하는 직무에 복귀시켜야 한다.〈신설 2008.3.28〉

가. 산전후휴가

사용자는 임신 중의 여성에게 산전과 산후를 통하여 90일의 보호휴가를 주어야 한다. 이 경우 휴가 기간의 배정은 산후에 45일 이상이 되어야 한다.

산전후휴가 중 최초 60일은 유급으로 한다. 다만, 남녀고용평등과 일·가정 양립 지원에 관한 법률 제18조에 따라 산전후휴가급여 등이 지급된 경우에는 그 금액의 한도에서 사용자는 지급의 책임을 면한다.

사용자는 산전후휴가 종료 후에는 여성근로자를 휴가 전과 동일한 업무 또는 동등한 수준의 임금을 지급하는 직무에 복귀시켜야 한다.

나. 유사산 보호휴가

사용자는 임신 중인 여성이 임신 16주 이후 유산 또는 사산한 경우로서 그 근로자가 청구하면 대통령령으로 정하는 바에 따라 유산·사산휴가를 주어야 한다. 임신 16주 이후 유산 또는 사산한 근로자가 유산·사산휴가를 청구하는 경우에는 휴가 청구 사유, 유산·사산 발생일 및 임신기간 등을 기재한 유산·사산휴가 신청서에 의료기관의 진단서를 첨부하여 사업주에게 제출하여야 한다(시행령 제43조 제1항). 유산·사산휴가의 기간은 (i) 유산 또는 사산한 근로자의 임신기간이 16주 이상 21주 이내인 경우에는 유산 또는 사산한 날부터 30일까지, (ii) 임신기간이 22주 이상 27주 이내인 경우에는 유산 또는 사산한 날부터 60일까지, (iii) 임신기간이 28주 이상인 경우 에는 유산 또는 사산한 날부터 90일까지로 한다(시행령 제43조 제2항).

인공 임신중절 수술에 따른 유산의 경우는 모자보건법 제14조 제1항에 따라 임신중절 수술이 정당화되는 경우를 제외하고는 보호휴가를 줄 의무가 없다.

유사산 보호휴가 중 최초 60일은 유급으로 한다. 다만, 남녀고용평등과 일·가정 양립 지원에 관한 법률 제18조에 따라 산전후휴가급여 등이 지급된 경우에는 그 금액의 한도에서 사용자는 지급의 책임을 면한다.

다. 연장근로의 금지 및 경이한 업무로의 전환

사용자는 임신 중의 여성 근로자에게 시간외 근로를 하게 하여서는 아니 되며, 그 근로자의 요구가 있는 경우에는 쉬운 종류의 근로로 전환하여야 한다.

(5) 태아검진시간

제74조의2(태아검진 시간의 허용 등) ① 사용자는 임신한 여성근로자가 「모자보건법」 제10조에 따른 임산부 정기건강진단을 받는데 필요한 시간을 청구하는 경우 이를 허용하여 주어야 한다. ② 사용자는 제1항에 따른 건강진단 시간을 이유로 그 근로자의 임금을 삭감하여서는 아니 된다.

사용자는 임신한 여성근로자가 모자보건법 제10조에 따른 임산부 정기건강진단을 받는데 필요한 시간을 청구하는 경우 이를 허용하여 주어야 한다. 사용자는 건강진단 시간을 이유로 근로자의 임금을 삭감하여서는 아니 된다.

(6) 육아시간

제75조(육아 시간) 생후 1년 미만의 유아(乳兒)를 가진 여성 근로자가 청구하면 1일 2회 각각 30분 이상의 유급 수유 시간을 주어야 한다.

사용자는 생후 1년 미만의 유아를 가진 여성 근로자가 청구하면 1일 2회 각각 30분 이상의 유급 수유 시간을 주어야 한다.

제10장 재해보상

Ⅰ. 서설

1. 재해보상의 의의

재해보상이란 협의로는 근로자가 입은 업무상 재해를 사용자가 직접·개별적으로 전보하기 위하여 지급하는 각종 급여로서 근로기준법의 규정에 의한 요양보상, 휴업보상, 장해보상, 유족보상, 장의비 등을 의미한다.

2. 재해보상제도의 생성과 전개

재해보상제도는 근로자가 업무상 부상을 하거나 질병에 걸린 때 또는 사망한 경우에 그 근로자와 유족을 보호하기 위한 제도로서, 종래의 시민법상의 과실책임의 원칙이나 불법행위의 법이론으로서는 근로자를 충분히 보호할 수 없다는 점이 자각되면서 발전되어온 제도이다. 재해보상제도는 무과실책임방식의 손해배상에서 직접보상방식의 재해보상을 거쳐 사회보험방식의 재해보험으로 발전하여 왔다. 우리나라의 경우에는 근로기준법에서 피재자에 대한 사용자의 직접보상을 규정함과 동시에 산업재해보상보험법에서 국가에 의한 산재보험급여를 규정하고 있다.

Ⅱ. 재해보상의 주체

1. 원칙

근로기준법상 재해보상책임을 지는 자는 재해를 입은 근로자의 사용자이다.

2. 도급사업에 대한 예외

> **제90조(도급 사업에 대한 예외)** ① 사업이 여러 차례의 도급에 따라 행하여지는 경우의 재해보상에 대하여는 원수급인(元受給人)을 사용자로 본다.
> ② 제1항의 경우에 원수급인이 서면상 계약으로 하수급인에게 보상을 담당하게 하는 경우에는 그 수급인도 사용자로 본다. 다만, 2명 이상의 하수급인에게 똑같은 사업에 대하여 중복하여 보상을 담당하게 하지 못한다.
> ③ 제2항의 경우에 원수급인이 보상의 청구를 받으면 보상을 담당한 하수급인에게 우선 최고(催告)할 것을 청구할 수 있다. 다만, 그 하수급인이 파산의 선고를 받거나 행방이 알려지지 아니하는 경우에는 그러하지 아니하다.

사업이 여러 차례의 도급에 따라 행하여지는 경우의 재해보상에 대하여는 원수급인을 사용자로 본다. 이 경우 원수급인이 서면상 계약으로 하수급인에게 보상을 담당하게 하는 경우에는 그 수급인도 사용자로 본다. 다만, 2명 이상의 하수급인에게 똑같은 사업에 대하여 중복하여 보상을 담당하게 하지 못한다.

원수급인이 서면상 계약으로 하수급인에게 보상을 담당하게 하는 경우에 원수급인이 보상의 청구를 받으면 보상을 담당한 하수급인에게 우선 최고할 것을 청구할 수 있다. 다만, 그 하수급인이 파산의 선고를 받거나 행방이 알려지지 아니하는 경우에는 그러하지 아니하다.

Ⅲ. 재해보상의 종류

1. 요양보상

제78조(요양보상) ① 근로자가 업무상 부상 또는 질병에 걸리면 사용자는 그 비용으로 필요한 요양을 행하거나 필요한 요양비를 부담하여야 한다.
② 제1항에 따른 업무상 질병과 요양의 범위 및 요양보상의 시기는 대통령령으로 정한다.〈개정 2008.3.21〉

근로자가 업무상 부상 또는 질병에 걸리면 사용자는 그 비용으로 필요한 요양을 행하거나 필요한 요양비를 부담하여야 한다. 요양보상은 매월 1회 이상 하여야 한다(시행령 제46조). 업무상 질병과 요양의 범위는 아래 표와 같다(시행령 제44조 제1항). 사용자는 근로자가 취업 중에 업무상 질병에 걸리거나 부상 또는 사망한 경우에는 지체 없이 의사의 진단을 받도록 하여야 한다(시행령 제44조 제2항).

▶업무상 질병과 요양의 범위(제44조제1항 관련)

구분	범위
업무상 질병	1. 업무상의 부상에 기인하는 질병 2. 무겁고 힘든 업무로 인한 근육·건·관절의 질병과 내장탈장 3. 고열·자극성의 가스나 증기·유해광선 또는 이물로 인한 결막염, 그 밖의 눈질환 4. 라듐방사선, 자외선, 엑스선, 그 밖의 유해방사선으로 인한 질병

	5. 덥고 뜨거운 장소에서의 업무로 인한 열사병 등 열중증 6. 덥고 뜨거운 장소에서의 업무 또는 고열물체를 취급하는 업무로 인한 제2도 이상의 화상 및 춥고 차가운 장소에서의 업무 또는 저온물체를 취급하는 업무로 인한 제2도 이상의 동상 7. 분진을 비산하는 장소에서의 업무로 인한 진폐증 및 이에 따르는 폐결핵 등 합병증 8. 지하작업으로 인한 안구진탕증 9. 이상기압 하에서의 업무로 인한 감압병 그 밖의 질병 10. 제사 또는 방적 등의 업무로 인한 수지봉와직염 및 피부염 11. 착암기 등 진동발생공구 취급작업으로 인하여 유발되는 신경염 그 밖의 질병 12. 강렬한 소음이 발생되는 장소에서의 업무로 인한 귀질환 13. 영상표시단말기(VDT) 등 취급자에게 나타나는 경견완증후군 14. 납이나 그 합금 또는 그 화합물로 인한 중독 및 그 속발증 15. 수은·아말감 또는 그 화합물로 인한 중독 및 그 속발증 16. 망간 또는 그 화합물로 인한 중독 및 그 속발증 17. 크롬·니켈·알루미늄 또는 이상의 화합물로 인한 궤양, 그 밖의 질병 18. 아연, 그 밖의 금속 증기로 인한 금속열 19. 비소 또는 그 화합물로 인한 중독 및 그 속발증 20. 인 또는 그 화합물로 인한 중독 및 그 속발증 21. 초산염가스나 아황산가스로 인한 중독 및 그 속발증 22. 황화수소로 인한 중독 및 그 속발증 23. 이황화탄소르 인한 중독 및 그 속발증 24. 일산화탄소르 인한 중독 및 그 속발증 25. 청산, 그 밖의 시안화합물로 인한 중독과 그 속발증 또는 그 밖의 질병 26. 광산·가성알카리·염소·불소·석탄산 또는 이상의 화합물 그 밖의 부식성 또는 자극성의 물체로 인한 부식·궤양 및 염증 27. 벤젠 또는 벤젠의 동족체와 그 니트로 및 아미노 유도체로 인한 중독 및 그 속발증 28. 아세톤 또는 그 밖의 용제로 인한 중독 또는 그 속발증과 그 밖의 질병

	29. 제27호 및 제28호 외의 지방족 또는 방향족의 탄화수소 화합물로 인한 중독 및 그 속발증 그 밖의 질병 30. 매연·광물유·동유·칠·타르·시멘트 등으로 인한 봉와직염, 습진, 그 밖의 피부질환 31. 매연·타르·핏치·아스팔트·광물유·파라핀 또는 이상의 물질을 포함한 것으로 인한 원발성 상피암 32. 제14호부터 제31호까지에 규정된 외의 독성, 극성, 그 밖의 유해물로 인한 중독 및 그 속발증 또는 피부 및 점막의 질환 33. 환자의 검진, 치료, 간호, 그 밖의 병원체로 인하여 오염될 우려가 있는 업무로 인한 각종 전염성 질환 34. 습윤지에 있어서의 업무로 인한 와일씨병 35. 옥외노동에 기인하는 쯔쯔가무시병 36. 동물 또는 그 시체, 짐승의 털, 피혁, 그 밖의 동물성 물체 및 넝마, 그 밖의 고물 취급으로 인한 탄저병·단독 및 페스트 37. 제1호부터 제36호까지에 규정된 외에 중앙노동위원회의 동의를 받아 고용노동부장관이 지정하는 질병 38. 그 밖에 업무로 기인한 것이 명확한 질병
요양	1. 진찰 2. 약제 또는 진료 재료와 의지(義肢) 그 밖의 보조기의 지급 3. 처치, 수술, 그 밖의 치료 4. 입원 5. 간병 6. 이송

2. 휴업보상

제79조(휴업보상) ① 사용자는 제78조에 따라 요양 중에 있는 근로자에게 그 근로자의 요양 중 평균임금의 100분의 60의 휴업보상을 하여야 한다. 〈개정 2008.3.21〉

② 제1항에 따른 휴업보상을 받을 기간에 그 보상을 받을 자가 임금의 일부를 지급받은 경우에는 사용자는 평균임금에서 그 지급받은 금액을 뺀 금액의 100분의 60의 휴업보상을 하여야 한다.〈신설 2008.3.21〉

③ 휴업보상의 시기는 대통령령으로 정한다.〈신설 2008.3.21〉

사용자는 요양보상을 받고 있는 근로자에게 그 근로자의 요양 중 평균임금의 100분의 60의 휴업보상을 하여야 한다. 휴업보상을 받을 기간에 그 보상을 받을 자가 임금의 일부를 지급받은 경우에는 사용자는 평균임금에서 그 지급받은 금액을 뺀 금액의 100분의 60의 휴업보상을 하여야 한다. 휴업보상은 매월 1회 이상 하여야 한다(시행령 제46조). 한편, 재해보상을 하는 경우에는 사망 또는 부상의 원인이 되는 사고가 발생한 날 또는 진단에 따라 질병이 발생되었다고 확정된 날을 평균임금의 산정 사유가 발생한 날로 한다(시행령 제52조).

제81조(휴업보상과 장해보상의 예외) 근로자가 중대한 과실로 업무상 부상 또는 질병에 걸리고 또한 사용자가 그 과실에 대하여 노동위원회의 인정을 받으면 휴업보상이나 장해보상을 하지 아니하여도 된다.

근로자가 중대한 과실로 업무상 부상 또는 질병에 걸리고 또한 사용자가 그 과실에 대하여 노동위원회의 인정을 받으면 휴업보상을 하지 아니하여도 된다. 여기서 중대한 과실이란 근로자가 조금만 주의를 했더라면 재해의 발생을 미리 인식할 수 있었음에도 불구하고 현저히 주의를 태만하였기 때문에 재해의 발생을 인식할 수 없었던 경우를 말한다.

3. 장해보상

제80조(장해보상) ① 근로자가 업무상 부상 또는 질병에 걸리고, 완치된 후 신체에 장해가 있으면 사용자는 그 장해 정도에 따라 평균임금에 별표에서 정한 일수를 곱한 금액의 장해보상을 하여야 한다. 〈개정 2008.3.21〉
② 이미 신체에 장해가 있는 자가 부상 또는 질병으로 인하여 같은 부위에

> 장해가 더 심해진 경우에 그 장해에 대한 장해보상 금액은 장해 정도가 더 심해진 장해등급에 해당하는 장해보상의 일수에서 기존의 장해등급에 해당하는 장해보상의 일수를 뺀 일수에 보상청구사유 발생 당시의 평균임금을 곱하여 산정한 금액으로 한다.〈신설 2008.3.21〉
> ③ 장해보상을 하여야 하는 신체장해 등급의 결정 기준과 장해보상의 시기는 대통령령으로 정한다.〈신설 2008.3.21〉

근로자가 업무상 부상 또는 질병에 걸리고, 완치된 후 신체에 장해가 있으면 사용자는 그 장해 정도에 따라 평균임금에 아래 표에서 정한 일수를 곱한 금액의 장해보상을 하여야 한다. 장해보상은 근로자의 부상 또는 질병이 완치된 후 지체 없이 하여야 한다(시행령 제51조 제1항).

▶신체장해등급과 재해보상표(제80조 관련)

등급	재해보상	등급	재해보상
제1급	1,340일분	제8급	450일분
제2급	1,190일분	제9급	350일분
제3급	1,050일분	제10급	270일분
제4급	920일분	제11급	200일분
제5급	790일분	제12급	140일분
제6급	670일분	제13급	90일분
제7급	560일분	제14급	50일분

이미 신체에 장해가 있는 자가 부상 또는 질병으로 인하여 같은 부위에 장해가 더 심해진 경우에 그 장해에 대한 장해보상 금액은 장해 정도가 더 심해진 장해등급에 해당하는 장해보상의 일수에서 기존의 장해등급에 해당하는 장해보상의 일수를 뺀 일

수에 보상청구사유 발생 당시의 평균임금을 곱하여 산정한 금액으로 한다.

장해보상을 하여야 하는 신체장해 등급의 결정은 시행령 별표 6에 따른다. 별표 6에 해당하지 아니하는 신체장해가 있는 경우에는 그 장해 정도에 따라 별표 6에 따른 신체장해에 준하여 장해보상을 하여야 한다(시행령 제47조 제3항).

[별표 6] 신체장해의 등급(제47조제1항 관련)

등급	신체장해
제1급 평균임금의 1,340일분	1. 두 눈이 실명된 사람 2. 말하는 기능과 음식물을 씹는 기능을 모두 영구적으로 완전히 잃은 사람 3. 신경계통의 기능 또는 정신기능에 뚜렷한 장해가 남아 항상 간병을 받아야 하는 사람 4. 흉복부장기의 기능에 뚜렷한 장해가 남아 항상 간병을 받아야 하는 사람 5. 두 팔을 팔꿈치관절 이상에서 잃은 사람 6. 두 팔을 영구적으로 완전히 사용하지 못하게 된 사람 7. 두 다리를 무릎관절 이상에서 잃은 사람 8. 두 다리를 영구적으로 완전히 사용하지 못하게 된 사람
제2급 평균임금의 1,190일분	1. 한 눈이 실명되고 다른 눈의 시력이 0.02 이하로 된 사람 2. 두 눈의 시력이 각각 0.02 이하로 된 사람 3. 두 팔을 손목관절 이상에서 잃은 사람 4. 두 다리를 발목관절 이상에서 잃은 사람 5. 신경계통의 기능 또는 정신기능에 뚜렷한 장해가 남아 수시로 간병을 받아야 하는 사람 6. 흉복부장기의 기능에 뚜렷한 장해가 남아 수시로 간병을 받아야 하는 사람
제3급 평균임금의 1,050일분	1. 한 눈이 실명되고 다른 눈의 시력이 0.06 이하로 된 사람 2. 말하는 기능 또는 음식물을 씹는 기능을 영구적으로 완전히 잃은 사람 3. 신경계통의 기능 또는 정신기능에 뚜렷한 장해가 남아 일생동안 노무에 종사할 수 없는 사람 4. 흉복부장기의 기능에 뚜렷한 장애가 남아 일생동안 노무

	에 종사할 수 없는 사람 5. 두 손의 손가락을 모두 잃은 사람
제4급 평균임금의 920일분	1. 두 눈이 시력이 각각 0.06 이하로 된 사람 2. 말하는 기능과 음식물을 씹는 기능에 뚜렷한 장해가 남은 사람 3. 고막이 전부 결손되거나 그 밖의 원인으로 두 귀의 청력을 완전히 잃은 사람 4. 한 팔을 팔꿈치관절 이상에서 잃은 사람 5. 한 다리를 무릎관절 이상에서 잃은 사람 6. 두 손의 손가락을 모두 제대로 못쓰게 된 사람 7. 두 발을 리스푸랑관절 이상에서 잃은 사람
제5급 평균임금의 790일분	1. 한 눈이 실명되고 다른 눈의 시력이 0.1 이하로 된 사람 2. 한 팔을 손목관절 이상에서 잃은 사람 3. 한 다리를 발목관절 이상에서 잃은 사람 4. 한 팔을 영구적으로 완전히 사용하지 못하게 된 사람 5. 한 다리를 영구적으로 완전히 사용하지 못하게 된 사람 6. 두 발의 발가락을 모두 잃은 사람 7. 흉복부장기의 기능에 뚜렷한 장해가 남아 특별히 손쉬운 노무 외에는 종사할 수 없는 사람 8. 신경계통의 기능 또는 정신기능에 뚜렷한 장해가 남아 특별히 손쉬운 노무 외에는 종사할 수 없는 사람
제6급 평균임금의 670일분	1. 두 눈의 시력이 각각 0.1 이하로 된 사람 2. 말하는 기능 또는 음식물을 씹는 기능에 뚜렷한 장해가 남은 사람 3. 고막이 대부분 결손되거나 그 밖의 원인으로 두 귀의 청력이 모두 귓바퀴에 대고 말하지 아니하고서는 큰 말소리를 알아듣지 못하게 된 사람 4. 한 귀가 전혀 들리지 아니하게 되고 다른 귀의 청력이 40센티미터 이상의 거리에서 보통의 말소리를 알아듣지 못하게 된 사람 5. 척주에 뚜렷한 기형이나 뚜렷한 기능장해가 남은 사람 6. 한 팔의 3대 관절 중 2개 관절을 제대로 못쓰게 된 사람 7. 한 다리의 3대 관절 중 2개 관절을 제대로 못쓰게 된 사람 8. 한 손의 5개의 손가락 또는 엄지손가락과 둘째손가락을 포함하여 4개의 손가락을 잃은 사람
제7급 평균임금의	1. 한 눈이 실명되고 다른 눈의 시력이 0.6 이하로 된 사람 2. 두 귀의 청력이 40센티미터 이상의 거리에서 보통의 말소

560일분	리를 알아듣지 못하게 된 사람 3. 한 귀가 전혀 들리지 아니하게 되고 다른 귀의 청력이 1미터 이상의 거리에서 보통의 말소리를 알아듣지 못하게 된 사람 4. 신경계통의 기능 또는 정신기능에 장해가 남아 손쉬운 노무 외에는 종사하지 못하는 사람 5. 흉복부장기의 기능에 장해가 남아 손쉬운 노무 외에는 종사하지 못하는 사람 6. 한 손의 엄지 손가락과 둘째 손가락을 잃은 사람 또는 엄지 손가락이나 둘째 손가락을 포함하여 3개 이상의 손가락을 잃은 사람 7. 한 손의 5개의 손가락 또는 엄지 손가락과 둘째 손가락을 포함하여 4개의 손가락을 제대로 못쓰게 된 사람 8. 한 발을 리스푸랑관절 이상에서 잃은 사람 9. 한 팔에 가관절이 남아 뚜렷한 운동기능장해가 남은 사람 10. 한 다리에 가관절이 남아 뚜렷한 운동기능장해가 남은 사람 11. 두 발의 발가락을 모두 제대로 못쓰게 된 사람 12. 외모에 뚜렷한 흉터가 남은 사람 13. 양쪽 고환을 잃은 사람
제8급 평균임금의 450일분	1. 한 눈이 실명되거나 또는 한 눈의 시력이 0.02이하로 된 사람 2. 척주에 경도의 기형이나 기능장해가 남은 사람 3. 한 손의 엄지 손가락을 포함하여 2개의 손가락을 잃은 사람 4. 한 손의 엄지 손가락과 둘째 손가락을 제대로 못쓰게 된 사람 또는 엄지 손가락이나 둘째 손가락을 포함하여 3개 이상의 손가락을 제대로 못쓰게 된 사람 5. 한 다리가 5센티미터 이상 짧아진 사람 6. 한 팔의 3대 관절 중 1개 관절을 제대로 못쓰게 된 사람 7. 한 다리의 3대 관절 중 1개 관절을 제대로 못쓰게 된 사람 8. 한 팔에 가관절이 남은 사람 9. 한 다리에 가관절이 남은 사람 10. 한 발의 5개 발가락을 모두 잃은 사람 11. 비장 또는 한 쪽의 신장을 잃은 사람
제9급 평균임금의 350일분	1. 두 눈의 시력이 0.6 이하로 된 사람 2. 한 눈의 시력이 0.06 이하로 된 사람 3. 두 눈에 모두 반맹증·시야협착 또는 시야변상이 남은 사

	람 4. 두 눈의 눈꺼풀에 뚜렷한 결손이 남은 사람 5. 코가 결손되어 그 기능에 뚜렷한 장해가 남은 사람 6. 말하는 기능과 음식물을 씹는 기능에 장해가 남은 사람 7. 두 귀의 청력이 모두 1미터 이상의 거리에서 큰 말소리를 알아듣지 못하게 된 사람 8. 한 귀의 청력이 귓바퀴에 대고 말하지 아니하고서는 큰 말소리를 알아듣지 못하고 다른 귀의 청력이 1미터 이상의 거리에서 보통의 말소리를 알아듣지 뭇하게 된 사람 9. 한 귀의 청력을 영구적으로 완전히 잃은 사람 10. 한 손의 엄지 손가락을 잃은 사람, 둘째 손가락을 포함하여 2개의 손가락을 잃은 사람 또는 엄지 손가락과 둘째 손가락 외에 3개의 손가락을 잃은 사람 11. 한 손의 엄지 손가락을 포함하여 2개의 손가락을 제대로 못쓰게 된 사람 12. 한 발의 엄지 발가락을 포함하여 2개 이상의 발가락을 잃은 사람 13. 한 발의 발가락을 모두 제대로 못쓰게 된 사람 14. 생식기에 뚜렷한 장해가 남은 사람 15. 신경계통의 기능 또는 정신기능에 장히가 남아 노무가 상당한 정도로 제한된 사람 16. 흉복부장기의 기능에 장해가 남아 노무가 상당한 정도로 제한된 사람
제10급 평균임금의 270일분	1. 한 눈의 시력이 0.1 이하로 된 사람 2. 말하는 기능 또는 음식물을 씹는 기능에 장해가 남은 사람 3. 14개 이상의 치아에 대하여 치과보철을 한 사람 4. 한 귀의 청력이 귓바퀴에 대고 말하지 아니하고서는 큰 말소리를 알아듣지 못하게 된 사람 5. 두 귀의 청력이 모두 1미터 이상의 거리에서 보통의 말소리를 알아듣지 못하게 된 사람 6. 척주에 기능장해가 남았으나 보존적 요법으로 치유된 사람 7. 한 손의 둘째 손가락을 잃은 사람 또는 엄지 손가락과 둘째 손가락 외의 2개의 손가락을 잃은 사람 8. 한 손의 엄지 손가락을 제대로 못쓰게 된 사람, 둘째 손가락을 포함하여 2개의 손가락을 제대로 못쓰게 된 사람 또는 엄지 손가락과 둘째 손가락 외의 3개의 손가락을 제대로 못쓰게 된 사람 9. 한 다리가 3센티미터 이상 짧아진 사람

	10. 한 발의 엄지 발가락 또는 그 외의 4개의 발가락을 잃은 사람 11. 한 팔의 3대 관절 중 1개 관절의 기능에 뚜렷한 장해가 남은 사람 12. 한 다리의 3대 관절 중 1개 관절의 기능에 뚜렷한 장해가 남은 사람
제11급 평균임금의 200일분	1. 두 눈이 모두 안구의 조절기능에 뚜렷한 장해가 남거나 뚜렷한 운동기능장해가 남은 사람 2. 두 눈의 눈꺼풀에 뚜렷한 운동기능장해가 남은 사람 3. 한 눈의 눈꺼풀에 뚜렷한 결손이 남은 사람 4. 한 귀의 청력이 40센티미터 이상의 거리에서 보통 말소리를 알아듣지 못하게 된 사람 5. 척주에 기형이 남은 사람 6. 한 손의 가운데 손가락 또는 넷째 손가락을 잃은 사람 7. 한 손의 둘째 손가락을 제대로 못쓰게 된 사람 또는 엄지 손가락과 둘째 손가락 외의 2개의 손가락을 제대로 못쓰게 된 사람 8. 한 발의 엄지 발가락을 포함하여 2개 이상의 발가락을 제대로 못쓰게 된 사람 9. 흉복부장기의 기능에 장해가 남은 사람 10. 10개 이상의 치아에 대하여 치과보철을 한 사람 11. 두 귀의 청력이 모두 1미터 이상의 거리에서 작은 말소리를 알아듣지 못하게 된 사람
제12급 평균임금의 140일분	1. 한 눈의 안구의 조절기능에 뚜렷한 장해가 남거나 뚜렷한 운동기능장해가 남은 사람 2. 한 눈의 눈꺼풀에 뚜렷한 운동장해가 남은 사람 3. 7개 이상의 치아에 대하여 치과보철을 한 사람 4. 한 귀의 귓바퀴 대부분이 결손된 사람 5. 쇄골·흉골·늑골·견갑골 또는 골반골에 뚜렷한 기형이 남은 사람 6. 한 팔의 3대 관절 중 1개 관절의 기능에 장해가 남은 사람 7. 한 다리의 3대 관절 중 1개 관절의 기능에 장해가 남은 사람 8. 장관골에 기형이 남은 사람 9. 한 손의 가운데 손가락 또는 넷째 손가락을 제대로 못 쓰게 된 사람 10. 한 발의 둘째 발가락을 잃은 사람, 둘째 발가락을 포함하여 2개의 발가락을 잃은 사람 또는 가운데 발가락 이하

	의 3개의 발가락을 잃은 사람 11. 한 발의 엄지 발가락 또는 그 외의 4개의 발가락을 제대로 못쓰게 된 사람 12. 국부에 완고한 신경증상이 남은 사람 13. 외모에 흉터가 남은 사람
제13급 평균임금의 90일분	1. 한 눈의 시력이 0.6 이하로 된 사람 2. 한 눈에 반맹증·시야협착 또는 시야변상이 남은 사람 3. 두 눈의 눈꺼풀의 일부에 결손이 남거나 속눈썹에 결손이 남은 사람 4. 5개 이상의 치아에 대하여 치과보철을 한 사람 5. 한 손의 새끼 손가락을 잃은 사람 6. 한 손의 엄지 손가락의 손가락뼈의 일부를 잃은 사람 7. 한 손의 둘째 손가락의 손가락뼈의 일부를 잃은 사람 8. 한 손의 둘째 손가락의 말관절을 굽히고 펼 수 없게 된 사람 9. 한 다리가 1센티미터 이상 짧아진 사람 10. 한 발의 가운데 발가락 이하의 1개 발가락 또는 2개의 발가락을 잃은 사람 11. 한 발의 둘째 발가락을 제대로 못쓰게 된 사람, 둘째 발가락을 포함하여 2개의 발가락을 제대로 못쓰게 된 사람 또는 가운데 발가락 이하의 3개의 발가락을 제대로 못쓰게 된 사람
제14급 평균임금의 50일분	1. 한눈의 눈꺼풀의 일부에 결손이 남거나 속눈썹에 결손이 남은 사람 2. 3개 이상의 치아에 대하여 치과보철을 한 사람 3. 팔의 노출된 면에 손바닥 크기의 흉터가 남은 사람 4. 다리의 노출된 면에 손바닥 크기의 흉터가 남은 사람 5. 한 손의 새끼 손가락을 제대로 못쓰게 되는 사람 6. 한 손의 엄지 손가락과 둘째 손가락 외의 손가락의 손가락뼈의 일부를 잃은 사람 7. 한 손의 엄지 손가락과 둘째 손가락 외의 손가락의 말관절을 굽히고 펼 수 없게 된 사람 8. 한 발의 가운데 발가락 이하의 1개 또는 2개의 발가락을 제대로 못쓰게 된 사람 9. 국부에 신경증상이 남은 사람 10. 한 귀의 청력이 1미터 이상의 거리에서 작은 말소리를 알아듣지 못하게 된 사람

별표 6에 따른 신체장해가 둘 이상 있는 경우에는 정도가 심

한 신체장해에 해당하는 등급에 따르는 것을 원칙으로 한다. 다만, (i) 제5급 이상에 해당하는 신체장해가 둘 이상 있는 경우에는 정도가 심한 신체장해에 해당하는 등급에 3개 등급 인상하고, (ii) 제8급 이상에 해당하는 신체장해가 둘 이상 있는 경우에는 정도가 심한 신체장해에 해당하는 등급에 2개 등급 인상하고, (iii) 제13급 이상에 해당하는 신체장해가 둘 이상 있는 경우에는 정도가 심한 신체장해에 해당하는 등급에 1개 등급 인상하되, 그 조정된 등급이 제1급을 초과하는 때에는 제1급으로 한다(시행령 제47조 제2항).

> **제81조(휴업보상과 장해보상의 예외)** 근로자가 중대한 과실로 업무상 부상 또는 질병에 걸리고 또한 사용자가 그 과실에 대하여 노동위원회의 인정을 받으면 휴업보상이나 장해보상을 하지 아니하여도 된다.

근로자가 중대한 과실로 업무상 부상 또는 질병에 걸리고 또한 사용자가 그 과실에 대하여 노동위원회의 인정을 받으면 장해보상을 하지 아니하여도 된다. 여기서 중대한 과실이란 근로자가 조금만 주의를 했더라면 재해의 발생을 미리 인식할 수 있었음에도 불구하고 현저히 주의를 태만하였기 때문에 재해의 발생을 인식할 수 없었던 경우를 말한다.

> **제85조(분할보상)** 사용자는 지급 능력이 있는 것을 증명하고 보상을 받는 자의 동의를 받으면 제80조, 제82조 또는 제84조에 따른 보상금을 1년에 걸쳐 분할보상을 할 수 있다.

사용자가 지급 능력이 있는 것을 증명하고 보상을 받는 자의 동의를 받으면 장해보상은 1년에 걸쳐 분할보상을 할 수 있다.

4. 유족보상

> **제82조(유족보상)** ① 근로자가 업무상 사망한 경우에는 사용자는 근로자가 사망한 후 지체 없이 그 유족에게 평균임금 1,000일분의 유족보상을 하여야 한다. 〈개정 2008.3.21〉
> ② 제1항에서의 유족의 범위, 유족보상의 순위 및 보상을 받기로 확정된 자가 사망한 경우의 유족보상의 순위는 대통령령으로 정한다.〈신설 2008.3.21〉

근로자가 업무상 사망한 경우에는 사용자는 근로자가 사망한 후 지체 없이 그 유족에게 평균임금 1,000일분의 유족보상을 하여야 한다. 유족보상의 지급은 근로자가 사망한 후 지체 없이 하여야 한다(시행령 제51조).

이 경우 유족의 범위와 유족보상의 순위 및 보상을 받기로 확정된 자가 사망한 경우의 유족보상의 순위는 다음과 같다(시행령 제48조 제1항).

> **시행령 제48조(유족의 범위 등)** ① 법 제82조제2항에 따른 유족의 범위는 다음 각 호와 같다. 이 경우 유족보상의 순위는 다음 각 호의 순서에 따르되, 같은 호에 해당하는 경우에는 그 적힌 순서에 따른다. 〈개정 2008.6.25〉
> 1. 근로자가 사망할 때 그가 부양하고 있던 배우자(사실혼 관계에 있던 자를 포함한다), 자녀, 부모, 손(孫) 및 조부모
> 2. 근로자가 사망할 때 그가 부양하고 있지 아니한 배우자, 자녀, 부모, 손 및 조부모
> 3. 근로자가 사망할 때 그가 부양하고 있던 형제자매
> 4. 근로자가 사망할 때 그가 부양하고 있지 아니한 형제자매
>
> ② 유족의 순위를 정하는 경우에 부모는 양부모를 선순위로 친부모를 후순위로 하고, 조부모는 양부모의 부모를 선순위로 친부모의 부모를 후순위로 하되, 부모의 양부모를 선순위로 부모의 친부모를 후순위로 한다.

> ③ 제1항 및 제2항에도 불구하고 근로자가 유언이나 사용자에 대한 예고에 따라 제1항의 유족 중의 특정한 자를 지정한 경우에는 그에 따른다.

동순위의 유족보상 수급권자가 2명 이상 있는 경우에는 그 인원수에 따라 똑같이 나누어 유족보상을 한다(시행령 제49조). 한편, 유족보상을 받기로 확정된 유족이 사망한 때에는 같은 순위자가 있는 경우에는 같은 순위자에게, 같은 순위자가 없는 경우에는 그 다음 순위자에게 유족보상을 한다(시행령 제50조).

> **제85조(분할보상)** 사용자는 지급 능력이 있는 것을 증명하고 보상을 받는 자의 동의를 받으면 제80조, 제82조 또는 제84조에 따른 보상금을 1년에 걸쳐 분할보상을 할 수 있다.

사용자가 지급 능력이 있는 것을 증명하고 보상을 받는 자의 동의를 받으면 유족보상은 1년에 걸쳐 분할보상을 할 수 있다.

5. 장의비

> **제83조(장의비)** 근로자가 업무상 사망한 경우에는 사용자는 근로자가 사망한 후 지체 없이 평균임금 90일분의 장의비를 지급하여야 한다. 〈개정 2008.3.21〉

근로자가 업무상 사망한 경우에는 사용자는 근로자가 사망한 후 지체 없이 평균임금 90일분의 장의비를 지급하여야 한다. 장의비의 지급은 근로자가 사망한 후 지체 없이 하여야 한다(시행령 제51조).

6. 일시보상

제84조(일시보상) 제78조에 따라 보상을 받는 근로자가 요양을 시작한 지 2년이 지나도 부상 또는 질병이 완치되지 아니하는 경우에는 사용자는 그 근로자에게 평균임금 1,340일분의 일시보상을 하여 그 후의 이 법에 따른 모든 보상책임을 면할 수 있다.

요양보상을 받는 근로자가 요양을 시작한 지 2년이 지나도 부상 또는 질병이 완치되지 아니하는 경우에는 사용자는 그 근로자에게 평균임금 1,340일분의 일시보상을 하여 그 후의 근로기준법에 따른 모든 보상책임을 면할 수 있다.

제85조(분할보상) 사용자는 지급 능력이 있는 것을 증명하고 보상을 받는 자의 동의를 받으면 제80조, 제82조 또는 제84조에 따른 보상금을 1년에 걸쳐 분할보상을 할 수 있다.

사용자가 지급 능력이 있는 것을 증명하고 보상을 받는 자의 동의를 받으면 일시보상은 1년에 걸쳐 분할보상을 할 수 있다.

7. 평균임금의 조정

시행령 제5조(평균임금의 조정) ① 법 제79조, 법 제80조 및 법 제82조부터 제84조까지의 규정에 따른 보상금 등을 산정할 때 적용할 평균임금은 그 근로자가 소속한 사업 또는 사업장에서 같은 직종의 근로자에게 지급된 통상임금의 1명당 1개월 평균액(이하 "평균액"이라 한다)이 그 부상 또는 질병이 발생한 달에 지급된 평균액보다 100분의 5 이상 변동된 경우에는 그 변동비율에 따라 인상되거나 인하된 금액으로 하되, 그 변동 사유가 발생한 달의 다음 달부터 적용한다. 다만, 제2회 이후의 평균임금을 조정하는 때에

> 는 직전 회의 변동 사유가 발생한 달의 평균액을 산정기준으로 한다.
> ② 제1항에 따라 평균임금을 조정하는 경우 그 근로자가 소속한 사업 또는 사업장이 폐지된 때에는 그 근로자가 업무상 부상 또는 질병이 발생한 당시에 그 사업 또는 사업장과 같은 종류, 같은 규모의 사업 또는 사업장을 기준으로 한다.
> ③ 제1항이나 제2항에 따라 평균임금을 조정하는 경우 그 근로자의 직종과 같은 직종의 근로자가 없는 때에는 그 직종과 유사한 직종의 근로자를 기준으로 한다.
> ④ 법 제78조에 따른 업무상 부상을 당하거나 질병에 걸린 근로자에게 지급할 「근로자퇴직급여 보장법」 제8조에 따른 퇴직금을 산정할 때 적용할 평균임금은 제1항부터 제3항까지의 규정에 따라 조정된 평균임금으로 한다.

근로기준법시행령 제5조는 휴업보상, 장해보상, 유족보상, 장의비 등 재해보상금을 산정하거나 업무상 부상을 당하거나 질병에 걸린 근로자에게 지급할 퇴직금을 산정하는 경우에 있어 평균임금을 조정하는 제도를 마련하고 있다. 즉, 휴업보상, 장해보상, 유족보상, 장의비 등을 산정할 때 적용할 평균임금은 그 근로자가 소속한 사업 또는 사업장에서 같은 직종의 근로자에게 지급된 통상임금의 1명당 1개월 평균액이 그 부상 또는 질병이 발생한 달에 지급된 평균액보다 100분의 5 이상 변동된 경우에는 그 변동비율에 따라 인상되거나 인하된 금액으로 하되, 그 변동 사유가 발생한 달의 다음 달부터 적용한다. 다만, 제2회 이후의 평균임금을 조정하는 때에는 직전 회의 변동 사유가 발생한 달의 평균액을 산정기준으로 한다. 이 경우 그 근로자가 소속한 사업 또는 사업장이 폐지된 때에는 그 근로자가 업무상 부상 또는 질병이 발생한 당시에 그 사업 또는 사업장과 같은 종류, 같은 규모의 사업 또는 사업장을 기준으로 한다. 또한 그 근로자의 직종과 같은 직종의 근로자가 없는 때에는 그 직종과 유사한 직종의 근로자를 기준으로 한다.

Ⅳ. 보상청구권의 보호

> **제86조(보상 청구권)** 보상을 받을 권리는 퇴직으로 인하여 변경되지 아니하고, 양도나 압류하지 못한다.

재해보상을 받을 권리는 퇴직으로 인하여 변경되지 아니하고, 양도나 압류하지 못한다.

Ⅴ. 다른 법령상의 배상 또는 보상과의 관계

> **제87조(다른 손해배상과의 관계)** 보상을 받게 될 자가 동일한 사유에 대하여 「민법」이나 그 밖의 법령에 따라 이 법의 재해보상에 상당한 금품을 받으면 그 가액(價額)의 한도에서 사용자는 보상의 책임을 면한다.

근로기준법에 따라 재해보상을 받게 될 자가 동일한 사유에 대하여 민법이나 그 밖의 법령에 따라 재해보상에 상당한 금품을 받으면 그 가액의 한도에서 사용자는 보상의 책임을 면한다. 이 규정은 재해를 입은 근로자가 민법상의 손해배상이던, 산업재해보상보험법에 의한 급여이던, 근로기준법상의 재해보상이던 어느 하나를 받은 경우에는 기타의 청구권은 행사할 수 없다는 원칙을 규정한 것이다. 결국 사용자가 동일한 사유에 대하여 이중의 부담을 할 필요가 없다는 것과 동시에 피해근로자 측도 이중취득을 취할 수 없다는 취지이다.

따라서, 근로자가 산업재해보상보험법에 의한 보험급여를 받게 되는 경우에 그 금액의 한도 내에서 사용자의 책임 면제되는 것은 위 규정이 적용되는 전형적인 경우일 것이다. 한편, 법문상으로는 재해보상에 상당한 금품을 받을 경우라고 규정되어 있지만, 산재보험법에 의한 요양급여는 현물급여가 원칙이라는 점에서 법문상의 '금품'은 '급여'로 해석되어야 할 것이다.

대법원 2005. 4. 28. 선고 2004다12660 판결[170]

"근로기준법 제81조 제1항은 근로자가 업무상 부상 또는 질병에 걸린 경우에 사용자는 그 비용으로 필요한 요양을 행하거나 또는 필요한 요양비를 부담하여야 한다고 규정하고 있는바, 업무상 재해를 입은 근로자가 사용자가 아닌 제3자로부터 근로기준법 제81조 제1항에 규정된 요양보상에 해당하는 급부를 받았다면 근로자로서는 사용자에게 더 이상 업무상 재해로 인한 요양보상청구권을 행사할 수는 없다 할 것이므로 사용자로서는 근로자에게 요양보상에 해당하는 급부를 한 제3자에게 근로자에 대한 요양보상의무를 면하게 됨으로써 얻은 이득을 반환할 의무가 있다."

Ⅵ. 심사와 중재

1. 고용노동부장관의 심사와 중재

제88조(고용노동부장관의 심사와 중재) ① 업무상의 부상, 질병 또는 사망의 인정, 요양의 방법, 보상금액의 결정, 그 밖에 보상의 실시에 관하여 이의가 있는 자는 고용노동부장관에게 심사나 사건의 중재를 청구할 수 있다. 〈개정 2010.6.4〉

170) 이 판결은 건강보험공단이 사용자가 피해근로자에게 하여야 할 요양보상의 급부를 한 경우에 있어서 사용자는 건강보험공단에게 사용자가 근로자에 대한 요양보상의무를 면하게 됨으로써 얻은 이득을 반환할 의무가 있다고 판단한 사안이다.

② 제1항의 청구가 있으면 고용노동부장관은 1개월 이내에 심사나 중재를 하여야 한다.〈개정 2010.6.4〉
③ 고용노동부장관은 필요에 따라 직권으로 심사나 사건의 중재를 할 수 있다.〈개정 2010.6.4〉
④ 고용노동부장관은 심사나 중재를 위하여 필요하다고 인정하면 의사에게 진단이나 검안을 시킬 수 있다.〈개정 2010.6.4〉
⑤ 제1항에 따른 심사나 중재의 청구와 제2항에 따른 심사나 중재의 시작은 시효의 중단에 관하여는 재판상의 청구로 본다.

업무상의 부상, 질병 또는 사망의 인정, 요양의 방법, 보상금액의 결정, 그 밖에 보상의 실시에 관하여 이의가 있는 자는 고용노동부장관에게 심사나 사건의 중재를 청구할 수 있다. 이러한 청구가 있으면 고용노동부장관은 1개월 이내에 심사나 중재를 하여야 한다. 고용노동부장관은 심사나 중재를 위하여 필요하다고 인정하면 의사에게 진단이나 검안을 시킬 수 있다.

심사나 중재의 청구 및 심사나 중재의 개시는 시효의 중단에 관하여는 재판상의 청구로 본다. 한편, 이러한 심사 또는 중재는 당사자에 대하여 법적 구속력이 있는 행정처분이 아니고 단순히 권고적 행위에 지나지 아니하므로 그 자체는 취소소송의 대상이 될 수 없다는 것이 판례이다

2. 노동위원회의 심사와 중재

第89条(노동위원회의 심사와 중재) ① 고용노동부장관이 제88조제2항의 기간에 심사 또는 중재를 하지 아니하거나 심사와 중재의 결과에 불복하는 자는 노동위원회에 심사나 중재를 청구할 수 있다. 〈개정 2010.6.4〉
② 제1항의 청구가 있으면 노동위원회는 1개월 이내에 심사나 중재를 하여야 한다.

고용노동부장관은 1개월 이내에 심사 또는 중재를 하지 아니하거나, 고용노동부장관의 심사와 중재의 결과에 불복하는 자는 노동위원회에 심사나 중재를 청구할 수 있다. 이러한 청구가 있으면 노동위원회는 1개월 이내에 심사나 중재를 하여야 한다.

한편, 이러한 심사 또는 중재는 당사자에 대하여 법적 구속력이 있는 행정처분이 아니고 단순히 권고적 행위에 지나지 아니하므로 그 자체는 취소소송의 대상이 될 수 없다는 것이 판례이다.

3. 민사소송의 제기

근로자는 곧바로 사용자를 상대로 법원에 민사소송을 제기하는 방식으로 재해보상청구를 하는 것도 당연히 가능하다. 이 경우 위에서 본 심사와 중재를 거칠 필요는 없다.[171]

Ⅶ. 서류의 보존과 시효

1. 서류의 보존

> **제91조(서류의 보존)** 사용자는 재해보상에 관한 중요한 서류를 재해보상이 끝나지 아니하거나 제92조에 따른 재해보상 청구권이 시효로 소멸되기 전에 폐기하여서는 아니 된다. 〈개정 2008.3.21〉

171) 종전에는 근로기준법상의 재해보상에 관한 사항은 노동위원회의 심사 또는 중재를 거쳤거나 노동위원회가 심사 또는 중재청구를 받고 1월 이내에 심사 또는 중재를 하지 아니하는 경우에 한하여 민사소송을 제기할 수 있었으나, 1989. 3. 29. 법률 제4099호로 이러한 내용을 규정한 근로기준법 제90조가 삭제되었다.

사용자는 재해보상에 관한 중요한 서류를 재해보상이 끝나지 아니하거나 재해보상청구권의 소멸시효가 완성되기 전에 폐기하여서는 아니 된다.

2. 시효

제92조(시효) 이 법의 규정에 따른 재해보상 청구권은 3년간 행사하지 아니하면 시효로 소멸한다.

근로기준법의 규정에 따른 재해보상 청구권의 소멸시효기간은 3년이다.

제11장 취업규칙

Ⅰ. 취업규칙의 의의와 효력

1. 취업규칙의 의의

(1) 취업규칙의 개념

취업규칙이란 사용자에 의하여 일방적으로 작성되는 사업장 내부의 규칙으로서 근로자의 복무규율 및 근로자에게 적용될 근로조건에 관한 준칙을 말한다. 여기서 근로조건이라 함은 사용자와 근로자 사이의 근로관계에서 임금, 근로시간, 후생, 해고 기타 근로자의 대우에 관하여 정한 조건을 말한다. 이러한 취업규칙은 원래 기업의 조직성에서 유래하는 복무규율의 필요성에서 비롯된 것이어서 그 기능이 근로조건의 형성과는 무관한 것이었지만, 그 후 노동력이 기업 속에 대량으로 편입되는 대량생산체제가 성립되면서 '노동조건의 통일적 처리'라는 경영상의 요청에 응하여 근로조건사항이 취업규칙 속에 규정되게 되었다.

(2) 취업규칙 관련 법제 개관

취업규칙은 근로관계의 주된 내용을 이루게 된다는 점에서 매우 중요한 의미를 가짐에도 사용자에 의하여 일방적으로 작성된다는 점에서 근로관계의 주된 내용이 사용자 일방에게만 유리하게 결정되고 근로자는 그에 따를 수밖에 없는 위험성이 있다. 이에 근로기준법은 취업규칙의 일방적 작성에 따른 문제점을 보완하기 위하여 사용자에게 취업규칙의 작성 및 신고의무를 부과하고 있고, 또한 취업규칙에 기재할 사항을 법정하고 있다(제93조).

2. 취업규칙의 효력

(1) 단체협약의 준수

제96조(단체협약의 준수) ① 취업규칙은 법령이나 해당 사업 또는 사업장에 대하여 적용되는 단체협약과 어긋나서는 아니 된다.
② 고용노동부장관은 법령이나 단체협약에 어긋나는 취업규칙의 변경을 명할 수 있다.<개정 2010.6.4>

취업규칙은 법령이나 해당 사업 또는 사업장에 대하여 적용되는 단체협약과 어긋나서는 아니 된다. 고용노동부장관은 법령이나 단체협약에 어긋나는 취업규칙의 변경을 명할 수 있다.

(2) 위반의 효력 – 규범적 효력

제97조(위반의 효력) 취업규칙에서 정한 기준에 미달하는 근로조건을 정한 근로계약은 그 부분에 관하여는 무효로 한다. 이 경우 무효로 된 부분은 취업규칙에 정한 기준에 따른다.

취업규칙에서 정한 기준에 미달하는 근로조건을 정한 근로계약은 그 부분에 관하여는 무효로 한다. 이 경우 무효로 된 부분은 취업규칙에 정한 기준에 따른다. 취업규칙의 이러한 효력을 규범적 효력이라고 하는바, 취업규칙에 규범적 효력이 인정되는 근거에 대해서는 견해가 나뉘고 있다.

가. 법규설

이 견해는 취업규칙이 사업장내의 근로조건을 사실상 형성하고 있는 현실을 직시하여 취업규칙의 법적 성질을 규범적으로 파악하고, 그러한 내재적 법규범성에 취업규칙의 규범적 효력을 근거짓는 입장이다. 법규설은 다시 그 법규범성에 대하여 관습법효를 가지는 '사회적 자주법'으로서의 법규범으로 보는 입장(사회자주법설)과, 근로자보호라는 입법목적을 위하여 사용자에게 국가입법권을 수권하고 있는 근로기준법상의 명시적 규정(제97조)에 근거하여 성립된 '국가적 법규범'으로 보는 입장(보호법수권설)으로 나뉜다.

나. 계약설

이 견해는 취업규칙이 원칙적으로 사용자의 일방적 행위로 성립되는 점을 이유로 취업규칙의 법적 성질을 법규범으로 볼 수 없다고 하여 취업규칙을 단순한 사회적 규범 내지 일반적 계약조건에 불과한 것으로 보고, 규범적 효력의 근거를 사용자와 근로자간의 명시적·묵시적 합의 또는 근로조건의 기준은 취업규칙에 의한다고 하는 사실인 관습에서 구하는 입장이다.

다. 준법규설

이 견해는 규범적 효력의 근거를 그 법적 성질론이라는 법이론적 관점에서 접근하여 취업규칙의 내재적 법규범성을 전면적으로 긍정 또는 부정하게 되는 법규설과 계약설의 입장을 절충

하는 입장으로서, 취업규칙 그 자체의 법규범성을 부정함과 동시에 근로기준법 제97조상의 효력을 근로자이익의 옹호라는 정책적 관점에서 취업규칙에 대하여 국가가 부여한 외재적 효력으로 이해하여 취업규칙의 법규범성을 한정적으로 인정하는 입장이다.

라. 판례

판례는 취업규칙의 규범적 효력의 근거 내지 법적 성질에 대하여 "취업규칙은 사용자가 기업경영권에 기하여 사업장에 있어서의 근로자의 복무규율이나 근로조건의 기준을 획일적·통일적으로 정립하기 위하여 작성하는 것으로, 이는 종속적 노동관계의 현실에 입각하여 실질적으로 불평등한 근로자의 입장을 보호·강화하여 그의 기본적 생활을 보호·향상시키려는 목적의 일환으로 근로기준법이 그 작성을 강제하고 이에 법규범성을 부여한 것"이라고 하여 법규설의 입장에 서면서도,[172] "취업규칙의 작성·변경에 관한 권한은 원칙적으로 사용자에게 있으므로 사용자는 그 의사에 따라 취업규칙을 작성·변경할 수 있으나, 다만 근로기준법 제95조[173]의 규정에 의하여 노동조합 또는 근로자의 과반수의 의견을 들어야 하고 특히 근로자에게 불이익하게 변경하는 경우에는 그 집단적 의사결정방법에 의한 동의를 얻어야 한다는 것이 당원의 일관된 견해이므로, 사용자가 취업규칙의 불이익변경에 있어서 근로자의 동의를 얻지 않은 경우에 그 변경으로 기득이익이 침해되는 기존의 근로자에 대한 관계에서는 그 변경의 효력이 미치지 않게 되어 종전 취업규칙의 효력

172) 대법원 1977. 7. 26, 선고 77다355 판결.
173) 현행 근로기준법 제94조 제1항과 동일한 취지의 규정이다.

이 그대로 유지되지만, 그 변경 후에 변경된 취업규칙에 따른 근로조건을 수용하고 근로관계를 갖게 된 근로자에 대한 관계에서는 당연히 변경된 취업규칙이 적용되어야 하고, 기득이득의 침해라는 효력배제사유가 없는 변경후의 취업근로자에 대해서까지 그 변경의 효력을 부인하여 종전 취업규칙이 적용되어야 한다고 볼 근거가 없다"라고 하여, 취업규칙의 효력의 근거를 근로자의 집단적 합의에서 구하여 계약설적 요소를 도입하고 있다.[174] 요컨대, 판례는 법규설에 계약설적 요소를 결합한 '준법규설'의 입장을 취하고 있다고 판단된다.

Ⅱ. 취업규칙의 작성과 신고

1. 취업규칙의 작성의무

> **제93조(취업규칙의 작성·신고)** 상시 10명 이상의 근로자를 사용하는 사용자는 다음 각 호의 사항에 관한 취업규칙을 작성하여 고용노동부장관에게 신고하여야 한다. 이를 변경하는 경우에도 또한 같다. 〈개정 2008.3.28, 2010.6.4〉
> 1. 업무의 시작과 종료 시각, 휴게시간, 휴일, 휴가 및 교대 근로에 관한 사항
> 2. 임금의 결정 · 계산 · 지급 방법, 임금의 산정기간 · 지급시기 및 승급(昇給)에 관한 사항
> 3. 가족수당의 계산 · 지급 방법에 관한 사항
> 4. 퇴직에 관한 사항
> 5. 「근로자퇴직급여 보장법」 제8조에 따른 퇴직금, 상여 및 최저임금에 관한 사항
> 6. 근로자의 식비, 작업 용품 등의 부담에 관한 사항

174) 대법원 1992. 12. 22, 선고 91다45165 판결.

7. 근로자를 위한 교육시설에 관한 사항
8. 산전후휴가·육아휴직 등 근로자의 모성 보호 및 일·가정 양립 지원에 관한 사항
9. 안전과 보건에 관한 사항
9의2. 근로자의 성별·연령 또는 신체적 조건 등의 특성에 따른 사업장 환경의 개선에 관한 사항
10. 업무상과 업무 외의 재해부조(災害扶助)에 관한 사항
11. 표창과 제재에 관한 사항
12. 그 밖에 해당 사업 또는 사업장의 근로자 전체에 적용될 사항

(1) 작성의무자

취업규칙의 작성의무자는 상시 10명 이상의 근로자를 사용하는 사용자이다. 판례는 취업규칙의 작성의무를 부담하는 사용자는 직장규율이나 근로조건의 결정 또는 실시 등 취업규칙의 내용을 이루는 사항에 관해서 실질적인 권한과 책임을 갖는 사용자를 말한다고 한다.[175)]

(2) 취업규칙의 기재사항

근로기준법 제93조 각호에 규정된 사항은 취업규칙의 필요적 기재사항이다.

(3) 감급 제한

제95조(제재 규정의 제한) 취업규칙에서 근로자에 대하여 감급(減給)의 제재를 정할 경우에 그 감액은 1회의 금액이 평균임금의 1일분의 2분의 1을, 총액이 1임금지급기의 임금 총액의 10분의 1을 초과하지 못한다.

사용자가 취업규칙에서 근로자의 제재에 관한 사항을 정함에

175) 대법원 1992.12.24. 선고 92도2341 판결.

있어, 제재의 수단으로 감급의 제재를 정할 경우에 그 감액은 1회의 금액이 평균임금의 1일분의 2분의 1을, 총액이 1임금지급기의 임금 총액의 10분의 1을 초과하지 못한다.

(4) 작성의 절차

제94조(규칙의 작성, 변경 절차) ① 사용자는 취업규칙의 작성 또는 변경에 관하여 해당 사업 또는 사업장에 근로자의 과반수로 조직된 노동조합이 있는 경우에는 그 노동조합, 근로자의 과반수로 조직된 노동조합이 없는 경우에는 근로자의 과반수의 의견을 들어야 한다. 다만, 취업규칙을 근로자에게 불리하게 변경하는 경우에는 그 동의를 받아야 한다.

사용자는 취업규칙의 작성에 관하여 해당 사업 또는 사업장에 근로자의 과반수로 조직된 노동조합이 있는 경우에는 그 노동조합, 근로자의 과반수로 조직된 노동조합이 없는 경우에는 근로자의 과반수의 의견을 들어야 한다.

2. 취업규칙의 신고의무

제93조(취업규칙의 작성·신고) 상시 10명 이상의 근로자를 사용하는 사용자는 다음 각 호의 사항에 관한 취업규칙을 작성하여 고용노동부장관에게 신고하여야 한다. 이를 변경하는 경우에도 또한 같다. 〈개정 2008.3.28, 2010.6.4〉

상시 10명 이상의 근로자를 사용하는 사용자는 취업규칙을 작성하여 고용노동부장관에게 신고하여야 한다.

제94조(규칙의 작성, 변경 절차) ① 사용자는 취업규칙의 작성 또는 변경에 관하여 해당 사업 또는 사업장에 근로자의 과반수로 조직된 노동조합이 있는 경우에는 그 노동조합, 근로자의 과반수로 조직된 노동조합이 없는 경우에는 근로자의 과반수의 의견을 들어야 한다. 다만, 취업규칙을 근로자에

게 불리하게 변경하는 경우에는 그 동의를 받아야 한다.
② 사용자는 제93조에 따라 취업규칙을 신고할 때에는 제1항의 의견을 적은 서면을 첨부하여야 한다.

사용자는 고용노동부장관에게 취업규칙을 신고할 때 근로자의 과반수로 조직된 노동조합이 있는 경우에는 그 노동조합, 근로자의 과반수로 조직된 노동조합이 없는 경우에는 근로자의 과반수의 의견을 적은 서면을 첨부하여야 한다.

Ⅲ. 취업규칙의 변경

1. 취업규칙의 변경절차

제94조(규칙의 작성, 변경 절차) ① 사용자는 취업규칙의 작성 또는 변경에 관하여 해당 사업 또는 사업장에 근로자의 과반수로 조직된 노동조합이 있는 경우에는 그 노동조합, 근로자의 과반수로 조직된 노동조합이 없는 경우에는 근로자의 과반수의 의견을 들어야 한다. 다만, 취업규칙을 근로자에게 불리하게 변경하는 경우에는 그 동의를 받아야 한다.

사용자는 취업규칙을 변경하는 경우에는 해당 사업 또는 사업장에 근로자의 과반수로 조직된 노동조합이 있는 경우에는 그 노동조합, 근로자의 과반수르 조직된 노동조합이 없는 경우에는 근로자의 과반수의 의견을 들어야 한다. 다만, 취업규칙을 근로자에게 불리하게 변경하는 경우에는 그 동의를 받아야 한다.

2. 취업규칙의 불이익변경

(1) 취업규칙의 불이익변경 절차

제94조(규칙의 작성, 변경 절차) ① 사용자는 취업규칙의 작성 또는 변경에 관하여 해당 사업 또는 사업장에 근로자의 과반수로 조직된 노동조합이 있는 경우에는 그 노동조합, 근로자의 과반수로 조직된 노동조합이 없는 경우에는 근로자의 과반수의 의견을 들어야 한다. 다만, 취업규칙을 근로자에게 불리하게 변경하는 경우에는 그 동의를 받아야 한다.

취업규칙에 규정된 근로조건의 내용을 기존 취업규칙보다 근로자에게 불리하게 변경하는 것을 취업규칙의 불이익변경이라 하는바, 근로기준법은 취업규칙을 근로자에게 불이익하게 변경하는 경우에는 당해 사업 또는 사업장에 근로자의 과반수로 조직된 노동조합이 있는 경우에는 그 노동조합, 근로자의 과반수로 조직된 노동조합이 없는 경우에는 근로자의 과반수의 동의를 얻어야 한다고 규정하고 있다(제94조 제1항 단서).[176]

대법원 1997. 7. 26. 선고 77다355 판결

"취업규칙은 사용자가 기업경영권에 기하여 사업장에 있어서의 근로자의 복무규율이나 근로 조건의 기준을 획일적 통일적으로 정립하기 위하여 작성하는 것으로서 이는 근로기준법이 종속적 노동관계의 현실에 입각하여 실질적으로 불평등한 근로자의 입장을 보호강화하여 그들의 기본적 생활을 보호향상시키려는 목적의 일환으로 그 작성을 강제하고 이에 법규범성을 부여한 것이라고 볼 것이므로 원칙적으로 취업규칙의 작성변경권은 사용자에게 있다 할 것이나 취업규칙의 변경에 의하여 기존 근로조건의 내용을 일방적으로 근로자에게 불이익

176) 이 단서규정은 대법원 1997. 7. 26. 선고 77다355 판결을 통하여 정립된 판례법리가 1989년 입법화된 것이다.

하게 변경하려면 종전 취업규칙의 적용을 받고 있던 근로자 집단의 집단의사결정 방법에 의한 동의를 요한다고 할 것이며 그 동의방법은 근로자 과반수로 조직된 노동조합이 있는 경우에는 그 조합의 그와 같은 조합이 없는 경우에는 근로자들의 회의방식에 의한 과반수의 동의가 없는 한 취업규칙의 변경으로서의 효력을 가질 수 없고 따라서 그러한 취업규칙변경에 대하여 개인적으로 동의한 근로자에 대하여도 효력이 없는 것이라고할 것이다."

한편, 취업규칙의 변경이 근로자에게 불이익한 것인가의 판단기준은 일차적으로 그 변경으로 인하여 근로자의 '근로조건상의 기득의 권리 또는 이익'이 침해되는가의 여부라고 할 것이다.

가. 동의의 주체

근로자의 과반수로 조직된 노동조합이나 근로자의 과반수라고 할 때, 근로자란 기존의 취업규칙의 적용을 받고 있는 근로자집단을 말한다. 따라서, 기존의 취업규칙의 적용을 받는 근로자의 과반수가 가입한 노동조합이 있는 경우에는 그 노동조합이, 그러한 노동조합이 없는 경우에는 근로자의 과반수가 취업규칙의 불이익변경에 관한 동의의 주체가 된다. 다만, 취업규칙이 사원용과 노무원용 등과 같이 이원화되어 있는 경우에는 과반수조직 노동조합 또는 전체근로자 과반수에 더하여, 해당 취업규칙의 적용대상 근로자의 과반수 동의도 얻어야 한다는 것이 종래의 판례의 입장이었다.[177]

나. 동의의 방식

기존의 취업규칙의 적용을 받는 근로자의 과반수가 가입한 노

177) 대법원 1990. 12. 7. 선고 90다카19647 판결.

동조합이 있는 경우 그 노동조합에 의한 동의는 법령이나, 단체협약 또는 노동조합의 규약 등에 의하여 대표자의 대표권이 제한되었다고 볼만한 특별한 사정이 없는 한 노동조합의 대표자가 노동조합을 대표하여 동의의 의사표시를 하면 될 것이다. 근로자의 과반수가 취업규칙의 불이익변경에 관한 동의의 주체가 되는 경우에는 사용자측의 개입이나 간섭이 배제된 상태에서 근로자들의 자주적인 의견의 집약에 의한 과반수의 동의를 받아야 한다는 것이 판례의 입장이다. 여기서 집단적 의사결정방법이라 함은 반드시 한 사업 또는 사업장의 전 근로자가 한 자리에 집합하여 회의를 개최하는 방식만이 아니라 한 사업 또는 사업장의 단위부서별로 근로자 상호간에 의견을 교환하여 찬반의 의견을 집약한 후 이를 전체적으로 취합하는 방식도 허용된다고 한다.[178)]

178) 대법원 1993.8.24. 선고 93다17898 판결.

취업규칙 불이익변경 – 동의의 주체

대법원 2009. 5. 28. 선고 2009두2238 판결

Ⅰ. 사실관계

- OO신용협동조합(이하 "원고 조합")은 2003. 12. 30. 제11차 정기이사회를 개최하여 인사규정 중 관리직(3급 이상) 60세, 일반직(4급 이하) 55세로 되어 있는 정년규정을 관리직과 일반직 모두 동일하게 58세로 변경하기로 의결하였다.
- 원고 조합의 노동조합은 2004. 10. 13. 조합원 27명 전원의 출석하에 임시총회를 개최하여 찬성 22표, 반대 5표로 위와 같은 직원정년규정의 개정에 대한 동의안을 통과시켰다. 위 임시총회 당시 노동조합은 원고 조합의 전체 직원 38명 중 관리직 3급 4명과 일반직 23명 등 총 27명으로 구성되어 있었다.
- 그후 원고 조합과 노동조합은 2004. 11. 4. 정년에 관한 인사규정 제27조 제1항을 위와 같이 개정하여 2004. 1. 1.자로 시행하기로 합의하였고, 이에 따라 원고 조합은 인사규정을 개정하여 시행하였다.
- 한편, 1976. 2. 14. 원고 조합에 입사하여 2001년도에 상무(2급 갑)로 진급하고 그 후 중앙지소 지점장으로 발령받아 근무를 하던 A는 위와 같이 단축된 정년규정에 따라 원고

조합으로부터 2007. 6. 30.자로 정년면직처리되었다.

- 이에 A는 이러한 정년면직처리가 부당하다면서 2007. 7. 18. 전북지방노동위원회에 2007부해113호로 부당해고 구제신청을 하였고, 전북지방노동위원회는 원고 조합이 2003. 12. 30. 인사규정상의 관리직의 정년을 60세에서 58세로 변경함에 있어 비조합원인 관리직 직원들의 동의를 얻었다고 볼 수 없다는 등의 이유로 위 인사규정을 적용하여 참가인이 58세의 정년에 도달하였다는 이유로 한 이 사건 해고를 부당해고로 인정하고, 원고 조합은 참가인을 즉시 원직에 복직시키고 해고기간 동안 정상적으로 근로하였다면 받을 수 있었던 임금상당액을 지급하라는 구제명령을 발하였다. 이에 원고 조합은 2007. 9. 18. 중앙노동위원회에 2007부해762호로 부당해고 구제재심신청을 하였고, 중앙노동위원회는 초심판정과 같은 이유로 원고의 재심신청을 기각하였다.

Ⅱ. 판결요지

- 여러 근로자 집단이 하나의 근로조건 체계 내에 있어 비록 취업규칙의 불이익변경 시점에는 어느 근로자 집단만이 직접적인 불이익을 받더라도 다른 근로자 집단에게도 변경된 취업규칙의 적용이 예상되는 경우에는 일부 근로자 집단은 물론 장래 변경된 취업규칙 규정의 적용이 예상되는 근로자 집단을 포함한 근로자 집단이 동의주체가 되고, 그렇지 않고 근로조건이 이원화되어 있어 변경된 취업규칙이 적용되어 직접적으로 불이익을 받게 되는 근로자 집단 이외에

변경된 취업규칙의 적용이 예상되는 근로자 집단이 없는 경우에는 변경된 취업규칙이 적용되어 불이익을 받는 근로자집단만이 동의 주체가 된다.

Ⅲ. 해설

1. 취업규칙 불이익변경어 대한 동의의 주체

취업규칙 불이익변경에 대한 동의의 주체는 원칙적으로 '종전 취업규칙의 적용을 받고 있던 근로자집단' 즉 과반수조직 노동조합 또는 전체 근로자집단이다. 다만, 취업규칙이 사원용과 노무원용 등과 같이 이원화되어 있는 경우에는 과반수조직 노동조합 또는 전체근로자 과반수에 더하여, 해당 취업규칙의 적용대상 근로자의 과반수 동의도 얻어야 한다는 것이 종래의 판례의 입장이었다(대법원 1990. 12. 7. 선고 90다카19647 판결).

대법원 1990.12.7. 선고 90다카19647 판결

"사원과 노무원으로 이원화된 개정 퇴직금규정이 개정 전의 그것보다도 퇴직금 지급일수의 계산 및 퇴직금 산정 기초임금의 범위에 있어 근로자에게 불리하게 변경된 경우에는 이에 관하여 종전 취업규칙의 적용을 받고 있던 근로자집단의 동의가 있어야 유효하다고 할 것인바, 노동조합원인 총근로자 중 85%가 넘는 수를 차지하는 노무원이 퇴직금개정안에 완전히 동의하였다 하더라도 개정 퇴직금규정이 노무원에 대한 부분에 국한하여 효력이 있는 것일 뿐, 개정에 동의한 바 없는 사원에 대한 부분은 효력이 없다."

2. 본 사안의 경우에 있어서의 동의의 주체

일반직 직원(4급 이하)의 정년을 55세에서 58세로, 관리직 직원(3급 이상)의 정년을 60세에서 58세로 변경하는 내용으로 취업규칙의 정년규정을 개정하고 노동조합의 동의를 얻은 본 사안의 경우에도 위 대법원 1990. 12. 7. 선고 90다카19647 판결과 유사하게 일반직 직원과 관리직 직원의 정년규정이 이원화되어 있으므로 과반수조직 노동조합의 동의 외에도, 해당 취업규칙의 적용대상 근로자의 과반수 동의도 얻어야 한다고 해석될 여지가 있다.

그런데, 대상판결은 원고 조합의 전체 직원 중 과반수가 4급 이하의 일반직 직원이기는 하였으나, 3급 이상의 관리직 직원들과 4급 이하의 일반직 직원들은 그 직급에 따른 차이만이 있을 뿐 4급 이하의 일반직 직원들은 누구나 3급 이상으로 승진할 가능성이 있으며, 이러한 경우 승진한 직원들은 이 사건 정년규정에 따라 58세에 정년퇴직하여야 하므로 위 개정은 3급 이상에만 관련되는 것이 아니라 직원 전부에게 직접적 또는 간접적, 잠재적으로 관련되는 점 등에 비추어 볼 때 이 사건 정년규정의 개정은 당시 3급 이상이었던 관리직 직원뿐만이 아니라 일반직 직원들을 포함한 전체 직원에게 불이익하여 그 개정 당시의 관리직 직원들뿐만 아니라 일반직 직원들을 포함한 전체 직원들이 동의주체가 된다고 봄이 상당하다고 판단하였다.

대상판결은 "여러 근로자 집단이 하나의 근로조건 체계 내에 있어 비록 취업규칙의 불이익변경 시점에는 어느 근로자 집단만이 직접적인 불이익을 받더라도 다른 근로자 집단에게도 변경된 취업규칙의 적용이 예상되는 경우에는 일부 근로자 집단은 물론 장래 변경된 취업규칙 규정의 적용이 예상되는 근로자 집단을 포함한 근로자 집단이 동의주체가 되고, 그렇지 않고 근로조건이 이원화되어 있어 변경된 취업규칙이 적용되어 직접적으로 불이익을 받게 되는 근로자 집단 이외에 변경된 취업규칙의 적용이 예상되는 근로자 집단이 없는 경우에는 변경된 취업규칙이 적용되어 불이익을 받는 근로자 집단만이 동의 주체가 된다"고 보아, 근로자 일부에게만 직접 불이익한 취업규칙의 변경이 장래 다른 집단에도 적용이 예상되는 경우에는 적용이 예상되는 집단을 포함한 근로자집단이 취업규칙 불이익변경의 동의주체가 된다는 점을 명확히 한 것이다.

한편, 대법원은 정년퇴직 연령을 단축하는 내용으로 취업규칙의 기존 퇴직규정을 변경하고 이에 관하여 기존 퇴직규정의 적용을 받던 근로자 전체의 과반수로 구성된 노동조합의 동의를 얻은 경우, 그 취업규칙 변경의 효력이 노동조합에 가입할 자격은 없지만 기존 퇴직규정의 적용을 받던 근로자에게도 미치는지 여부가 쟁점이 된 2009. 11. 12. 선고 2009다49377 판결에서도 "여러 근로자 집단이 하나의 근로조건 체계 내에 있어 비록 취업규칙의 불이익변경 시점에는 일부 근로자 집단만이 직접적인 불이익을 받더라도 그 나머지 다른 근로자 집단에게도 장차 직급의 승급 등으로 변경된 취업규칙의 적용이 예상되는 경우에는 일부 근로자 집단은 물론 장래 변경된 취업규칙 규정의 적용이 예상되는 근로자 집단을 포함한 전체 근로자 집단이 동의주체가 되고, 그렇지 않고 근로조건이 이원화되어 있어 변경된 취업규칙이 적용되어 직접적으로 불이익을 받게 되는 근로자 집단 이외에 변경된 취업규칙의 적용이 예상되는 근로자 집단이 없는 경우에는 변경된 취업규칙이 적용되어 불이익을 받는 근로자 집단만이 동의주체가 된다"고 판시하여, 여러 근로자 집단이 하나의 근로조건 체계 내에 있는 경우 및 근로조건이 이원화되어 있는 경우에 있어서의 취업규칙의 불이익 변경의 동의주체가 되는 근로자의 범위에 관한 대상판결의 법리를 따르고 있다.

(2) 동의를 얻지 못한 취업규칙의 효력

가. 원칙

취업규칙을 불이익하게 변경함에 있어서 적법한 동의를 얻지 못한 경우에는 당해 사업 또는 사업장에 소속된 기존의 근로자에 대하여는 변경의 효력이 일률적으로 미치지 않는다. 판례는 취업규칙의 작성·변경의 권한은 원칙적으로 사용자에게 있으므로 사용자는 그 의사에 따라 취업규칙을 작성·변경할 수 있고, 사용자가 취업규칙을 변경한 경우에 취업규칙의 변경이 기존의 근로자에게 불이익한지 여부를 불문하고 취업규칙의 변경은 유효하여 현행의 법규적 효력을 가진 취업규칙은 변경된 취업규칙이라는 견해이다. 따라서, 취업규칙을 불이익하게 변경하면서 적법한 동의를 얻지 아니한 경우라 하더라도 취업규칙의 변경 후에 근로관계를 갖게 된 근로자에 대하여는 변경된 취업규칙이 적용되고, 다만 기득이익이 침해되는 기존 근로자에 대하여는 종전의 취업규칙이 적용된다고 한다.

1992. 12. 22. 선고 91다45165 전원합의체 판결
"취업규칙의 작성·변경에 관한 권한은 원칙적으로 사용자에게 있으

> 므로 사용자는 그 의사에 따라 취업규칙을 작성·변경할 수 있으나, 다만 근로기준법 제95조의 규정에 의하여 노동조합 또는 근로자 과반수의 의견을 들어야 하고 특히 근로자에게 불이익하게 변경하는 경우에는 동의를 얻어야 하는 제약을 받는바, 기존의 근로조건을 근로자에게 불리하게 변경하는 경우에 필요한 근로자의 동의는 근로자의 집단적 의사결정방법에 의한 동의임을 요하고 이러한 동의를 얻지 못한 취업규칙의 변경은 효력이 없다. 사용자가 취업규칙에서 정한 근로조건을 근로자에게 불리하게 변경함에 있어서 근로자의 동의를 얻지 않은 경우에 그 변경으로 기득이익이 침해되는 기존의 근로자에 대한 관계에서는 변경의 효력이 미치지 않게 되어 종전 취업규칙의 효력이 그대로 유지되지만, 변경 후에 변경된 취업규칙에 따른 근로조건을 수용하고 근로관계를 갖게 된 근로자에 대한 관계에서는 당연히 변경된 취업규칙이 적용되어야 하고, 기득이익의 침해라는 효력배제사유가 없는 변경 후의 취업근로자에 대해서까지 변경의 효력을 부인하여 종전 취업규칙이 적용되어야 한다고 볼 근거가 없다."

나. 사회통념상 합리성 이론

사회통념상 합리성 이론이란 취업규칙의 불이익한 변경이 근로자 집단의 집단적 의사결정방법에 의한 동의를 얻지 못하였다고 하더라도, 그러한 변경이 사회통념상의 합리성이 있는 경우에는 유효하다는 것으로서 우리 대법원의 확립된 견해이다. 즉 판례는 취업규칙의 불이익 변경과 관련하여 원칙적으로 근로자 집단의 동의가 필요하다고 하면서도 예외적으로 "당해 취업규칙의 작성 또는 변경이 그 필요성 및 내용의 양면에서 보아 그에 의하여 근로자가 입게 될 불이익의 정도를 고려하더라도 여전히 당해 조항의 법적 규범성을 시인할 수 있을 정도로 사회통념상 합리성이 있다고 인정되는 경우에는 종전 근로조건 또는 취업규칙의 적용을 받고 있던 근로자의 집단적 의사결정방법에 의한 동의가 없다고 할 수 없다"는 입장을 취하고 있다.

그러나, 근로기준법 제94조 제1항이 명문으로 근로자의 동의를 요구하고 있는 이상 법문에 규정되어 있지 아니한 사회통념상의 합리성에 의하여 강행규정인 위 조항의 예외를 설정하는 것은 강행법규에 반하는 것임은 물론 나아가 근로조건의 노사대등결정원칙을 정한 근로기준법 제3조의 정신에도 반하며, 사회통념상 합리성이라는 개념 자체가 막연하고 추상적이기 때문에 노사간의 이해가 첨예하게 대립되는 근로관계에 있어서 무엇이 합리적인가를 판단하는 것은 매우 어려운 일로 유사한 사안에 있어서 그 판단 결과가 달라질 가능성이 있으며, 그 결과 법적 안정성을 해할 우려가 있다는 점에서 법문에 규정되어 있지 아니한 사회통념상의 합리성에 의하여 강행규정인 위 규정의 예외를 설정하는 이러한 판례이론은 수긍하기 어려운 점이 있다. 따라서, 사회통념상 합리성은 불가피한 경우를 제외하고는 제한적으로 인정되어야 할 것이다.

대법원 2010. 1. 28. 선고 2009다32362 판결

"사용자가 일방적으로 새로운 취업규칙의 작성 · 변경을 통하여 근로자가 가지고 있는 기득의 권리나 이익을 박탈하여 불이익한 근로조건을 부과하는 것은 원칙적으로 허용되지 아니하지만, 당해 취업규칙의 작성 또는 변경이 그 필요성 및 내용의 양면에서 보아 그에 의하여 근로자가 입게 될 불이익의 정도를 고려하더라도 여전히 당해 조항의 법적 규범성을 시인할 수 있을 정도로 사회통념상 합리성이 있다고 인정되는 경우에는 종전 근로조건 또는 취업규칙의 적용을 받고 있던 근로자의 집단적 의사결정방법에 의한 동의가 없다는 이유만으로 그의 적용을 부정할 수는 없다. 한편, 여기에서 말하는 사회통념상 합리성의 유무는 취업규칙의 변경에 의하여 근로자가 입게 되는 불이익의 정도, 사용자측의 변경 필요성의 내용과 정도, 변경 후의 취업규칙 내용의 상당성, 대상조치 등을 포함한 다른 근로조건의 개선상황, 노동조합 등과의 교섭경위 및 노동조합이나 다른 근로자의 대응, 동종 사항에 관한 국내의 일반적인 상황 등을 종합적으로 고려하여 판단하여야 한다. 다만, 취업규칙을 근로자에게 불리하게 변경하는 경우에는 그 동의를 받도록 한 근로기준법을 사실상 배제하는 것이므로 제한적으로 엄격하게 해석하여야 한다."

한편, 판례는 취업규칙의 불이익한 변경이 사회통념상 합리성이 있다고 인정되는 경우 형사책임의 성부에 관하여, 판례는 노동조합 등의 동의 없이 근로자에게 불리하게 취업규칙을 변경하였으나 그 변경이 사회통념상 합리성이 있는 경우에는 근로기준법 위반죄가 성립하지 않는다는 입장이다.

대법원 2009.6.11. 선고 2007도3037 판결[179)]

"사용자가 일방적으로 새로운 취업규칙의 작성·변경을 통하여 근로자가 가지고 있는 기득의 권리나 이익을 박탈하여 불이익한 근로조건을 부과하는 것은 원칙적으로 허용되지 아니한다. 그러나 당해 취업규칙의 작성 또는 변경이 그 필요성 및 내용의 양면에서 보아 그에 의하여 근로자가 입게 될 불이익의 정도를 고려하더라도 여전히 당해 조항의 법적 규범성을 시인할 수 있을 정도로 사회통념상 합리성이 있다고 인정되는 경우에는, 종전 근로조건 또는 취업규칙의 적용을 받고 있던 근로자의 집단적 의사결정방법에 의한 동의가 없다는 이유만으로 그의 적용을 부정할 수는 없다. 그러므로 취업규칙이 근로자에게 불리하게 변경되는 경우에도 위와 같이 사회통념상 합리

179) 이 판결에 대한 평석은 주완, "2009년도 노동관계법 분야 주요 판례 분석", (계간)조정과 심판 40호 (2010. 5), 중앙노동위원회; 노상헌, "2009년 노동법 중요 판례", 인권과 정의 403호 (2010. 3.), 대한변호사협회 각 참조.

성이 있는 때에는 구 근로기준법(2007. 4. 11. 법률 제8372호로 전문 개정되기 전의 것) 제97조 제1항 단서에서 규정하는 노동조합 등의 동의를 받아야 하는 경우에 해당한다고 볼 수 없고, 따라서 그 동의를 받지 않았다 하여 같은 법 제115조 제1호 위반으로 처벌할 수 없다."

제12장 기숙사

Ⅰ. 기숙사에서의 사생활의 자유와 자치의 보장

제98조(기숙사 생활의 보장) ① 사용자는 사업 또는 사업장의 부속 기숙사에 기숙하는 근로자의 사생활의 자유를 침해하지 못한다.
② 사용자는 기숙사 생활의 자치에 필요한 임원 선거에 간섭하지 못한다.

사용자는 사업 또는 사업장의 부속 기숙사에 기숙하는 근로자의 사생활의 자유를 침해하여서는 아니 되고, 기숙사 생활의 자치에 필요한 임원 선거에 간섭하여서는 아니 된다.

Ⅱ. 기숙사규칙

제99조(규칙의 작성과 변경) ① 부속 기숙사에 근로자를 기숙시키는 사용자는 다음 각 호의 사항에 관하여 기숙사규칙을 작성하여야 한다.
1. 기상(起床), 취침, 외출과 외박에 관한 사항
2. 행사에 관한 사항
3. 식사에 관한 사항
4. 안전과 보건에 관한 사항
5. 건설물과 설비의 관리에 관한 사항

6. 그 밖에 기숙사에 기숙하는 근로자 전체에 적용될 사항
② 사용자는 제1항에 따른 규칙의 작성 또는 변경에 관하여 기숙사에 기숙하는 근로자의 과반수를 대표하는 자의 동의를 받아야 한다.
③ 사용자와 기숙사에 기숙하는 근로자는 기숙사규칙을 지켜야 한다.

부속 기숙사에 근로자를 기숙시키는 사용자는 기상, 취침, 외출과 외박에 관한 사항 등 근로기준법 제99조 각호의 사항에 관하여 기숙사규칙을 작성하여야 한다. 사용자는 기숙사규칙을 작성하거나 변경하는 경우에는 기숙사에 기숙하는 근로자의 과반수를 대표하는 자의 동의를 받아야 한다. 이 경우 기숙사에 기숙하는 근로자의 과반수가 18세 미만인 때에는 사용자는 기숙사규칙안을 7일 이상 기숙사의 보기 쉬운 장소에 게시하거나 갖추어 두어 알린 후에 동의를 받아야 한다(시행령 제54조).

사용자와 기숙사에 기숙하는 근로자는 기숙사규칙을 준수하여야 한다. 이를 위해서는 먼저 기숙사에 기숙하는 근로자에게 기숙사규칙을 알려야 할 것이므로, 사용자는 기숙사규칙을 기숙사에 게시하거나 갖추어 두어 기숙하는 근로자에게 널리 알려야 한다(제14조 제2항).

Ⅲ. 안전과 위생

제100조(설비와 안전 위생) ① 사용자는 부속 기숙사에 대하여 근로자의 건강, 풍기(風紀)와 생명의 유지에 필요한 조치를 강구하여야 한다.
② 제1항에 따라 강구하여야 할 조치의 기준은 대통령령으로 정한다.

사용자는 부속 기숙사에 대하여 근로자의 건강, 풍기와 생명

의 유지에 필요한 조치를 강구하여야 한다.

시행령 제55조(기숙사에서의 남녀의 거주 구분) 사용자는 남성과 여성을 기숙사의 같은 방에 거주하게 하여서는 아니 된다.

시행령 제56조(기숙사의 설치 장소) 사용자는 기숙사를 설치하는 경우에는 소음이나 진동이 심한 장소 등을 피하여야 한다.

시행령 제57조(침실) 취업시간을 달리하는 2개 조 이상의 근로자들을 같은 침실에 기숙하게 하여서는 아니 된다.

시행령 제58조(기숙사의 설치 기준) 기숙사 침실의 넓이는 1인당 2.5제곱미터 이상으로 하며, 1실의 거주인원은 15명 이하로 하여야 한다.

제13장 근로감독관

Ⅰ. 근로감독관

1. 자격 · 임면 · 직무배치

제101조(감독 기관) ① 근로조건의 기준을 확보하기 위하여 고용노동부와 그 소속 기관에 근로감독관을 둔다. 〈개정 2010.6.4〉 ② 근로감독관의 자격, 임면(任免), 직무 배치에 관한 사항은 대통령령으로 정한다.

근로조건의 기준을 확보하기 위하여 고용노동부와 그 소속 기관에 근로감독관을 둔다. 근로감독관의 자격, 임면, 직무 배치에 관한 사항은 대통령령으로 정한다.

2. 권한

제102조(근로감독관의 권한) ① 근로감독관은 사업장, 기숙사, 그 밖의 부속 건물에 임검(臨檢)하고 장부와 서류의 제출을 요구할 수 있으며 사용자와 근로자에 대하여 심문(尋問)할 수 있다. ② 의사인 근로감독관이나 근로감독관의 위촉을 받은 의사는 취업을 금지하

여야 할 질병에 걸릴 의심이 있는 근로자에 대하여 검진할 수 있다.
③ 제1항 및 제2항의 경우에 근로감독관이나 그 위촉을 받은 의사는 그 신분증명서와 고용노동부장관의 임검 또는 검진지령서(檢診指令書)를 제시하여야 한다.〈개정 2010.6.4〉
④ 제3항의 임검 또는 검진지령서에는 그 일시, 장소 및 범위를 분명하게 적어야 한다.
⑤ 근로감독관은 이 법이나 그 밖의 노동관계 법령 위반의 죄에 관하여 「사법경찰관리의 직무를 행할 자와 그 직무범위에 관한 법률」에서 정하는 바에 따라 사법경찰관의 직무를 수행한다.

(1) 임검 · 장부 등 제출요구·심문

근로감독관은 사업장, 기숙사, 그 밖의 부속 건물에 임검하고 장부와 서류의 제출을 요구할 수 있으며 사용자와 근로자에 대하여 심문할 수 있다. 이 경우 근로감독관은 그 신분증명서와 그 일시, 장소 및 범위가 분명하게 기재된 고용노동부장관의 임검지령서를 제시하여야 한다.

(2) 검진

의사인 근로감독관이나 근로감독관의 위촉을 받은 의사는 취업을 금지하여야 할 질병에 걸릴 의심이 있는 근로자에 대하여 검진할 수 있다. 이 경우 근로감독관이나 그 위촉을 받은 의사는 그 신분증명서와 그 일시, 장소 및 범위가 분명하게 기재된 고용노동부장관의 검진지령서를 제시하여야 한다.

(3) 특별사법경찰관리

제105조(사법경찰권 행사자의 제한) 이 법이나 그 밖의 노동 관계 법령에 따른 임검, 서류의 제출, 심문 등의 수사는 검사와 근로감독관이 전담하여 수행한다. 다만, 근로감독관의 직무에 관한 범죄의 수사는 그러하지 아니하

다.

근로감독관은 근로기준법 기타 노동관계법령 위반의 죄에 관하여 사법경찰관리의 직무를 행할 자와 그 직무범위에 관한 법률에서 정하는 바에 따라 사법경찰관의 직무를 수행한다(제102조 제5항). 특히, 근로기준법 기타 노동관계법령에 따른 임검, 서류의 제출, 심문 등의 수사는 검사와 근로감독관이 전담하여 수행한다.

3. 의무

제103조(근로감독관의 의무) 근로감독관은 직무상 알게 된 비밀을 엄수하여야 한다. 근로감독관을 그만 둔 경우에도 또한 같다.

근로감독관은 직무상 알게 된 비밀을 엄수할 의무가 있다. 이러한 의무는 근로감독관의 직을 그만 둔 경우에도 존속한다.

Ⅱ. 감독기관에 대한 신고

제104조(감독 기관에 대한 신고) ① 사업 또는 사업장에서 이 법 또는 이 법에 따른 대통령령을 위반한 사실이 있으면 근로자는 그 사실을 고용노동부장관이나 근로감독관에게 통보할 수 있다. 〈개정 2010.6.4〉
② 사용자는 제1항의 통보를 이유로 근로자에게 해고나 그 밖에 불리한 처우를 하지 못한다.

근로자는 사업 또는 사업장에서 근로기준법 또는 그 시행령을 위반한 사실이 있으면 이를 고용노동부장관이나 근로감독관에게 통보할 수 있다. 이 경우 사용자는 위반사실의 통보를 이유로 근로자에게 해고나 그 밖에 불리한 처우를 하지 못한다. 다만, 근로자가 뚜렷한 증거 없이 사용자를 고소·고발하거나 진정서를 제출한 경우에는 징계사유에 해당할 수 있다.[180]

Ⅲ. 권한의 위임

제106조(권한의 위임) 이 법에 따른 고용노동부장관의 권한은 대통령령으로 정하는 바에 따라 그 일부를 지방고용노동관서의 장에게 위임할 수 있다. 〈개정 2010.6.4〉

고용노동부장관의 권한은 대통령령으로 정하는 바에 따라 그 일부를 지방고용노동관서의 장에게 위임할 수 있다.

시행령 제59조(권한의 위임) 법 제106조에 따라 고용노동부장관은 다음 각 호의 사항에 관한 권한을 지방고용노동관서의 장에게 위임한다. 〈개정 2010.7.12〉

1. 법 제13조에 따른 보고 또는 출석의 요구
2. 법 제24조제4항에 따른 해고계획 신고의 수리
3. 법 제53조제3항에 따른 근로시간 연장의 인가 또는 승인
4. 법 제53조제4항에 따른 휴게 또는 휴일의 명령
5. 법 제63조제3호에 따른 감시 또는 단속적으로 근로에 종사하는 자에 대한 승인
6. 법 제64조에 따른 취직인허증의 발급 또는 취직인허의 취소
7. 법 제67조제2항에 따른 미성년자에게 불리한 근로계약의 해지
8. 법 제70조제2항 단서에 따른 임산부와 18세 미만인 자의 야간근로 또는 휴일근로의 인가
9. 법 제88조에 따른 재해의 인정 등의 이의에 대한 심사·중재 및 이를 위한 진단이나 검안에 관한 사항

180) 대법원 1996. 3. 12. 선고 95다51403 판결.

10. 법 제93조에 따른 취업규칙 신고의 수리
11. 법 제96조제2항에 따른 취업규칙의 변경명령
12. 법 제102조제3항에 따른 임검 또는 검진지령서의 발급
13. 법 제104조제1항에 따른 위법사실 통보의 수리
14. 법 제116조에 따른 과태료의 부과 및 징수
15. 법률 제6974호 근로기준법중개정법률 부칙 제2조에 따른 특례 신고의 수리
16. 제28조제2항에 따른 임금보전방안의 제출명령 및 확인
17. 제35조제2항에 따른 취직인허 신청의 접수
18. 제38조제2항에 따른 취직인허증 반환의 접수

제14장 벌칙

Ⅰ. 형법 총칙 규정의 적용

형법 제8조는 형법의 총칙규정은 타법령에 정한 죄에 적용한다고 규정하고 있으므로, 근로기준법 제12장에 규정된 범죄에 대하여는 형법의 총칙규정이 적용된다. 다만, 행정질서벌의 일종인 과태료에 관한 제116조에 대하여는 형법의 총칙규정의 적용이 없다.

Ⅱ. 행위의 주체와 법정형에 따른 범죄행위의 유형

1. 근로감독관의 직무상 범죄

제108조(벌칙) 근로감독관이 이 법을 위반한 사실을 고의로 묵과하면 3년 이하의 징역 또는 5년 이하의 자격정지에 처한다.

제114조(벌칙) 다음 각 호의 어느 하나에 해당하는 자는 500만원 이하의 벌금에 처한다. 〈개정 2007.7.27, 2008.3.28, 2009.5.21〉

1. 제6조, 제16조, 제17조, 제20조, 제21조, 제22조제2항, 제47조, 제53조제3항 단서, 제67조제1항 · 제3항, 제70조제3항, 제73조, 제74조제5항, 제77조, 제

94조, 제95조, 제100조 및 제103조를 위반한 자

근로감독관이 근로기준법을 위반한 사실을 고의로 묵과한 경우에는 3년 이하의 징역 또는 5년 이하의 자격정지에 처한다. 한편, 근로감독관 또는 근로감독관을 그만 둔 자가 직무상 알게 된 비밀을 누설한 경우에는 500만원 이하의 벌금에 처한다(제114조 제1호, 제103조).

한편, 이러한 근로감독관의 직무에 관한 범죄의 수사의 경우에는 '임검, 서류의 제출, 심문 등의 수사는 검사와 근로감독관이 전담하여 수행한다'는 근로기준법 제105 본문의 규정은 적용되지 않는다(제105 단서).

2. 사용자의 근로기준법 위반행위

(1) 5년 이하의 징역 또는 3천만원 이하의 벌금에 처하는 행위

제107조(벌칙) 제7조, 제8조, 제9조, 제23조제2항 또는 제40조를 위반한 자는 5년 이하의 징역 또는 3천만원 이하의 벌금에 처한다.

(2) 3년 이하의 징역 또는 2천만원 이하의 벌금에 처하는 행위

제109조(벌칙) ① 제36조, 제43조, 제44조, 제44조의2, 제46조, 제56조, 제65조 또는 제72조를 위반한 자는 3년 이하의 징역 또는 2천만원 이하의 벌금에 처한다. 〈개정 2007.7.27〉

(3) 2년 이하의 징역 또는 1천만원 이하의 벌금에 처하는 행위

제110조(벌칙) 다음 각 호의 어느 하나에 해당하는 자는 2년 이하의 징역 또는 1천만원 이하의 벌금에 처한다. 〈개정 2009.5.21〉

1. 제10조, 제22조제1항, 제26조, 제50조, 제53조제1항 · 제2항 · 제3항 본문,

제54조, 제55조, 제60조제1항 · 제2항 · 제4항 및 제5항, 제64조제1항, 제69조, 제70조제1항 · 제2항, 제71조, 제74조제1항부터 제4항까지, 제75조, 제78조부터 제80조까지, 제82조, 제83조 및 제104조제2항을 위반한 자
2. 제53조제4항에 따른 명령을 위반한 자

(4) 1년이하의 징역 또는 1천만원 이하의 벌금에 처하는 행위

제111조(벌칙) 제31조제3항에 따라 확정되거나 행정소송을 제기하여 확정된 구제명령 또는 구제명령을 내용으로 하는 재심판정을 이행하지 아니한 자는 1년 이하의 징역 또는 1천만원 이하의 벌금에 처한다.

(5) 1천만원 이하의 벌금에 처하는 행위

제113조(벌칙) 제45조를 위반한 자는 1천만원 이하의 벌금에 처한다.

(6) 500만원 이하의 벌금에 처하는 행위

제114조(벌칙) 다음 각 호의 어느 하나에 해당하는 자는 500만원 이하의 벌금에 처한다. 〈개정 2007.7.27, 2008.3.28, 2009.5.21〉
1. 제6조, 제16조, 제17조, 제20조, 제21조, 제22조제2항, 제47조, 제53조제3항 단서, 제67조제1항 · 제3항, 제70조제3항, 제73조, 제74조제5항, 제77조, 제94조, 제95조, 제100조 및 제103조를 위반한 자
2. 제96조제2항에 따른 명령을 위반한 자

3. 사용자 이외의 자의 행위에 대한 처벌규정

제107조(벌칙) 제7조, 제8조, 제9조, 제23조제2항 또는 제40조를 위반한 자는 5년 이하의 징역 또는 3천만원 이하의 벌금에 처한다.

근로기준법 위반죄는 대부분 사용자라는 일정한 신분이 있어야 범죄가 성립하는 소위 진정신분범에 해당한다. 다만, 예외적

으로 수범자를 사용자로 제한하지 않고 있는 근로기준법 제9조(중간착취의 배제)와 제40조(취업방해의 금지)를 위반한 자는 누구든지 5년 이하의 징역 또는 3천만원 이하의 벌금에 처한다.

4. 양벌규정

> **제115조(양벌규정)** 사업주의 대리인, 사용인, 그 밖의 종업원이 해당 사업의 근로자에 관한 사항에 대하여 제107조, 제109조부터 제111조까지, 제113조 또는 제114조의 위반행위를 하면 그 행위자를 벌하는 외에 그 사업주에게도 해당 조문의 벌금형을 과(科)한다. 다만, 사업주가 그 위반행위를 방지하기 위하여 해당 업무에 관하여 상당한 주의와 감독을 게을리하지 아니한 경우에는 그러하지 아니하다.

양벌규정은 어떤 범죄행위가 이루어진 경우 직접 행위를 한 당사자를 벌하는 외에 그 행위자와 일정한 관계가 있는 타인도 처벌하도록 하는 규정이다. 사업주의 대리인, 사용인 기타 종업원이 해당 사업의 근로자에 관한 사항에 대하여 근로기준법 제107조, 제109조부터 제111조까지, 제113조 또는 제114조의 위반행위를 하면 그 행위자를 벌하는 외에 그 사업주에게도 해당 조문의 벌금형을 병과한다. 다만, 사업주가 그 위반행위를 방지하기 위하여 해당 업무에 관하여 상당한 주의와 감독을 게을리하지 아니한 경우에는 그러하지 아니하다. 이는 양벌규정의 책임범위를 결정함에 있어서도 사업주에게 과실이 있을 경우에만 그 사업주를 처벌할 수 있다는 형법상 책임주의 원칙에 따른 것이다.

한편, 위 규정에서 사업주는 개인은 물론 법인도 포함된다고 할 것이므로,[181] 근로기준법위반죄에 있어서는 법인의 범죄능력이 인정된다고 할 것이다.

대법원 1997. 5. 7. 선고 96도3461 판결
"구 근로기준법(1997. 3. 13. 법률 제5305호로 폐지) 제112조 제1항 본문은 '이 법의 위반행위를 한 자가 당해 사업의 근로자에 관한 사항에 대하여 사업주를 위하여 행위한 대리인, 사용인 기타 종업자인 경우에는 사업주에 대하여도 각 본조의 벌금형을 과한다.'고 규정하고 있으므로, 당해 사업의 근로자에 관한 사항에 대하여 사업주의 대리인, 사용인 기타 종업자가 같은 법 위반행위를 한 경우에는 사업주인 법인에 대하여도 벌금형을 부과할 수 있다."

Ⅲ. 소추요건

1. 고발

제112조(고발) ① 제111조의 죄는 노동위원회의 고발이 있어야 공소를 제기할 수 있다.
② 검사는 제1항에 따른 죄에 해당하는 위반행위가 있음을 노동위원회에 통보하여 고발을 요청할 수 있다.

근로기준법 제31조 제3항에 따라 확정되거나 행정소송을 제기하여 확정된 구제명령 또는 구제명령을 내용으로 하는 재심판정을 이행하지 아니한 행위에 관한 근로기준법 제111조의 죄는 구

181) 다른 법령의 경우(예컨대, 교통사고처리 특례법 제6조) 양벌규정의 적용대상을 법인으로 한정하고 개인에 대해서는 적용하지 않는 경우가 있으나, 근로기준법 제115조의 경우 사업주의 개념을 법인인 사업주라고 제한하여 해석할 이유는 없다고 생각된다.

제명령의 집행기관인 노동위원회의 고발이 있어야 공소를 제기할 수 있다. 한편, 검사는 근로기준법 제111조에 해당하는 위반행위가 있음을 노동위원회에 통보하여 고발을 요청할 수 있다.

2. 반의사불벌죄

제109조(벌칙)
② 제36조, 제43조, 제44조, 제44조의2, 제46조 또는 제56조를 위반한 자에 대하여는 피해자의 명시적인 의사와 다르게 공소를 제기할 수 없다. 〈개정 2007.7.27〉

근로기준법 제36조(금품청산), 제43조(임금 지급), 제44조(도급 사업에 대한 임금 지급), 제44조의2(건설업에서의 임금 지급 연대책임), 제46조(휴업수당) 또는 제56조(연장·야간 및 휴일 근로)를 위반한 자에 대하여는 피해자의 명시적인 의사와 다르게 공소를 제기할 수 없다. 한편, 피해자의 처벌불원의 의사표시의 부존재는 소극적 소송조건으로서 법원의 직권조사사항이라 할 것이다.[182)]

Ⅳ. 과태료

제116조(과태료) ① 다음 각 호의 어느 하나에 해당하는 자에게는 500만원 이하의 과태료를 부과한다. 〈개정 2009.5.21, 2010.6.4〉
1. 제13조에 따른 고용노동부장관, 노동위원회 또는 근로감독관의 요구가 있는 경우에 보고 또는 출석을 하지 아니하거나 거짓된 보고를 한 자
2. 제14조, 제39조, 제41조, 제42조, 제48조, 제66조, 제91조, 제93조, 제98조

182) 대법원 2002. 3. 15. 선고 2002도158 판결.

제2항 및 제99조를 위반한 자
3. 제102조에 따른 근로감독관 또는 그 위촉을 받은 의사의 임검(臨檢)이나 검진을 거절, 방해 또는 기피하고 그 심문에 대하여 진술을 하지 아니하거나 거짓된 진술을 하며 장부·서류를 제출하지 아니하거나 거짓 장부·서류를 제출한 자

② 제1항에 따른 과태료는 대통령령으로 정하는 바에 따라 고용노동부장관이 부과·징수한다.<개정 2010.6.4>

과태료는 행정법규의 위반 정도가 비교적 경미하여 직접적으로 행정목적이나 사회법익을 침해하는 것이 아니라 간접적으로 행정목적 달성에 장애를 줄 위험성이 있을 정도의 단순한 의무태만에 대하여 과하는 일종의 행정질서벌이다. 이러한 행정질서벌에 대하여는 행정형벌과는 달리 형법총칙의 적용이 없으므로, 고의 또는 과실을 요하지 않는다고 할 것이다. 판례도 행정질서벌인 과태료는 직접적으로 행정목적이나 사회공익을 참해하는데 까지는 이르지 않고 다만 간접적으로 행정상의 질서에 장해를 줄 위험성이 있는 정도의 단순한 의무태만에 대한 제재로서 과하여지는데 불과하므로 다른 특별한 규정이 없는 한 원칙적으로 고의·과실을 필요로 하지 아니하다는 입장이다.[183] 한편, 근로기준법 제116조 제1항 각호 위반행위에 과태료는 근로기준법시행령 별표 7 소정의 기준에 따라 고용노동부장관이 부과·징수한다.

183) 대법원 1969.7.29. 자 69마400 결정.

찾아보기

[ㅂ]

[ㅅ]

[ㅇ]

[저자 약력]

- 서울대학교 법과대학 졸업
- 제41회 사법시험 합격
- 사법연수원 제31기 수료
- 변호사
- 현 성신여자대학교 법과대학 조교수

〈저서 및 논문〉
- 『사회보장법(Ⅰ)』(청목출판사, 2011)
- 『근로기준법 개설』(청목출판사, 2011)
- 『노동조합 및 노동관계조정법론』(청목출판사, 2010)
- '쟁의행위로 인한 거래상대방의 손해에 관한 사용자의 책임', 辯護士 제36집, 서울지방변호사회, (2006.1)
- '전적의 유효요건에 관한 연구', 判例硏究 제20권(上), 서울지방변호사회, (2006. 10)
- '이사의 보수에 관한 연구', 辯護士 37집, 서울지방변호사회, (2007.1) 외 다수

노동법(Ⅰ)

2011년 11월 25일 초판인쇄
2011년 11월 30일 초판발행

저 자 권 오 성
발행인 유 성 열
발행처 청목출판사
서울특별시 영등포구 신길로 40길 20
전화 (02) 849-6157(代) · 2820 / 833-6090~1
FAX (02) 849-0817
등록 제318-1994-000090호

파본은 바꾸어 드립니다. 값 22,000원

http://www.chongmok.co.kr

ISBN 978-89-5565-435-6